Beck'scheReihe

Länder
BsR 852

Dieses Buch, das zum maßgeblichen Grundlagen- und Nachschlagewerk für die Groß-Region geworden ist, wurde völlig neu bearbeitet und stellt nun die GUS-Staaten auf dem aktuellen Stand Ende 1995 vor. Die GUS als politische und wirtschaftliche Staatengemeinschaft wird einleitend in ihrer Entwicklung skizziert, dann jedes einzelne Land mit seiner Geschichte, in seiner wirtschaftlichen, politischen und ökologischen Situation sowie seinen besonderen Potentialen und Problemen präsentiert. Der Band informiert ferner über demographische Daten sowie über die jeweils ansässigen Nationalitäten und ihr Verhältnis zueinander. Statistiken, Tabellen und Karten vervollständigen dieses höchst aktuelle Lexikon.

Dr. *Roland Götz,* geb. 1943, und Dr. *Uwe Halbach,* geb. 1949, sind wissenschaftliche Referenten am Bundesinstitut für ostwissenschaftliche und internationale Studien, Köln.

ROLAND GÖTZ
UWE HALBACH

Politisches Lexikon GUS

Dritte, neubearbeitete Auflage

VERLAG C. H. BECK

Mit 13 Karten und 16 Graphiken
Die Karten im Text zeichnete Nora Coenenberg,
die Karte auf der Umschlaginnenseite zeichnete Uwe Göbel

Die Deutsche Bibliothek – CIP-Einheitsaufnahme

Politisches Lexikon. – Orig.-Ausg. – München : Beck.
GUS / Roland Götz ; Uwe Halbach. –
3., neubearb. Aufl. – 1996
 (Beck'sche Reihe ; 852 : Länder)
 ISBN 3 406 40597 5
NE: Götz, Roland; GT

Originalausgabe
ISBN 3 406 40597 5

Dritte, neubearbeitete Auflage. 1996
Umschlagentwurf: Uwe Göbel, München
© C. H. Beck'sche Verlagsbuchhandlung (Oscar Beck), München 1992
Gesamtherstellung: C. H. Beck'sche Buchdruckerei, Nördlingen
Gedruckt auf säurefreiem, alterungsbeständigem Papier
(hergestellt aus chlorfrei gebleichtem Zellstoff)
Printed in Germany

Inhalt

Vorwort.. 7
Abkürzungen....................................... 10
Umschrift der Orts- und Personennamen 12

Die GUS

Die politische Entwicklung der GUS 16
Die wirtschaftliche Entwicklung in der GUS 32
Die wirtschaftliche Integration der GUS-Staaten........ 42

Die Mitgliedsstaaten der GUS

Armenien 48
Aserbaidschan 76
Belarus (Weißrußland)................................. 113
Georgien... 135
Kasachstan 167
Kirgistan 204
Moldova 230
Rußland.. 254
Tadschikistan... 298
Turkmenistan... 332
Ukrain 365
Usbekistan 403

Übergreifende Literaturangaben........................ 440

Vorwort

1993 erschien die zweite, aktualisierte Ausgabe des „Politischen Lexikons GUS". Diese aktuelle Länderkunde der in der „Gemeinschaft unabhängiger Staaten" organisierten sowjetischen Nachfolgestaaten erfaßte damals die ersten Schritte der betreffenden Länder in die Unabhängigkeit und die ersten sichtbaren Konsequenzen des Zerfalls der UdSSR im Jahre 1991. Inzwischen haben die GUS-Länder vier Jahre lang Erfahrungen mit der neuen Situation gesammelt, was die die Neuauflage einer GUS-Länderkunde nahelegt. Die Gliederung der vorangegangenen Fassungen wird beibehalten: Eingegangen wird auf Territorium, Bevölkerung, Geschichte, politische Situation, Religion und Kultur sowie die Umweltprobleme und die Wirtschaft.

Die 11 ehemaligen Sowjetrepubliken und Rußland, die heute die GUS bilden, werden in geographischer Unterteilung gelegentlich nach „slawischen", „transkaukasischen" sowie „mittel-" oder „zentralasiatischen" Staaten unterschieden. Unter den „slawischen" GUS-Mitgliedern versteht man Rußland, Weißrußland (Belarus) und die Ukraine. Zu den transkaukasischen Republiken gehören Georgien, Armenien und Aserbaidschan. Zentralasien umfaßt hier Kasachstan, Turkmenistan, Usbekistan, Tadschikistan und Kirgistan (Kirgisien), „Mittelasien" dagegen den Südteil der Region (ohne Kasachstan). Moldova wird durch diese Einteilung nicht erfaßt.

Wie in den ersten Ausgaben des GUS-Lexikons steht die GUS dabei nicht als transnationale Organisation im Mittelpunkt, sondern der Blick richtet sich auf ihre einzelnen Mitglieder. Dennoch gibt es auch über die Entwicklung der GUS seit 1993 etwas zu berichten. Sah man diese Organisation anfangs als eine reine „Scheidungsgemeinschaft" zwischen den sowjetischen Nachfolgestaaten an, so ergibt sich heute ein anderer Eindruck: Die GUS besteht nach wie vor; sie hat ihre Mitgliederzahl sogar erweitert. Heute sind alle ehemaligen Sowjetrepubliken mit Ausnahme der baltischen Staaten in ihr organisiert. Dabei hat sich insbesondere Rußland als ihr Gravitationszentrum erwiesen und auch diejenigen sowjetischen Nachfolgestaaten an sich und die „Gemeinschaft" gebunden, die zuvor auf strikte Unabhängigkeit bedacht gewesen waren.

Zu den Informationen über die aktuellen Entwicklungen machen die Autoren auf zwei Vorbehalte aufmerksam. Erstens: Zu vielen Daten über Wirtschafts- und Bevölkerungsentwicklungen existieren alternative, mehr oder weniger stark divergierende Zahlenangaben. So basieren z. B. die Angaben zu den Bevölkerungszahlen und ethnischen Bevölkerungsproportionen der einzelnen Staaten auf der Fortschreibung der Ergebnisse der letzten sowjetischen Volkszählung von 1989. Nach dem Zerfall der Sowjetunion kam es aber zu Wanderungsbewegungen, in Krisengebieten auch zu Flüchtlingsströmen und anderen demographischen Erschütterungen, die von den aktuellen statistischen Daten nur unzureichend reflektiert werden. Ähnliches gilt für Wirtschafts- und Sozialdaten, z. B. für die amtlichen statistischen Angaben zur Arbeitslosigkeit, zur gesamtwirtschaftlichen Produktion usw., die daher nur in eingeschränktem Umfang wiedergegeben und nach Möglichkeit durch unabhängige Schätzungen ergänzt werden.

Zweitens: In den Länderkapiteln ist die Rede von interethnischen Beziehungen, vom Verhältnis zwischen der namengebenden Nationalität einer Republik, der sogenannten „Titularnation", und den sogenannten ethnischen „Minderheiten". Hierbei kann jedoch nicht die Rede von Völkern im Sinne eindeutig bestimmbarer, fest vorgegebener Größen sein. Die Autoren wollen nicht den Eindruck erwecken, als behandelten sie „Georgier", „Armenier" oder „Usbeken" als im Herderschen Sinne „objektive Wesenheiten".

Als Grundlagen dienten den Autoren neben Büchern und Zeitschriftenartikeln auch Zeitungsmeldungen und unveröffentlichte Materialien. Die Quellen wurden in den Literaturverzeichnissen zu den einzelnen Länderteilen und, soweit es sich um übergreifende Darstellungen handelt, im Literaturverzeichnis am Schluß des Buches aufgeführt. Allerdings wurde auf die Nennung russischsprachiger Titel und einzelner Zeitungsmeldungen weitgehend verzichtet. Die Literaturverzeichnisse enthalten auch weiterführende Literatur, die die Themen des vorliegenden Politischen Lexikons GUS vertiefen. Im Text wird nur in Einzelfällen unter Nennung des Autors und des Erscheinungsjahres auf die Quellen verwiesen. Die Arbeit wurde im Dezember 1995 abgeschlossen.

Die Autoren danken den Kolleginnen und Kollegen sowie der Bibliothek am Bundesinstitut für ostwissenschaftliche und internationale Studien in Köln für Unterstützung und Rat, Herrn Dr. Hermann Clement für wertvolle Verbesserungsvorschläge in den wirtschaftlichen Passagen, Herrn Gero Fedtke für die Zusammenstellung von Materialien, Herrn Reinhard Boehnke für Hinweise auf die Transliteration der Staatennamen, Frau Regina Wegener für das Korrekturlesen des Manuskripts und Frau Nora Coenenberg für die Anfertigung der Karten. Unser Dank gilt auch der Lektorin des Verlages C. H. Beck, Frau Dr. Christine Zeile, die nun schon zum dritten Mal den Entstehungsprozeß des „Politischen Lexikons GUS" verständnisvoll begleitet hat, sowie Frau Petra Rehder für die abschließende Durchsicht des Textes.

Roland Götz
Uwe Halbach

Abkürzungen

Im jeweiligen Länderkapitel werden die Staaten durch ihre Anfangsbuchstaben und Punkt sowie gegebenenfalls Genitiv-s abgekürzt, also: A. = Armenien; A.s = Armeniens usw.).

Sonstige Abkürzungen

BIOst	Bundesinstitut für ostwissenschaftliche und internationale Studien
BIP	Bruttoinlandsprodukt
BMZ	Bundesministerium für wirtschaftliche Zusammenarbeit
DIW	Deutsches Institut für Wirtschaftsforschung
dt.	deutsch
EBRD	European Bank for Reconstruction and Development
ECO	Economic Cooperation Organization
eing.	eingebürgert
EU	Europäische Union
Goskomstat	Staatliches Komitee für Statistik
GTZ	Gesellschaft für technische Zusammenarbeit
GULag	[Glavnoe upravlenie ispraviteĺno-trudovych lagerej] Hauptverwaltung der Besserungs- und Arbeitslager
GUS	Gemeinschaft unabhängiger Staaten
IFC	International Finance Corporation
IMF	International Monetary Fund
IWF	Internationaler Währungsfonds
Jh.	Jahrhundert(s)
kBq	Kilo-becquerel
kg	Kilogramm
KP	Kommunistische Partei
KPdSU	Kommunistische Partei der Sowjetunion

KSZE	Konferenz für Sicherheit und Zusammenarbeit in Europa
Mio.	Million(en)
Mrd.	Milliarde(n)
NG	[Nezavisimaja gazeta] (Unabhängige Zeitung), Moskau
OSZE	Organisation für Sicherheit und Zusammenarbeit in Europa
PHARE	urspr.: Poland and Hungary Assistance to the Restructuring of the Economy; nun: Programme of Assistance for Economic Restructuring in the Countries of Central and Eastern Europe
poln.	polnisch
Rbl	Rubel
RF	Rußländische Föderation (Rußland)
RGW	Rat für gegenseitige Wirtschaftshilfe (COMECON)
RSFSR	Russische Sowjetische Föderative Sozialistische Republik
russ.	russisch
SSR	Sozialistische Sowjetrepublik
t	Tonne(n)
TACIS	Technical Assistance to the Commonwealth of Independent States
UdSSR	Union der Sozialistischen Sowjetrepubliken
ukr.	ukrainisch
weißr.	weißrussisch

Umschrift der Orts- und Personennamen

Die Orts- und Personennamen werden, sofern bekannt, in der Lautgestalt der jeweiligen Landessprache angegeben, d. h. mit dem deutschen Alphabet gemäß der deutschen Aussprache. Ausnahmen bilden eingebürgerte deutschen Formen wie Moskau (statt russ. Moskva), St. Petersburg (statt russ. Sankt Peterburg), Kiew (statt ukr. Kijiw), Tschernobyl (statt ukr. Tschornobyl). Bei Ortsnamen wird, soweit bekannt, der ab 1992/93 geltende amtliche Name angegeben, dazu etwaige frühere Namen aus der sowjetischen Periode.

Russische, ukrainische und weißrussische Orts- und Personennamen werden zusätzlich auch in der wissenschaftlichen Transliteration des kyrillischen Alphabets gemäß der folgenden Tabelle wiedergegeben und in eckige Klammern [...] gesetzt. Dabei wurde die von der russischen geringfügig abweichende Transliteration des ukrainischen Alphabets (y als i, ï als ji) sowie des weißrussischen (ŭ als kurzes u) berücksichtigt.

Beispiele: Jelzin [Elçin], Chruschtschow [Chruščev], Nischni-Nowgorod [Nižnij Novgorod], Saporischja, ukr. [Zaporižžja], russ. Saporoschje [Zaporože]. Auf die Transliteration wird verzichtet, wenn keine Unterschiede zur deutschen Umschrift auftreten (z. B. bei Stalin). Russischsprachige Titel werden in den Literaturverzeichnissen nur in der wissenschaftlichen Transliteration aufgeführt.

Wissenschaftliche Transkription

	abweichend		
russ.	ukr.	weißr.	dt. Lautwert
c			z
č			tsch
e			je (überwiegend)

è		kurzes, offenes e
ë		jo
š		sch
šč		schtsch
v		w
z		stimmhaftes s wie in summen
ž		stimmhaftes sch wie in französich jour
y		dunkles i bzw. y
i	y	i
	ï	ji
	ŭ	kurzes u
ţ		Erweichungszeichen für den vorausgehenden Konsonanten

Die GUS

Die politische Entwicklung der GUS

Allgemeine Entwicklung der GUS

Die Gemeinschaft unabhängiger Staaten wurde im Dezember 1991 durch Vereinbarung zwischen den Staatsoberhäuptern Rußlands, der Ukraine und Weißrußlands und kurz darauf durch den Beitritt von acht weiteren unabhängig gewordenen ehemaligen Sowjetrepubliken gegründet. 1993 erweiterte sich ihre Mitgliederzahl durch Georgien, das sich der Gemeinschaft bis dahin ferngehalten hatte und nun durch sicherheitspolitische Notwendigkeit in sie hineingezwungen wurde, und durch die Ratifizierung des Gründungsvertrags durch Aserbaidschan. Auch Moldova, das mit einer Delegation an der Gründung der Gemeinschaft teilgenommen, aber den Gründungsvertrag dann nicht ratifiziert hatte, trat nun in die GUS ein. Seitdem gehören alle ehemaligen Unionsrepubliken mit Ausnahme der drei baltischen Staaten zur GUS.

Das Gründungsmotiv für die GUS war die geordnete Auflösung der UdSSR und eine lockere Kooperation ihrer unabhängig gewordenen Gliedstaaten. Als ein Instrument „zivilisierter Scheidung" bezeichnete der damalige Präsident der Ukraine, Leonid Krawtschuk, die Gemeinschaft. Auch Rußland betrachtete sie damals als ein Provisorium. Bald verstärkten sich aber Tendenzen zur Reintegration innerhalb des zerfallenen sowjetischen Wirtschafts- und Sicherheitsraums. In einigen sowjetischen Nachfolgestaaten (besonders in Kasachstan) wurde die Notwendigkeit der Zusammenarbeit zwischen den ehemaligen „Bruderrepubliken" betont und die Art und Weise, in der die Sowjetunion aufgelöst worden war, als fragwürdig kritisiert.

Die Ursachen dafür lagen in wirtschaftlichen Schwierigkeiten, mit denen der Zerfall der UdSSR alle sowjetischen

Nachfolgestaaten konfrontiert hatte, im Scheitern von Reformen, in einem Stimmungswandel und einer Dämpfung der anfänglichen Unabhängigkeitseuphorie. Dazu kamen politische, ethnische und territoriale Konflikte auf dem Territorium der GUS, die im Extremfall zu regelrechten Kriegen eskalierten (der Karabachkonflikt seit 1988, der Konflikt zwischen Abchasien und Georgien seit 1992, der tadschikische Bürgerkrieg 1992) und Rußland als die Ordnungsmacht im exsowjetischen Raum auf den Plan riefen. Auch die zwischenmenschliche Dimension der Verflechtung ehemaliger Unionsrepubliken kam zum Tragen: 60 Millionen Menschen lebten außerhalb ihrer „Heimatrepubliken" in anderen Teilen der ehemaligen Sowjetunion, 40 Mio. in ethnischen Mischehen.

Die 1991 noch stark ausgeprägten Zentrifugaltendenzen ehemaliger sowjetischer Gliedstaaten wie der Ukraine wurden abgeschwächt. Es entstand nun ein Trend zur Festigung der GUS. In diesem Prozeß baute Rußland seine Vorherrschaft gegenüber den anderen sowjetischen Nachfolgestaaten aus. Eine *Neuintegration* auf der Basis der gleichberechtigten Interessenwahrnehmung der GUS-Mitglieder, die jegliche Hegemonialpolitik eines einzelnen Mitgliedstaates ausschließt, wich zunehmend der *Reintegration*, einem Prozeß, in dem alte Bindungen aus der Vergangenheit des Vielvölkerimperiums Wirkung zeigten und in dem Rußland sich als Vormacht und Kernzone der Gemeinschaft behauptete. Von einer Wiederherstellung des (zaristischen oder sowjetischen) Imperiums blieb dieser Prozeß noch weit entfernt. Ungeachtet ihres Verhältnisses zu Integration beharren die unabhängig gewordenen Staaten auf ihrer Souveränität.

Rußland und die GUS

Seit 1992 vollzog sich ein Wandel in der russischen Politik gegenüber den anderen GUS-Staaten – von der friedlichen Desintegration der Sowjetunion zur russisch dominierten Reintegration. Die anderen sowjetischen Nachfolgestaaten wurden als „nahes Ausland" bezeichnet, um den Sondercharakter der Beziehungen Rußlands zu diesen Ländern hervorzuheben. Die neue russische Militärdoktrin vom November 1993 und außenpolitische Konzepte definierten den GUS-Raum – teilweise auch schon wieder die baltische Region – als Zone unmittelbarer geostrategischer Interessen Rußlands. Diese Integration der ehemaligen Sowjetrepubliken um Rußland herum gewann spätestens seit 1994 Priorität in der russischen Außenpolitik. Der Schutz der 25 Mio. Russen im „nahen Ausland", die Eindämmung lokaler Konflikte und die Sicherung der ehemaligen sowjetischen Außengrenzen wurden dabei besonders hervorgehoben.

Als Instrumente der Integrationspolitik wurden verschiedene Formen der militärischen Kooperation, gemeinsame Grenzsicherung, Wirtschaftsunionen, doppelte Staatsbürgerschaft u. a. vorgesehen. So wurde die tadschikisch-afghanische Grenze in Zentralasien, weit von der Südgrenze der Russischen Föderation entfernt, offiziell als russische Grenze definiert und von russischen Grenztruppen geschützt. Als Schutzmacht von 25 Mio. Russen im „nahen Ausland" übte Rußland Druck auf die Minderheitenpolitik der GUS-Staaten aus. Es betrieb diese Politik vor allem durch bilaterale Beziehungen, auf der Basis von Abkommen über sicherheitspolitische und wirtschaftliche Zusammenarbeit. Gleichzeitig dominiert es in den multilateralen Strukturen der GUS, in ihren Behörden und Koordinationsorganen.

Hinsichtlich lokaler Konflikte trat Rußland in einer ambivalenten Rolle auf: einerseits als Konfliktregulator und friedensschaffende Ordnungsmacht, andererseits aber auch als Konfliktnutzer, wenn nicht gar als Manipulator. Diejenigen Staaten, die nachträglich in die GUS hineingeführt, besser hineingezwungen worden sind, nämlich Georgien, Aserbaidschan und Moldova, hatten allesamt durch ethno-territoriale und politische Konflikte dem großen Nachbarn im Norden entsprechende Eingriffsmöglichkeiten geboten.

Im Konflikt zwischen Georgien und seinem abtrünnigen Landesteil Abchasien, der 1992 zu Gefechten zwischen der georgischen Nationalgarde und abchasischen Kampfverbänden führte, unterstützten zwar nicht das offizelle Rußland und seine Armee, aber doch bestimmte Teile der russischen Öffentlichkeit, des russischen Militärs im Kaukasus und der lokalen russischen Bevölkerung (Kosaken u. a.) die abchasische Konfliktseite. Erst als Georgien im Herbst 1993 – kurz vor dem staatlichen Zusammenbruch und dem Zerfall seines Staatsterritoriums – von Schewardnadse in die GUS und unter die Fittiche Rußlands geführt worden war, unterstützte Rußland nunmehr seine „territoriale Integrität".

Im Karabachkonflikt richtete sich die russische Haltung danach, welche der beiden involvierten Republiken, Armenien oder Aserbaidschan, zum gegebenen Zeitpunkt den „nationalen Interessen" Rußlands eher entsprach. Unterstützte Moskau beim Zerfall der Sowjetunion Aserbaidschan, das damals im Gegensatz zu Armenien noch für den Erhalt des sowjetischen Systems eintrat, so kam es später zu einem Seitenwechsel zu Armenien, das im Gegensatz zu Aserbaidschan der GUS und ihrem Sicherheitssystem beigetreten war.

Auch im Konflikt zwischen Moldova und ihrem abtrünnigen Landstreifen am linken Dnjestrufer (Dnjestr-Republik oder Transnistrien) ergriff man in Rußland Partei für eine Konfliktseite, nämlich für die überwiegend slawische Bevölkerung in dem rebellischen Gebiet und gegen die angeblichen „rumänischen Nationalisten" in der Moldaurepublik. Erstmals war wohl mit der Einmischung der 14. russischen Armee in Transnistrien die internationale Reaktion auf russische Interventionen im „nahen Ausland" getestet worden. Freilich stellte Rußland mit seinen Interventionen und begleitenden Vermittlungsbemühungen auch faktische Waffenstillstände her: so in Abchasien, Transnistrien und sogar im Karabachkonflikt (seit Mai 1994).

Rußland deckt mit seinem Einfluß den GUS-Raum nicht gleichmäßig ab. Staaten, die sich zur Zeit eng an Rußland anlehnen, sind Armenien, Belarus (Weißrußland), Georgien, Kasachstan und Tadschikistan. Bei dem letztgenannten Staat kann aufgrund eines Bürgerkriegs und der Errichtung eines faktischen russischen Militärprotektorats (russischer Grenzschutz, völlige Abhängigkeit von Rußland beim Aufbau nationaler Streitkräfte) von Unabhängigkeit nur noch mit Einschränkungen gesprochen werden. Andere Staaten wie Aserbaidschan, Moldova und die Ukraine halten Distanz von einer zu engen Anbindung an die GUS-Vormacht. Kirgistan, Turkmenistan und Usbekistan liegen in einer mittleren Distanzzone. Auch in der politischen Führung Rußlands gibt es unterschiedliche Vorstellungen über Integrationsmodelle für die GUS (Konföderation, Union u.a.).

Organisatorischer Ausbau

Insgesamt entstanden nach und nach über 50 GUS-Organe und Institutionen: Räte, Kommissionen, Banken, Gerichte u. a. In Hunderten Dokumenten wurde Zusammenarbeit beschlossen. Die wichtigsten Koordinationsorgane der Gemeinschaft waren Ende 1995: Rat der Staatschefs (seit Gründung der GUS), Rat der Regierungschefs (seit Gründung der GUS), Interparlamentarische Versammlung (März 1992), Exekutivsekretariat (September 1993), Konsultatives Koordinationskomitee (Mai 1993), Rat der Außenminister (September 1993), Rat der Verteidigungsminister (Februar 1992), Stab zur Koordinierung der militärischen Zusammenarbeit (Dezember 1993), Rat der Befehlschaber der Grenztruppen (September 1993), Kommission für Menschenrechte (September 1993), Wirtschaftsgericht (Juli 1992), Zollrat (März 1992), Elektroenergierat (Februar 1992).

Als weiteres zentrales Koordinationsorgan wurde im September 1994 das Zwischenstaatliche Wirtschaftskomitee gegründet. Rußland hat darin einen Stimmanteil von 50%, die Ukraine von 14%, Belarus, Kasachstan und Usbekistan haben Anteile von je 5% sowie die übrigen sieben Mitgliedsstaaten von je 3%. Grundsätzliche Beschlüsse können nur mit der qualifizierten Mehrheit von 80% gefaßt werden, was eine Zustimmung aller größeren GUS-Mitglieder voraussetzt. Es stellt sich allerdings die Frage, ob das Organ seine weitreichenden Kontroll- und Vollzugsbefugnisse auch tatsächlich ausführen kann, die ihm die Rolle des einzigen wirklichen supranationalen Organs (abgesehen von den oben erwähnten Tagungen der Staats- und Regierungschefs) verleihen würden. Außerdem entstanden eine Reihe branchenübergreifender Kooperationsorgane.

Trotz dieses weitgefächerten Instrumentariums für Zusammenarbeit wird der Kooperation aber von allen Politikern im GUS-Raum Ineffizienz bescheinigt. Unklare Kompetenzen und Überschneidung von Aufgabenbereichen der Organe, divergierende Vorstellungen und Interessen in den Mitgliedsländern verhindern eine effektive Zusammenarbeit (Schünemann 1995). Einige Länder, am deutlichsten Turkmenistan, geben bilateralen (d. h. auf Rußland gerichteten) den Vorzug vor multilateralen Kooperationsbeziehungen. Dagegen forderte der Präsident Kasachstans wiederholt die Konkretisierung der Gemeinschaft und schlug im Sommer 1994 ihre Umformung in eine „Euroasiatische Union" mit einheitlicher Staatsbürgerschaft und Währung, supranationalen Leitungsgremien und einem gemeinsamen Parlament vor. Der Vorschlag traf auf Ablehnung und Kritik, besonders beim Nachbarn Usbekistan.

Neben dem wirtschaftlichen trat der sicherheitspolitische Aspekt der Integration in den Vordergrund. Die meisten GUS-Staaten konnten ihre Sicherheitsarchitektur nicht im nationalstaatlichen Alleingang gestalten, auch wenn anfangs nationale Streitkräfte zu einem wesentlichen Symbol der neugewonnenen Souveränität erhoben wurden. Beim Aufbau der Streitkräfte waren die GUS-Mitglieder von Rußland und von russischen Militärkadern abhängig. Im Mai 1992 wurde in Taschkent ein kollektives Sicherheitssystem von sechs GUS-Staaten (Rußland, Armenien, Kasachstan, Kirgistan, Tadschikistan und Usbekistan) geschaffen, dem später noch Aserbaidschan, Belarus und Georgien beitraten. Die Ukraine, Turkmenistan und Moldova hielten sich bisher von dieser Militärallianz fern. Auch gegenüber einem System des kollektiven Grenzschutzes, das bisher von sieben Mitgliedstaaten der GUS getragen wird, meldeten sie Vorbehalte an. Ebenso wird die GUS-Kooperation mittels Friedenstruppen in Konfliktzonen wie Tadschikistan und Abchasien nur von einigen Mitgliedstaaten unterstützt. Neben den multilateralen Strukturen entstanden bilaterale Kooperationsverhältnisse mit Rußland, das in einigen ehemaligen „Bruderländern" Militärbasen unterhält und Truppen stationiert hat. Die Kooperation bezieht sich auf den Grenzschutz, die Ausbildung militärischer Kader und die Rüstungspolitik.

Schwierigkeiten bei der Herausbildung der GUS-Staaten

Die Sowjetunion war entgegen dem Bild ihrer einheitlichen, zentralisierten Herrschaftsstruktur in regionaler und ethnographischer Hinsicht ein enorm vielfältiges Gebilde. So umfaßte ihre politische Gebietsgliederung nicht nur Rußland (RSFSR) und die Unionsrepubliken mit ihren nichtrussischen „Titularnationen" (namengebende Völker wie Usbeken in Usbekistan, Georgier in Georgien usw.), sondern insgesamt 49 nationale Gebietseinheiten (Unionsrepubliken, Autonome Republiken, Autonome Gebiete und Kreise). Diese Gliederung wurde dem komplizierten Ethnogramm des Landes allerdings noch längst nicht gerecht.

Gemäß der letzten sowjetischen Volkszählung von 1989 bestand die Bevölkerung der ehemaligen UdSSR aus ungefähr 130 Volksgruppen. Dabei gehört z. B. der Kaukasus zu den ethnisch am stärksten differenzierten Gebieten der Erde. Mit der ethnischen Vielfalt korrespondiert die Vielfalt der Wirtschafts- und Lebensräume, der angestammten Kulturen und religiösen Konfessionen. Neben dem Christentum in seinen konfessionellen Untergliederungen spielen der Islam in verschiedenen Erscheinungsformen, der Buddhismus, der Schamanismus und andere nicht-monotheistische Glaubensformen sowie eine große Zahl traditioneller, aber auch moderner Sekten eine Rolle in der wiederbelebten Religiosität im Raum der heutigen GUS. Die „Sowjetisierung" hatte in sieben Jahrzehnten zwar eine weitreichende Säkularisierung, aber letztlich keine einheitliche „Sowjetkultur" bewirkt, die diese Vielfalt restlos ausgemerzt hätte. Beim Zerfall der Sowjetunion wurde „nationale", „kulturelle" und „religiöse Wiedergeburt" in vielen nationalen Gebietseinheiten des Vielvölkerreichs zum Schlagwort.

GUS: Bevölkerung Mitte 1994
(Mio. Pers.)

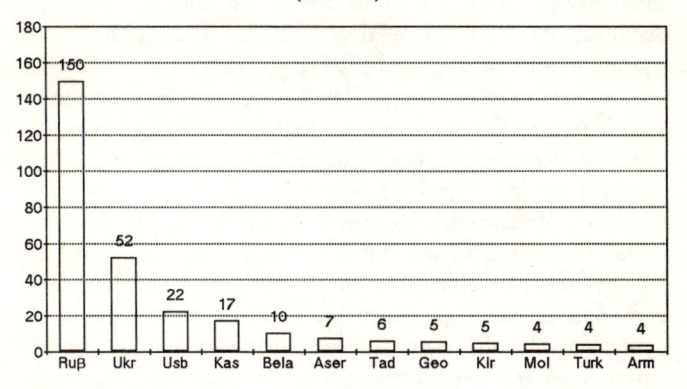

Ruß	Ukr	Usb	Kas	Bela	Aser	Tad	Geo	Kir	Mol	Turk	Arm
150	52	22	17	10	7	6	5	5	4	4	4

Zu den sowjetischen Nachfolgestaaten wurden neben Rußland die 14 Unionsrepubliken, denen von der sowjetischen Nationalitätenpolitik und vom sowjetischen Staatsaufbau eine formale „nationale Staatlichkeit" zugewiesen worden war. Diese nationale Staatenbildung blieb im Rahmen des Sowjetsystems, das in Politik und Wirtschaft hochgradig zentralisiert war, eine Fassade und beschränkte sich auf nationale Kulturinstitutionen (eigene Akademie der Wissenschaften u. a.), den Status der Nationalsprachen, die in der Praxis aber oft hinter dem Russischen zurücktraten, die Bevorzugung der titularen Nationalität bei der Rekrutierung des Partei- und Staatspersonals der Unionsrepubliken. Dennoch führte sie zu unterschiedlichen Ergebnissen, wie sich beim Zerfall der Sowjetunion zeigte.

In Weißrußland z. B. blieb das nationale Profil bis heute unscharf und das Verlangen nach staatlicher Souveränität in der Bevölkerung sehr begrenzt. In der Ukraine fiel das Unabhängigkeitsvotum der Bevölkerung im Dezember 1991 dagegen äußerst überzeugend aus. Erstmals erlangte eines der größten Länder Europas seine Eigenstaatlichkeit, und zwar auf der seit der Stalinzeit bestehenden Grundlage der Zusammenfassung aller ukrainischen Teilregionen, die vorher unterschiedlichen staatlichen Zusammenhängen zugeordnet waren. In Estland, Lettland und Litauen war die Erinnerung an die staatliche Unabhängigkeit in der Zwischenkriegszeit und die Unrechtmäßigkeit des Anschlusses der baltischen Staaten an die Sowjetunion so lebendig geblieben, daß diese Länder nach den ersten Zerfallserscheinungen der Sowjetunion ihre Unabhängigkeit mit großer Konsequenz erstrebten. Für sie kam eine Mitgliedschaft in der sowjetischen Erbengemeinschaft GUS gar nicht erst in Frage.

Auch in Transkaukasien spielte die Erinnerung an die kurze Periode der Eigenstaatlichkeit Georgiens, Armeniens und Aserbaidschans nach dem ersten Weltkrieg und an vormoderne Perioden eigener Staatsgeschichte eine Rolle beim Entstehen nationaler Unabhängigkeitsbewegungen Ende der achtziger Jahre. Ein Land wie Georgien strebte seine staatliche Unabhängigkeit mit einer Konsequenz an, die an die baltischen Staaten erinnerte. Auch hier wurde der Rückbezug auf die unabhängige Republik (1918–21) und die Unrechtmäßigkeit der gewaltsamen Sowjetisierung zur Basis für einen Rechtsanspruch auf staatliche Unabhängigkeit, der von einer überragenden Mehrheit der Georgier erhoben wurde. Gerade dieses Land erfuhr aber nachfolgend enorme Probleme bei der Konsolidierung seiner Eigenstaatlichkeit und versank 1992–93 in politischer Anarchie und in gewaltsamen Konflikten.

Die Länder Mittel- bzw. Zentralasiens hatten es etwas schwerer, aus ihrer eigenen Geschichte eine Grundlage für den modernen Nationalstaat abzuleiten. Kasachstan, Usbekistan, Kirgistan, Turkmenistan und Tadschikistan sind in ihrer heutigen territorialen Gestalt im wesentlichen Produkte einer „nationalen Abgrenzung", die von der sowjetischen Nationalitätenpolitik in den zwanziger Jahren nach fragwürdigen ethnischen, territorialen und linguistischen Kriterien vorgenommen

worden war. Inwieweit im Rahmen von Unionsrepubliken
tragfähige nationale Identitäten in der Bevölkerung entstanden
sind und Priorität über die älteren stammesmäßigen und
kommunalen sowie religiösen Loyalitäts- und Identitätsmuster
erlangt haben, ist in der Forschung umstritten. In jedem Fall
waren auch hier die Voraussetzungen für „nationale Staatlichkeit" unterschiedlich verteilt: In Usbekistan bestanden seit der
Gründung der Unionsrepublik 1924 günstigere territoriale,
wirtschaftliche, ethnische und historische Voraussetzungen für
„nationale Staatlichkeit" als im Nachbarland Tadschikistan, wo
die unabhängig gewordene Republik nach 1991 sehr bald in
lokale Interessen- und Machtgruppen zerfiel, die sich in einem
Bürgkrieg feindlich gegenübertraten. Usbekistan verfügte gegenüber Nachbarn wie Kasachstan, Kirgistan und Tadschikistan
über einen weitaus höheren Anteil der Titularnation an der
Republikbevölkerung, über eine bessere Infrastruktur und ver-
kehrsmäßige Erschließung, über einen größeren Reichtum an
historischen Symbolen und Denkmälern, der für die Schaffung
eines usbekischen Nationalbewußtseins genutzt werden kann.

GUS: Anteil der Titularnation
(% der Bevölkerung)

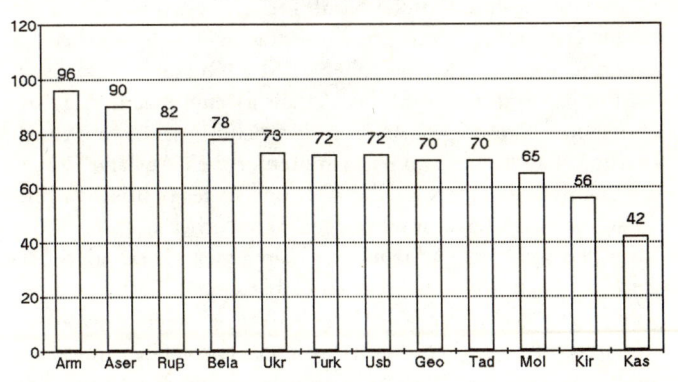

Arm	Aser	Ruß	Bela	Ukr	Turk	Usb	Geo	Tad	Mol	Kir	Kas
96	90	82	78	73	72	72	70	70	65	56	42

Die Festigung der staatlichen Unabhängigkeit und die Entwicklung der sowjetischen Nachfolgestaaten werden von einigen maßgebenden Faktoren und Voraussetzungen beeinflußt.

Dazu gehören vor allem ethno-politische Bedingungen, territoriale Strukturen, der Zusammenhalt der jeweiligen Titularnation, die politische Entwicklung und die internationale Einbindung.

Zu den ethno-politischen Bedingungen: Die meisten GUS-Staaten sind der ethnischen Zusammensetzung ihrer Bevölkerung nach eher „Nationalitätenstaaten" als „Nationalstaaten". Nur Armenien ist mit seinem armenischen Bevölkerungsanteil von rd. 95% ethnisch homogen, annähernd auch Aserbaidschan. In den übrigen GUS-Staaten liegt der Anteil der „ethnischen Minderheiten" an der Republikbevölkerung häufig über 20%, in Kasachstan bei 50%. Bestimmte Minderheiten bilden mitunter die Bevölkerungsmehrheit in einzelnen Landesteilen der GUS-Staaten und haben kompakte Siedlungsgebiete. Die Sowjetunion hat damit eines ihrer grundlegenden, lange Zeit verdrängten Probleme, die Nationalitätenfrage, an ihre Nachfolgestaaten vererbt. Hierbei trifft das Verhältnis zwischen „Titularnationen" und „Minderheiten" sowohl den Minderheitenschutz als auch die Staatsbürgerschaft und die Sprachenpolitik. Falsche Politik kann hier fatale Konsquenzen haben, z. B. die Erhöhung der Emigrationsquoten, die Destabilisierung durch ethnische Konflikte. Die Anwesenheit einer großen russischen und „russischsprachigen" Minderheit in Ländern wie der Ukraine (über 11 Mio. Russen), Kasachstan (6 Mio. Russen) bestimmt das Verhältnis zum mächtigsten sowjetischen Nachfolgestaat, der den Schutz seiner angeblich 25 Mio. „Landsleute" im sogenannten „nahen Ausland" zu einer Legitimationsbasis für die Wahrung seines politischen Einflusses im gesamten exsowjetischen Raum erhebt.

Zu den territorialen Strukturen: Ein anderes, besonders brisantes Erbe aus der sowjetischen Gebiets- und Nationalitätenpolitik war die Verschachtelung nationaler Gebietseinheiten mit unterschiedlichem Status. Einige ehemalige Unionsrepubliken umfaßten andere nationale Gebietskörperschaften (Autonome Republiken und Gebiete mit eigenen Titularnationen), in denen beim Zerfall der Sowjetunion separatistische Nationalbewegungen und politische Strömungen im Gegensatz zur Republikregierung entstanden (das armenische Berg-Karabach gegen Aserbaidschan, Abchasien und Südossetien gegen Georgien u. a.). In anderen Fällen erklärten sich kompakte Siedlungsgebiete ethnischer Minderheiten in ehemaligen Unionsrepubliken zu autonomen Gebieten und traten ebenfalls in Widerspruch zur Republikregierung (Gagausien und die sogenannte „Dnjestr-Republik" gegen Moldova). In diese Kategorie fallen die am weitesten eskalierten Konflikte auf dem Territorium der GUS: der Abchasienkrieg, der Karabachkrieg, auch der Krieg in Tschetschenien, bei dem es letztlich ebenfalls um den Status (Unabhängigkeit oder Unterordnung unter Rußland) einer ehemaligen autonomen Republik geht.

GUS: Flächen der Mitgliedsstaaten
(1000 qkm, Logarithmischer Maßstab)

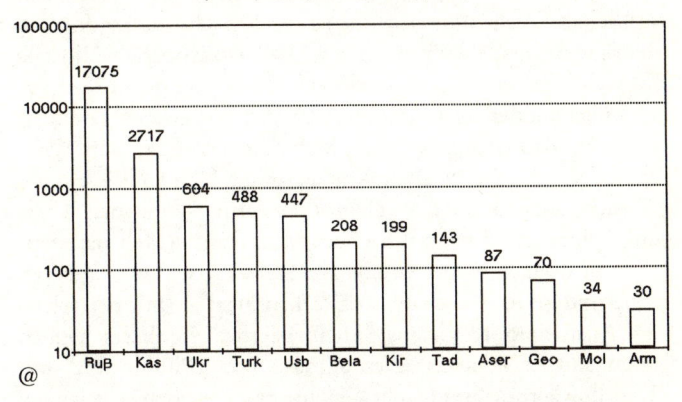

Ruß	17075
Kas	2717
Ukr	604
Turk	488
Usb	447
Bela	208
Kir	199
Tad	143
Aser	87
Geo	70
Mol	34
Arm	30

Zum Zusammenhalt der jeweiligen Titularnation: In einigen Ländern verlaufen ethnische, politische und kulturelle Konflikte innerhalb des namengebenden Volks, in der „Titularnation". In Tadschikistan zeigten sich tiefe Risse innerhalb der namengebenden „Nation". Das Land zerfiel in regionale und lokale Fragmente, die sich in einem Bürgerkrieg feindlich gegenübertraten. Dabei kämpften Tadschiken aus Kuljab gegen Tadschiken aus Kurgan-Tjube, „prokommunistische" gegen „islamische" Tadschiken usw. Das lokale Bewußtsein erwies sich als stärker als das nationale. Bei den meisten zentralasiatischen und einigen kaukasischen Völkern spielen tribale Zusammenhänge (Stammesprinzipien) und lokale Abstammungsprinzipien eine Rolle bei der Zusammensetzung der Machteliten. In einem Land wie Turkmenistan steht das Bewußtsein der Nationalität („Ich bin Turkmene") in Konkurrenz mit dem stammesmäßigen Bewußtsein („Ich gehöre zum Stamm der Teke"). Aber auch in europäischen Nationen der GUS wie der ukrainischen spielt die regionale Differenzierung (Westukraine/Ostukraine) eine Rolle bei der Identifikation.

Zur politischen Entwicklung: Alle sowjetischen Nachfolgestaaten versprachen zu Beginn ihrer Unabhängigkeit freie Wahlen, Respektierung der Menschenrechte und Freiheit der Meinung. Einschließlich der zentralasiatischen Staaten richteten sie ihre nachsowjetischen Verfassungen weitgehend nach westlichen Verfassungsvorbildern und nach internationalen Menschenrechtsdeklarationen aus. Die tatsächliche politische Entwicklung wich jedoch in einigen Fällen von dieser Vorgabe ab. Es entstanden Zielkonflikte, eine Art „magisches Dreieck" zwischen den Aufgaben der Stabilitätswahrung, der Wirtschaftsreform und der Demokratisierung.

Einerseits wurden die „Demokratisierung" und die Schaffung pluralistischer politischer Strukturen (Mehrparteiensystem) in einen Widerspruch zur Stabilitätswahrung gesetzt. Insbesondere in den zentralasiatischen Staaten (mit der relativen Ausnahme Kirgistans) identifizierten die herrschenden Eliten und Präsidenten „Demokratie" und „Pluralismus" mit „Destabilisierung" und einer Gefährdung der noch sehr labilen nationalen Einheit und Souveränität. Dieser Trend zeigte sich z. B. 1995 in der Aussetzung der nächstfälligen Präsidentenwahlen und in der automatischen Verlängerung der Amtszeit des Präsidenten in Usbekistan und Kasachstan. Das völlig autokratisch regierte Turkmenistan hatte schon vorher diesen Weg beschritten.

Andererseits kann die demokratische Regierungsform auch in ein Spannungsverhältnis zur wirtschaftlichen und gesellschaftlichen Reform geraten. In Konflikten zwischen präsidialer Exekutive und Parlament erwiesen sich die Parlamente mitunter als Bastionen der konservativen Reformverweigerung. Ihre mitunter verfassungswidrige Auflösung wurde dann mit der Reformnotwendigkeit legitimiert. Vor 1995 bestanden in vielen GUS-Staaten noch Parlamente aus sowjetischer Zeit (die letzten Republik-Parlamentswahlen in der UdSSR waren 1990) mit einer Mehrheit aus „Exkommunisten", die sich politischen und wirtschaftlichen Reformen entgegenstemmten. Auch in neugewählten Parlamenten konnten sich links- oder rechtskonservative Kräfte noch spürbar als Reformbremser betätigen. Das klassische Beispiel für den Konflikt zwischen exekutiver und legislativer Gewalt lieferte Rußland mit dem Machtkampf zwischen dem Parlament (Volkskongreß) und der präsidialen Exekutive unter Jelzin [Elţcin]. Er erreichte mit einer Parlamentsauflösung durch den Präsidenten, dem offenen Widerstand des Parlaments unter Führung Ruslan Chasbulatows gegen diese Maßnahme und der Gegengewalt des Präsidenten mit Unterstützung der Armee seinen dramatischen Höhepunkt im September und Oktober 1993.

Heute bietet sich in der GUS in etwa folgendes Bild in Hinsicht auf „politische Kultur": In fünf der zwölf GUS-Staaten bestehen autoritäre Präsidialregime, die demokratische und menschenrechtliche Standards einschränken (Aserbaidschan, Turkmenistan, Usbekistan, Kasachstan, Tadschikistan). In der anderen Hälfte der GUS-Staaten, zu der Rußland und die Ukraine gehören, schwankt die politische Entwicklung zwischen demokratischen und autoritären Trends. Mit neuen Verfassungen in Georgien und Aserbaidschan 1995 haben mittlerweile alle GUS-Staaten ein präsidiales Regierungssystem mit teilweise sehr starker Machtstellung des Präsidenten. In allen GUS-Staaten fehlen für die Entwicklung tragfähiger demokratischer Institutionen und eines in der Gesellschaft verwurzelten Mehrparteiensystems die historischen, sozialkulturellen und sozialökonomischen Voraussetzungen. Allerdings muß hier auch die Zeitperspektive berücksichtigt werden: Was konnte man in nicht einmal fünf Jahren nach dem Zerfall des Sowjetsystems eigentlich erwarten?

Zur internationalen Einbindung: Nach dem Zerfall der Sowjetunion wurden einige mit Waffen ausgetragene Konflikte, die sich auf ihrem Territorium schon vor 1991 entfaltet hatten, verschärft und internationalisiert. Dazu gehören der seit 1988 akute Karabachkonflikt, die Konflikte zwischen Georgien und seinen autonomen Gebietsteilen Abchasien und Südossetien, die regionalen und politischen Konflikte in Tadschikistan, die Auseinandersetzungen zwischen Moldova und der selbsternannten „Transnistrischen Moldavischen Republik" (Dnjestr-Republik). Seit Ende 1994 trat der Krieg in Tschetschenien hinzu.

Diese „heißen Punkte" auf dem GUS-Territorium haben nicht nur die Sicherheitspolitik Rußlands berührt (russische Truppen stehen in Transnistrien, Abchasien, Ossetien, Tadschikistan entweder im Rahmen von GUS-Friedenskontingenten oder im Rahmen bi- und multilateralen Grenzschutzes), sondern auch internationale Aktivitäten hervorgerufen (OSZE-Missionen in Tadschikistan, Transnistrien, Ossetien, Tschetschenien; demnächst sollen mehrere tausend Militärbeobachter einen Waffenstillstand in Berg-Karabach überwachen). In einigen Fällen berühren politische und ethno-territoriale Konflikte in der GUS die Sicherheitspolitik von Drittstaaten. So entstand eine enge Verflechtung zwischen dem Bürgerkrieg in Tadschikistan, dem politischen Chaos in Afghanistan und den dortigen Machtkämpfen. Die Bevölkerung Afghanistans setzt sich aus ethnischen Gruppen zusammen, die teilweise ihre Entsprechung in neuen Staatsnationen des exsowjetischen Zentralasien haben (Tadschiken, Usbeken, Turkmenen). Ein politischer und ethnischer Zerfall dieses Landes würde die noch sehr labile Staaten- und Nationengliederung in Zentralasien erheblich destabilisieren.

Zumindest potentielle Probleme aus der multi-ethnischen Zusammensetzung der Bevölkerung von GUS-Staaten in den Beziehungen über die Staatsgrenzen hinweg ergeben sich auch in der Nachbarschaft mit China. Dort leben in der Provinz Xinjiang-Uigur turksprachige Ethnien (Uiguren, Kirgisen, Kasachen u. a.), die ihre Entsprechung in den Titularnationen oder Minderheitengruppen zentralasiatischer GUS-Staaten haben. Antichinesische Unabhängigkeitsbewegungen in Xinjiang-Uigur könnten das Verhältnis dieser Staaten zum großen Nachbarn im Osten negativ beeinflussen. Die Probleme, die Moldova mit seinen Minderheiten und Minderheitengebieten hat, involvieren ebenfalls Drittstaaten außerhalb der GUS: Rumänien, die Türkei u. a. Der Karabachkonflikt drohte (seit der Besetzung aserbaidschanischen Territoriums durch karabach-armenische Truppen zunehmend), die Türkei und den Iran in das Kampfgeschehen zu verwickeln. Aserbaidschaner bilden nicht nur ein neues „Staatsvolk" im Kaukasus, sondern auch die größte ethnische Minderheit im Iran.

Die internationale Einbindung der GUS-Staaten besteht vor allem in ihrer Mitgliedschaft in der OSZE (ehem. KSZE) und in der UNO. Daneben gehören einige Staaten regionalen Kooperations- und Integrationsstrukturen wie der ECO zwischen zehn mittelöstlichen und zentralasiatischen Staaten, dem Schwarzmeer-Kooperationsrat, einer Kaspischen Gemeinschaft u. a. an. Die Steuerungskapazität internationaler und regionaler Organisationen in Hinsicht auf Friedenssicherung und Konfliktregulierung hält sich in Grenzen; dennoch ist solche internationale Einbindung junger Staaten mit großen Selbstbehauptungsproblemen unverzichtbars. Wichtig ist generell, daß nicht nur die Probleme und nationalen Interessen Rußlands von der Staatengemeinschaft berücksichtigt werden, sondern auch die der anderen sowjetischen Nachfolgestaaten.

Die wirtschaftliche Entwicklung in der GUS

Makroökonomische Instabilität

M. S. Gorbatschows [Gorbačevs] Projekt der „Perestroika" – der Umgestaltung des planwirtschaftlichen Systems der UdSSR in eine sozialistische Marktwirtschaft mit strukturbestimmender Rolle des Staates – hatte sich als nicht durchführbar erwiesen, weil es ihm nicht gelungen war, die Partei und die Nomenklatura-Oberschicht der Sowjetunion für dieses Ziel einer „konservativen Evolution" (Fadin) zu gewinnen. Bereits 1990 setzte als Folge nicht funktionierender Reformelemente sowie der Auflösung des RGW im gesamten Wirtschaftsraum der Sowjetunion ein Produktionsrückgang ein. Er verstärkte sich ab 1992, als in Rußland und dann auch mit gewissen Verzögerungen in den Nachfolgestaaten der UdSSR das planwirtschaftliche System fast vollständig demontiert wurde. In den Jahren 1993 und 1994 differierten die Produktionsrückgänge in den einzelnen GUS-Staaten, als die unterschiedlichen Ressourcenausstattungen und Strategien der Wirtschaftsreformen zur Auswirkung kamen.

Hauptursachen der Wirtschaftsdepression, die auch in den osteuropäischen Transformationsländern auftrat, waren:
- der Abbau der planwirtschaftlichen Lenkung ohne gleichzeitiges Entstehen marktwirtschaftlicher Institutionen;
- der Abbruch von gegenseitigen Lieferbeziehungen zwischen den Betrieben innerhalb der einzelnen Staaten sowie im zwischenstaatlichen Handel;
- die Reduktion der Rüstungsproduktion mit der Folge der Stillegung weiter Teile der Rüstungsindustrie;
- Rückgang der Investitionsnachfrage als Folge des Produktionsrückgangs als den Prozeß verstärkendes Element sowie als Folge der vergleichsweise hohen Rentabilität von Geld-

und Außenhandelsgeschäften gegenüber Investitionen in Sachanlagen;
- hoher Importdruck durch Wegfall der außenwirtschaftlichen Abschottung;
- Unrentabilität von breiten Teilen der Produktion beim Übergang zu Weltmarktpreisrelationen;
- Rückgang der Konsumnachfrage wegen zunehmender Verarmung breiter Bevölkerungskreise bei gleichzeitiger Ausdehnung der Selbstversorgung;
- Engpässe bei Rohstoffen und Energie in vielen GUS-Republiken durch Einschränkung der Belieferung aus Rußland bzw. wegen Zahlungsunfähigkeit der Abnehmerländer.

Sowohl die monopolistischen Strukturen auf den meisten Gütermärkten innerhalb der GUS als auch eine wenig restriktive Finanz- und Geldpolitik der neuen Staaten begünstigten inflationäre Tendenzen, die vielfach zu Hyperinflationen ausarteten. Die Importkonkurrenz vermochte nicht zur Preisdämpfung beitragen, da die inländischen Unternehmen nicht mit Preisanpassungen, sondern mit Produktionseinschränkungen und Produktion auf Lager reagierten. Dabei gewährten sich die Unternehmen gegenseitig Kredite und unterliefen durch diesen „Zahlungsstreik" die Anti-Inflationspolitik der Zentralbank ebenso, wie sie dem Konkurrenzdruck aus dem Ausland auswichen. Da auch Konkurse überschuldeter Unternehmen kaum durchgesetzt wurden, war der Zwang zu marktwirtschaftskonformem Verhalten gering.

Allerdings gab der Staat vielfach den Betrieben ein schlechtes Vorbild ab, da er selbst umfangreiche Notenbankkredite in Anspruch nahm, um die durch Steuereinnahmen nicht finanzierbaren Ausgaben zu decken. Erst allmählich setzte sich – teilweise durch Druck internationaler Geldgeber – die Erkenntnis der Notwendigkeit der staatlichen Finanzdisziplin durch. Wie in den Betrieben machte sich auch in den öffentlichen Verwaltungen der Mangel an für die neuen Aufgaben qualifiziertem Personal bemerkbar – viele Spezialaufgaben waren früher nur in der Moskauer Zentrale erledigt worden –, der (außerhalb Rußlands) noch durch Verdrängung russischsprachiger Spezialisten verstärkt wurde.

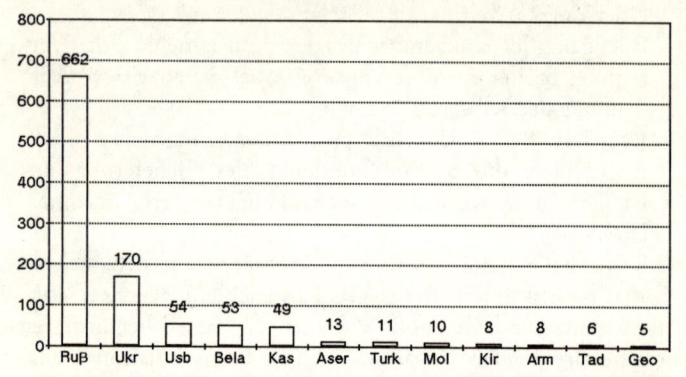

GUS: Bruttoinlandsprodukt 1994
(Zu Kaufkraftparität, US-$ von 1993)

Ruß	Ukr	Usb	Bela	Kas	Aser	Turk	Mol	Kir	Arm	Tad	Geo
662	170	54	53	49	13	11	10	8	8	6	5

Ab 1995 gibt es Anzeichen für eine Stabilisierung der Produktion, und für 1996 wird in einer Reihe von GUS-Staaten mit einem Wirtschaftsaufschwung gerechnet.

Die Wirtschaftspotentiale der GUS-Mitglieder

Es ist schwierig, die Sozialproduktdaten der nationalen Statistiken der GUS-Mitglieder zu vergleichen und zu gewichten. Die Wechselkurse der Nationalwährungen sind dazu nicht geeignet, da sie sich auf Grundlage eines sehr eng begrenzten Gütersortiments bilden. Bessere Anhaltspunkte liefern die von der Weltbank veröffentlichten Daten für das Bruttoinlandsprodukt pro Einwohner zu Kaufkraftparität (Purchasing Power Parity, PPP), die auf Preisvergleichen beruhen. Es wurde auf diese Weise ermittelt, was die gesamte Produktion eines Landes in US-$ kosten würde, wenn amerikanische Preise gelten würden. Wenn man diese – zuletzt für 1993 – publizierten Werte mit den Bevölkerungsdaten multipliziert und dabei den

Produktionsrückgang des Jahres 1994 berücksichtigt, ergeben sich folgende Werte für 1994 (US-$ zu Preisen von 1993):

Das Bruttoinlandsprodukt (BIP) der GUS-Staaten im Jahre 1994, berechnet zu Kaufkraftparitäten in US-$ zu Preisen von 1993

	BIP (Mrd. US-$)	BIP pro Einwohner (US-$)
Armenien	7,6	2100
Aserbaidschan	12,9	1700
Belarus	52,5	5100
Georgien	5,4	1000
Kasachstan	48,5	2800
Kirgistan	8,1	1800
Moldova	9,8	2300
Rußland	661,6	4400
Tadschikistan	6,3	1100
Turkmenistan	11,4	2800
Ukraine	170,2	3300
Usbekistan	54,4	2400
GUS insgesamt	1049,8	3700

Quelle: The World Bank Atlas 1995, Washington D. C. 1994 und eigene Berechnungen

Demnach werden 63% der gesamtwirtschaftlichen Produktionsleistung der GUS in Rußland erbracht, gefolgt von 16% in der Ukraine und jeweils rund 5% in Belarus, Kasachstan und Usbekistan. Eine überdurchschnittliche Produktion pro Einwohner weisen Belarus und Rußland auf, während die Pro-Kopf-Produktion in der Ukraine gegenüber diesen beiden Ländern zurückfällt. Die ehemals prosperierenden transkaukasischen Republiken Armenien und Georgien finden sich nun zusammen mit den zentralasiatischen GUS-Ländern in der Gruppe der Länder mit niedrigen Produktionsleistungen pro Kopf wieder.

Die Produktionsdaten sagen etwas über die wirtschaftliche Stärke und Bedeutung des Landes, aber nicht unbedingt etwas über die Lebenslage der Bevölkerung aus. Von der Produktion wird mitunter ein erheblicher Teil exportiert und in bestimmte

Wirtschaftssektoren investiert, während zum privaten Verbrauch vielfach weniger als die Hälfte zur Verfügung steht.

GUS: Bruttoinlandsprodukt pro Einwohner
(zu Kaufkraftparität, US-$ von 1993)

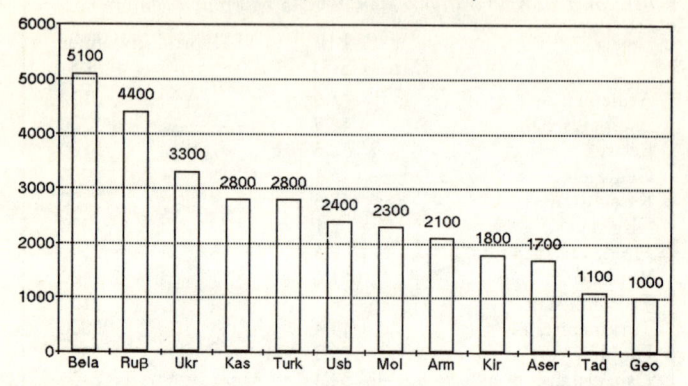

Bela	5100
Ruß	4400
Ukr	3300
Kas	2800
Turk	2800
Usb	2400
Mol	2300
Arm	2100
Kir	1800
Aser	1700
Tad	1100
Geo	1000

Andererseits existiert in allen GUS-Staaten eine ausgedehnte Schattenwirtschaft und ländliche Eigenproduktion, die von der amtlichen Statistik nur zum geringen Teil erfaßt und berücksichtigt wird. Sie verhilft großen Teilen der Bevölkerung zum Überleben, was nach den Daten der amtlichen Statistik nicht möglich wäre. Darauf wird im folgenden Abschnitt näher eingegangen.

Mafia, Schattenwirtschaft

Auch in der Sowjetunion hatte es halb- und illegale Formen privatwirtschaftlicher Betätigung gegeben. Nun aber entsteht in allen GUS-Republiken eine neue Art der „Schatten"- oder „Untergrundwirtschaft" („informeller Sektor", „Parallelwirtschaft"), deren Hauptmerkmal und Hauptursache die Vermeidung der Besteuerung ist. Sie schmälert die Staatseinnahmen, ist aber nicht nur negativ zu beurteilen, da sie einen großen Teil der Arbeitslosigkeit auffängt sowie das Überleben weiter Kreise der Bevölkerung gewährleistet. Der Umfang dieser

Schattenwirtschaft variiert – nach groben Schätzungen – in den einzelnen GUS-Staaten zwischen 20% und 60% des durch die amtliche Statistik erfaßten Sozialprodukts.

Durch den Wegfall staatlicher Kontrollmechanismen und begünstigt durch wenig verankerte ethische Normen kam es außerdem zu einem erheblichen Aufschwung der Wirtschaftskriminalität, wofür sich in den GUS-Ländern der Ausdruck „Mafia" einbürgerte. In einer frühen Phase, gegen Ende der Perestroika, ging es um Schutzgelderpressung bei neu gegründeten Kooperativen und Privatunternehmern, um Manipulationen im Bankenbereich (Geld- und Scheckfälschungen) oder um den privaten Verkauf staatlicher Rohstoffe. Später kamen betrügerische Außenhandelstransaktionen, die illegale Aneignung von Kapital im Privatisierungsprozeß sowie die Zusammenarbeit von mafiaähnlichen Gruppierungen über die Grenzen hinzu. Steigende Bedeutung hat der Handel mit Narkotika über die zentralasiatischen GUS-Staaten bis hin nach Westeuropa gewonnen. Eine Hauptroute führt von Afghanistan über Tadschikistan nach Rußland.

Die hohen Gewinne aus kriminellen Aktivitäten werden zu einem beträchtlichen Anteil wieder als Schmiergelder, aber auch zum Kauf von Aktien und Unternehmensanteilen im Privatisierungsprozeß investiert. Ein besonders düsteres Kapitel sind die „Auftragsmorde", denen neben Tausenden kleiner Angehöriger der kriminellen Milieus auch schon Dutzende Chefs von Privatbanken und Firmen zum Opfer gefallen sind.

Daß in den GUS-Ländern auch Angehörige des Staatsapparates mit der „Mafia" gemeinsame Sache machen und für Korruption anfällig sind, ist keine Besonderheit dieser Länder. Wenn allerdings höchste Repräsentanten des Staates (wie in Rußland Verteidigungsminister P. Gratschow [Gračev] sowie in Kirgistan und in der Ukraine jeweils ehemalige Ministerpräsidenten) der Korruption bezichtigt werden, ist damit unvermeidlich eine Diskreditierung des wirtschaftlichen Transformationsprozesses verbunden.

Soziale Lage der Bevölkerung

Der durchschnittliche Lebensstandard ging in den GUS-Ländern in unterschiedlichem Ausmaß zurück, wobei das Wohlstandsgefälle von Norden nach Süden erhalten blieb. Während in Rußland, Belarus und der Ukraine das Konsumniveau etwa um ein Drittel sank (bei erheblich zunehmenden Einkommensunterschieden) geriet die Bevölkerung der transkaukasischen und zentralasiatischen Länder an den Rand der vollständigen Verarmung und der Hungersnot. Benachteiligt sind überall soziale Gruppen wie Rentner, Alleinerziehende, Ältere und kinderreiche Familien sowie Angehörige der aus den Staatsbudgets finanzierten Dienstleistungen (z. B. Lehrer, medizinisches Personal), soweit sie nicht der oberen Verwaltung angehören, einträgliche Nebenbeschäftigungen ausüben oder von Verwandten im Ausland unterstützt werden.

Verläßliche Daten über die soziale Lage insgesamt gibt es nicht, jedoch eine Vielzahl von Einzelberichten über soziale Probleme. Die amtliche Statistik bietet – wie auch auf anderen Gebieten – ein verwirrendes Bild. Nach den Daten über die Preissteigerungen und die Geldeinkommen der Bevölkerung wären die Realeinkommen in allen GUS-Ländern seit 1990 (mit Ausnahme Rußlands) auf wenige Prozent gefallen. Ganz so kraß können die Einkommen aber nicht zurückgegangen sein, weil der Pro-Kopf-Verbrauch von Lebensmitteln längst nicht in diesem Ausmaß gesunken ist. Bei Brot (das teilweise noch nach der Freigabe der sonstigen Preise subventioniert und damit verbilligt wurde) sowie bei Kartoffeln ist der Konsum pro Einwohner praktisch gleich geblieben, bei Fleisch, Gemüse und Milchprodukten hat er sich um etwa ein Drittel (in den Bürgerkriegsrepubliken Armenien, Georgien und Tadschikistan um drei Viertel) vermindert. Zurückgegangen sind auch die Käufe von Textilien und Schuhen, wobei die Billigimporte aus der Türkei und China statistisch kaum erfaßt werden dürften.

Anzeichen für die Existenz steuerlich nicht deklarierter und daher statistisch nicht erfaßter Einkommen sind auch die Devisen- und Sparguthaben im Besitz der Bevölkerung und der zunehmende private Wohnungsbau.

Bei einem gesamtwirtschaftlichen Produktionsrückgang von durchschnittlich 50% in den GUS-Staaten im Zeitraum 1990-1995 wäre eine entsprechend hohe Arbeitslosigkeit von annähernd 50% des zuvor vollbeschäftigten Arbeitskräftepotentials zu erwarten gewesen. Dazu kam es jedoch nicht, sondern einerseits zu Arbeitslosigkeit im Betrieb (Kurzarbeit bzw. „unbezahlter Urlaub"), andererseits wurden alternative Beschäftigungsmöglichkeiten im Handel, privaten Kleinbetrieben, der häuslichen Landwirtschaft oder der erwähnten Schattenwirtschaft gefunden. Wenn es zu Entlassungen kam, waren Frauen als erste betroffen. Neueinstellungen erfolgen kaum noch, daher ist die Jugendarbeitslosigkeit hoch. Amtliche Daten über die tatsächliche Arbeitslosigkeit, die auch nur annähernd plausibel sind, werden in keinem Mitgliedsland der GUS veröffentlicht. Daher werden im folgenden eigene Berechnungen der Arbeitslosenquote zugrunde gelegt, die aus den amtlich publizierten Daten über das Arbeitskräftepotential und die Beschäftigtenzahl abgeleitet sind.

Infrastruktur, Umweltprobleme

Die schon zu Zeiten der Sowjetunion vernachlässigte nichtmilitärische Infrastruktur ist durch Rückgang der staatlichen Investitionen weithin in baufälligem und reparaturbedürftigem Zustand, was oft zu Unglücken wegen technischer Defekte führt. Der Eisenbahnverkehr funktioniert leidlich, beim Flugverkehr gibt es häufige Ausfälle. Schulen, Krankenhäuser und Verwaltungseinrichtungen sind in beklagenswertem Zustand, soweit sie nicht privatisiert wurden. Allerdings ist eine neue kommerzielle Infrastruktur im Telekommunikationsbereich und Bankenbereich im Entstehen.

Nach der Lockerung der Geheimhaltung von Umweltschäden und -katastrophen kommen immer mehr Einzelheiten über den beklagenswerten Zustand der Natur in den Staaten der GUS zum Vorschein. An erster Stelle stehen chemische und radioaktive Verseuchung weiter Landstriche sowie Schädigungen des Wasserhaushalts bzw. des Bodens, die durch fragwürdige Großprojekte wie Kanal- und Dammbauten oder die Anlage von Monokulturen verursacht wurden. Gesundheitsschäden bis hin zu Erbschäden sind vor allem in den zentralasiatischen GUS-Republiken die Folge. Hierauf wird in den Länderkapiteln näher eingegangen.

Westliche Hilfe

Westliche Hilfe besteht aus Finanzzuschüssen, Krediten sowie Beratungsmaßnahmen, die entweder multilateral (durch internationale Organisationen) oder bilateral (durch einzelne Länder) gewährt werden. Bei der Beratung stehen die makroökonomische Stabilisierungspolitik, die Privatisierung, der Aufbau von mittelständischen Strukturen sowie der Aufbau von Verwaltungsstrukturen im Vordergrund. Sie geschieht durch Entsendung von Experten zu den entsprechenden Partnerorganisationen bzw. durch Erstellung von Studien. Der Umfang der Hilfen aus öffentlichen Mitteln an GUS-Länder (Von 1989 bis 1995 etwa 100 Mrd. US-$) übersteigt die privaten Direktinvestitionen von Unternehmen aus westlichen Ländern (in der Größenordnung von 5 bis 10 Mrd. US-$ im gleichen Zeitraum) um ein Vielfaches.

Die wichtigsten internationalen Hilfsorganisationen sind die Weltbank, der Internationale Währungsfonds (IWF), die Europäische Bank für Wiederaufbau und Entwicklung (European Bank for Reconstruction and Development, EBRD) sowie die Europäische Union (EU). Die International Finance Corporation (IFC) beteiligt sich mit 25% an der Finanzierung privatwirtschaftlicher Investitionen.

Bei der bilateralen Hilfe stand bislang die Bundesrepublik an erster Stelle, die an GUS-Länder in den Jahren 1989–1993 staatliche Kredite und Finanzhilfen in Höhe von rund 54 Mrd. DM (ohne 15 Mrd. DM für den Truppenabzug aus der ehemaligen DDR) vergeben hatte. Davon waren 38 Mrd. DM auf Kredite, Kreditgarantien und Exportbürgschaften entfallen, 8 Mrd. auf Schuldenerlasse und Zinssubventionen, 4 Mrd. auf Beratungsmaßnahmen und weitere 4 Mrd. auf humanitäre Hilfe. In der Bundesrepublik ist für die Koordinierung und Umsetzung öffentlicher Hilfen vor allem die Kreditanstalt für Wiederaufbau (KfW), die Treuhand Osteuropa Beratungsgesellschaft (TOP) sowie die Deutsche Investitions- und Entwicklungsgesellschaft mbH (DEG) tätig. Die deutsche Wirtschaft hat eigene Kooperationsbüros in Deutschland sowie in GUS-Staaten eingerichtet.

Die westlichen Hilfen haben vielfache Kritik auf sich gezogen. Bemängelt werden Konzeptionslosigkeit, unzulässige Übertragung von Konzepten der Entwicklungshilfe auf die andersartigen Verhältnisse der GUS-Staaten sowie mangelnde Erfolgskontrolle der Projekte. Bei den Finanzhilfen wird auf den großen Anteil von Krediten zu marktüblichen Bedingungen und von Exportvergünstigungen für im Westen ansässige Betriebe bemängelt, die fälschlich als Hilfen deklariert werden. Außerdem wird auf die hohen Honorare an westliche Beratungsfirmen für wenig hilfreiche Expertisen aufmerksam gemacht. Es wird von den Kritikern stattdessen der Standpunkt vertreten, daß eine Öffnung der westlichen Märkte für die Exportprodukte der GUS-Länder wirksamer sei als eine Fortsetzung der Hilfe in der bisherigen Weise.

Die wirtschaftliche Integration der GUS-Staaten

Arbeitsmarkt, Kapitalmarkt, Handel

Trotz einer gewissen Fluktuation von Arbeitskräften zwischen den Nachfolgestaaten der UdSSR kann gegenwärtig nicht von einem gemeinsamen Arbeitsmarkt die Rede sein. Hinderlich sind vor allem die noch bestehenden Zuzugsbeschränkungen und der sie begründende Wohnungsmangel. Dabei scheint die gegenseitige Anerkennung von Qualifikationsnachweisen und Rentenansprüchen geringere Probleme zu bereiten. Auch von einem gemeinsamen Kapitalmarkt kann nicht gesprochen werden, wenn auch grenzüberschreitende Unternehmensbeteiligungen (z. B. von russischen Firmen an Unternehmen in Kasachstan oder der Ukraine) immer häufiger gemeldet werden.

Der Intra-GUS-Handel wird zum Teil in bilateralen staatlichen Verträgen festgelegt, die noch ein Relikt des alten Staatshandelssystems sind. Während sie noch 1992 etwa 80% des Warenaustausches betrafen, ist dieser Anteil 1994 auf unter 50% zurückgegangen bei weiter fallender Tendenz. Da den GUS-Staaten die Instrumente fehlen, um abgeschlossene Lieferverträge durchzusetzen, ist eine weitere Kürzung der Warenlisten, für die staatliche Lieferverträge abgeschlossen werden, absehbar. Eine wichtige Bedeutung haben die Handelsverträge dagegen noch in der Festlegung von Listen „strategisch wichtiger" Waren, die aus Rußland nur bis zu einer bestimmten Quote in das jeweilige Land ausgeführt werden dürfen, weil ihre Preise unter den Weltmarktpreisen liegen. 1995 soll es sich dabei nur noch um Erdöl und Erdgas sowie daraus hergestellte Produkte der ersten Verarbeitungsstufe handeln. Daneben werden in den Handelsabkommen der GUS-Mitglieder mit Rußland die Lieferungen für den „staatlichen Bedarf" geregelt. Neben den bilateralen Handelsabkommen bestehen auch multilaterale Wirtschaftsabkommen, die die Kooperation der GUS-Mitglieder auf einigen Gebieten erleichtern sollen. Dabei geht es u. a. um gegenseitige Steuerbefreiungen bei der Weiterverarbeitung von importierten Erzeugnissen, die Gewährung des Inländerstatus für Investoren aus anderen GUS-Staaten sowie die Förderung transnationaler Unternehmen aus GUS-Mitgliedsländern.

Währungssysteme, Zahlungsverkehr, Zahlungsunion

In den Jahren 1992 und 1993 kam es durch Iniative Rußlands zur Auflösung der Rubelzone, in deren Folge zur Einführung eigener Währungen durch die Staaten der GUS (nur Tadschikistan benutzte noch bis 1994 als nationale Währung den russischen Rubel). Zwar haben sich inzwischen auch freie Märkte für die GUS-Währungen herausgebildet, doch ist offenbar das Vertrauen in die Kursbildung auf diesen Märkten noch gering, so daß für die Verrechnung von grenzüberschreitenden Warenlieferungen diese Kurse bislang kaum zur Anwendung kommen. Auch die Verrechnung über Devisenkonten (d. h. unter Benutzung von Währungen westlicher Länder) hat keine große Bedeutung. Sehr verbreitet ist dagegen die bilaterale Verrechnung auf Rubelbasis über Verrechnungskonten, die bei den Banken der beteiligten Länder oder bei der russischen Zentralbank eingerichtet wurden.

Zollunion, Freihandelszone, Wirtschaftsunion

Die Mitgliedsstaaten der GUS erheben zwar untereinander Zölle – vor allem auf Ausfuhrerzeugnisse – bzw. wenden Quoten und Lizenzen an, um die im eigenen Lande hergestellten Erzeugnisse vorrangig für den Binnenmarkt zu reservieren. Dies betrifft vor allem den russischen Export von Energierohstoffen wegen der unterhalb der Weltmarktpreise liegenden Binnenpreise, die ansonsten die Belieferung des Binnenmarktes verhindern würden. Die angestrebte Abschaffung der Zölle innerhalb der GUS ist für Rußland als dem Hauptexporteur von Energieträgern nur aktzeptabel, wenn sich die russischen Energiepreise, die gegenüber GUS-Mitgliedern sowie gegenüber Staaten außerhalb der GUS berechnet werden, weitgehend an das Weltmarktpreisniveau angenähert haben. Erst dann wird auch der unerlaubte Reexport russischer Energieträger durch GUS-Mitglieder in Staaten außerhalb der GUS aufhören, der gegenwärtig durch von Rußland erhobene Ausfuhrzölle nur teilweise unterbunden werden kann.

Als Ersatz für den ehemals einheitlichen Wirtschaftsraum der UdSSR ist eine „Freihandelszone" innerhalb der GUS im Gespräch. Gemäß dem im April 1994 getroffenen Abkommen über eine GUS-Freihandelszone sollen – abgesehen von den Zöllen im Handel zwischen den GUS-Staaten – auch mengenmäßige Beschränkungen und Lizenzen abgebaut werden und es sollen keine Transitgebühren erhoben werden, die über die Transporttarife im Inland hinausgehen. Die Freihandelszone wird als Übergangsetappe zu einer Zollunion betrachtet, die auch gemeinsame Außenzölle gegenüber Drittländern einschließen soll. Für diesen weitergehenden Schritt sind jedoch keine Fristen vereinbart worden. In Rußland sieht man im Zusammenhang mit einer GUS-Zollunion allerdings auch die Gefahr einer erschwerten Vereinbarkeit mit westlichen Vertragswerken wie GATT und EU. Bei Agrarerzeugnissen wurde bis vor kurzem nicht an einen Abbau der Ausfuhrzölle gegenüber anderen GUS-Mitgliedern gedacht, weil die Versorgung der eigenen Bevölkerung Vorrang genießen sollte. Der GUS-Rat für den agroindustriellen Komplex beschloß im März 1995 jedoch die schrittweise Senkung der Einfuhrzölle innerhalb der GUS sowie gleiche Zollsätze für Importe aus dem „fernen Ausland".

Allerdings muß bezweifelt werden, daß eine Freihandelszone zustande kommen kann, solange die tiefgreifenden Unterschiede in den Wirtschaftsstrukturen der GUS-Mitglieder nicht durch irgend eine Form von Subventionen wenigstens teilweise ausgeglichen werden. Dasselbe gilt auch für den seit

1993 diskutierten Plan einer Wirtschaftsunion der GUS, der die Krönung der wirtschaftlichen Integrationsabsichten darstellt. Diese Wirtschaftsunion soll alle Bereiche wirtschaftlicher Zusammenarbeit, den Handel, die industrielle Kooperation sowie die monetäre Steuerung umfassen. Kernpunkt der Wirtschaftsunion sind die Handelsliberalisierung, also der Abbau der seit dem Zerfall der Sowjetunion zwischen den Nachfolgestaaten aufgebauten Handelsschranken sowie eine Zollunion gegenüber den Staaten außerhalb der GUS. Als Fernziel ist die Koordinierung und spätere Vereinheitlichung der Wirtschaftspolitik im GUS-Raum vorgesehen. Zweifel an den Realisierungschancen einer umfassenden Wirtschaftsunion der GUS weckt der Umstand, daß kein „Fahrplan" für den Einigungsprozeß ausgearbeitet wurde. In Berücksichtigung der sehr unterschiedlich ausgeprägten Bereitschaft der einzelnen Mitgliedsstaaten zu einer Abgabe von nationaler Souveränität an übernationale Einrichtungen (die man als von Rußland dominiert argwöhnt) wurden auch unterschiedliche Geschwindigkeiten bei der Verwirklichung der Wirtschaftsunion für die einzelnen Länder toleriert. Tatsächlich zeichnet sich Anfang 1995 ab, daß in Nachfolge der schon vereinbarten Zollunion noch am ehesten eine Wirtschaftsunion zwischen Belarus, Kasachstan und Rußland zustande kommen wird. Die Haltung der Ukraine war bislang häufigen Wandlungen unterworfen und ist schwer zu prognostizieren.

Die Mitgliedsstaaten der GUS

Armenien

Staatsname	Republik Armenien
Staatsname in Landessprache	Hajastani Hanrapetuthjun
Amtssprache	Armenisch
Schrift	Armenisch
Währung Wechselkurs Ende 1995	Dram (seit November 1993); 400 pro US-$
Fläche	29 800 km² (BRD: 357 000)
Hauptstadt	Jerewan (Eriwan) (1,2 Mio.)
Großstädte	Gumri/Kumairi, 1924–91: Leninakan (120 000) Wanadsor, 1935–1991: Kirowakan (100 000)

Einwohnerzahl (1994)	3,6 Mio.
Glaubensgemeinschaften (1989)	
Christen	95–97%
Muslime	3–4%
Nationalitätenanteile (1989)	
Armenier	93,6% (1995: etwa 96%)
Aseri	2,6% (1995: nahe Null)
Russen	1,6%
Kurden	1,7%
Stadt-Land-Verteilung (1989)	
Stadtbevölkerung	68%
Landbevölkerung	32%
Bevölkerungswachstum	
Durchschnitt 1980–1989	0,8%
Durchschnitt 1990–1994	0,9%
Bevölkerungsdichte (1994)	121 Einwohner pro km²

Altersgruppen (1989)	
bis 9 Jahre	20,7%
10–19 Jahre	17,3%
20–39 Jahre	34,3%
40–59 Jahre	18,8%
über 60 Jahre	8,9%
Geburtenrate (1994)	13,5 pro 1000 Einwohner
Kindersterblichkeit (1993)	17,1 pro 1000 Geborene
Lebenserwartung (1989)	72 Jahre (m 68; w 75)
Mittl. Familiengröße (1989)	4,7 Personen
Unabhängigkeitserklärung	23. 9. 1991
Neue Verfassung	Juli 1995
Staatsoberhaupt	Präsident Lewon Ter-Petrosjan
Letzte Parlamentswahlen	Juli 1995
Parteien:	Armenische Nationale Bewegung (Regierungspartei); Daschnaktsutiun (Hauptoppositionspartei, Ende 1994 verboten)

Territorium

A. ist flächenmäßig der kleinste sowjetische Nachfolgestaat und umfaßt nur einen Teil des Territoriums, auf dem sich die Geschichte der Armenier abgespielt hat. Als geographischer Terminus bezeichnet A. das Ararat-Hochland zwischen Anatolien und dem Iran, dem Kaukasusgebirge und der mesopotamischen Tiefebene. Die heutige Republik A. umfaßt nur dessen nordöstlichen Teil, das Hochland um den Sewansee, eine karge Landschaft mit Tuff- und Lavaplateaus und Vulkankegeln. Der heilige Berg der Armenier, der Ararat, liegt jenseits des armenischen Staatsterritoriums in der Türkei. Die höchste Erhebung in A. bildet der Aragats (4095 m), ein erloschener Vulkan nordwestlich von Jerewan. Die Bergzüge des Kleinen Kaukasus sind seismisch sehr aktiv. Das letzte größere Erdbeben ereignete sich 1988. Nach Süden und Südwesten reicht das Territorium A.s in die Ararat-Ebene am Fluß Arax und an die

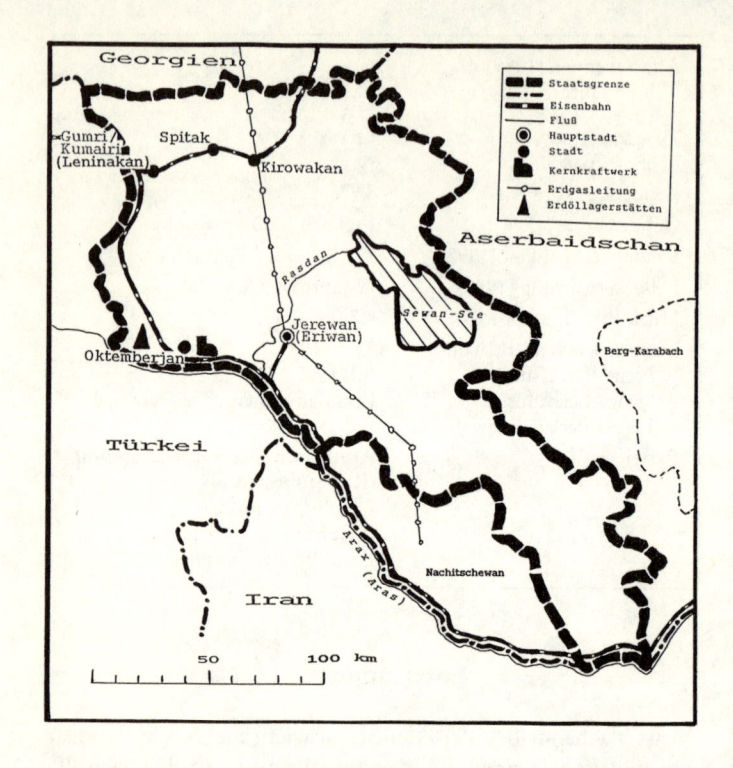

Grenze zum Iran. Sie ist eine der dichtest bevölkerten Gebiete der ehemaligen Sowjetunion.

Das Wassersystem wird vom Sewansee dominiert, einem der höchsten Bergseen der Erde und dem größten See Transkaukasiens. Der von zahlreichen Gebirgsflüssen gespeiste Hauptfluß Arax folgt der Grenze A.s mit der Türkei, der aserbaidschanischen Exklave Nachitschewan und dem Iran. Er mündet ins Kaspische Meer. Das Klima ist kontinental mit trockenen heißen Sommern und kalten Wintern. Die jährliche Niederschlagsmenge ist sehr gering. Klima und Bodenbeschaffenheit erweisen sich für die Landwirtschaft als ungünstig.

Neben Naturschönheiten wie dem Berg Aragats oder dem Sewansee lohnt der Besuch einer Vielzahl von Baudenkmälern aus der wechselvollen Geschichte des Landes oder der Kurorte an Mineralwasserquellen.

Die Hauptstadt Jerewan (Eriwan), in vorsowjetischer Zeit eine kleine und unbedeutende Provinzstadt, hatte unter den sowjetischen Großstädten eine der rasantesten Bevölkerungszunahmen.

Das Eisenbahnnetz umfaßt 800 km und ist vollständig elektrifiziert. Die Eisenbahnverbindungen über Nachitschewan nach Aserbaidschan sowie von Kumairi in die Türkei sind seit Beginn des Karabach-Konflikts unterbrochen worden. In Betrieb ist eine Eisenbahnlinie sowie eine Erdgasleitung, die von Rußland über Georgien führt. Der Bau einer Brücke über den Arax an der Grenze zum Iran hat die Ausweitung des Iranhandels ermöglicht; solange die Verkehrswege nach Aserbaidschan blockiert sind, stellt die Straßenverbindung zum Iran die Hauptversorgungslinie des Landes dar.

Bevölkerung

Mit seiner Bevölkerungsstruktur stellt A. eine Besonderheit unter den sowjetischen Nachfolgestaaten dar. Während alle übrigen GUS-Staaten Vielvölkergebilde sind, ist A. mit einem armenischen Bevölkerungsanteil von über 95% ein ethnisch nahezu homogener Nationalstaat. Es existieren heute – nach einer erheblichen Verminderung des aserbaidschanischen Bevölkerungsanteils in A. aufgrund der Auswirkungen des Karabachkonflikts – keine größeren Minderheitengruppen mehr. Trotz dieser Homogenität hat sich die Entwicklung in A. aufgrund der Wirtschaftsmisere und der Auswirkungen des Karabachkonflikts als sehr instabil erwiesen, und sehr viele Armenier haben das Land nach der Erlangung seiner Unabhängigkeit verlassen.

A. hat mit 121 Einwohnern pro km² nach Moldova die zweithöchste Bevölkerungsdichte. Es wurde in sowjetischer Zeit weitgehend urbanisiert und industrialisiert. Fast 70% der Bevölkerung lebten in Städten. Mit einigen demographischen Merkmalen – Familiengröße, Altersgruppen – teilen die nach

Europa orientierten Armenier eher Züge einer traditionellen Gesellschaft orientalischen Typs. Allerdings verfügt das armenische Volk schon seit längerer Zeit über eine besonders breite Intelligenzschicht. In sowjetischer Zeit gehörte A. zu den Unionsrepubliken mit dem höchsten Bildungsniveau.

Ein wesentliches Merkmal des armenischen Volkes ist seine weitgestreute Diaspora. Mehr als die Hälfte der Armenier leben außerhalb A.s in verschiedenen Teilen der Welt, darunter in Rußland und anderen GUS-Staaten. 1989 lebten über 390 000 Armenier in Aserbaidschan, 437 000 in Georgien, 532 000 in Rußland und 105 000 in Zentralasien. Diese Zahlen haben sich aufgrund der interethnischen Konflikte bei und nach dem Zerfall der Sowjetunion geändert. Größere armenische Diasporagruppen bestehen seit langem im Nahen Osten, in Indien, in Westeuropa (in Frankreich 180 000 Armenier) und in den USA (über 500 000). Diese Diaspora ist ein Resultat der über weite Strecken tragischen armenischen Geschichte. Die Zahl der Armenier weltweit wird insgesamt auf über acht Mio. geschätzt.

A. hatte den kleinsten russischen Bevölkerungsanteil unter den sowjetischen Nachfolgestaaten. Er ist inzwischen aufgrund von Auswanderung auf unter 25 000 Personen gesunken. Die Auswanderung aus A. ist aber vor allem unter den Armeniern selber sehr hoch. Nach der Erlangung der Unabhängigkeit haben Hunderttausende vor allem aus wirtschaftlichen Gründen das Land verlassen. Nach einer Meinungsumfrage des Zentrums für Sozialforschung der Armenischen Akademie der Wissenschaften bekundeten 1991 nur 3% der Armenier Auswanderungsbereitschaft, 1992 stieg die Quote auf 10% und schnellte ein Jahr später auf 70% hoch.

Geschichte

Die heutige Republik A. bildet nicht die historische Kernzone der armenischen Geschichte, die eher in Anatolien als im Kaukasus lag. Die Armenier sind ein indoeuropäisches Volk, von dem angenommen wird, daß es um 1200 v. Chr. nach Kleinasien eingewandert ist. Ihre Eigenbezeichnung lautete „haj"; ähnlich klingende Ethnonyme finden sich in alten akkadischen und hethitischen Quellen.

Eine armenische Staatsgeschichte wird seit dem 4. Jh. v. Chr. an erkennbar, und im zweiten Jh. v. Chr. entstanden unter Abhängigkeit vom römischen Imperium zwei armenische Königreiche. Sie wurden unter König Tigran II. (95–54 v. Chr.) zu einem Reich vereint, das sich vorübergehend sogar Syrien, Libanon und andere Länder des Vorderen Orients unterwarf. 387 n. Chr. wurde der armenische Staat zwischen Rom und Persien aufgeteilt. Der größte Teil fiel an Persien.

Zuvor war mit der Christianisierung eine Wende in der armenischen Geschichte eingetreten. Vermutlich im Jahre 301 (jedenfalls zwischen 284 und 314) hatte das Land das Christentum als Staatsreligion angenommen. A. kann damit die älteste christliche Landeskirche für sich beanspruchen. Sie sollte sich in der wechselvollen Geschichte der Armenier als das Zentrum nationaler Existenz erweisen. Mit der Christianisierung war die Schaffung einer armenischen Schriftsprache mit eigenem Alphabet verbunden. Nach der Teilung von 387 wurde der Sitz der Landeskirche in Etschmiadsin zum nationalen Zentrum.

Das „goldene Zeitalter" A.s war das europäische Hochmittelalter. Unter der Dynastie der Bagratiden konnte sich A. im 9. Jh. von arabischer Herrschaft befreien und seine zuvor getrennten Landesteile wieder zu einem Königreich mit der Hauptstadt Ani (beim Berg Ararat) vereinen, das sich vom Kaspischen Meer im Osten bis fast ans Mittelmeer im Westen nach Kleinasien hinein erstreckte. An diesem „Großarmenien" orientieren sich völlig unrealistische Vorstellungen einiger späterer Nationalisten. Seit dem 11. Jh. herrschten dann wieder fremde Mächte – Byzanz, Seldschuken, Mongolen, Perser u. a. – über die armenischen Territorien. Einen eigenen armenischen Staat sollte die politische Landkarte Vorderasiens vor dem 20. Jh. nicht mehr aufweisen.

Im 16. und 17. Jh. wurde A. zum Objekt der Rivalität zwischen dem Osmanischen Reich und dem Iran. Sie führte zur

Aufteilung armenisch besiedelter Territorien zwischen den beiden Mächten, wobei die meisten Gebiete mit Ausnahme von Jerewan, Nachitschewan und Karabach unter osmanische Herrschaft kamen. Kleinere armenische Fürstentümer konnten unter iranischer Oberherrschaft einen gewissen Grad an Unabhängigkeit bewahren und wurden zum Ausgangspunkt einer armenischen Unabhängigkeits- und Einigungsbewegung, die sich an europäische Mächte und an den russischen Zaren um Unterstützung wandte.

Mit Rußland waren Armenier schon lange durch Handelsbeziehungen in Berührung gekommen. Sie beherrschten die Märkte für bestimmte Waren in russischen Städten. Im 18. Jh. rückte der Kaukasus ins Blickfeld der Zaren. Insbesondere unter Katharina II. wandte sich die russische Reichspolitik der Expansion nach Süden zu und kollidierte mit der Türkei und dem Iran in einer Reihe von Kriegen. Die Armenier begrüßten die russische – aus ihrer Sicht christliche – Machtentfaltung im Orient. Nach der Einverleibung Georgiens dehnte Rußland seine Macht in den östlichen Transkaukasus aus und unterwarf sich Gebiete mit einer Mischbevölkerung aus Muslimen und Armeniern. Ein Krieg mit Persien 1828 endete mit einer dauerhaften Demarkationslinie zwischen russischen und iranischen Territorien am Arax. Dabei wurden die Gebiete von Jerewan, Nachitschewan und Karabach als „Armenische Provinz" zum Bestandteil des Zarenreiches. In dieses Russisch-Armenien mit seiner ethnischen und konfessionellen Mischbevölkerung wanderten in der folgenden Zeit Armenier aus der Türkei und aus dem Iran ein. Die Bevölkerungsstrukturen veränderten sich unter russischer Oberherrschaft. Lebten 1827 in der Provinz Jerewan kaum 20 000 Armenier, waren es am Ende des 19. Jh. bereits 700 000. Diese Veränderungen schufen die Grundlage für einen armenisch-aserbaidschanischen Gegensatz. Interethnische Spannungen wurden durch soziale Gegensätze verschärft oder hervorgerufen. Die Armenier stellten im 19. Jh. im Kaukasus bürgerliche Eliten, vor allem in den Großstädten Tiflis und Baku. In den ländlichen armenischen Gebieten bildeten allerdings Bauern, die muslimischen Grundherrn untertänig waren, die Masse der Bevölkerung.

Eine Eigentümlichkeit in der Geschichte der Armenier war ihre frühe und breite Bildungsentwicklung. Sie wurde anfangs vor allem von der Kirche getragen. Zentren armenischer Kultur und einer frühen Aufklärungsbewegung lagen vor dem 19. Jh. in der Diaspora, im indischen Madras oder in Venedig (wo 1512 das erste gedruckte Buch in armenischer Sprache erschien), in Amsterdam, Konstantinopel, Isfahan und Smyrna. Unter russischer Oberherrschaft entstanden im 19. Jh. drei armenische Bildungszentren: die Lasarew-Akademie in Moskau, die Nersisian-Akademie in Tiflis und das Seminar in Etschmiadsin im Zentrum der armenischen Kirche. Gebildete Armenier spielten eine bedeutende Rolle in den Modernisierungsbestrebungen der Reiche, in denen sie lebten, d. h. in Rußland, im Osmanischen Reich und im Iran.

So verfügte das armenische Volk bereits über eine bemerkenswerte Intelligenzschicht, als im 19. Jh. das „nationale Erwachen" einsetzte. Es richtete sich im Falle Armeniens nicht so sehr gegen die von vielen Armeniern als Schutzherrschaft angesehene russische Oberherrschaft, sondern gegen die Herrschaft des Sultans über die Landsleute in der Türkei, die seit den siebziger Jahren des 19. Jh. Repressionen ausgesetzt waren. Die „armenische Frage", die nun Eingang in europäische Großmachtpolitik fand, bezog sich auf die rechtliche Stellung der Armenier im Osmanischen Reich, das einen zunehmenden Machtverfall erlebte und mit seinen ethnischen und religiösen Minderheiten in Konflikt geriet.

Die armenischen Erwartungen in die russische Oberherrschaft erfüllten sich nicht. Als die zaristischen Behörden zunehmend in die inneren Angelegenheiten der armenischen Gebiete eingriffen, vor allem in die Eigentumsrechte der Kirche und das nationale Bildungswesen, bekam der armenische Nationalismus auch eine antizaristische Ausrichtung. Die Verstaatlichung des armenischen Kircheneigentums 1903 brachte die Armenier gegen Rußland auf und ließ sie mit revolutionären Parteien sympathisieren. Solche Parteien hatten sich unter der armenischen Intelligenzia in verschiedenen Teilen der Welt um die Jahrhundertwende gebildet: in Genf die Huntschakian-Partei und 1890 in Tiflis die „revolutionäre Föderation" (Daschnaktsutiun). Als die interethnischen Spannungen zwischen Armeniern und Muslimen von den zaristischen Behörden noch angestachelt und anti-armenische Pogrome in Baku und Nachitschewan organisiert wurden, erlitt das Bild vom russischen Schutzherrn zusätzlich Schaden. Daß es nicht völlig zerbrach, lag an der ungleich schlimmeren Gewalt, die im Osmanischen Reich an den Armeniern ausgeübt wurde. Zu Beginn des ersten Weltkriegs lebten etwa 45% der Armenier auf türkischem Staatsterritorium, ebenso viele auf russischem.

In der Türkei kam es 1915 zu jenem Völkermord, der als das „große Unheil" den Mittelpunkt des armenischen Geschichtsbewußtseins bildet. Dieser Tragödie wird weltweit in armenischen Gemeinden am 24. 4. gedacht. Nationalistische jungtürkische Kräfte hatten die Deportation von Armeniern aus Anatolien organisiert, die als „fünfte Kolonne" der Feindmacht Rußland in der Türkei angesehen wurden. Bei der massenhaften Verschleppung in die mesopotamische Wüste, durch Übergriffe türkischer und kurdischer Truppen, durch Hunger und Erschöpfung kamen über eine Mio. Menschen ums Leben. Die armenische Bevölkerung der ostanatolischen Provinzen (Van, Bitlis, Erzerum, Harput, Sivas, Diyarbakir, Trapezunt) wurde vernichtet.

Der erste Weltkrieg, der Zusammenbruch des zaristischen Systems, die Oktoberrevolution und der Bürgerkrieg führten im Transkaukasus zu extremen Wirren und Konflikten. Die transkaukasischen Länder trennten sich von Rußland und bildeten eine kurzlebige Transkaukasische Föderative Republik, die an inneren Gegensätzen und äußerem Druck sehr bald wieder zerbrach. A. deklarierte am 28. 5. 1918 seine Eigenstaatlichkeit als „Republik Armenien". Nach Unterzeichnung eines Friedensvertrags mit der Türkei blieben ihr als Staatsterritorium ganze 9000 km^2 um Jerewan und den Sewansee. Es vergrößerte sich später auf 21 000 km^2 (Anschluß von Nachitschewan, Kars und Scharur im April 1919).

Während Georgien und Aserbaidschan Anlehnung an fremde Mächte wie Großbritannien, Deutschland und Türkei fanden, war A. auf sich selber angewiesen und bekam seine fatale geopolitische Situation zu spüren, mit der es sich auch heute wieder auseinanderzusetzen hat. Es orientierte sich nach Westeuropa, bekam aber keine wirksame Hilfe von dort. Sein soziales und wirtschaftliches Leben wurde durch ein gewaltiges Flüchtlingsproblem belastet. Von den damals etwa 750 000 Einwohnern waren etwa 300 000 Flüchtlinge. Die Republik konnte diese Menschen nicht ernähren. In den ersten 18 Monaten der Unabhängigkeit kamen rund 20% der Bevölkerung A.s ums Leben. Zudem war das Land in Territorialkonflikte mit der Türkei, Aserbaidschan und Georgien verwickelt und befand sich auch nach Beendigung des Weltkriegs im Kriegszustand. Es wurde vor allem durch eine Allianz zwischen den russischen Bolschewiki und der kemalistischen Türkei bedroht. Auch die internationale Regelung der Selbstbestimmungsrechte der Armenier war für A. enttäuschend. Sah der Friedensvertrag von Sèvres zwischen den Siegermächten des ersten Weltkriegs und der Türkei 1920 noch die Schaffung eines armenischen Nationalstaats und eines effektiven Minderheitenschutzes der in der Türkei verbliebenen Armenier vor, fand die armenische Frage in dem Vertrag von Lausanne zur endgültigen Regelung der türkischen Frage 1923 keine Erwähnung.

Die aus der revolutionären Bewegung (Daschnaktsutiun) rekrutierte Regierung war mit den Problemen der von allen Seiten bedrohten und blockierten Republik überfordert und übergab im November 1920 die Macht an die Bolschewiki und die Rote Armee, die zuvor in Aserbaidschan ein Sowjetregime etabliert hatten.

Die Armenische Sowjetrepublik

Die sowjetische Regierung verletzte bald die Versprechungen, unter denen diese Machtübergabe erfolgt war. Die Daschnaken und andere nationale Kräfte wurden verfolgt. Mit der Türkei verständigte sich Moskau 1921 über Gebietsregelungen in Transkaukasien, die armenischen Ansprüchen eine Absage erteilte. Später wurde auch über den umstrittenen Status des damals zu 93% armenisch besiedelten Gebiets Berg-Karabach zugunsten Aserbaidschans entschieden.

1922 wurde Transkaukasien in Gestalt einer Sowjetischen Sozialistischen Föderation in die neugegründete Sowjetunion integriert. Die von Stalin erzwungene regionale Zwangsvereinigung bestand bis 1936. Danach wurden A., Georgien und Aserbaidschan zu Unionsrepubliken.

Die zwanziger Jahre waren für A. eine Periode des Wiederaufbaus nach einer Zeit der totalen physischen Erschöpfung. Das betraf z. B. das Wirtschaftsleben, in dem unter den Bedingungen der Neuen Ökonomischen Politik privatwirtschaftliche Sektoren erhalten blieben. Auch dem nationalen Kulturleben wurden unter der im Vergleich zu späteren Perioden liberalen Nationalitätenpolitik der frühsowjetischen Zeit Freiräume gewährt. Besonders weit ging in A. die sogenannte „Einwurzelung" (russ. [korenizacija]), d. h. der Aufbau nationaler Kader im Partei- und Staatsapparat der Sowjetrepubliken. Fast das gesamte Personal in diesem Bereich wurde in A. mit Armeniern besetzt. Armenier spielten auch in den zentralen Machtstrukturen der UdSSR und der KPdSU eine relativ große Rolle. Gleichzeitig erlebte das Land politische und kulturelle Repressionen. Die Verfolgung der Kirche begann in dieser Zeit: 1928 wurde das Kloster von Etschmiadsin enteignet.

Die Zwangskollektivierung der Landwirtschaft seit 1929 stieß in A. auf Widerstand, der in einigen Regionen Armenier und Muslime zusammenführte und bis 1934 anhielt. Die gleichzeitige Industrialisierung veränderte die Wirtschaftschaftsstrukturen radikal. Aus dem überwiegend agrarischen Land wurde einer der am höchsten industrialisierten Gliedstaaten der Sowjetunion mit Schwerpunkten in Jerewan und Leninakan.

Wie in anderen Unionsrepubliken liquidierten „Säuberungswellen" auch in A. das aus Altbolschewiki und nationalen

Kräften zusammengesetzte Partei- und Staatspersonal der frühsowjetischen Periode. Der Republik-Parteichef Aghasi Chandschian fiel 1936 in Ungnade und starb unter ungeklärten Umständen. Damit begann in A. die „große Säuberung", die bis 1939 anhielt und das Land ähnlich wie die transkaukasischen Nachbarn unter der Aufsicht des Georgiers Berija besonders hart traf.

Im Zweiten Weltkrieg versuchte die Sowjetunion, sich Loyalität der nichtrussischen Nationalitäten durch Zugeständnisse zu verschaffen. Das führte auch in A. zur Tolerierung eines gewissen religiösen und nationalen Eigenlebens. Nach dem Krieg ermunterte Moskau sogar die armenische Diaspora, in die armenische Sowjetrepublik einzuwandern. Sie sollte zum „Hajots Aschcharh", zum Mutterland der Armenier, werden. Nachdem etwa 100 000 Armenier aus aller Welt der Aufforderung nachgekommen waren, wurde diese Politik allerdings wieder gestoppt.

Die Entstalinisierung wurde in A. im März 1954 durch eine Rede eingeleitet, in der Anastas Mikojan, sowjetischer Handelsminister und Politbüromitglied armenischer Abstammung, einige als Nationalisten abgestempelte und von Stalin verdammte Schriftsteller rehabilitierte. Den Opfern des Genozids von 1915 wurde nahe Jerewan ein Denkmal gesetzt. Doch die Auseinandersetzung mit diesem Thema, in dem die sowjetischen Behörden zu Recht einen Brennpunkt armenischer nationaler Identifikation sahen, wurde in der Geschichtsschreibung und Publizistik weiterhin tabuisiert, auch aus außenpolitischen Erwägungen heraus (Türkeipolitik), bis im April 1965 eine nicht genehmigte Massendemonstration zum 50. Jahrestag des Genozids dieses Tabu durchbrach. Auch in anderen Bereichen artikulierte sich armenisches Nationalbewußtsein: in der Verteidigung der armenischen Sprache gegenüber Versuchen, dem Russischen in der Öffentlichkeit die Vorherrschaft einzuräumen, und in wiederholten Forderungen nach einer Vereinigung Berg-Karabachs mit A.

Die nachstalinistische Periode wurde in A. von den ersten Parteisekretären Jakov Zarobian (1958–66), Anton Kotschinian

(1966–74) und Karen Demirtschian (1974–88) verkörpert. A. stellte Moskau durch Planerfüllung und -übererfüllung in fast allen lokalen Produktionsbereichen zufrieden und konnte sich ein gewisses nationales Eigenleben leisten. In der Ära Gorbatschow wurde der Karabachkonflikt zum mächtigsten Katalysator nationaler Bewegung. In A. demonstrierten 1988 breite Teile der armenischen Bevölkerung gegen die sowjetische Zentralgewalt, die den territorialen Status quo in Transkaukasien und anderen Regionen der zerbrechenden Sowjetunion zu bewahren versuchte. Karabach bündelte die nationalen Energien, die auch durch andere Themen aufgeladen wurden. Dazu gehörten auch ökologische Protestbewegungen, die sich z. B. gegen das in erdbebengefährdetem Gebiet erbaute Kernkraftwerk von Mezamor richteten.

Die Situation in A. verschlechterte sich durch Boykott- und Blockademaßnahmen von seiten Aserbaidschans (im Juni 1989 verhängte Baku eine Blockade der Transportverbindungen nach A., über die zuvor 87% aller für A. bestimmten Güter transportiert worden waren) und durch ein Erdbeben, das am 7. 12. 1988 die Stadt Spitak völlig und die zweitgrößte Stadt Leninakan sowie Kirowakan weitgehend zerstörte und rund 25 000 Todesopfer (offizielle Angabe) forderte. Es zeigte die Unfähigkeit sowjetischer Behörden, einer derartigen Katastrophe zu begegnen. Die Katastrophe enthüllte zudem, wie weit nationale Beschränktheit auf beiden Seiten des Karabachkonflikts gediehen war. Der Wiederaufbau nach dem Erdbeben wurde nicht zuletzt durch die Fortsetzung und Eskalation des Konflikts behindert.

Das Vertrauen A.s zur Zentralgewalt und das Ansehen Gorbatschows sanken endgültig auf den Nullpunkt, als die Katastrophenbekämpfung mit dem Bemühen gekoppelt wurde, das Karabach-Komitee als treibende Kraft der Nationalbewegung in A. zu zerschlagen. Unter den verhafteten und nach Moskau verbrachten Mitgliedern des Komitees befand sich auch der spätere Präsident Lewon Ter-Petrosjan.

In der Folge des Karabachkonflikts (zum Konfliktverlauf siehe unter Aserbaidschan) entstanden informelle Bewegungen in Opposition zur kommunistischen Republikführung. Die bedeutendste war die Armenische Pan-Nationale Bewegung mit dem Vorsitzenden Ter-Petrosjan. Durch die Wahlen zum Obersten Sowjet 1990 gelangten alternative politische Kräfte ins Parlament und bildeten dort eine nichtkommunistische Mehrheit. Bei der Wahl zum Parlamentspräsidenten im August 1990 besiegte Ter-Petrosjan den Kandidaten der KP.

Die neue Republikführung steuerte einen umsichtigen Kurs auf Unabhängigkeit – unter den enormen Schwierigkeiten, mit denen der Karabachkonflikt die Politik in A. ebenso wie in Aserbaidschan konfrontierte. Am 24. 8. 1990 deklarierte das neugewählte Parlament mit überwältigender Stimmenmehrheit den Beginn des „Übergangs zur Erlangung staatlicher Unabhängigkeit". Die Armenische SSR wurde in „Republik Armenien" umbenannt, die Einführung einer eigenen Währung, Staatsbürgerschaft und anderer nationalstaatlicher Attribute vorgesehen. Man nahm nun verstärkt Kontakt zur armenischen Diaspora in den USA und Frankreich auf. Ter-Petrosjan wagte eine Politik des pragmatischen Ausgleichs mit der Türkei, die in A. auf Kritik stieß und die die gravierenden Hindernisse im bilateralen Verhältnis nicht überwinden konnte.

Die Beziehungen zu Moskau verschlechterten sich. Im Januar 1991 wollte Gorbatschow die Rekrutierung von Wehrpflichtigen in A. erzwingen. A. weigerte sich, an einem Referendum über den Erhalt der Sowjetunion im März 1991 teilzunehmen. Die sowjetische Führung gewährte im Karabachkonflikt daraufhin Aserbaidschan Unterstützung, dessen Führung die Bemühungen um eine „erneuerte Sowjetunion" unterstützte.

Nach dem gescheiterten Putschversuch restaurativer Kräfte in Moskau im August 1991 gewannen die Tendenzen einer Lostrennung A.s von der Sowjetunion endgültig die Oberhand. In einem Referendum am 21. 9. 1991 sprachen sich 99,3% der Abstimmenden (bei 94,4% Stimmbeteiligung) dafür aus. Am 23. 9. verkündete das Parlament einstimmig die staatliche Unabhängigkeit.

Politische Entwicklung nach der Unabhängigkeit

Bei Präsidentschaftswahlen am 16. 10. 1991 setzte sich Ter-Petrosjan mit 83% der Wählerstimmen gegen fünf Kandidaten, darunter gegeen Paruir Hairikjan vom radikalen Flügel der Nationalbewegung, durch. Hauptgegner der regierenden Pan-Nationalen Bewegung wurde die aus dem Exil zurückgekehrte „Armenische Revolutionäre Föderation" (Daschnaktsutiun), die eine resolutere Haltung im Karabachkonflikt vertrat und in Berg-Karabach selber die politisch dominierende Kraft wurde. Hinter dieser historischen Partei, die 1890 von armenischen Nationalisten und Sozialrevolutionären gegründet worden war, stand insbesondere die armenische Diaspora.

Im 1990 gewählten Parlament stellte die Armenische Nationale Bewegung des Präsidenten die größte Fraktion. In den folgenden Jahren bildeten sich eine Reihe anderer politischer Parteien, von denen die meisten aber nicht über eine äußerst begrenzte Mitgliederzahl hinausreichten. Zu den wichtigeren gehörten neben der Daschnaktsutiun die Kommunistische Partei, die Agrarisch-Demokratische Partei, die Union für Nationale Selbstbestimmung, die Demokratisch-Liberale Partei – Ramkavar, die Sozialdemokratische Partei – Hntschak u. a. Das Kräftespiel zwischen dem Regierungs- und dem Oppositionslager wurde in den ersten drei Jahren staatlicher Unabhängigkeit von zwei Faktoren bestimmt: der Entwicklung im Karabachkonflikt und der Wirtschaftskrise. Präsident Ter-Petrosjan geriet besonders dann unter Druck, wenn die armenische Seite im Karabachkonflikt Mißerfolge zu verbuchen hatte, während erfolgreiche Offensiven der Kampfverbände Karabachs gegen Aserbaidschan von der bedrückenden sozialen und wirtschaftlichen Krise des Landes vorübergehend ablenkten. Seit dem Waffenstillstand vom Mai 1994 verlagerte sich die Aufmerksamkeit von den Frontlinien auf das innenpolitische Geschehen. Dort bestimmten neben der Wirtschaftskrise zwei Themen die Auseinandersetzungen: das Projekt einer neuen Verfassung und die Korruption in der völlig von der Regierungspartei dominierten Staatsverwaltung.

In der Verfassungsfrage standen sich der auf weitgehende Vollmachten für den Präsidenten setzende Entwurf des Regierungslagers und die Gegenposition der Oppositionsparteien gegenüber. Dem Korruptionsvorwurf durch Oppositionsgruppen begegnete die Regierung zunehmend repressiv. Wurde der Demokratisierungskurs in A. anfangs positiv eingeschätzt und die im Vergleich zu Aserbaidschan und Georgien relativ hohe innenpolitische Stabilität gelobt, tauchten 1994 zunehmend Hinweise auf Bürger- und Menschenrechtsverletzungen auf. Ende 1994 erließ Präsident Ter-Petrosjan ein befristetes Tätigkeitsverbot gegen die aktivste Oppositionspartei, die Daschnaktsutiun, wegen angeblicher terroristischer Tätigkeiten und unerlaubter Unterstützung aus dem Ausland. Die Parteiführung kündigte im August 1995 an, sich in den Untergrund zu begeben, nachdem ihr Vorsitzender Oganessian verhaftet worden war. Das Tätigkeitsverbot stand im Zusammenhang mit den für 1995 anstehenden Parlamentswahlen. Einer Reihe anderer Parteien wurde die Registrierung verweigert. Am 5. 7. 1995 fand der erste Wahlgang zu einem neuen Parlament mit 190 Abgeordneten (150 in Direktwahl, 40 über Parteilisten) statt.

Im neuen Parlament dominiert ein von der Regierungspartei geführter Republikanischer Block (150 Mandate). Er tritt für die Stärkung des Präsidentenamtes und die rasche Privatisierung ein. Die zweitwichtigste Gruppierung ist eine Frauenpartei namens „Schamiram". An dritter Stelle folgt die KP. Die Wahlen wurden von internationalen Beobachtern wegen der Einschränkungen in ihrem Vorfeld (Suspendierung der Daschnaktsutiun, Nichtregistrierung von Parteien) und einiger Unregelmäßigkeiten beim Wahlvorgang kritisiert und von der Opposition als undemokratisch angefochten. Am 5. 7. verabschiedeten die Wähler in einem Referendum mit 68% Zustimmung auch die nachsowjetische Verfassung. Das Datum gilt fortan als Nationalfeiertag.

Religion und Kultur

Diejenige Institution, die das Armeniertum über Jahrhunderte staatenlosen Daseins als Gemeinschaft zusammenhielt, ist die Armenische Apostolische Kirche. Das Christentum setzte sich schon zu Beginn des 4. Jh. in A. durch. Die armenische Kirche war die älteste christliche Landeskirche. In ihrer Lehre und Ordnung unterscheidet sie sich nicht von der Orthodoxen Kirche. Von den sieben ökumenischen Konzilen akzeptierte sie die ersten drei (Nizäa, Konstantinopel, Ephesus), konnte an dem vierten, dem Konzil von Chalkedon (451), nicht teilnehmen, weil A. in einen Krieg mit Persien verwickelt war. Weil sie mithin der christologischen Definition des Konzils von Ephesus folgte, wird die armenische Kirche von anderen christlichen Kirchen fälschlicherweise als „monophysitisch" (die Ein-Natur-Lehre, Ablehnung der menschlichen Natur Christi vertretend) bezeichnet. Kenner der armenischen Kirche weisen diese Charakterisierung als inhaltlich falsch zurück.

Der Sitz des Kirchenoberhaupts, des Katholikos, ist das Kloster von Etschmiadsin bei Jerewan. Daneben gibt es ein Katholikosat im Libanon (Katholikosat von Kilikien) und Diözesen in der Diaspora mit den herausgehobenen Patriarchaten von Jerusalem und Istanbul.

Das Oberhaupt der armenischen Kirche, Katholikos Vasgen I., starb 1994 im Alter von 85 Jahren. Er hatte seine Glaubensgemeinschaft fast vierzig Jahre lang geführt. Bis zu seinem Tod hatte der Katholikos versucht, im Konflikt um Berg-Karabach zu vermitteln.

Gewählt wurde am 4. 4. 1995 der Katholikos von Kilikien Karekin II. Die Wahl war auch insofern politisch, als gerade dieser Kandidat als Favorit der nationalen Oppositionspartei Daschnaktsutiun und der Auslandsarmenier galt. Aber auch Präsident Ter-Petrosjan hatte sich für ihn ausgesprochen, um zwischen den politischen Polen zu vermitteln. Der neue Katholikos verfügt über ausgezeichnete internationale Verbindungen, spricht mehrere Sprachen und gilt als ein der modernen Welt gegenüber aufgeschlossener Kleriker.

Etwa ein Prozent der Armenier in der Welt gehören einer unierten Kirche (Union mit Rom unter Beibehaltung des armenischen Ritus) an. Dazu gehören die Bildungs- und Klosterzentren der Mechitaristen in Venedig und Wien. Im 19. Jh. missionierten amerikanische Protestanten unter der armenischen Bevölkerung Anatoliens.

Literatur und Kultur standen vor dem säkularen „nationalen Erwachen" unter dem Einfluß der Kirche. Die armenische Schriftsprache entfernte sich so weit von der Umgangssprache, daß schließlich zwei Sprachen nebeneinander bestanden: eine dem kirchlichen Leben verbundene Schriftsprache und die Alltagssprache. Im neunzehnten Jh. näherte eine Sprachreform die Literatursprache an die Umgangssprache an. Schon im Mittelalter waren Werke weltlichen Inhalts wie Fabelsammlungen und wissenschaftliche Abhandlungen entstanden. Neben der Literatur bestand eine mündlich tradierte Volksdichtung, in der u. a. das bedeutendste armenische Epos „David von Sassun" überliefert wurde. Unter russischem Einfluß entstand im 19. Jh. eine westlich orientierte Literatur, als deren Stammvater der Schriftsteller Chatschatur Abowian gilt. Der Dichter N. Nabaldian (gest. 1866) engagierte sich in seinem „Freiheitsgesang" für sozialistische Ideale, während andere Schriftsteller die armenische Nation und ihre Geschichte verklärten. Einer der populärsten Romane wurde im 20. Jh. das Werk eines nichtarmenischen Schriftstellers, Franz Werfels „Vierzig Tage des Musa Dagh", das die Verfolgung einer armenischen Gemeinde in der Türkei 1915 ergreifend schildert. Der weltweit bekannteste Schriftsteller armenischer Abstammung ist der in Amerika lebende William Saroyan.

Außen- und Sicherheitspolitik

Wie für kaum einen anderen sowjetischen Nachfolgestaat macht die geopolitische Situation für A. die Außen- und Sicherheitspolitik zur schieren Überlebensfrage. Am ehesten könnte Georgien als ein Partner A.s in der Kaukasusregion in

Frage kommen, aber die Beziehungen zu dem kultur- und religionsverwandten Nachbarn wurden durch die instabilen Verhältnisse in Georgien belastet (armenische Minderheiten in Georgien, Terrorakte gegen wichtige Verkehrs- und Versorgungslinien von Georgien nach A. u. a.).

Präsident Ter-Petrosjan hat sich um eine diversifizierte Außenpolitik bemüht, die sogar innenpolitisch umstrittene Versuche um einen Ausgleich mit der Türkei einschloß. Die Türkei gehörte zu den ersten Staaten, die eine unabhängige armenische Republik anerkannt haben. Bis heute hat Ankara aber keine diplomatischen Beziehungen zu A. aufgenommen. Normalen oder gar freundschaftlichen zwischenstaatlichen Beziehungen steht eine Reihe von Hindernissen entgegen: der Karabachkonflikt und die Besetzung aserbaidschanischen Territoriums durch armenische Truppen ebenso wie historische Streitpunkte wie das türkischerseits verdrängte und tabuisierte Thema des Genozids von 1915. Dennoch vollzieht sich eine vorsichtige Annäherung. Präsident Ter-Petrosjan ließ den Hinweis auf den „Genozid" nicht in die neue Verfassung aufnehmen. Das Verbot der Daschnaktsutiun betraf auch die armenische Türkeipolitik: Die Partei war stark antitürkisch geprägt. Das neue Kirchenoberhaupt Karekin richtete anläßlich eines Jahrestags des armenischen Patriarchats von Istanbul eine versöhnliche Botschaft an die Türkei.

A. konnte sich nicht die Distanzierung von Rußland und der GUS leisten, die vorübergehend die Außenpolitik der transkaukasischen Länder bestimmt hat. Es trat als erstes Land dieser Region der GUS bei. Fast alle Parteien betonen die Notwendigkeit guter Beziehungen zu Rußland. Auch die Bevölkerung teilt offenbar mehrheitlich diesen Konsens. Ende 1993 sollen in Meinungsumfragen über 80% der Bevölkerung für enge Beziehungen zu Rußland votiert haben. Diese Beziehungen umfassen die von A. dringend benötigte Lieferung von Energierohstoffen und andere Formen wirtschaftlicher Unterstützung durch Rußland und Gegenleistungen A.s auf dem Sektor militärischer Kooperation. Gleichzeitig suchte die armenische Außenpolitik einerseits den Kontakt zu Westeuropa und den USA, andererseits geregelte Beziehungen zur Staatenwelt des Nahen Ostens. Die Beziehungen zum Iran wurden vorübergehend so gut, daß Teheran dem Land Erdöl und Lebensmittel lieferte. Im Verhältnis zu den USA spielt die armenische Diaspora eine Rolle.

Doch in alle außenpolitischen Bemühungen spielte A.s Verwicklung in den Karabachkonflikt hinein. Das betraf nicht nur das Verhältnis zur Türkei. Auch das Verhältnis zum Iran wurde mit der Expansion karabach-armenischer Truppen in die Tiefe Aserbaidschans gestört, da Teheran durch aserbaidschanische Fluchtbewegungen in den Iran alarmiert wurde. Auch in der westlichen Öffentlichkeit wurde die anfängliche Parteinahme für die Armenier abgeschwächt, als die armenische Seite militärisch die Oberhand in dem Konflikt gewann und aserbaidschanisches Territorium besetzte. Die U.S.-Außenpolitik nimmt trotz der armenischen Diaspora im eigenen Land im Karabachkonflikt wegen westlicher Interessen an der Erdölausbeutung in Aserbaidschan und gegenüber dem sicherheitspolitischen Partner Türkei keine einseitig pro-armenische Stellung ein. In Europa ist Frankreich der engste außenpolitische Partner A.s.

A. plant nach dem Stand von 1994 Streitkräfte in Höchststärke von 32 000 Soldaten, die zu einem Militärdienst von 18 Monaten verpflichtet werden. In Wirklichkeit stehen zur Zeit höchstens 20 000 Mann unter Waffen. Die Rekrutierung von Wehrpflichtigen hat in letzter Zeit zu einer Erhöhung der Emigration geführt. Das Innenministerium verfügt über paramilitärische Verbände. Die Streitkräfte Berg-Karabachs bestehen aus angeblich 20 000 Kämpfern, darunter schätzungsweise 8000 Freiwilligen aus A. Umstritten ist, ob Soldaten für die Karabachverbände in A. regulär rekrutiert werden. Sicher ist, daß die dortigen Kampfgruppen von A. materiell unterstützt wurden.

Am 16. 3. 1995 schloß A. ein Abkommen mit Rußland, das dem Partner auf 25 Jahre das Recht gibt, Truppen auf armenischem Territorium zu stationieren. Bis Ende 1991 hatte Moskau dort 14 000 Mann stationiert. Die neuerlich vereinbarten

Stützpunkte Rußlands bei Gumri u.a. werden vorwiegend mit Armeniern bemannt.

Ökologie

Die rapide Industrialisierung A.s seit den dreißiger Jahren schuf gravierende Umweltprobleme. Die Chemieindustrie (Nairit-Werk in Jerewan u. a.) und die Kupferverhüttung haben eine extrem hohe Schadstoffemission zur Folge. Jerewan leidet an 165 Tagen im Jahr an Smog. Der Wasserspiegel des Sewansees wurde zu Bewässerungszwecken, zum Betrieb von Kraftwerken und um die Verdunstung zu vermindern um 18 m gesenkt, wobei er 60% seines Volumens verlor. Der See, der in Reiseschilderungen als „die blaue Perle A.s" beschrieben wurde, ist inzwischen versalzen. Der Fischfang kam zum Erliegen. Projekte zusätzlicher Wasserzufuhr wurden nicht realisiert.

Die Umweltschutzbewegung spielte beim politischen Aufbruch in der Ära Gorbatschow eine bedeutende Rolle. 1986 trugen 350 armenische Intellektuelle Gorbatschow die Umweltbeschwerden A.s vor, darunter eine Vervierfachung der Erkrankungsrate bei bestimmten Krebsleiden und bei Schädigungen des Herzens und der Atemorgane zwischen 1965 und 1985.

Produktion, Beschäftigung, Inflation, Außenwirtschaft

Das ehemals stark in die Sowjetwirtschaft integrierte Industrieland ist 1992 durch die Folgen des Karabach-Konflikts in eine tiefe Wirtschaftskrise gestürzt worden. Schwerer noch als die Verluste an der Front oder die Kriegsausgaben wogen die Verkehrsblockaden seitens Aserbaidschans und der Türkei. Negativ wirkte sich in den vergangenen Jahren auch die Nachbarschaft zum instabilen Georgien aus. Mit dem Iran dagegen bestanden gute Wirtschaftsbeziehungen, die noch ausgebaut werden. Das qualifizierte Arbeitskräftepotential liegt noch zum Teil brach. Der Rückzug von Industriearbeitskräften in die Landwirtschaft ist in A. wegen Mangels an zusätzlich bebaubaren Flächen kaum möglich.

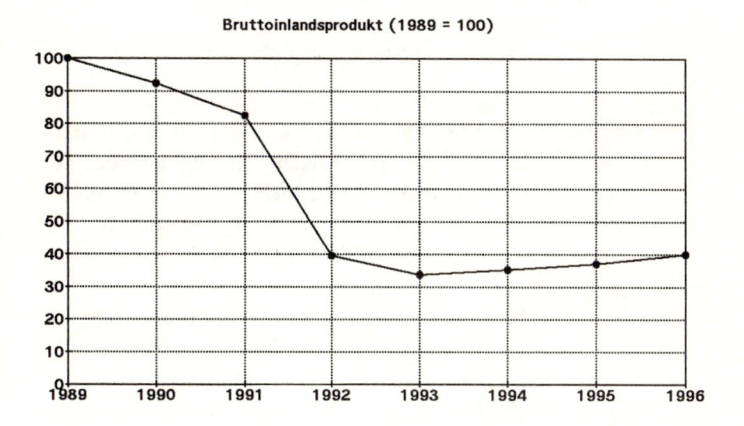

Bruttoinlandsprodukt (1989 = 100)

Das Bruttoinlandsprodukt zu Kaufkraftpariät betrug 1994 7,6 Mrd. US-$, das sind pro Einwohner 2100 US-$. In diesem verhältnismäßig niedrigen Wert der gesamtwirtschaftlichen Produktionsleistung spiegelt sich der wirtschaftliche Abstieg des Landes wider, das noch 1989 fast den UdSSR-Durchschnitt der Produktion pro Einwohner erreicht hatte. Die Industrie erzeugte zu sowjetischen Zeiten mit rund 30% der Beschäftigten etwa 40% des Bruttoinlandsprodukts, die Landwirtschaft mit rund 20% der Arbeitskräfte rund 30%.

1992 kam es zu einem extremen Rückgang des Bruttoinlandsprodukts, als der Konflikt um Berg-Karabach in voller Schärfe entbrannte und gleichzeitig die Wirtschaftstransformation in Rußland einsetzte. Ab 1994 setzte – von einem sehr niedrigen Niveau aus – wieder Wirtschaftswachstum ein, und A. weist seither die höchsten Wachstumsraten aller GUS-Länder auf.

Veränderung des Bruttoinlandsprodukts in % gegenüber dem Vorjahr

1990	1991	1992	1993	1994	1995	1996
−7,4	−11,0	−52,0	−15,0	5,0	5,0	8,0

Quelle: European Bank for Reconstruction and Development. 1996: Prognose.

Vom Arbeitskräftepotential in Höhe von 2,1 Mio. Personen sind 1,5 Mio. beschäftigt und 0,6 Mio. (27%) nicht beschäftigt.

Ab 1992 kam es zu einem erheblichen Anstieg der Verbraucherpreise; ab 1995 zeichnet sich jedoch eine Preisstabilisierung ab. Die Jahres-Inflationsraten betrugen 1992 1000%, 1993 2000% und 1994 sogar 5000%. 1995 wird die Preissteigerung voraussichtlich unter 500% liegen, da das Budgetdefizit verringert und die Finanzierung der Staatsausgaben hauptsächlich durch Auslandskredite vorgenommen wird.

Im November 1993 wurde nach der Aufkündigung der Rubelzone durch Rußland ohne ausreichende Vorbereitung die Nationalwährung „Dram" eingeführt, die zunächst eine starke Abwertungstendenz zeigte, aber seit 1994 stabil blieb. Die restriktive Geldpolitik und die auf sie folgende Stabilisierung des Preisniveaus und der Währung war vor allem das Verdienst des neuen Zentralbankchefs B. Asatrian, der nicht nur die leitenden Mitarbeiter der Zentralbank auswechselte, sondern auch gegenüber den Wünschen der Betriebsdirektoren nach billigen Krediten unnachgiebig blieb.

In der Außenwirtschaft existiert ein hoher negativer Handelsbilanzsaldo sowohl gegenüber den GUS-Ländern als auch gegenüber dem sonstigen Ausland (1994: 149 Mio. US-$ bzw. 43% der Importe). Hoher Einfuhrbedarf besteht bei Energieträgern, Lebensmitteln, Investitions- und Konsumgütern. Die Importe stammen vor allem aus Rußland, den USA und dem Iran.

Hauptausfuhrgüter sind künstliche Diamanten, Juwelierwaren, Buntmetalle sowie Maschinenbau- und Chemieerzeugnisse, die vor allem nach Rußland geliefert werden. A. zeigt starkes Interesse an politischer, militärischer und wirtschaftlicher Integration in die GUS, um russische Unterstützung im Konflikt mit Aserbaidschan zu erlangen.

Land- und Forstwirtschaft

Der größte Teil des Landes ist wegen Hochlage und Niederschlagsarmut landwirtschaftlich nicht nutzbar; kleinere fruchtbare Gebiete werden künstlich bewässert. Landwirtschaftliche Hauptprodukte sind Kartoffeln, Tabak, Obst, Tee und Wein. Die geringe Getreideerzeugung (etwa 300 000 t pro Jahr) bedingt einen hohen Importbedarf. Bereits 1991 wurden die landwirtschaftlichen Grundstücke weitgehend privatisiert: 95% der landwirtschaftlichen Erzeugung erfolgt nun in rund 300 000 Privatbetrieben auf insgesamt 400 000 Hektar Bodenfläche; die Betriebsgröße ist mit durchschnittlich 1,3 Hektar sehr gering. Die landwirtschaftliche Produktion reicht zur Ernährung der Bevölkerung nicht aus.

Bergbau und Energiewirtschaft

In A. findet man Baustoffe wie Basalt, Granit und Marmor; Buntmetalle wie Kupfer, Blei, Zink, Molybdän, Gold und Silber; außerdem Mineralwasserquellen. Einige Kohle- und Erdöllagerstätten sind noch nicht erschlossen. Elektrizität wird (solange Öl- und Gaskraftwerke wegen Brennstoffmangel nicht wieder in Betrieb sind) vorwiegend in Wasserkraftwerken erzeugt. Das Kernkraftwerk Mezamor bei der Stadt Oktemberjan nahe der türkischen Grenze war 1989 (nach dem Erdbeben im Dezember 1988) nach Protesten der Bevölkerung und der Umweltbewegung stillgelegt, jedoch 1995 mit russischer Hilfe entgegen westlichen Sicherheitsbedenken (Erdbebengefahr) wieder eröffnet worden. Es kann in zwei Siedewasserreaktoren bis zu 6 Mrd. KWh Strom produzieren und damit den Elektrizitätsbedarf des Landes zu 25% decken sowie Stromexporte ermöglichen.

Die Erdgaslieferungen aus Turkmenistan und Aserbaidschan wurden in Folge des Karabach-Konflikts unterbrochen, und auch die Erdöl- und Treibstofflieferungen aus Rußland über Georgien blieben teilweise aus. Iran finanziert den Bau einer Gaspipeline, durch die A. ab 1997 iranisches Erdgas erhalten wird sowie den Bau zweier Wasserkraftwerke am Arax. Nach Beilegung des Karabach-Konflikts besteht die Chance für die Wiederaufnahme von Erdgas- und Erdöllieferungen aus Aserbaidschan und Turkmenistan, allerdings bleibt das schwer zu lösende Problem der Bezahlung bestehen.

Verarbeitende Industrie

Im Rahmen der sowjetischen Arbeitsteilung wurden in A. Rüstungsbetriebe, ziviler Maschinenbau, chemische Industrie, Aluminimumherstellung sowie Textil- und Nahrungsmittelindustrie angesiedelt. A. war ein „Silicon Valley" der UdSSR, wo ein großer Teil der Computer für militärische Zwecke gebaut wurde, und es war bekannt für seine fähigen Mathematiker und Programmierer. Die Betriebe waren allerdings vom Absatz der Erzeugnisse im sowjetischen Raum sowie von der Belieferung mit Rohstoffen, Komponenten und Energie aus anderen Sowjetrepubliken abhängig gewesen. Heute ist die Erschließung neuer Absatzmärkte bei höheren Rohstoff- und Energiepreisen erforderlich. Ab 1994 setzte ein Aufschwung der Industrieproduktion ein, dessen Umfang aber durch die schmale Ausgangsbasis relativiert wird.

Privatisierung, Landreform

In A. erfolgte bereits 1991 eine Privatisierung der Landwirtschaft, dann auch des Einzelhandels. Bei der Bodenprivatisierung ging man einen originellen und wirksamen Weg, wie ihn kein anderer Nachfolgestaat der UdSSR bislang eingeschlagen hat: Die Grundstücke der staatlichen landwirtschaftlichen Betriebe wurden in ebensoviele Parzellen unterteilt, wie Familien beschäftigt waren, und dann unter ihnen verlost. Eine neu eingeführte landwirtschaftliche Steuer basiert auf der geschätzten Ertragskraft der Grundstücke, was die unterschiedlichen Bodenqualitäten ausgleicht und Spekulation mit unbebautem Land verhindert. Daß die Traktoren auf ihre Fahrer aufgeteilt wurden, schuf allerdings eine privilegierte Gruppe, die nun mit dem Verleih von Traktoren Geld verdient. Insgesamt schuf die Landreform eine besitzende Mittelschicht, die die Wirtschaftsreformen unterstützt, während die Landbevölkerung in anderen GUS-Republiken eher konservativ eingestellt ist.

Die Privatisierung der industriellen Mittel- und Großbetriebe mit Hilfe von Privatisierungsgutscheinen sowie durch Verkauf, auch an Ausländer, begann 1995. Der Anteil des Privatsektors am BIP betrug 1994 rund 40%, am Einzelhandelsumsatz 75%. 1995 soll die Hälfte der Staatsbetriebe privatisiert werden.

Soziale Lage

In A. kam es zu einem außerordentlich starken Rückgang des Lebensstandards durch Kriegsfolgen, Energiemangel und Blockade der Transportwege. Häufige Stromabschaltungen sowie nur sproadisch verkehrende öffentliche Verkehrsmittel gehörten lange Zeit zum Alltag. Die Bevölkerung der Hauptstadt zersägte Parkbänke und Alleebäume, um Heizmaterial zu erhalten. Grundnahrungsmittel waren jahrelang kaum erhältlich. Dazu kam die Gesundheitsgefährdung durch funktionsunfähige Abwasser- und Müllsysteme sowie den Mangel an Arzneimitteln. Importe aus dem Iran verbesserten das Warenangebot schrittweise. Zeitweilig wurden etwa 40% des Konsums durch Hilfslieferungen internationaler Organisationen bestritten. Eine beträchtliche Rolle spielt auch die Unterstützung durch die armenische Diaspora.

Wirtschaftliche Zukunftsaussichten

Für die Wirtschaft A.s hat eine positive Regelung des Verhältnisses zu Aserbaidschan entscheidende Bedeutung. Die davon abhängende Wiedereröffnung der Verkehrsverbindungen in die Region des Kaspischen Meeres und die Öffnung der Grenze zur Türkei können der Wirtschaftsentwicklung erheblichen Auftrieb verleihen. So wäre auch der Anschluß A.s an die Erdgas- und Erdölpipelines der neu erschlossenen Felder im Bereich des Kaspischen Meeres möglich.

Dank der in A. anzutreffenden überdurchschnittlich qualifizierten Arbeitskräfte bestehen gute Aussichten für eine Wiederinbetriebnahme des industriellen Potentials, wobei allerdings erhebliche Investitionen zur Verringerung der Energieintensität der Produktion sowie in Einrichtungen des Umweltschutzes notwendig werden. Nur so wird auch der Import von Energieträgern und Nahrungsmitteln, auf den das Land auch längerfristig angewiesen sein wird, finanziert werden können. Die ausgeprägte Bereitschaft zu wirtschaftlichen Reformen, die schon in der für GUS-Verhältnisse radikalen Landreform zum Ausdruck kam, schafft günstige Voraussetzungen für staatliche und internationale Finanzhilfen. Private Kapitalzuflüsse aus dem Ausland werden jedoch von einer Stabilisierung der allgemeinen politischen Situation im transkaukasischen Raum abhängen.

Literatur zum Kapitel

Adalian, R. P. (Hrsg.), Armenia Factbook, Washington D.C./Yerevan 1994.
Armenia (mit Beiträgen von Ch. Freeland u. a.), in: Financial Times, 7. 6. 1995, S. 23–26.
Armenia in 1991–1994, in: interfax/Statistical Committee of the CIS, 31/1995, S. 15–21.
Armenia, in: Batalden, St. K./Batalden, S. L., The Newly Independent States of Eurasia: Handbook of former Soviet Republics, Phoenix (Arizona) 1993, S. 84–94.
Armenia, in: The Economist Intelligence Unit (Hrsg.), Country Profile 1994–95, London 1995, S. 34–49.

Armenien: Die kleinste der GUS-Republiken, in: Bürger im Staat 2–3/1995, S. 118–120.

Asenbauer, H. E., Zum Selbstbestimmungsrecht des armenischen Volkes von Berg-Karabach, in: Ethnos 41/1993.

Gerber, J., Die politische Entwicklung in Armenien (1988–1994), in: Meissner, B./Eisfeld, A. (Hrsg.), Die GUS-Staaten in Europa und Asien, Baden-Baden 1995, S. 125–152.

Hoffmann, T., Die Armenier: Schicksal, Kultur, Geschichte. Nürnberg 1993.

International Monetary Fund, Economic Review Armenia, Washington D.C. 1992.

Kahn, M./Gicquiau, H., Arménie, in: Le courrier des pays de l'Est, mars-avril 1995, S. 14–19.

Manutscharjan, A., Armeniens Selbstbehauptung zwischen Türkei, Rußland und Iran, in: Stiftung Wissenschaft und Politik SWP S. 403, Dezember 1994.

Matossian, M. K., Armenia and the Armenians, in: Handbook of Major Soviet Nationalities, New York/London 1975, S. 143–160.

Mouradian, C., De Staline à Gorbachev: Histoire d'une république soviétique: l'Armenie, Paris 1990.

Sarkisyanz, M., A Modern History of Transkaukasian Armenia, Leiden 1975.

Valesyan, A. L., Armenia, in: Pryde, Ph. R. (Hrsg.), Environmental Resources and Constraints in the Former Soviet Republics, Boulder/San Francisco/Oxford 1995, S. 221–234.

Walker, Ch., Armenia: The Survival of a Nation, 2. Aufl. London 1990.

Aserbaidschan

Staatsname	Aserbaidschanische Republik
Staatsname in Landessprache	Aserbaidschan Respublikasi
Amtssprache	Aseri (Türkisch)
Schrift	Lateinisch (Türkisch)
Währung	Manat (seit Januar 1994);
Wechselkurs Ende 1995	4500 pro US-$
Fläche	86 600 km^2 (BRD: 357 000 km^2)
Hauptstadt	Baku (1,8 Mio.)
Großstädte	Gjandscha, 1935–1988: Kirowabad (278 000)
	Sumgait (232 000)
	Nachitschewan (60 000)
Autonome Territorien	Berg-Karabach (etwa 150 000)
	Nachitschewan (etwa 280 000)

Einwohnerzahl (1994)	7,4 Mio.
Glaubensgemeinschaften (1989)	
Muslime	86%
Christen	11%
Nationalitätenanteile (1989)	
Aseri	82,7%
Russen	5,6%
Armenier	5,6%
Lesgier	2,4%
Stadt-Land-Verteilung (1989)	
Stadtbevölkerung	46,5%
Landbevölkerung	53,5%
Bevölkerungswachstum	
Durchschnitt 1980–1989	1,6,%
Durchschnitt 1990–1994	0,5%
Bevölkerungsdichte (1994)	86 Einwohner pro km^2

Altersgruppen (1989)	
bis 9 Jahre	22,7%
10–19 Jahre	20,1%
20–39 Jahre	33,1%
40–59 Jahre	16,6%
über 60 Jahre	7,5%
Geburtenrate (1994):	21,6 pro 1000 Einwohner
Kindersterblichkeit (1993)	28,2 pro 1000 Geborene
Lebenserwartung (1989)	71 Jahre (m 67; w 75)
Mittl. Familiengröße (1989)	4,8 Personen

Unabhängigkeitserklärung	18. 10. 1991
Neue Verfassung	1995
Staatsoberhaupt	Präsident Haidar Alijew
Letzte Parlamentswahlen	November 1995
Parteien:	Stärkste Parteien im neuen Parlament: „Neues Aserbaidschan" (präsidentennah), Nationale Front, Partei der nationalen Unabhängigkeit

Territorium

A. ist bevölkerungs- und flächenmäßig der größte kaukasische Staat. Im östlichen Transkaukasus gelegen, grenzt es im Westen an Armenien, im Norden an Georgien und die Russische Föderation (Republik Dagestan), im Süden an den Iran und im Osten an das Kaspische Meer. Seine Hauptflüsse sind der Arax (Aras), der die Grenze zum Iran bildet, und die Kura. Das Zentrum A.s besteht aus der fruchtbaren Kura-Ebene, an die sich Steppe und Halbsteppe anschließen. Der Westen wird von den Ausläufern des sog. Kleinen Kaukasus, einer Reihe von Bergketten, berührt. Im Norden wird A. durch den Großen Kaukasus von Rußland getrennt. Es ist in unterschiedliche Klimazonen gegliedert, die von alpinen bis zu subtropischen Bedingungen reichen.

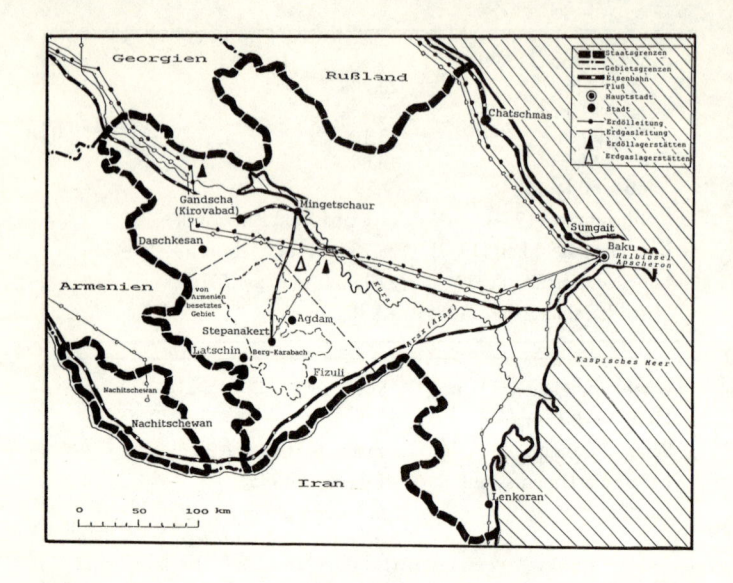

Für die Herkunft des Namens „Aserbaidschan" ist die Ableitung von Atropatene, dem Namen eines antiken Staats, und Atropat, einem Satrapen Alexanders des Großen, am wahrscheinlichsten.

Die Hauptstadt Baku ist mit 1,7 Mio. Einwohnern die größte kaukasische Stadt. Sie war schon im Altertum ein bedeutendes Handelszentrum. Baku war vorübergehend ein eigenes Khanat, stand seit 1806 unter russischer Herrschaft und wurde später zur größten Industrieenklave Rußlands im Kaukasus.

Zum Hoheitsgebiet A.s gehören zwei Autonome Territorien, um die ein alter Streit mit Armenien geht: Die „Autonome Republik Nachitschewan", eine von A. durch armenisches Territorium getrennte Exklave, und als Enklave mit überwiegend armenischer Bevölkerung Berg-Karabach, das sich 1991 zur „Unabhängigen Republik" erklärt hat.

Nachitschewan mit der gleichnamigen Hauptstadt umfaßt 5 500 km² in der heißen Arax-Ebene. Seine Bevölkerung ist überwiegend aserbaidschanisch, die armenische Minderheit macht nur noch etwas mehr als ein Prozent aus. Ein winziger

Grenzabschnitt Nachitschewans ist der einzige unmittelbare Berührungspunkt A.s zum Territorium der Türkei. Im übrigen grenzt das Gebiet an den Iran.

Berg-Karabach (russ. Nagornyj Karabach, armen. Arzach) mit der Hauptstadt Stepanakert (aserb. Chankendi) nimmt eine Fläche von 4 400 km² im Westen A.s ein. Es ist der gebirgige Teil der historischen Landschaft „Karabagh". Im Unterschied zu Nachitschewan ist es ein fruchtbares Gebiet, auf dem Weinbau und Seidenraupenzucht betrieben wird. Seine historische Hauptstadt ist Schuscha (Schuschi).

Das Eisenbahnnetz umfaßt 2100 km, davon sind 1300 km elektrifiziert. Der Krieg mit Armenien unterbrach die Verkehrsverbindungen in die südlichen und westlichen Landesteile. Die Hauptstrecken der Eisenbahn sowie Autostraßen verlaufen nach Dagestan (innerhalb der Rußländischen Föderation) sowie nach Georgien. Der Hafen Baku am Kaspischen Meer dient Erdöltransporten und ist Hauptstandort der Fischereiflotte. Nach Krasnowodsk (Turkmenistan), Aktau (Kasachstan) und dem Iran bestehen Fährverbindungen. Der Tourismus ist während der Auseinandersetzungen mit Armenien praktisch zum Erliegen gekommen; für Geschäftsleute wird Baku inzwischen wieder von internationalen Fluggesellschaften direkt angeflogen, und es werden moderne Hotels und Restaurants eröffnet. Gegenwärtig sind rund ein Siebtel der Bevölkerung Flüchtlinge, von denen starker sozialer und politischer Druck ausgeht.

Bevölkerung

In der Sowjetunion lebten 1989 6,8 Mio. Aserbaidschaner oder Aseri, davon 86% in A. Als Minderheiten leben Aseri in Georgien (255 000) und in anderen Teilen des Kaukasus. Aus Armenien ist die aserbaidschanische Minderheit (1989: 160 000) aufgrund der Auswirkungen des Karabachkonflikts inzwischen weitgehend emigriert. Den größten aserbaidschanischen Bevölkerungsteil hat der Iran. In seinem nordwestlichen Landesteil mit der Hauptstadt Täbris leben zwischen 10 und 15 Mio. Aseri. Aseri-Türken hatten entscheidenden Anteil an der schiitischen Staatsbildung des Iran im 16. Jh. und am politischen und kulturellen Leben dieses Landes.

Die Nationalsprache gehört zum westlichen oder oghusischen Zweig der Turksprachen. Sie fungierte in vorsowjetischer Zeit unter der mißverständlichen Bezeichnung „Tatarisch" als lingua franca im östlichen Kaukasus und wurde in arabischer Schrift geschrieben. In sowjetischer Zeit unterlag das Schriftsystem mehrfachen Änderungen (insgesamt achtmal) und wechselte von arabischen zu lateinischen und dann zu kyrillischen Buchstaben. Eine neuerliche Umstellung zur lateinischen Schrift ist eine der wichtigsten kulturpolitischen Entscheidungen im postsowjetischen A.

A. gehört zu den wenigen sowjetischen Nachfolgestaaten, in denen der Anteil der Titularnation über 80% der Republikbevölkerung liegt. Die heutige Bevölkerungszahl der ethnischen Minderheiten, besonders der Armenier und der Russen, ist unklar, da in der letzten Zeit bei beiden Gruppen eine erhebliche Abwanderung bzw. bei den Armeniern eine Vertreibung erfolgt ist. 1979 lebten noch 475 000 Armenier in A., 1989 waren es nur noch 391 000 (5,6% der Republikbevölkerung). Infolge der Auswirkungen des Karabachkonflikts verließen danach fast alle Armenier, die außerhalb Berg-Karabachs in A. gewohnt hatten, das Land. In A. leben verschiedene Minderheiten, die zu den kaukasischen, türkischen oder iranischen Völker- und Sprachenfamilien gehören, so die Lesginen oder Lesgier, sunnitische Muslime einer nordostkaukasischen Sprachengruppe. Etwa 174 000 Angehörige dieses Volkes siedeln im Norden A.s an der Grenze zur Russischen Föderation, ein anderer Teil jenseits der Grenze in der Republik Dagestan. Eine lesgische Nationalbewegung strebte die Vereinigung zu einem „historischen Lesgistan" über die Staatsgrenze am Fluß Samur hinweg an. Auch die Talysch (Talischen), Nachkommen iranischer Stämme an der aserbaidschanisch-iranischen Grenze im Süden, in den Gebieten von Lenkoran und Astara, bilden eine für Baku kritische ethnische Minderheit. 1993 kam es hier zur Bildung einer kurzlebigen „Republik von Talysch-Mugan". In die gleiche Kategorie gehört eine kleine kurdische Minderheit (offiziell 12 000, vermutlich mehr), die bei der Eroberung von Latschin und Kelbadjar durch armenische Truppen 1992–93 aus ihren Dörfern vertrieben wurde. In frühsowjetischer Zeit hatten sie dort ein autonomes Gebiet (Rotes Kurdistan) besessen.

Mit seinen demographischen und soziokulturellen Merkmalen (Geburtenrate, Familiengröße, Urbanisierungsgrad, Altersgruppen, Bildungsgrad) steht A. zwischen den zentralasiatischen und den europäischen Landesteilen der ehemaligen Sowjetunion.

Geschichte

A. betrachtet sich als Erbe verschiedener, bis in die Antike zurückreichender Kulturen, Dynastien und Reiche (Meder, persische Achämeniden, Alexander der Große, Rom, Byzanz, Sassaniden, arabisches Kalifat, Seldschuken u. a.). Es war ein Durchgangsgebiet unterschiedlicher Kulturen mit einer Verflechtung kaukasischer, arabischer, iranischer und türkischer Ethnien. Es ist umstritten, von welchem Zeitpunkt an türkische Stämme den östlichen Kaukasus besiedelten. Die breitere Türkisierung erfolgte erst im 11./12. Jh. durch die seldjukische Reichsgründung. Aserbaidschanische Historiker binden den Beginn der „nationalen Geschichte" A.s aber an ältere, vortürkische Schichten der komplizierten Siedlungs- und Staatengeschichte der Region, oder sie versuchen, eine sehr frühe türkische Einwanderung nachzuweisen.

A. gehört zu den ältesten Muslimregionen der ehemaligen Sowjetunion mit bedeutsamen Kulturdenkmälern des turkopersischen Islam. Unter der mongolischen Oberherrschaft im 13.–15. Jh. – der Norden A.s gehörte zur Goldenen Horde, der Süden zum Reich der Ilkhane – war Persisch die Schrift- und Verwaltungssprache, während die Bevölkerung überwiegend türkisch sprach. Im 16. Jh. stieg eine aserbaidschanische Dynastie, die Safawiden, im Iran auf und etablierte dort die schiitische Konfessionsrichtung des Islam als Staatsreligion. Für die aserbaidschanischen Türken bedeutete das die konfessionelle Trennung vom sunnitischen Türkentum. Im 18. Jh. entstanden im östlichen Transkaukasus unter iranischer Oberherrschaft halbautonome Khanate (Baku, Kuba, Schemacha, Scheki, Karabach, Nachitschewan, Jerewan u. a.). Sie hatten eine Mischbevölkerung aus Türken, Kaukasiern und Armeniern unter der Herrschaft lokaler muslimischer Dynastien.

Die „persische Expedition" Peters des Großen brachte 1723 einen Teil A.s und Dagestans vorübergehend unter zaristische Herrschaft. Die systematische Eroberung des Kaukasus durch Rußland begann am Ende des 18. Jh. In einer Reihe von Kriegen mit der Türkei und dem Iran unterwarf es armenische und aserbaidschanische Territorien seiner Herrschaft und fixierte im Friedensvertrag von Turkmentschai 1828 seine Grenze zum Iran. Für die Aserbaidschaner bedeutete dies die Trennung in Russisch-Nordaserbaidschan und Iranisch-Südaserbaidschan. Die Khanate wurden zu russischen Provinzen unter der Leitung von Militärkommandanten. Die alten muslimischen Herrschaftsschichten wurden teilweise in den russischen Reichsadel integriert. Sozialer, wirtschaftlicher und kultureller Wandel und die administrative Erschließung des Kolonialgebiets setzten erst im weiteren Verlauf der Kolonisation ein. Baku entwickelte sich zu einer multinationalen und multikulturellen Industrie-Enklave im Kaukasus. Seine Bevölkerung wuchs von 14 000 (1863) auf über 200 000 (1897).

Die Ölfelder von Apscheron erbrachten 1898 die Hälfte der weltweiten Erdölproduktion. Es entstand ein unter frühkapitalistischen Bedingungen arbeitendes Industrieproletariat aus Russen, Armeniern, zugewanderten Iranern und in geringerem Maße Aserbaidschanern. In diesem Milieu gewann die sozialistische Bewegung Einfluß. Baku wurde später zum Hauptstützpunkt der Bolschewiki im Kaukasus. Neben der stark von ausländischem Kapital kontrollierten Erdölindustrie entwickelten sich hier noch andere Industrien. Die Dampfschiffahrt auf dem Kaspischen Meer, die transkaukasische Eisenbahn, ein Telephonnetz wurden zu Faktoren der Modernisierung, die das Leben in Baku veränderten. Das Hinterland wurde davon kaum berührt. Hier wurde das Alltagsleben von religiösen Autoritäten und traditionellen Institutionen normiert.

Gegen Ende des 19. Jh. bildete A. neben den tatarischen Regionen die Vorhut einer muslimischen Reform- und Einigungsbewegung im Zarenreich. In Baku entstand ein herausragendes Beispiel für eine muslimische Kultur unter westlichen Einflüssen. Die einheimische Intelligenzschicht, teilweise an sogenannten „russisch-tatarischen Schulen", Lehrerseminaren und militärischen Ausbildungsstätten erzogen, versuchte das Selbstbewußtsein der Muslime zu fördern und den Analphabetismus in der einheimischen Bevölkerung zu überwinden. Verschiedene Faktoren regten das nationale Erwachen an, das zunächst in kultureller, später auch politischer Richtung verlief: die Folgen der Bevölkerungsumschichtungen, der soziale Wandel durch Industrialisierung, die Dominanz ausländischen Kapitals in dem Prozeß, Konkurrenz zwischen ethnischen Gruppen, die Entwicklung nationaler Ideologien unter den Muslimen Rußlands und des Osmanischen Reichs (Panturkismus, Panislamismus). Ein Führer der türkisch-muslimischen Nationalbewegung in A. umriß deren Programm mit der Parole „Turkisierung, Islamisierung, Europäisierung".

Zu Beginn des 20. Jh. entstanden die Parteien „Hümmet" und „Müsawat". Sie gehörten zum sozialistischen Parteienspektrum Rußlands, waren aber stärker auf nationale Emanzipation von der Kolonialherrschaft als auf den Klassenkampf ausgerichtet. Sie fühlten sich der jungtürkischen Revolution im Osmanischen Reich und der konstitutionellen Bewegung im Iran verbunden. Nach der Oktoberrevolution 1917 wurde „Müsawat" (Gleichheit) zur herrschenden Partei.

Nach dem Zusammenbruch des Zarenreiches trennten sich die transkaukasischen Länder im April 1918 von Rußland und bildeten einen kurzlebigen Staatenbund, der schnell an inneren Gegensätzen und äußerem Druck zerbrach. Schon im Mai entstand eine unabhängige Repulik A. mit der Hauptstadt Gjandscha. In Baku bildeten die Bolschewiki eine lokale Sowjetregierung, die Kommune, die im September von türkischen

Truppen liquidiert wurde. Im Hinterland regierte die Müsawat. Eine Periode unter türkischer Besatzungsmacht wurde im November 1918 durch britische Kontrolle abgelöst. Die Republik stand vor gewaltigen sozialen, ethnischen und wirtschaftlichen Problemen, die ihr Kolonialherrschaft, Weltkrieg, Revolution und Bürgerkrieg hinterlassen hatten. Sie stand mit Armenien im Krieg um die Territorien Karabach, Sangesur und Nachitschewan. Die landwirtschaftliche Produktion sank auf ein Viertel des Vorkriegsstands. Von Norden drohte die Rote Armee mit der Restauration russischer Macht im Kaukasus unter sowjetischen Vorzeichen. Im April 1920 kapitulierte die Müsawat-Regierung und übergab die politische Macht in A. an die 11. Rote Armee.

Die Aserbaidschanische Sowjetrepublik

Bewaffneter Widerstand gegen die Sowjetisierung hielt in einigen Regionen noch bis 1924 an. Die Sowjets faßten die drei transkaukasischen Republiken zu einer „Transkaukasischen Föderativen Sowjetrepublik" zusammen, die dann in die UdSSR integriert wurde. Nach ihrer Auflösung im Dezember 1936 wurde A. zu einer Unionsrepublik.

Die Sowjetisierung begann mit der Konfiszierung des Großgrundbesitzes und der Entmachtung der landbesitzenden muslimischen Oberschicht. Zunächst suchten die Kommunisten noch die Zusammenarbeit mit lokalen islamischen Reformern, gingen aber spätestens 1928 zum Generalangriff auf Institutionen des Islam über. Seit 1925 bekämpften sie lokale nationalkommunistische Strömungen und Anhänger der ehemaligen Hümmet-Partei, die anfangs noch in die sowjetischen Machtstrukturen integriert worden waren, und die politische Führungsschicht der ehemaligen Republik A. aus der Müsawat-Partei. Die größten gesellschaftlichen Umwälzungen begannen 1929 mit der Zwangskollektivierung der Landwirtschaft, die hier wie in anderen Regionen der Sowjetunion auf Widerstand stieß. Den sie begleitenden Terrormaßnahmen gegen den Partei- und Staatsapparat der zwanziger Jahre und gegen die nationale Kulturelite fiel ein Großteil der aserbaidschanischen Intelligenzia zum Opfer. Die junge Nation wurde „enthauptet", jede Äußerung eines aserbaidschanischen Nationalbewußtseins unterdrückt. Die Anklageparolen zeigen den bizarr-paranoiden Charakter des stalinistischen Terrors: Gekämpft wurde gegen „Trotzkisten, Sinowjewisten, Müsawatisten, Panislamisten, Panturkisten, Agenten des japanischen und deutschen Faschismus, bourgeoise Nationalisten".

Die Stalinära verkörperte der lokale KP-Chef Bagirow, der 1953 hingerichtet wurde. Die „Entstalinisierung" ließ ein begrenztes Maß an nationaler Autonomie in der Kunst, Publizistik und Geschichtsschreibung wieder zu. Nach dem Krieg wurden neue Industriezentren wie Sumgait gebaut; die lokale Erdölindustrie verlor indessen ihre herausragende Stellung in der Sowjetwirtschaft. Für die Ära Breschnew [L. I. Brežnev] steht in A. der Name Haidar Alijews, der 1969 bis 1982 den Parteiapparat der Republik leitete und bis in die Führungsspitze der UdSSR aufstieg. Geboren 1923 und aufgewachsen in Nachitschewan, absolvierte er seit 1945 eine KGB-Karriere und wurde 1982 Vollmitglied des Politbüros der KPdSU. Er war ein Gefolgsmann und Protegé Breschnews. In A. erwarb er sich den Ruf des „starken Mannes", der unter dem Deckmantel der Bekämpfung von Korruption und ideologischen Abweichungen politische Gegner ausschaltete. Er hatte für die von ihm regierte Unionsrepublik Erfolgsbilanzen aufzuweisen: So war z. B. zwischen 1976 und 1980 A. die Unionsrepublik mit den höchsten industriellen Wachstumsraten. Später wurde sein Name in der sowjetischen Presse allerdings mit Korruption in Verbindung gebracht.

In der Ära Breschnew/Alijew wuchsen auch in A. Voraussetzungen für eine nationale Bewegung heran, die unter Gorbatschow [M.S. Gorbačev] zum Ausbruch kam: vor allem eine Verbreiterung der nationalen Intelligenzschichten und ihre Integration in die lokalen Machtstrukturen. Ende der achtziger Jahre stellte dann der Karabachkonflikt den Katalysator dar, der die nationale Identitätssuche in begrenzten akademischen

Kreisen mit einem „nationalen Erwachen" in breiten Bevölkerungsschichten verband. Die Reaktion auf armenische Herausforderungen des territorialen Status quo ließ Hunderttausende in Baku demonstrieren. Sie rückte auch andere Facetten der „nationalen Frage" ins Massenbewußtsein: die ökonomische Fremdbestimmung durch Moskau, die Sprachenfrage, die sowjetische Bevormundung des nationalen Geschichtsbildes, die Auseinandersetzung mit russischer Kolonialherrschaft und mit der unabhängigen Republik A. von 1918 bis 1920. In der Glut des Karabachkonflikts und im Zusammenhang mit politischen Umwälzungen in der gesamten Sowjetunion entstand 1989, ausgehend von akademischen Zirkeln in Baku, die „aserbaidschanische Volksfront" in Analogie zu informellen Bewegungen im Baltikum und anderen Regionen der Sowjetunion. Sie formierte sich gegen den Widerstand der Partei- und Staatsmacht und konnte ihre offizielle Registrierung durchsetzen.

Die Volksfront propagierte die Souveränität A.s, zunächst noch im Rahmen der UdSSR, später in voller staatlicher Unabhängigkeit. Sie spaltete sich in einen moderaten und einen radikalen Flügel. Aktionen des radikalen Flügels wie die Machtergreifung durch lokale Abteilungen in Lenkoran und Dschalilabad im Winter 1989/90 schufen eine Situation, in die die sowjetische Zentralgewalt militärisch eingriff. Die Militärintervention vom 20. 1. 1990, mit Panzern und schwerbewaffneten Truppen ausgeführt, forderte nach offiziellen Angaben 120 Todesopfer (nach inoffiziellen weitaus mehr). Eine aserbaidschanische Kommission qualifizierte sie später als „sorgfältig geplante und zynisch exekutierte Strafaktion". Sie führte zum Machtwechsel in der Republik-KP, von A. Wesirow (seit 1988) zu A. Mutalibow, und zum massenhaften Austritt aus der Partei. Aber auch die Volksfront wurde geschwächt und spaltete sich: Der gemäßigte Flügel formierte sich zu einer eigenen „Sozialdemokratischen Partei".

Im Mai 1990 wurde Ajas Mutalibow zum Präsidenten der Republik gewählt. Bei Parlamentswahlen im Juni 1990 behauptete die KP ihre Position gegen ein Wahlbündnis „Demokratisches Forum". Mutalibow propagierte den „kontrollierten

Übergang zur Marktwirtschaft" und machte gegenüber Moskau die Unterzeichnung eines neuen Unionsvertrags von Garantien für die territoriale Integrität A.s abhängig. Moskau unterstützte im Karabachkonflikt A. zu diesem Zeitpunkt stärker als Armenien, das seine Lostrennung von der Sowjetunion beschlossen hatte. Doch dann veränderte der gescheiterte Augustputsch in Moskau die politische Situation. Durch Aussagen zugunsten des restaurativen Staatsstreichs kompromittiert, stand Mutalibow massiven Rücktrittsforderungen gegenüber. Die KP A.s löste sich formell selber auf und gründete ihre Nachfolgeorganisation. Das Parlament verkündete am 30. 8. 1991 die Wiederherstellung der staatlichen Unabhängigkeit, mit Rückgriff auf die Republik von 1918.

Politische Entwicklung seit der Unabhängigkeit

Wie instabil die politische Entwicklung im Schatten des Karabachkriegs verlief, zeigen der dreimalige Machtwechsel von Mutalibow über Elcibey zu Alijew zwischen 1991 und 1993 und eine Reihe von Putschversuchen. Militärische Erfolge der Karabach-Armenier im Frühjahr 1992 führten zum Rücktritt Mutalibows vom Präsidentenamt. Als dieser mit Hilfe der konservativen Parlamentsfraktion versuchte, Neuwahlen zu verhindern und ins Präsidentenamt zurückzukehren, besetzte die Volksfront mit Unterstützung der Armee das Parlament. Im Juni setzte sich bei den Präsidentschaftswahlen der Volksfront-Kandidat Abulfaz Elcibey mit 59% der Stimmen durch. Er befand sich wie sein Vorgänger unter dem Druck, militärische Erfolge aufweisen zu müssen. Kurz nach seiner Vereidigung begann eine militärische Offensive im Norden Karabachs. Doch in seiner Regierungszeit wendete sich das militärische Kräftespiel in dem Konflikt zugunsten der armenischen Seite. Außerdem mußte Elcibey hinnehmen, daß in Nachitschewan Haidar Alijew sein eigenes Regime etablierte.

Elcibey konnte die in ihn gesetzten Erwartungen auf Beendigung des Krieges ohne Gebietsverluste, Durchsetzung einer

Verfassung und Verbesserung der ökonomischen Situation nicht erfüllen. Im Juni 1993 führte ein junger Militärkommandeur, Surat Husseinow, von der Garnison in Gjandscha aus einen Staatsstreich gegen ihn durch, der letztlich Alijew zurück an die Machtspitze brachte.

Es wurde darüber spekuliert, ob Moskau diesen Machtwechsel beeinflußt hatte. Kurz zuvor sollte ein Vertrag mit einem westlichen Konsortium über die Ausbeutung von Ölfeldern im Kaspischen Meer unterzeichnet werden, dem Rußland Widerstand entgegengesetzt hatte. Die Unterzeichnung wurde durch den Staatsstreich vorerst verhindert. Elcibeys Außenpolitik hatte eine protürkische, prowestliche Ausrichtung gezeigt und war auf Distanz zu Rußland gegangen. In Alijew sah man dagegen einen Vertreter der alten Bindungen aus sowjetischer Zeit. Er erwies sich aber durchaus nicht als eine russische Marionette. Ganz im Gegenteil: A. blieb unter Alijew von den drei transkaukasischen GUS-Republiken die unabhängigste.

Alijew versprach dem Land ein Ende des Karabachkriegs, die Konsolidierung der Streitkräfte, Wirtschaftsreformen und die Stärkung der staatlichen Unabhängigkeit. Er konnte eine Militärrebellion im Süden A.s unterdrücken und ließ sich am 3. 10. 1993 mit 98,6% von der Bevölkerung zum Präsidenten wählen. Die Wahl wurde zwar als undemokratisch angefochten, aber zweifellos hatte der alte neue Republikführer Rückhalt in der Bevölkerung. Zugleich beschränkte er zunehmend die Möglichkeiten der Opposition.

In Alijews Amtszeit fielen zwei grundlegende Schritte: A. wurde in die GUS zurückgeführt, und es schloß den oben genannten Vertrag über die Ausbeutung kaspischer Erdölquellen. Im Karabachkonflikt konnte A. letztlich keine militärischen und territorialen Gewinne verbuchen; der Westteil des Landes blieb von armenischen Truppen besetzt. Ein bislang anhaltender Waffenstillstand vom Mai 1994 verschaffte eine längere Atempause. Die Abhängigkeit A.s von Rußland und der GUS wurde zum innenpolitischen Thema; Oppositionsgruppen, darunter die Volksfront, sammelten sich in der „Bewegung des nationalen Widerstands". Die Konfrontation zwischen Regierung und Opposition verschärfte sich. Mitglieder der Volksfront wurden verhaftet, Zeitungen zensiert. Im Norden des Landes mit seinen ethnischen Minderheiten kam es zu Zusammenstößen zwischen der Bevölkerung und den Sicherheitskräften. Innenpolitische Spannungen hatten auch mit Machtverteilungen zwischen Clans und Landsmannschaften zu tun: Alijew besetzte hohe Posten in der Staatsverwaltung bevorzugt mit Leuten aus seiner Heimat Nachitschewan.

Im Oktober 1994 drohte ein erneuter Staatsstreich. Alijew beschuldigte konspirative Kräfte im In- und Ausland des Versuchs, „A. als unabhängigen Staat zu zerstören". Suret Husseinow, der als Ministerpräsident in die neue Führungsspitze einbezogen worden war und nun wieder als Initiator eines Putschversuchs galt, verlor seinen Posten. Im März 1995 erschütterte ein weiterer Putschversuch das Land. Diesmal ging er vom Kommandeur einer paramilitärischen Organisation aus, der sich der befohlenen Auflösung seiner Truppe widersetzte. Wiederum schlossen Beobachter den langen Arm Moskaus nicht aus. Ein im Oktober 1994 verhängter Ausnahmezustand wurde verlängert, Oppositionspolitiker wurden verhaftet. Alijew bildete eine Elitegarde unter seinem direkten Kommando, die künftige Staatsstreiche abwehren soll.

Die nächsten Parlamentswahlen fanden im November 1995 statt. Bislang lag die legislative Gewalt bei einem „Nationalrat" (Milli Medjlis) aus 50 Mitgliedern, der dem 1990 gewählten Parlament vorgesetzt wurde. Baku geriet unter Druck durch die USA und andere westliche Länder, für die Wahlen demokratische Rahmenbedingungen zu schaffen. Die politische Instabilität des Landes stand dem aber entgegen. Einigen relevanten Oppositionsparteien wurde die Zulassung zu den Parlamentswahlen verweigert. Als Sieger gingen aus ihnen präsidentennahe Kräfte und die Partei „Neues Aserbaidschan" hervor. Mit der Parlamentswahl wurde das Referendum über eine neue Verfassung verknüpft. Mit dieser ersten nachsowjetischen Verfassung erhielt nun auch A. als letzter GUS-Staat mit einem Verfassungsprovisorium ein Regierungssystem mit starker Machtstellung des Präsidenten.

Der Karabachkonflikt

Die Karabachfrage enthält Elemente eines „ethno-territorialen Konflikts" aus dem Erbe zaristischer und sowjetischer Gebiets- und Nationalitätenpolitik. Sie wird jedoch oft als Teil einer umfassenderen Konfliktbeziehung zwischen Aseri und Armeniern aufgefaßt und in einen türkisch-armenischen Gegensatz eingeordnet. Dies darf allerdings nicht im Sinne eines naturwüchsigen Völkerhasses mißverstanden werden. Kaukasische Muslime und christliche Armenier haben durchaus gutnachbarschaftlich zusammengelebt. Spannungen zwischen beiden Volksgruppen wurzeln im 19. Jh., als nach der russischen Eroberung eine Umschichtung der Bevölkerung im östlichen Transkaukasus stattfand und der armenische Bevölkerungsteil durch Immigration von Armeniern aus dem Iran anwuchs. Sie gingen mit sozialer Konkurrenz zwischen den Volksgruppen in einer Phase früher Industrialisierung und Modernisierung einher und schließlich, insbesondere im Revolutionsjahr 1905, mit interethnischer Gewalt.

Zum Hauptaspekt des Gegensatzes wurden nach dem Zerfall des zaristischen Imperiums gegenseitige Gebietsansprüche zwischen den unabhängig gewordenen Republiken. Das bedeutendste Streitobjekt war das Gebiet von Berg-Karabach. Im 20. Jh. war seine Bevölkerung überwiegend armenisch (1917 93%, 1989 rd. 75%). In seiner Geschichte hatte die Bevölkerungszusammensetzung allerdings gewechselt, wobei die Muslime lange Zeit in der Mehrheit waren. 1805 wurde das halbautonome Khanat von Karabach von Rußland annektiert und später in das russische Verwaltungssystem im Kaukasus integriert, und zwar in jenen Teil, aus dem A. hervorgehen sollte. In der kurzen Periode der Unabhängigkeit der drei transkaukasischen Republiken 1918–20 war Berg-Karabach zusammen mit anderen Gebieten zwischen Armenien und A. heftig umstritten. 1918 war es vorübergehend von türkischen Truppen besetzt. Nach der Etablierung der Sowjetrepublik verzichtete Baku im Dezember 1920 zwar auf das Gebiet zugunsten Armeniens, hielt dieses Zugeständnis aber nicht ein. Die Regierung Sowjetrußlands unterstützte aus außenpolitischen Gründen (Orientpolitik) und wegen der wirtschaftlichen Bedeutung A.s (Erdöl) die Ansprüche Bakus und unterstellte das Gebiet aserbaidschanischer Hoheit, allerdings als eine autonome Gebietskörperschaft. Die Wiedervereinigung mit Berg-Karabach wurde zu einem zentralen Thema des armenischen Nationalbewußtseins in sowjetischer Zeit und seit den sechziger Jahren zum Anliegen von Petitionen an die zentralen sowjetischen Machtorgane. In der Ära Gorbatschow wurde diese Forderung erneut aufgegriffen. Die Armenier begründeten ihr Anliegen mit der Verletzung der Gebietsautonomie durch Baku und beklagten sich darüber, daß die aserbaidschanischen Behörden die armenische Bevölkerung Berg-Karabachs von allen Verbindungen zu Armenien abgeschnitten, ihr Kulturleben „entarmenisiert" und die Wirtschaftsentwicklung und Infrastruktur in dem Gebiet vernachlässigt hätten, um Armenier zur Auswanderung zu zwingen.

Die Konfliktseiten beziehen völkerrechtlich gegensätzliche Positionen: Die Armenier pochen auf die Selbstbestimmung von Völkern, A. auf die territoriale Integrität bestehender Staaten. Es kollidieren auch die nationalen Geschichtsbilder: Für die Armenier ist das „Arzach" genannte Territorium uraltes armenisches Kulturland und eine Wiege ihrer nationalen Freiheitsbewegung, für die Gegenseite Teil des historischen Staatsterritoriums A.s und ein Gebiet, in dem vor der russischen Kolonialherrschaft eine muslimische Bevölkerungsmehrheit bestanden hatte. Die Aseri beklagten, daß die westliche Welt bei dem Konflikt anfangs einseitig für Armenien Partei ergriffen und die andere Konfliktseite als „muslimische Extremisten" abgestempelt habe. Dabei beruhte er auf gegenseitiger Gewalt. Es habe nicht nur Massaker an Armeniern, sondern auch armenische Gewalt an Aseris gegeben.

Militärische Erfolge der Karabachtruppen seit dem Frühjahr 1992, ihr Vordringen in die Tiefe A.s bestärkten dort das Gefühl, Opfer „armenischer Aggression" zu sein. Auch im Westen wurde nun eine Trennlinie zwischen legitimer Selbstverteidigung und Expansion in Hinsicht auf die armenischen

Konfliktseiten gezogen. Seit Mai 1994 hält ein Waffenstillstand und läßt Hoffnung auf eine internationale Regelung des Konflikts aufkommen. Wie zwischen dem karabach-armenischen Anspruch auf Selbstbestimmung und Unabhängigkeit von A. und dem aserbaidschanischen Hoheitsanspruch auf das Gebiet ein kompromißfähiger politischer Status für Berg-Karabach ausgehandelt werden soll, bleibt aber fraglich.

Nach dem Zerfall der UdSSR wurde der Konflikt internationalisiert und zum Gegenstand von vier Resolutionen des UN-Sicherheitsrats. Er führte zur Gründung einer mit seiner Regelung befaßten Staatengruppe innerhalb der KSZE (Minsker Gruppe) und wurde Objekt russischer Konfliktregelung im „nahen Ausland". Vermittlungsgespräche und Friedensverhandlungen fanden in Moskau, Sotschi, Almaty, Teheran, in Finnland und andernorts statt.

Es wuchs die Gefahr regionaler Eskalation, insbesondere der Verwicklung der Türkei und des Iran. Dazu kommt immer deutlicher eine strategische Komponente: Die wachsende Bedeutung der kaspisch-kaukasischen Region als neues Erdölzentrum, in dem über die Routenführung von Pipelines gestritten wird. Dadurch wächst allerdings auch das Interesse verschiedener Akteure, lokale und regionale Konflikte zu entschärfen.

Die russische Karabach-Politik richtete sich nach den wechselnden Situationen in Armenien und A., danach, welche der beiden Republiken den „nationalen Interessen" Rußlands im Kaukasus eher entgegenkam. Derzeit ist dies Armenien. Bei aller Gegensätzlichkeit stimmen armenische und aserbaidschanische Kommentare darin überein, daß Moskau beim Zerfall der Sowjetunion an beide Seiten Waffen geliefert und den Konflikt munitioniert hat.

Über die Zahl der Todesopfer seit 1988 schwanken die Angaben zwischen 18 000 und weit mehr. Der Karabachkrieg hat beiden Republiken enorme wirtschaftliche und politische Kosten abverlangt und weit über eine Mio. Menschen entwurzelt. In A. sind praktisch ein Siebtel der Bevölkerung Flüchtlinge.

Konfliktchronologie
1988:
Am 20. 2. beantragt das Parlament in Stepanakert bei den Obersten Sowjets der UdSSR, Armeniens und A.s den Transfer Berg-Karabachs aus aserbaidschanischer in armenische Republikhoheit. Es kommt zu anti-armenischen Pogromen in Sumgait und anderen Städten. Moskau weist auf den Artikel 78 der Unionsverfassung hin: Das Territorium einer Unionsrepublik kann nicht ohne deren Zustimmung verändert werden. In Berg-Karabach bricht ein Generalstreik aus. Am 21. 5. setzt Moskau die Parteiführer Armeniens und Aserbaidschans ab. Im Juli beginnt in Armenien ein Generalstreik, nachdem Baku eine Blockade gegen Armenien verhängt hat. Am 18. 7. lehnt der Oberste Sowjet der UdSSR den Antrag auf Gebietsveränderung ab.

1989:
Das Gebiet wird unter sowjetische Sonderverwaltung gestellt. Zunächst entspannt sich die Situation etwas, im Frühjahr brechen aber wieder Streiks und Massendemonstrationen in beiden Republiken aus. Im Juli vereinigt sich der Bezirk Schaumian mit seiner armenischen Bevölkerungsmehrheit mit Berg-Karabach. Baku verhängt die totale Blockade der Transportverbindungen nach Armenien und Berg-Karabach. Gewalt zwischen den Volksgruppen führt zu breiten Fluchtbewegungen in beide Richtungen: Armenier fliehen aus A. nach Armenien, Aseri aus Armenien nach A. Der Oberste Sowjet der UdSSR hebt unter Protest der armenischen Deputierten am 28. 11. die Sonderverwaltung wieder auf. Die Hoheit über das Gebiet fällt wieder an Baku zurück. Das armenische Parlament in Jerewan beschließt am 1. 12. die „Wiedervereinigung mit Berg-Karabach".

1990:
Der Karabachkonflikt tritt in der sowjetischen und internationalen Berichterstattung gegenüber dem sich zuspitzenden Zerfall der UdSSR zurück.

1991:
An aserbaidschanischen Deportationsmaßnahmen gegenüber armenischen Bewohnern im Grenzgebiet beteiligen sich sowjetische Sicherheitstruppen. Internationale Menschenrechtsorganisationen stellen Menschenrechtsverletzungen durch alle Konfliktseiten fest: Deportationen, Geiselnahmen, Mißhandlung von Gefangenen. Nach dem Kollaps der Unionsgewalt infolge des gescheiterten Augustputschs ist der Konflikt keiner Zentralgewalt mehr untergeordnet und wird internationalisiert. Mit der staatlichen Unabhängigkeit Armeniens und A.s verändern sich die Rechtspositionen in dem Konflikt. Armenien erkennt mit dem Beitritt zur GUS, zur KSZE und zur UNO die bestehenden Grenzen zwischen den ehemaligen Sowjetrepubliken und damit auch seine Grenze mit A. offiziell an. Damit nimmt es quasi die Wiedervereinigungsresolution zurück und erhebt keine territorialen Ansprüche gegen A. Baku hebt die Automie Berg-Karabachs auf und unterstellt es seiner direkten Verwaltung. Am 2. 9. erklärt sich Berg-Karabach gemeinsam mit dem Bezirk Schaumian zur unabhängigen Republik Berg-Karabach. Sie wird international nicht anerkannt, auch nicht von Jerewan. Baku und Jerewan akzeptieren einen von Rußland und Kasachstan vermittelten Waffenstillstand. Mit dem Absturz (Abschuß?) eines aserbaidschanischen Helikopters über Berg-Karabach (20. 11.) beginnt aber eine neue Gewaltspirale.

1992:
Bei einer aserbaidschanischen Offensive im Frühjahr gerät Stepanakert unter wochenlangen schweren Beschuß. Im weiteren Verlauf der Kampfhandlungen erweisen sich die armenischen Verbände aber als schlagkräftiger und bringen das ganze Gebiet Berg-Karabach unter ihre Kontrolle. Am 26. 2. kommt es bei der Einnahme der Stadt Chodschaly im Grenzgebiet von Karabach zu einem Massaker an der aserbaidschanischen Zivilbevölkerung. Im März werden die ex-sowjetischen Streitkräfte aus dem Konfliktgebiet abgezogen. Niederlagen der äußerst ineffektiven aserbaidschanischen Streitkräfte führen zum

Sturz des Präsidenten Mutalibow. Armenische Verbände erobern mit Schuscha die letzte aserbaidschanische Stellung in Berg-Karabach. Danach greifen sie auf den aserbaidschanischen Gebietsstreifen aus, der Berg-Karabach von Armenien trennt. Durch den Korridor von Latschin soll die Versorgung des blockierten Gebiets auf dem Landweg gesichert werden. Angriffe auf aserbaidschanisches Territorium außerhalb Berg-Karabachs provozieren eine drohende Haltung der Türkei und internationale Proteste. Die Aktivitäten zur Konfliktregelung im Rahmen der KSZE nehmen zu. Am 24. 3. wird die Minsker Gruppe zur Leitung einer internationalen Friedenskonferenz unter dem Vorsitz Marco Raffaellis gegründet. Armenien integriert sich militärisch in die GUS und wird Gründungsmitglied des Taschkenter Sicherheitspakts vom 15. 5. 1992. Dadurch erlangt es eine GUS-Sicherheitsgarantie gegen militärische Bedrohung durch Drittstaaten. Eine Woche nach der Wahl des neuen Präsidenten Elcibey startet A. eine neue Offensive gegen armenische Stellungen. Doch bis Ende des Jahres fallen die befreiten Gebiete wieder unter armenische Kontrolle.

1993:
Baku schließt im Januar die Gaspipeline nach Armenien. Die Karabachstreitkräfte erobern im Frühjahr das Gebiet von Kelbadjar und schaffen nördlich ihres ersten Korridors nach Armenien einen zweiten. Mit der Eroberung von Kelbadjar werden die armenischen Offensiven international nicht mehr als reine Selbstverteidigung gewertet. Washington fordert Armenien am 5. 4. zum Rückzug aus den besetzten Gebieten A.s auf. Der UN-Sicherheitsrat verlangt mit der Resolution 822 sofortigen Waffenstillstand und Räumung besetzter Gebiete. Baku verhängt den Ausnahmezustand über ganz A. und bezichtigt Rußland der Unterstützung der armenischen Kampfverbände. Der desolate Zustand der aserbaidschanischen Streitkräfte führt im Juni erneut zu einem Machtwechsel in Baku. Der Sieger, Haidar Alijew, verspricht die schnelle Reorganisation der Streitkräfte und die Regelung des Karabachkonflikts. Armenische Verbände erobern mit Aghdam an der Ostgrenze zu

Berg-Karabach die Hauptbasis der aserbaidschanischen Truppen. Nach langem Widerstand fällt die Stadt Fisuli unter armenische Kontrolle, bald darauf Djebrail und Goradis im Grenzgebiet zu Iran. Ende August beklagt Baku, daß 20% aserbaidschanischen Territoriums unter armenischer Kontrolle stehen. Aserbaidschanische Flüchtlingsströme nach Iran alarmieren Teheran.

1994:
Rußland verstärkt seine Friedensbemühungen. Das russische Projekt sieht als erste Stufe einer umfassenderen Konfliktregelung einen von russischen Friedenstruppen kontrollierten Waffenstillstand, den armenischen Rückzug von aserbaidschanischem Territorium außerhalb Berg-Karabachs, eine Pufferzone zwischen den Kampfverbänden und ein Ende der Blockaden vor. Ein am 25. 5. geschlossener Waffenstillstand hält mit kleineren Verletzungen bis heute. Eine wesentliche Voraussetzung dafür war die Anerkennung Berg-Karabachs als Konflikt- und Verhandlungspartei durch Baku. Gleichzeitig laufen internationale Bemühungen um Konfliktregelung unter Führung der KSZE. Das zu erzielende Hauptabkommen soll die russische Friedensinitiative mit dem Friedensprojekt der Minsker Gruppe verschmelzen. Dabei kommt es aber zu Rivalitäten zwischen Rußland und der KSZE. Auf der KSZE-Konferenz in Budapest im Dezember 1994 einigt man sich auf die Entsendung einer internationalen Truppe von 3000 Mann. Die wichtigsten Streitpunkte, die dem Hauptabkommen entgegenstehen stehen, sind: 1. Bakus Forderung nach Räumung des Latschin-Korridors und der Stadt Schuscha durch armenische Truppen (aus armenischer Sicht ohne substantielle Sicherheitsgarantien für Berg-Karabach unmöglich); 2. der Einsatz von Friedenstruppen: Baku wünscht die Begrenzung des russischen Kontingents und die Einbeziehung türkischer Friedenstruppen. Armenien und Berg-Karabach unterstützen die Ansprüche Rußlands auf die Rolle des hauptsächlichen Konfliktregulators, 3. die Waffenkontrolle: die aserbaidschanische Seite ist stärker bewaffnet, die armenische Seite dennoch militärisch

effizienter. Armenien befürchtet, daß Baku die Waffenpause und seine Geschäfte mit westlichen Ölkonzernen zum Waffenkauf nutzen könnte. Das Parlament in Stepanakert wählt im Dezember 1994 Robert Kotscharian zum ersten Präsidenten der selbsternannten Republik Berg-Karabach. Kotscharian stand an der Spitze der Bewegung für die Unabhängigkeit von A. und leitete bisher den Verteidigungsrat. Von Baku wird dieser Schritt als ernstes Hindernis zu einer Lösung des Streits aufgefaßt.

1995:
Im März droht Jerewan mit einem Rückzug aus den Friedensverhandlungen wegen einer Serie von Anschlägen auf eine Gaspipeline, die über aserbaidschanisch besiedelte Teile Georgiens nach Armenien führt. Die Verhandlungen werden Mitte Juni in Moskau wieder aufgenommen (fünfte Verhandlungsrunde unter OSZE-Ägide).

Außen- und Sicherheitspolitik

Erfolg oder Mißerfolg im Karabachkrieg bestimmte das Schicksal wechselnder Regierungen, wurde zum Maßstab für ihre Leistungen. Präsident Alijew wählte zwischen einer unabhängigen Sicherheitspolitik und der Einbindung A.s in die Sicherheitsstrukturen der GUS einen Mittelweg. Aufgrund des Machtwechsels von 1993 und der militärischen Niederlage im Karabachkonflikt trat A. im September 1993 dem GUS-Vertrag über kollektive Sicherheit bei und verhandelte mit Rußland über militärpolitische Zusammenarbeit (Verpachtung militärischer Infrastruktur). Innenpolitisch höchst umstritten bleibt jedoch die Frage, ob und inwieweit A. auf seinem Territorium Rußland militärische Stützpunkte und die Stationierung seiner Truppen gewähren soll. Auch von einer Grenzschutzkooperation an den ehemaligen sowjetischen Außengrenzen hielt A. Abstand. Ein diesbezügliches Abkommen zwischen acht GUS-Staaten vom 30. 4. 1995 wurde von A.

nicht unterzeichnet und beim GUS-Gipfel in Minsk im Juni 1995 erneut abgelehnt.

Die Bildung aserbaidschanischer Streitkräfte begann im Oktober 1991, blieb jedoch infolge der innenpolitischen Instabilität und der Verwicklung in den Karabachkonflikt rudimentär. Die letzten russischen Truppen verließen A. im Mai 1993. Bis 1996 soll eine nationale Armee von rd. 35 000 Mann aus Vertragssoldaten und Wehrpflichtigen aufgebaut und es sollen im Konfliktgebiet mit Armenien sollen hochmobile Brigaden konzentriert werden. Dazu kommen paramilitärische Verbände wie die Miliz des Innenministeriums (20 000). Die bewaffneten Verbände der Karabach-Armenier, Hauptgegner der aserbaidschanischen Armee, werden auf 20 000 Mann geschätzt, einschließlich einer unbestimmten Zahl von Freiwilligen aus Armenien. Gemessen an ihrem bisherigen Einsatz im Konflikt mit Armenien befinden sich die aserbaidschanischen Streitkräfte in einem organisatorischen Chaos und weitgehender Konzeptionslosigkeit und zeigen geringe Einsatzbereitschaft.

Auch die Außenpolitik war von den jeweiligen Präsidenten und Regierungen abhängig. Die regierende Volksfront unter Präsident Elcibey richtete sie auf die Türkei und den Westen aus. Mit dem Machtwechsel zu Alijew erwartete man die erneute Ausrichtung auf Rußland und die GUS. A. hatte zu den ursprünglichen Gründungsmitgliedern der GUS gehört. Sein Parlament verweigerte aber im Oktober 1992 die Ratifizierung des GUS-Abkommens. Im September 1993 führte Alijew das Land nun als Vollmitglied in die GUS und erhoffte sich davon russische Unterstützung im Karabachkonflikt, zumindest eine Einstellung russischer Unterstützung für Armenien. Zum Gefolgsmann Rußlands im Kaukasus ist er aber nicht geworden. Vielmehr verfolgte die aserbaidschanische Außen- und Außenwirtschaftspolitik unter seiner Leitung ihre Interessen auch gegen russischen Widerstand. Vor allem durch seine Erdölprojekte mit westlichen Firmen geriet A. unter russischen Druck (vgl. unten).

Von seiner ursprünglichen westlichen Orientierung verabschiedete sich A. unter Alijew durchaus nicht. So unterzeichnete es im Mai 1994 in Brüssel das NATO-Dokument „Partnerschaft für den Frieden". Alijew bat den Westen um Unterstützung bei der Regelung des Karabachkonflikts.

Religion und Kultur

Die Aseri sind mehrheitlich Schiiten und damit eine Ausnahme unter den Muslimen der ehemaligen Sowjetunion. Die Sunniten (25% der Bevölkerung) in A. gehörten überwiegend ethnischen Minderheiten an. Die Schia (Zwölferschia) dominiert besonders in den südwestlichen Landesteilen, in Nachitschewan und entlang der Grenze zum Iran. Die Unterscheidung zwischen Schia und Sunna darf man im Falle A.s allerdings nicht überschätzen. Von radikalen schiitischen Strömungen kann hier kaum die Rede sein, wenn auch Ende der achtziger Jahre gelegentlich Plakate mit dem Porträt des Ayatollah Chomeini im Straßenbild auftauchten.

Christliche Glaubensgemeinden werden durch georgische, armenische und russische Bevölkerungsteile repräsentiert, die jüdische Konfession durch die sog. „Bergjuden" oder „Tat" (eine Volksgruppe mit iranischer Muttersprache). Die Muslime Transkaukasiens unterstehen einer Geistlichen Verwaltung unter Leitung des Scheich-ul-Islam in Baku.

Vor der Sowjetisierung gab es im heutigen A. rund 2000 Moscheen und 800 Koranschulen. Bis Ende der siebziger Jahre wurde die Zahl der „arbeitenden Kultstätten" auf 16 Moscheen reduziert. Seit 1988 ist der Neubau bzw. die Wiedereröffnung von Moscheen im Gange. Der Islam wurde in sowjetischer Zeit dem öffentlichen Bildungssystem entzogen und in den Familien und in inoffiziellen Institutionen tradiert. Den letztgenannten Bereich bildeten Laienmullahs, Institutionen des Volksislam sowie Sufi-Bruderschaften.

Die „nationale Wiedergeburt" in A. betrifft zweifellos auch den Islam als eine Wurzel der historischen und kulturellen Identität des Landes, aber es wäre falsch, ihn einseitig hervorzuheben und z. B. den Karabachkonflikt als einen „Religionskrieg" zu deuten. Ebenso falsch wäre es, Islam auf „Fundamentalismus" zu verengen. Aussagen der russischen Presse über das Anwachsen des Fundamentalismus im südlichen Kaukasus haben häufig propagandistischen Charakter. Politisch maßgebender sind Strömungen eines säkularen Nationalismus. Allerdings wachsen besonders mit dem Flüchtlingsproblem soziale Bedingungen heran, die religiösen Radikalismus begünstigen könnten.

Die kulturelle Identitätssuche stößt auf vielfältige Quellen, auf islamische Traditionen, turko-persische Kulturdenkmäler, aber auch auf westliche Einflüsse. Literatur und Kultur weisen diese Vielfalt aus: Zwei berühmte Dichter des Orients, der in persischer Sprache schreibende Nizami aus Gjandscha (12. Jh.) und Muhammed Fizuli (16. Jh.), stammten aus A. Nizamis Poeme wie „Laila und Madschnun" wurden weltberühmt. Die vorislamische Vergangenheit und alttürkische Traditionen werden in Heldenepen (dastan) wie „Dede Korkut" und „Köroglu" reflektiert. Aus der Berührung mit der russischen Kolonialmacht und europäischen Einflüssen, aus „nationalem Erwachen" und indigenen Reformbewegungen heraus entstand im 19. Jh. eine moderne Nationalliteratur, die „westliche" Genres wie Satire, Novelle und Drama einschließt.

Der Aufbau von Bildungseinrichtungen und die Bildungsverbreiterung in der Bevölkerung in sowjetischer Zeit erreichte zwar nicht ganz das hohe Niveau der transkaukasischen Nachbarn, übertraf aber das Niveau anderer Unionsrepubliken mit türkisch-muslimischer Stammbevölkerung. Um 1990 hatte hat A. 17 Hochschuleinrichtungen mit über 100 000 Studenten. Davon sind die größten das Asisbekow-Staatsinstitut für Erdöl und Petrochemie, die Universität für Bauwesen und Technik und die Staatsuniversität von Baku.

Im Bereich der Sprachenpolitik besteht eine wesentliche Neuerung in der Einführung der lateinischen (türkischen) Schrift (aserbaidschanische Intellektuelle waren schon bei der ersten großen Schriftumstellung in frühsowjetischer Zeit vom arabischen auf das lateinische Alphabet führend). Das Gesetz dazu wurde im Dezember 1991 verabschiedet. In der Debatte um ein neues Sprachengesetz der Republik stritt man sich darüber, ob die Bezeichnung der Staatssprache „Aseri" oder „Türkisch" lauten sollte. Das Sprachengesetz fordert die Durchsetzung der Staatssprache in allen relevanten Öffentlichkeitsbereichen. Ihr Studium soll vom Staat unterstützt werden. Ethnischen Minderheiten auf kompakten Siedlungsgebieten wird das Recht gewährt, vorschulische Anstalten und mittlere allgemeinbildende Schulen in ihrer Sprache zu betreiben.

Ökologie

Als eines der am frühesten industrialisierten Gebiete im Kaukasus leidet A. seit langem unter hoher Luftverschmutzung und ähnlichen Umweltschäden. 72% der gesamten Schadstoffemission (912 000 t durch Industrieemission, 450 000 t durch Automobile) entfielen 1989 auf die Industrieregion Baku, der Rest auf Sumgait, Ali-Bayramli, Gjandscha und andere Standorte. 1992 wurde eine Schadstoffmenge von nahezu 1,4 Mio. t allein in der Atmosphäre von Baku gemessen. Auch die Wasserverschmutzung erreicht alarmierende Ausmaße. In der Landwirtschaft werden 8 Mio. m³ Wasser für Irrigationszwecke benutzt, davon fließen 3 Mio. m³ in das natürliche Wassersystem zurück. Dieser Rückfluß ist mit hohen Konzentrationen giftiger Chemikalien (Düngemittel, Pestizide) belastet. Ein gravierendes Umweltproblem bildet der steigende Wasserspiegel des Kaspischen Meeres für alle Anrainerstaaten. 1991 organisierte A. eine erste regionale Konferenz über Probleme des größten Binnengewässers der Erde, der eine Konferenz in Teheran 1992 folgte. Dabei drängten sich aber politische Streitfragen in den Vordergrund. Mit Hilfe eines Entwicklungsprogrammes der UNO wird in Sumgait eine „Freie Wirtschaftszone" eingerichtet, in der die umweltgefährliche chemische Industrie umgerüstet werden soll.

Produktion, Beschäftigung, Inflation, Außenwirtschaft

A. war seit dem letzten Jh. traditioneller Standort der Förderung und Verarbeitung von Erdöl- und Erdgas sowie in der Sowjetzeit Zentrum der Produktion von Ausrüstungen für die Erdölindustrie gewesen. Heute ist es von Föderrückgang auf den erschöpften Erdöl- und Erdgasfeldern betroffen, und seine Produktionskapazitäten sind veraltet. Dazu kommen kriegsbedingte Produktionsrückgänge in Landwirtschaft und Industrie. Die Privatisierung macht nur geringe Fortschritte. Große Zukunftshoffnungen werden auf den Wiederanstieg der Erdölförderung aus off-shore-Gebieten im Kaspischen Meer gesetzt. Dazu muß allerdings das Problem der Trassenführung für die Exportpipelines gelöst werden.

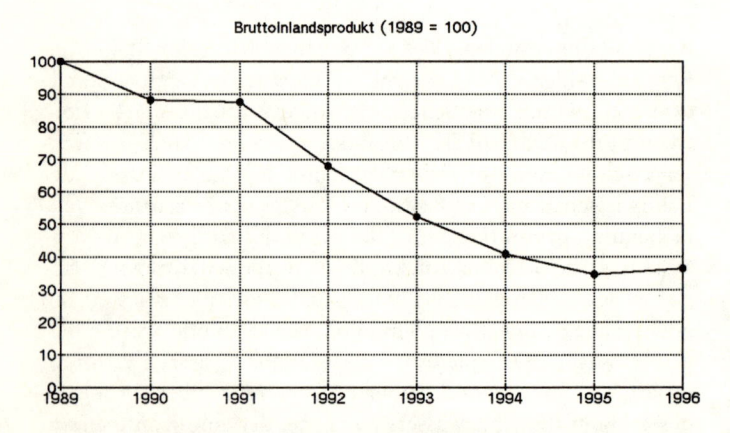

Bruttoinlandsprodukt (1989 = 100)

Das zu Kaufkraftparitäten berechnete BIP betrug 1994 rund 13 Mrd. US-$, das sind pro Einwohner rund 1700 US-$. Der Industrieanteil am Produktionsvolumen, in den vor allem die Erdölförderung eingeht, macht etwa 40% aus. Der Anteil der Landwirtschaft liegt bei rund 30%. In der Industrie sind wegen des geringen spezifischen Arbeitskräftebedarfs der Erdölwirtschaft nur 16%, in der Landwirtschaft dagegen 33% der Arbeitskräfte tätig. Seit 1992 war ein starker Rückgang des BIP wegen des Krieges mit Armenien sowie der Einschränkung der Lieferbeziehungen mit GUS-Ländern zu verzeichnen. Erst für 1996 wird eine wirtschaftliche Erholung prognostiziert.

Veränderung des Bruttoinlandsprodukts in % gegenüber dem Vorjahr

1990	1991	1992	1993	1994	1995	1996
−11,7	−0,7	−22,6	−23,0	−22,0	−15,0	5,0

Quelle: European Bank for Reconstruction and Development. 1996: Prognose.

Das Arbeitskräftepotential zählt rund 4 Mio. Personen, davon sind 2,7 Mio. beschäftigt und 1,4 Mio. (34%) nicht beschäftigt. Die ländliche Arbeitslosigkeit wurde durch die Ansiedlung von Flüchtlingen aus Landesteilen, die von armenischen Truppen besetzt worden waren, verschärft.

Ab 1992 setzten hohe Preissteigerungen ein; die Inflationsrate lag 1994 bei rund 1800%. Im Sommer 1992 wurde die Nationalwährung „Manat" zunächst als Parallelwährung zum russischen Rubel eingeführt, sie ist seit Jahresanfang 1994 einziges legales Zahlungsmittel. Ab 1995 wird eine Politik der geld- und finanzpolitischen Stabilisierung durch Begrenzung des Budgetdefizits sowie der Finanzierung der Staatsausgaben durch Kreditaufnahme im In- und Ausland versucht.

A. weist einen Ausfuhrüberschuß gegenüber Ländern außerhalb der GUS, jedoch einen größeren Einfuhrüberschuß gegenüber den GUS-Ländern auf. Daraus resultiert insgesamt ein negativer Saldo der Handelsbilanz (1994: 161 Mio. US-$ bzw. 21% der Importe). Der Einfuhrbedarf besteht vor allem bei Erdgas (aus Turkmenistan und Rußland) sowie bei Nahrungsmitteln, da die Eigenerzeugung in beiden Fällen nicht ausreicht.

Land- und Forstwirtschaft

In den heißen Niederungen liegen gute klimatische Voraussetzungen für Baumwoll- und Weinanbau sowie Seidenraupenzucht vor, dazu in den Hügelgebieten für Obst- und Getreidewirtschaft. Im Hochland ist Schafzucht verbreitet. Im Küstengebiet bei Lenkoran mit subtropischem Klima wird Reis-, Tee-, Wein- und Tabakanbau betrieben. Während der Anti-Alkohol-Kampagne unter Gorbatschow wurden großflächig Weinreben abgeholzt und damit die bedeutende Weinproduktion und der Weinexport stark dezimiert. Weite landwirtschaftliche Flächen wurden durch Kriegseinwirkungen verwüstet oder von karabach-armenischen Truppen besetzt. Die Getreideernte betrug 1994 1 Mio. t, was nur zwei Drittel der für die Ernährung benötigten Menge ausmacht. Die Eigenproduktion von Fleisch (85 000 t) deckt den Bedarf (600 000 t) längst nicht. Die Baumwollernte betrug 1994 284 000 t und erreichte damit nur etwa die Hälfte der Werte in den achtziger Jahren. Bodenreform und Privatisierung in der Landwirtschaft stecken noch in den Anfängen.

Bergbau und Energiewirtschaft

Das Land besitzt Bodenschätze wie Eisen, Zink, Kupfer, Molybdän und Marmor. Etwa 60% der Landesfläche gelten als erdölhaltig. Die Halbinsel Apscheron war historisches Zentrum der Erdölförderung im 19. Jh. gewesen. Die Hauptförderung hat sich inzwischen jedoch auf off-shore-Vorkommen verlagert. Sie geht einstweilen zurück, da die großen Vorkommen im Kaspischen Meer noch nicht erschlossen sind. Das Fördervolumen betrug 1994 rund 8 Mio. t, davon rund 2 Mio. t an Land und rund 6 Mio. t im Küstenbereich; das Erdöl wird größtenteils im Inland verarbeitet. Die Erdgasförderung erreichte 1994 7 Mrd. m^3, was den Inlandsbedarf nicht deckt. Die Elektrizitätserzeugung lag 1994 bei 17,5 Mrd. KWh.

Im September 1994 kam nach langen Auseinandersetzungen und diplomatischen Interventionen Rußlands ein internationales Konsortium für die Ausbeute von Erdölvorkommen im Kaspischen Meer zustande. Seine Teilnehmer sind die Erdölfördergesellschaften Amoco (USA) und BP (Großbritannien) mit je 17%, die aserbaidschanische Ölgesellschaft AIOC und die russische Lukoil mit je 10% sowie weitere US-amerikanische und andere westliche Gesellschaften. Die Beteiligung des Iran, der ein Viertel des aserbaidschanischen Anteils übernehmen wollte, wurde durch amerikanischen Druck verhindert.

Der Lagerstättenumfang der off-shore-Vorkommen wird auf mindestens 500 Mio. t geschätzt (das ist knapp das Doppelte der gegenwärtigen Jahresförderung Rußlands), und es ist ein längerfristiges jährliches Fördervolumen von 30–40 Mio. t geplant. Für den Transport des Kaspi-Öls wurden verschiedene Varianten diskutiert, die aus Sicht der interessierten Staaten jeweils spezifische Vor- und Nachteile haben: Die von Rußland bevorzugte Route verläuft durch Tschetschenien zum russischen Schwarzmeerhafen Noworossisk, von wo aus der Weitertransport durch Tanker erfolgt. Sie erfordert verhältnismäßig geringe Investitionen (60 Mio. US-$), da Teile des vorhandenen Pipelinenetzes benutzt werden können (allerdings muß die Fließrichtung „umgedreht" werden). Im Oktober 1995 einigten sich Rußland und Aserbaidschan auf die überwiegende Nutzung dieser Pipeline für das Öl der Anfangsphase („early oil"), das im Umfang von etwa 5 Mio. t. jährlich anfallen wird. Eine weitere, von Georgien, Armenien und Aserbaidschan sowie der Türkei verfochtene Route führt durch Georgien zum Schwarzmeerhafen Batumi; von dort kann der Weitertransport wie bei der russischen Route per Tanker durch das Schwarze Meer oder per Pipeline über türkisches Gebiet bis zum Mittelmeer (Hafen Ceyhan) erfolgen. Sie soll nach ihrer Rekonstruktion einen Teil des „early oil" befördern.

Ungeklärt ist bislang, über welche Trasse das Öl aus den von Aserbaidschan beanspruchten off-shore-Vorkommen nach der vollen Aufnahme der Förderung transportiert werden soll. Neben der russischen und georgischen Route zielen alternative Trassenvarianten auf die türkischen Mittelmeerhäfen Iskenderun bzw. Ceyhan und Mersin; sie unterscheiden sich dadurch, daß sie entweder durch den Iran oder durch Armenien verlaufen. Die Varianten, die den Iran mit einbeziehen, schließen auch den Transport kasachischen Öls und von Erdgas aus Turkmenistan über türkisches Gebiet nach Westeuropa ein. Sie werden neuerdings von der Türkei favorisiert. In der Diskussion sind auch Routen, die nach Süden durch den Iran zum Roten Meer oder in Ostrichtung durch die Volksrepublik China führen, deren Realisierungschancen allerdings bisher als gering angesehen werden.

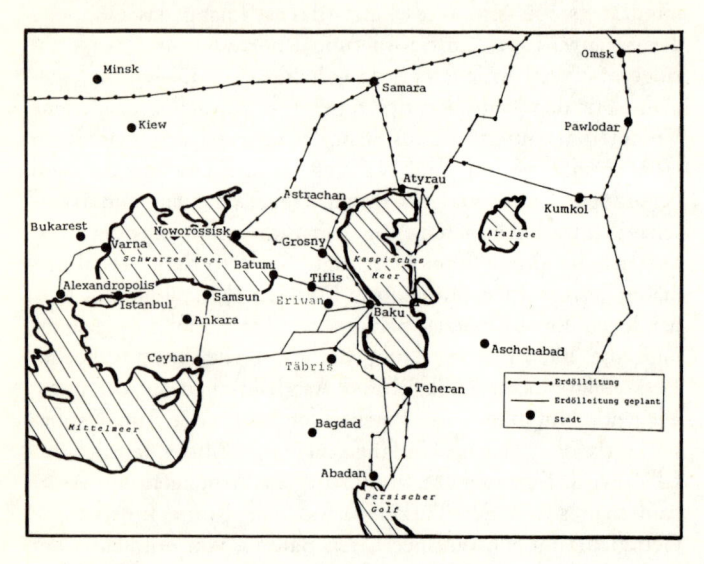

Erdöl, Erdgas und Geopolitik am Kaspischen Meer

Nach Saudi-Arabien und Westsibirien könnte sich die Region um das Kaspische Meer zum dritten Weltzentrum der Erdöl- und Erdgasförderung entwickeln, was nicht nur seine direkten Anrainerstaaten Aserbaidschan, Rußland, Kasachstan, Turkmenistan und den Iran in Spannung versetzt, sondern auch die geopolitischen Interessen der Türkei und der USA berührt. Im Zentrum der Aufmerksamkeit stehen die off-shore-Vorkommen des Kaspischen Meeres an Erdöl hoher Qualität, ferner das (allerdings schwefelhaltige) turkmenische Erdgas sowie das (schwefel- und paraffinreiche) Erdöl der westkasachischen Felder (vor allem Tengis). Aserbaidschan, Turkmenistan und Kasachstan erhoffen sich von dem erwarteten „Rohstoffboom" die Lösung ihrer drängenden Wirtschaftsprobleme und die Verwandlung ihrer Länder im 21. Jh. in Inseln des Wohlstandes. Alle drei haben gemeinsam, daß sie die Bodenschätze auf ihren Territorien nicht aus eigener Kraft fördern können, sondern auf ausländisches Kapital und Technologie sowie auf weite Transportwege für ihr Erdöl und Erdgas bzw. seine Verarbeitungsprodukte angewiesen sind, die über die Territorien von Nachbarstaaten verlaufen.

Rußland zeigt deutliches Interesse daran, den Transport (bei dem erhebliche Transitgebühren anfallen) und möglichst auch die Vermarktung zu kontrollieren, auch um die Konkurrenz auf den Absatzmärkten unter Kontrolle zu halten. Dabei tritt ihm vor allem die Türkei gegenüber, die ihre eigenen Interessen in der Region vertritt, gegenwärtig aber nicht über die Finanzkraft verfügt, um die Projekte alleine durchzuführen. Die Türkei genießt das Vertrauen der westlichen Staaten und kann daher damit rechnen, Investitionen der großen westlichen Ölgesellschaften an sich zu ziehen. Auch der Iran, der als südlicher Anrainer des Kaspischen Meeres und mit seinen Häfen am Persischen Golf eine günstige Trassenführung ermöglichen würde, wäre als Partner geeignet; statt eines direkten Erdöltransportes kann er auch Swapgeschäfte anbieten, d. h. die Verarbeitung von Erdöl aus der Kaspi-Region in nordiranischen Raffinerien und die Abgabe entsprechender Mengen iranischen Öls am Persischen Golf.

Dies stößt aber auf erbitterten Widerstand der USA, die ihn als Herd fundamentalistischer Umtriebe aus allen internationalen Geschäften heraushalten wollen. Umgekehrt bietet sich der Iran für Rußland als Gegengewicht gegen die Türkei an. Rußland versucht auch, die ehemals sehr auf ihre Unabhängigkeit bedachten GUS-Staaten Georgien und Armenien wieder enger an sich zu binden und setzt dafür nicht nur wirtschaftliche Mittel ein wie die Belieferung der beiden Länder mit Erdöl und Erdgas, sondern auch die Stationierung von Truppen, die Eingliederung der Länder in das russische Luftabwehrsystem und die Grenzüberwachung. Auch die russische Invasion in Tschetschenien kann in diesem Zusammenhang gesehen werden, da über das Territorium der Republik der alte nordkaukasische Verkehrsweg einschließlich einer ausbaufähigen Erdölleitung verläuft. Somit ergibt sich das geopolitische Bild einer von Rußland beanspruchten und bereits teilweise beherrschten Einflußzone, die von Tschetschenien über Georgien und Armenien bis an die Grenze des Irans reicht und eine Westorientierung A.s und der zentralasiatischen GUS-Republiken wenn nicht verhindert, so doch erschwert.

Innerhalb dieser geopolitischen Zusammenhänge sind auch eine Reihe von juristischen Fragen, natürlichen und technischen Faktoren sowie Finanzierungsfragen von Bedeutung. Rußland hat die Frage aufgeworfen, ob das „Kaspische Meer", das mit 400 000 km² Wasseroberfläche weltgrößte, ohne Zugang zu Ozeanen von Land umschlossene Gewässer als Meer oder als Binnensee anzusehen sei und welche rechtlichen Konsequenzen dies hat. Allerdings können bei näherer Betrachtung weder die Grundsätze des internationalen Seerechts, noch Beispiele für die rechtlichen Regelungen für Inlandseen auf das „Kaspische Meer" direkt angewendet werden (Bundy 1995). Aserbaidschan und Kasachstan möchten das Kaspische Meer wie ein Weltmeer behandeln, darin ihre Hoheitszonen abstecken und die volle Souveränität für die ihnen dann zufallenden Fundstätten beanspruchen. Rußland dagegen verweist auf die Notwendigkeit von gemeinsamen Abkommen zur Ausbeutung der Bodenschätze sowie zur Regelung ökologischer Fragen, vertritt also eine „kooperative" Lösung und definiert das Kaspische Meer als Binnengewässer. Auch der Iran vertritt diesen Standpunkt und versucht so, Einfluß auf die Erdöl- und Erdgasprojekte im Kaspi-Raum zu gewinnen.

Die Türkei bringt ebenfalls die Ökologie ins Spiel, wenn sie erwägt, den Erdöltransport durch die Dardanellen zu verbieten bzw. nur begrenzt zu genehmigen. Freilich dürfte dieses Argument im Dienste des Interesses stehen, den Erdöltransport über türkische Inlandsrouten zu leiten. Ein weiterer zu bedenkender Faktor ist die Erdbebengefahr in Armenien und Georgien, was die Rolle dieser beiden Länder als Transitländer für wichtige Pipelines in Frage stellt. Schließlich sind noch die potentiellen Konfliktregionen in Tschetschenien, Georgien, Armenien und Aserbaidschan sowie das Kurdengebiet zu berücksichtigen, wobei von Kommentatoren gemutmaßt wird, daß die verschiedenen interessierten Seiten diese lokalen Konflikte je nach ihren geopolitisch/wirtschaftlichen Interessen zu instrumentalisieren bzw. anzuheizen versuchen.

Verarbeitende Industrie

Die aserbaidschanische Erdölverarbeitung ist wegen des Förderrückgangs nicht ausgelastet und der Eigenbedarf an Erdölprodukten wird nur knapp gedeckt. Obwohl das Land ehemals Hauptlieferant der Sowjetunion bei Ölförderausrüstungen war, hat es heute wegen veralteter Produktionsanlagen daran selbst Einfuhrbedarf. Die wichtigsten Zweige der verarbeitenden Industrie sind Maschinenbau, chemische Industrie, Textilindustrie (Baumwollverarbeitung, Seideherstellung) und Lebensmittelindustrie (Weinkellereien, Fischverarbeitung). Man versucht – bislang mit wenig Erfolg –, die Industrieproduktion auf ein breiteres Sortiment von Investitions- und Konsumgütern umzustellen.

Privatisierung, Landreform

Die Hoffnung auf einen Ölboom als Wirtschaftsmotor läßt das Interesse an Wirtschaftsreformen und Privatisierung zurücktreten. Nur die Privatisierung des Wohnraums ist weitgehend abgeschlossen. Der Anteil der Privatproduktion am BIP lag 1994 unter 25%. Der Beginn der Privatisierung der Mittelunternehmen wurde für 1996, die der Großunternehmen für 1998 angekündigt.

Soziale Lage

Nur die Preise für Brot und Energie sind subventioniert. Durch Kriegsfolgen, den Förderrückgang bei Erdöl und Erdgas sowie den Rückgang des GUS-Handels ist der Lebensstandard stark gesunken. Löhne werden monatelang nicht bezahlt; etwa 60% der Bevölkerung leben angeblich unterhalb der Armutsgrenze. Der Minimallohn, von dem aus Stipendien und Renten berechnet werden, reichte Mitte 1995 gerade zum Kauf von 5 Broten oder eines kg Zucker aus; dabei war der Staat selbst mit diesen bescheidenen finanziellen Leistungen im Rückstand. Obwohl die Weltbank finanzielle Hilfen gibt und der Staatshaushalt auch Einnahmen aus Vorauszahlungen der internationalen Ölgesellschaften erhält, kann die Finanzkrise des Staates und damit auch die soziale Krise nicht behoben werden, solange die wirtschaftliche Depression anhält.

Wirtschaftliche Zukunftsaussichten

Die wirtschaftliche Zukunft des Landes hängt wesentlich von der Regelung des Karabach-Konflikts mit Armenien ab. Bei einer gedeihlichen Gestaltung des Verhältnisses zu dem westlichen Nachbarland können Kräfte und finanzielle Mittel in die dringend erforderliche Modernisierung der Wirtschaft des Landes fließen. Auch von den Erträgen aus der Erschließung der von Aserbaidschan beanspruchten Erdölfelder im Kaspischen Meer werden positive Effekte für die Entwicklung des Landes erwartet, was aber ohne Interessenausgleich mit Rußland, das bei den Kaspi-Projekten ein gewichtiges Wort mitreden möchte, schwer vorstellbar ist. Langfristig kann A. auch durch die Einbeziehung in sich anbahnende wirtschaftliche Kooperationsbeziehungen zwischen der Türkei, dem Iran und Kasachstan sowie Turkmenistan gewinnen.

Literatur zum Kapitel

Altstadt, A. L., The Azerbaijani Turks: Power and Identity under Russian Rule, Hoover Institution Press, Stanford (Cal.) 1992.

Auch, E.-M., „Ewiges Feuer" in Aserbaidschan: Ein Land zwischen Perestrojka, Bürgerkrieg und Unabhängigkeit, in: Berichte des BIOst 8/1992.

Ders., Aserbaidschan: Demokratie als Utopie?, in: Berichte des BIOst 33/1994.

Ders., Aserbaidschan: Wirtschaftsprobleme, soziale Verwerfungen, politischer Nationalismus, in: Vierteljahreshefte der Friedrich-Ebert-Stiftung, 129/1992, S. 255–264.

Ders., Aserbaidschans Aufbruch in die nationale Selbständigkeit, in: Geographische Rundschau, 46/1994, S. 216–222.

Ders., Die politische Entwicklung in Aserbaidschan, in: Meissner, B./Eisfeld, A. (Hrsg.), Die GUS-Staaten in Europa und Asien, Baden-Baden 1995, S. 153–176.

Azerbaijan in 1991–1994, in: interfax/Statistical Committee of the CIS, 29/1995, S. 15–21.

Azerbaijan, in: Batalden, St. K./Batalden, S. L., The Newly Independent States of Eurasia: Handbook of former Soviet Republics, Phoenix (Arizona) 1993, S. 95–107.

Azerbaijan, in: International Monetary Fund (Hrsg.), Economic Review, 3/1993.

Azerbaijan, in: The Economist Intelligence Unit (Hrsg.), Country Profile 1994-95, London 1995, S. 50–65.

Azerbaijan: An Economic Profile, Washington, D.C., 1995.

Bundy, R., The Caspian – Sea or Lake? Consequences of International Law, in: Labyrinth, Central Asia Quarterly 3/1995, S. 26–29.

Freitag, R., Aserbaidschan und die Türkei, in: Orient, 4/1992, S. 525–556.

Ders., Der Transkaukasus und die großen Mächte, in: Halbach/Kappeler 1995, S. 275–296.

Fuller, E., Azerbaijan at the Crossroads. A joint publication by the Russian and CIS Programme of the Royal Institute of International Affairs and RFE/RL Research Institute, London 1994.

Furman, D., The Dynamic of the Karabakh Conflict, in: H. G. Elwert u. a. (Ed.), Crisis Management in the CIS: Whither Russia? Baden-Baden 1995, S. 33–45.

Hermann, R. T., Aserbaidschan: Wirtschaftstrends zum Jahreswechsel 1994/95, in: bfai Länderreport, Dezember 1994 (Hrsg. Bundesstelle für Außenhandelsinformation)

Kahn, M./Gicquiau, H., Azerbaidjan, in: Le courrier des pays de ltEst, mars-avril 1995, S. 20–26.

Kappert, P., Azerbajdžan zwischen Nationalismus und religiöser Reaktion, in: Nitsche, P. (Hrsg.), Die Nachfolgestaaten der Sowjetunion: Beiträge zu Geschichte, Wirtschaft und Politik, herausgegeben unter Mitarbeit von Jan Kusber, Frankfurt a.M. usw. 1994, S. 119–130.

Schmidt-Häuer, Chr., Kalter Krieg ums Öl, in: Die Zeit, 25/1995, S. 9–12.

Soljan, S., Entstehungsgeschichte und aktuelle Probleme des Karabach-Konflikts, in: Halbach, U./Kappeler, A. (Hrsg.), Krisenherd Kaukasus, Baden-Baden 1995, S. 129–160.

Swietochowski, T., Der Streit um Berg-Karabach. Geographie, ethnische Gliederung und Kolonialismus, in: Halbach, U./Kappeler, A., a.a.O., S. 161–178.

Wolfson, Z./Daniell, Z., Azerbaijan, in: Pryde, Ph. R.(Hrsg.), Environmental Resources and Constraints in the Former Soviet Republics, Boulder/San Francisco/Oxford 1995, S. 235–250.

Belarus (Weißrußland)

Staatsname	Republik Belarus (Republik Weißrußland)
Staatsname in Landessprache	Respublika Belarusʼ
Amtssprachen	Weißrussisch, Russisch
Schrift	Kyrillisch
Währung Wechselkurs Ende 1995	Weißrussischer Rubel (seit Juli 1993); 11 500 pro US-$
Fläche	207 600 km² (BRD: 357 000 km²)
Hauptstadt	Minsk (1,7 Mio.)
Großstädte (weißruss./russ.)	Homel [Homel']/Gomel [Gomelʼ] (500 000) Mahilou [Mahilëu]/Mogiljow [Mogilev] (370 000) Wizebsk [Vicebsk]/Witebsk (370 000) Hrodna/Grodno (300 000) Brest [Brèst] (280 000)

Einwohnerzahl (1994)	10,3 Mio.
Glaubensgemeinschaften (1989)	
Christen	98%
Nationalitätenanteile (1989)	
Weißrussen	78%
Russen	13%
Polen	4%
Ukrainer	3%
Juden	1%
Stadt-Land-Verteilung (1989)	
Stadtbevölkerung	67,1%
Landbevölkerung	32,9%

Bevölkerungswachstum	
Durchschnitt 1980–1989	0,7%
Durchschnitt 1990–1994	0,1%
Bevölkerungsdichte (1994)	49 Einwohner pro km²
Altersgruppen (1989)	
bis 9 Jahre	16,2%
10–19 Jahre	14,8%
20–40 Jahre	31,2%
40–60 Jahre	23,3%
über 60 Jahre	14,5%
Geburtenrate (1994):	10,7 pro 1000 Einwohner
Kindersterblichkeit (1993)	12,5 pro 1000 Geborene
Lebenserwartung (1989)	71 Jahre (m 67; w 76)
Mittl. Familiengröße (1989)	3,2 Personen

Unabhängigkeitserklärung	26. 8. 1991
Neue Verfassung	30. 3. 1994
Staatsoberhaupt	Präsident Aleksandr Lukaschenko [Aljaksandr Lukašenka]
Letzte Parlamentswahlen	Nov./Dez. 1995
Parteien:	Belorussische Partei der Kommunisten; Belorussische Volksfront; Agrarpartei u. a.

Territorium

Mit Grenzen zur Russischen Föderation im Osten, Polen im Westen, Litauen und Lettland im Norden und der Ukraine im Süden nimmt B. nach dem Zerfall der Sowjetunion eine Mittellage zwischen Mittel- und Osteuropa ein. Es bildet den westlichen Teil der osteuropäischen Tiefebene mit einem Territorium, das überwiegend aus Flachland mit vielen Mooren und Sümpfen (Pripjat-Sümpfe u. a.) besteht. Das Klima ist gemäßigt kontinental mit mäßig warmen Sommern und nicht allzu strengen Wintern. Die Nähe der Ostsee und der Einfluß atlantischer Winde sorgen für ein feuchtes Klima.

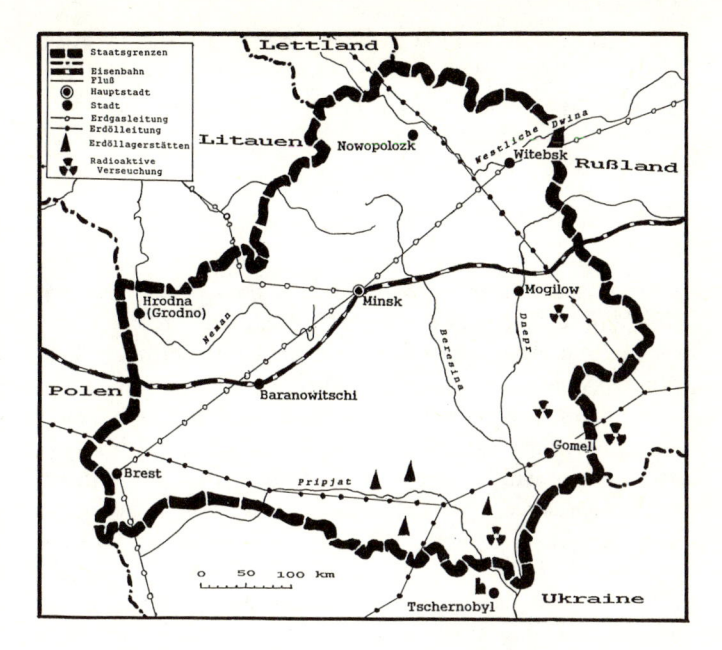

Das Land ist reich an Flüssen, die vor der modernen Verkehrserschließung seine Transportadern gebildet hatten. Durch den Süden nahe der Grenze zur Ukraine fließt der Pripjat, der kurz vor Tschernobyl jenseits der ukrainischen Grenze in den Dnepr einmündet. Der Dnjepr durchfließt B. in Süd-Nord-Richtung im Ostteil des Landes, ein Nebenfluß, die Beresina, die zentralen Landesteile. Andere größere Flüsse sind der Njeman (Memel) im Westen und die Westliche Dwina im Norden.

Die Hauptstadt Minsk wurde im Jahre 1067 gegründet und war das Zentrum eines Teilfürstentums des altostslawischen Kiewer Reiches. Aufgrund ihrer totalen Zerstörung im zweiten Weltkrieg wurde sie weitgehend neu gebaut und hat vieles von ihrem historischen Charakter verloren. Sie hatte 1991 1,6 Mio. Einwohner, davon 1,2 Mio. Weißrussen, 320 000 Russen und 50 000 Ukrainer.

Das Eisenbahnnetz umfaßt 5600 km, davon sind 900 km elektrifiziert. Vom Projekt einer modernen Autobahn bzw. eines „Verkehrskorridors" von Polen über Minsk nach Moskau (Vgl. Länderkapitel Rußland) würde auch B. profitieren. Wichtige Exportpipelines für russisches Erdgas und Erdöl führen über das Territorium der Republik.

Bevölkerung

B. ist seiner ethnischen Bevölkerungskomposition nach mit 78% Weißrussen, 13% Russen, 4% Polen und 3% Ukrainern fast ein rein slawischer GUS-Staat, im Unterschied zu Rußland, wo viele nichtslawische Bevölkerungsgruppen leben. Ein bedeutendes Element seiner Bevölkerungsgeschichte, die jüdische Minderheit, die im 19. Jh. noch zwischen ein bis zwei Dritteln der Stadtbewohner ausgemacht hatte, wurde durch den nationalsozialistischen Völkermord vernichtet. Vor allem die städtische Bevölkerung (67%) ist stark russifiziert. Bei der letzten sowjetischen Volkszählung gaben nur 70% der Stadtbewohner belorussischer Nationalität die Nationalsprache Belorussisch als ihre Muttersprache an – der mit Abstand niedrigste Wert in einer Unionsrepublik.

Geschichte

Im belorussischen nationalen Geschichtsbild spielt ähnlich wie im ukrainischen die Abgrenzung von Rußland und den Großrussen eine Hauptrolle. Sie wird wie in der Ukraine in westlicher, mitteleuropäischer Richtung gesucht. Faktisch ist aber die Anlehnung an Rußland und die Bereitschaft zur Reintegration in den exsowjetischen Raum, d. h. die Orientierung nach Osten, in der breiten Bevölkerung sehr stark. Dort dominieren in der Erinnerung Themen wie der „Große Vaterländische Krieg" und die Befreiung von der deutschen Besatzung.

Die Belo- oder Weißrussen sind einer von drei Zweigen des Ostslawentums. Sie gehen auf die ostslawischen Stämme der Krewitschen, Radimitschen und Dregawitschen zurück; in ihrer Ethnogenese verbinden sich baltische, westslawische und tatarische Elemente mit der ostslawischen Grundlage. Den Ausgangspunkt ihrer staatlichen Geschichte teilen sie mit den Russen und Ukrainern in der Kiewer Rus, dem ostslawischen Reich des 9.–12. Jh. Ihr Ethnonym mit der Farbbezeichnung „weiß" ist nicht geklärt. Wahrscheinlich wurde der westliche Teil der Kiewer Rus, der im 13. Jh. außerhalb der tatarisch-mongolischen Steuerhoheit blieb, als „weiße Rus" bezeichnet. Die heutige Forschung beruft sich auf die alte Farbsymbolik, nach der „weiß" soviel wie „westlich" bedeutete. Diese westliche Rus mit den Fürstentümern Polazk (Polozk), Turaw, Minsk, Witebsk und Smolensk entwickelte schon in der Spätphase des Kiewer Reiches eine Eigenständigkeit, die sie bewahren konnte, als sie im 13.–14. Jh. unter die Herrschaft des expandierenden Großfürstentums Litauen geriet. Die Zugehörigkeit zu diesem größten Staatsgebilde Ost- und Mitteleuropas im Mittelalter bildet einen Kernpunkt der belorussischen historischen Identifikation. Dabei fällt ins Gewicht, daß das belorussische Element für dieses Staatswesen in einigen Punkten von entscheidender Bedeutung war: die „weiße Rus" bildete sein Kerngebiet; die altweißrussische Sprache war seine Kanzleisprache; seine Bevölkerung war überwiegend ostslawisch und orthodox. Die politische Führung und Fürstendynastie war litauisch; die neuere belorussische Geschichtsforschung weist aber mit Nachdruck auch auf die Existenz eines belorussischen Adels hin.

Litauen ging eine staatliche Verbindung mit Polen ein, die 1569 in der Union von Lublin bestärkt wurde. Dieser polnisch-litauische Staat, die Rzecz Pospolita (Commonwealth) mit ihrer eigentümlichen Adelsdemokratie war das größte Staatsgebilde im frühneuzeitlichen Europa (siehe auch Ukraine). Der belorussische Adel suchte Anschluß an die politische Führungsschicht der Szlachta, der polnischen Adelswelt, und nahm deren Sprache, Kultur und Religion (Katholizismus) an, während die Masse der bäuerlichen Bevölkerung der orthodoxen Kirche verbunden blieb. 1697 wurde in Litauen Polnisch anstelle des Belorussischen zur Amtssprache. Als Polen-Litauen 1772, 1793 und 1795 zwischen Rußland, Österreich und Preußen aufgeteilt wurde, geriet ganz B. unter russische Herrschaft, ein Vorgang, der von der sowjetischen Geschichtsschreibung als „Wiedervereinigung" gefeiert wurde. Seine Bevölkerung bestand damals zu 90% aus belorussischen Bauern, die größtenteils polnischen Gutsbesitzern untertänig waren.

Im 19. Jh. entstanden wie bei anderen Völkern des Zarenreiches erste Ansätze eines „nationalen Erwachens", die in B. allerdings auf sehr ungünstige soziale und politische Voraussetzungen stießen. Eine urbane nationale Intelligenzschicht fehlte; die Masse der Bevölkerung lebte auf dem Land und war für nationale Ideologie kaum empfänglich. Die sozialen Führungsschichten wurden von Vertretern anderer Nationalität gebildet, von polnischen Gutsherren und russischen Beamten. In städtischen Berufszweigen spielten Juden eine bedeutende Rolle.

Allerdings beeinflußten zwei politische Ereignisse die Atmosphäre in B.: die polnischen Aufstände von 1830 und 1863 und die Bewegung der Narodniki oder Populisten in den siebziger und achtziger Jahren, die sich an das Bauerntum wandte. Vorstellungen einer belorussischen Nation waren auf sehr schmale Schichten einheimischer Intellektueller beschränkt und wurden von Schriftstellern wie Janka Kapala und später in Zeitschriften wie „Nascha Niwa" [Naša niva] (Unser Boden, 1906-15) propagiert. Dennoch hielten es die zaristischen Behörden für nötig, belorussisches Kultur- und Nationalbewußtsein zu unterdrücken. Von 1859 bis 1906 wurden Publikationen und der Unterricht in belorussischer Sprache verboten.

Auch das Revolutionsjahr 1917 brachte keinen Aufschwung der nationalen Bewegung. Im März 1918 wurde unter deutscher Besatzungsmacht eine unabhängige Republik proklamiert, die in der Bevölkerung aber kaum Interesse fand.

Die Belorussische Sowjetrepublik

Ein Jahr später proklamierten die Bolschewiki eine belorussische Sowjetrepublik, die vorübergehend mit einer litauischen

Sowjetrepublik vereinigt wurde. Das weitere Schicksal des Landes wurde vom russisch-polnischen Krieg 1919–21 bestimmt, der zur Teilung zwischen Polen und Sowjetrußland im Frieden von Riga führte. Auf sowjetischer Seite wurde 1922 die Belorussische SSR (BSSR) mit der Hauptstadt Minsk konstituiert und um einige von Rußland abgetretene Gebiete (Mogilew, Witebsk, Gomel) erweitert. Die von Polen regierten Landesteile wurden im September 1939 durch den Zwangsanschluß Ostpolens an die Sowjetunion mit der BSSR „vereinigt".

Die frühsowjetische Periode war von einer Politik der „Einwurzelung" und „Belorussifizierung" bestimmt. Wie in anderen Unionsrepubliken sollten auch hier das kulturelle Leben und die Rekrutierung von Personal für die lokalen sowjetischen Machtorgane auf die Titularnation ausgerichtet werden. Das führte zur stärkeren und erstmaligen Identifikation mit dem belorussischen Territorium. Unter sowjetischen Vorzeichen vollzog sich nun so etwas wie eine belorussische Nationsbildung, begleitet von sozialem Wandel (Urbanisierung), Alphabetisierung und einer Kulturpolitik, die das Belorussische zur Nationalsprache erhob. 1928 erreichte die Zahl der in dieser Sprache publizierten Bücher rd. 82% der gesamten Buchproduktion in der Republik. 1930 wurde in 88% aller Schulen in Belorussisch unterrichtet. Russisch wurde aus dem öffentlichen Leben zurückgedrängt, ja sogar in der Armee eingeschränkt.

Um so schärfer war die Wende, die dann seit Ende der zwanziger Jahre mit dem stalinistischen Terror gegen den belorussischen Parteiapparat und gegen vermeintliche „nationale Abweichler" vollzogen wurde. Ein Überbleibsel dieser Terrorperiode, die Massengräber in den Wäldern von Kuropaty bei Minsk, in denen etwa 30 000 Ermordete verscharrt worden waren, führte der Bevölkerung dieses düstere Kapitel sowjetischer Geschichte vor Augen und spielte eine wesentliche Rolle bei der Formierung einer belorussischen nationaldemokratischen Bewegung in der Zeit der Perestroika unter Gorbatschow.

Ganz B. stand 1941 bis 1944 unter deutscher Besatzung. Krieg und Nazi-Terror waren für ungeheure Bevölkerungsverluste (mindestens ein Viertel der Vorkriegsbevölkerung) verantwortlich, wobei die Vernichtung des jüdischen Bevölkerungsteils das Ethnogramm dieses Landes veränderte. Die Einwohnerzahl der Vorkriegszeit wurde erst 1969 wieder erreicht. Bei ihrem Rückzug zerstörten die deutschen Truppen die Städte des Landes systematisch.

Die Nachkriegsjahrzehnte waren von beachtlichem Wirtschaftswachstum und von einem Prozeß der Russifizierung gekennzeichnet. Die BSSR rangierte unter allen Unionsrepubliken an erster Stelle in bezug auf die Verbreitung von Russischkenntnissen und an letzter in bezug auf die Loyalität der Titularnation gegenüber ihrer eigenen Sprache. In den Städten gab es in den achtziger Jahren keine einzige Schule mehr, in der in belorussischer Sprache unterrichtet wurde. 90% der Gesamtauflage von Zeitungen erschien in Russisch. Aber auch der mündliche Gebrauch des Belorussischen trat völlig in den Hintergrund: In den Städten benutzten höchstens 2% der Bevölkerung diese Sprache. Insgesamt kam in der BSSR auch in der Ära Gorbatschow nur ein sehr begrenztes Maß an „nationaler Bewegung" auf, das sich in bestimmten Einzelzielen wie Umweltschutz, Denkmalschutz, der Sprachenfrage und anderen Themen manifestierte. Ein Beispiel dafür war die Bewegung der „Martyrologen", die an den Terror der Stalinzeit erinnerte und auf die Massengräber von Kuropaty verwies. Dasjenige Thema, mit dem die Bevölkerung am meisten gegen den sowjetischen Zentralstaat mobilisiert werden konnte, war freilich die Reaktorkatastrophe von Tschernobyl vom April 1986, deren Auswirkungen B. noch stärker belasteten als die Ukraine. Die krassen Versäumnisse der sowjetischen Führung bei der Evakuierung der Bevölkerung aus hochkontaminierten Zonen und ihrer Notunterbringung einte sogar die orthodoxe kommunistische Nomenklatura und die nationaldemokratische Opposition in ihrer Kritik an Moskau.

Die belorussische Nationalbewegung kooperierte mit der von der Volksfront Sajudis repräsentierten Unabhängigkeitsbewegung in Litauen. Eine belorussische Volksfront (BVF) mit Namen „Adradschennje" [Adradžènne] (Wiedergeburt) wurde im litauischen Vilnius gegründet. Sie geriet mit der Partokratie in Minsk sofort in Konflikt. Jede Artikulation nationaler Anliegen wurde von der kommunistischen Führung als militanter Nationalismus diffamiert. Der Vorsitzende der BVF war der Archäologe Senjan Pasnjak [Zjanon Paznjak], der an der Aufdeckung der Gräber von Kuropaty beteiligt war.

Wahlen zum Obersten Sowjet brachten im Frühjahr 1990 eine satte Mehrheit für die kommunistischen Funktionäre und Vertreter offizieller gesellschaftlicher Organisationen (Veteranen u. a.). Etwa ein Viertel der Mandate ging an eine alternative Wählerallianz „Demokratischer Block". Die hiesige Machtelite repräsentierte weiterhin die konservativste politische Kraft im Westen der Sowjetunion, ein ancien régime, das in seiner Reformfeindlichkeit nur mit einigen zentralasiatischen Republikführungen verglichen werden konnte. Es trat offen gegen Perestroika und gegen Gorbatschow auf. Alternative politische Gruppierungen wurden unterdrückt, während sich die russisch-chauvinistische Bewegung „Otetschestwo" [Otečestvo] (Vaterland) offiziell registrieren lassen durfte. Die Regierung unter Wjatscheslaw Kebitsch [Vjačeslaŭ Kebič] wurde aus dem KP-Establishment rekrutiert. Beim Allunionsreferendum vom 17 3. 1990 wurde der Erhalt der UdSSR in B. mit 83% Stimmenanteil bestätigt, was deutlich über dem Unionsdurchschnitt (76%) lag.

Einen Wendepunkt markierte eine Streikbewegung, die im April 1991 anläßlich der ersten deutlichen Preissteigerungen in der Sowjetunion in B. ausbrach. Bald entwickelte sich eine Arbeiterbewegung, die nun auch politische Parolen gegen die Machthaber richtete. Das Regime fühlte sich an die polnische Solidarność-Bewegung zehn Jahre zuvor erinnert. Auf einer Massendemonstration in Minsk wurden Forderungen nach Rücktritt der Regierung, nach Wahlen auf Mehrparteienbasis und dem Ende des kommunistischen Machtmonopols laut. Der Putschversuch restaurativer Kräfte in Moskau im August 1991 enthüllte auch den reaktionären Charakter der belorussischen Republikführung. Die Partokratie in Minsk richtete einen „Appell an die Kommunisten und Werktätigen der Republik", der Solidarität mit den Putschisten bekundete. Nach dem Scheitern des Putsches erfaßte die kommunistische Götterdämmerung nun auch diese Bastion des Sowjetsystems. Die belorussische KP erklärte selber die vorläufige Einstellung ihrer Tätigkeit. Das kommunistisch dominierte Parlament verabschiedete am 25. 8. eine staatliche Unabhängigkeitserklärung, änderte den Namen der BSSR in „Republik Belarus" um und nahm die vorsowjetischen Staatssymbole an. Zum neuen Parlamentspräsidenten und Staatsoberhaupt wurde der zentristische Reformpolitiker Stanislau Schuschkewitsch [Stanislaŭ Šuškevič] (geb. 1934) gewählt, ein Nuklearphysiker und Sohn eines unter Stalin verfolgten Schriftstellers. Er unterstützte Gorbatschows Bemühen um einen neuen Unionsvertrag bis zum resoluten Unabhängigkeitsvotum der Ukraine vom 1. 12., durch das jede Unionserneuerung hinfällig wurde. Aus dem Treffen der Staatsoberhäupter von Rußland, der Ukraine und B. in Beloweschskaja Puschtscha [Belovešskaja pušča] bei Brest ging am 8. 12. die Gründung der GUS und damit das Ende der Sowjetunion hervor.

Politische Entwicklung in der Unabhängigkeit

Weiterhin blieb das Fehlen einer Massenbasis für den Nationalismus ein Spezifikum des Landes. Aus der Belorussischen Volksfront (BVF) schälte sich ein Spektrum von „Tochterparteien" heraus: die Sozialdemokratische Partei, die Bauernpartei, die Christlich-Demokratische Union, die Nationaldemokratische Partei u. a. Die größere politische Kraft bildete aber das linkskonservative Lager mit der Parlamentsfraktion „Belarus" und anderen Bewegungen und Organisationen, die sich zur sog. Volksbewegung von Belarus zusammenschlossen. Die suspendierte KP hatte sich im Dezember 1991 als „Partei der Kommunisten Belorußlands" neu gegründet. Später entstand auch wieder die alte KPB. In der politischen Mitte organisierten sich einige Gruppierungen in der Bewegung für demokratische Reformen.

Die Hauptforderung der demokratischen Kräfte war die nach baldigen Neuwahlen des Parlaments. Für diese Forderungen sammelte die Opposition 1992 447 000 Unterschriften. Die entscheidende innenpolitische Auseinandersetzung verlief zwischen Schuschkewitsch, der Regierung Kebitsch und dem konservativen Parlament. Streitpunkte waren die Reformpolitik, das Verhältnis zu Rußland und die Integration in die GUS, insbesondere in ihr Sicherheitssystem, die Einführung eines Präsidentenamtes und eine neue Verfassung. Jeder Ansatz von Wirtschaftsreform stieß auf eine feste Widerstandsfront im Parlament, auf die Interessen der dort mehrheitlich repräsentierten alten Wirtschaftselite aus Betriebdirektoren und Kolchosenchefs. 1993 wurde die Kluft zwischen Schuschkewitsch, der einen vorsichtigen Reformkurs vertrat, und den reformfeindlichen Kräften im Parlament und in der Exekutive evident. Im Januar kritisierte der Parlamentspräsident die Abgeordneten wegen ihrer obstruktiven Haltung gegenüber Reformen und der Ausarbeitung einer neuen Verfassung. Bald darauf traten Schuschkewitsch und Kebitsch in eine heftige Kontroverse ein. Es ging um die Teilnahme am Sicherheitspakt der GUS. Schuschkewitsch verweigerte dem „Pakt von Taschkent" unter Berufung auf die Neutralität seines Landes seine Unterschrift. Kebitsch und das Parlament drängten auf Unterzeichnung. Im Juli 1993 stellte das Parlament einen Mißtrauensantrag gegen Schuschkewitsch, der nur knapp die erforderliche Stimmenzahl verfehlte. Schließlich erhob sich Opposition sowohl gegen Schuschkewitsch als auch gegen Kebitsch: Der Vorsitzende der Parlamentskommission für Korruptionsbekämpfung, Lukaschenko, entfachte eine Kampagne gegen das Staatsoberhaupt und die Regierung. Im Januar 1994 stellte das Parlament erneut einen Mißtrauensantrag, diesmal gegen Kebitsch und Schuschkewitsch. Kebitsch überstand die Prozedur, Schuschkewitsch wurde entmachtet. Zu seinem Amtsnachfolger wurde der Vorsitzende der Parlamentskommission für Verteidigung und innere Sicherheit, M. Grib [Hryb], gewählt, ein Anhänger der strikten Integration in die GUS und ein Favorit der konservativen Parlamentsmehrheit.

Der Sturz Schuschkewitschs symbolisierte einen innenpolitischen Klimawechsel, die Ablösung der Zentristen in der Staatsführung durch eine „Partei der Macht", hinter der die Regierung Kebitsch, die Armee und die Rüstungsindustrie, die Fraktion „Belarus" als stärkste innerparlamentarische Gruppe, die Partei der Kommunisten und die konservativen Medien des Landes standen. Die wichtigste Oppositionsgruppierung blieb die BVF, die sich im Mai 1993 in eine Partei mit rd. 40 000 Mitgliedern und Sympathisanten umwandelte. Ihre wichtigsten Programmpunkte sind die Hinwendung nach Europa, die Festigung der Eigenstaatlichkeit, die Betonung einer belorussischen nationalen Identität und die Schaffung marktwirtschaftlicher Verhältnisse (Hoff, Timmermann 1994).

Im März 1994 wurde eine neue Verfassung verabschiedet, die das Amt eines Staatspräsidenten vorsah. Die Diskussion um die Verfassung und das Präsidentenamt ging schon seit drei Jahren. Auch hier hatte sich nun die konservative Mehrheit durchgesetzt. Schuschkewitsch und die BVF waren gegen die Schaffung eines präsidialen Regierungssystems. Bei den Präsidentschaftswahlen im Juli 1994 siegte Lukaschenko mit einem ausgesprochen populistischen Wahlprogramm, wobei er von seinem Image als „Korruptionsbekämpfer" zehren konnte. Er erhielt einen Stimmenanteil von über 81%. In diesem Votum drückte sich die Frustation der Bevölkerung über die alte Garde aus, die alles daran gesetzt hatte, Transformation zu verhindern und dennoch gravierende wirtschaftliche Einbrüche hinnehmen mußte. Im März 1995 machte Präsident Lukaschenko das Parlament für die Wirtschaftskrise in B. verantwortlich und forderte es zur Selbstauflösung auf.

Nachdem im Mai wegen zu geringer Wahlbeteiligung kein beschlußfähiges Parlament gewählt werden konnte, gelang dies bei Nachwahlen am 28. 11. und 10. 12. 1995: 198 von 260 Mandaten wurden vergeben, überwiegend aus dem linkskonservativen Lager (parteilose Nomenklatura-Angehörige, KPB, Agrarpartei). Die Macht des Parlaments ist nach Einführung eines Präsidialsystems begrenzt. Präsident Lukaschenko koppelte die Parlamentswahlen mit einem Referendum über vier

Fragen, von denen eine die Möglichkeit der vorzeitigen Auflösung des Parlaments durch den Präsidenten für den Fall betraf, daß das Parlament Verfassungsnormen verletzt. Sie wurde mit über 77% Wählerstimmen bejaht.

In Hinsicht auf das Verhältnis zwischen den Volksgruppen erschien B. als einer der stabilsten sowjetischen Nachfolgestaaten, da hier keine nennenswerte nationale Bewegung in der Titularnation aufgekommen war und entsprechende Reaktionen bei den Russen und ethnischen Minderheiten hervorgerufen hatte. Im Januar 1990 hatte der Oberste Sowjet der Republik ein Sprachengesetz beschlossen, das Belorussisch zur Staatssprache und Russisch zur Sprache der interethnischen Kommunikation erklärte. Für den Übergang zur belorussischen Staatssprache wurde eine Frist von zehn Jahren vorgesehen. Jeder Bürger hat das Recht, sich des Russischen zu bedienen und eine Ausbildung in dieser Sprache zu erlangen. Bei dem Referendum, das gemeinsam mit den Parlamentswahlen im Mai 1995 abgehalten wurde, lautete eine Frage: „Sind Sie einverstanden, daß die russische Sprache den gleichen Status wie die belorussische bekommt?" Sie wurde mit großer Mehrheit (83,3% der Wähler) bejaht.

Forderungen nach regionaler Autonomie tauchten in Polessje (Polesien) auf, einer Landschaft aus Gebietsteilen Weißrußlands (Homel, Brest) und der Ukraine (Teile Wolhyniens).

Außen- und Sicherheitspolitik

Mit der „Partei der Macht" hatte sich 1994 auch eine bestimmte außenpolitische Orientierung durchgesetzt: die Anlehnung an Rußland und die Reintegration in den exsowjetischen Raum. Anders als die Ukraine, die auch unter der als „prorussisch" eingeschätzten Führung Kutschmas Abstand von einem „slawischen Bruderbund" hielt, strebte die konservative Führung im Parlament und in der Regierung engste Verbindungen mit Rußland an – vor allem die wirtschaftliche Integration mit dem großen Nachbarn. Dieser Kurs wurde auf dem GUS-Gipfel in Minsk im Juni 1995 deutlich, als der Gastgeber B. am stärksten die von Rußland vorgeschlagene enge Kooperation der GUS-Staaten im Bereich von Währungsfragen und gemeinsamen Grenzkontrollen unterstützte. Jelzin [B.N. El'cin] verkündete bei dieser Gelegenheit die Beseitigung der Grenze zwischen Rußland und B. und ein gemeinsames Grenzkontrollsystem an der Außengrenze des Landes. Der enge Schulterschluß mit Rußland wird von der Bevölkerung B.s weitgehend unterstützt. Eine der Fragen, die den Wählern bei dem Referendum im Mai 1995 vorgelegt wurde, bezog sich auf die wirtschaftliche Integration mit Rußland und wurde von 83,3% der Wähler bejaht. Die Zusammenarbeit mit Rußland hat dennoch dort ihre Grenzen, wo die Souveränität in Frage gestellt wird.

Unter Schuschkewitsch hatten sich aber auch die Beziehungen zum Westen entwickelt. Dabei wurde Deutschland 1993 zum größten westlichen Handelspartner Weißrußlands. Einen hohen Stellenwert haben die Beziehungen zu den Nachbarn in Ost- und Mitteleuropa, insbesondere das belorussisch-polnische Verhältnis. Mit Polen, der tschechischen Republik und anderen Nachbarstaaten schloß B. 1992–93 eine Reihe von Abkommen, deren Implementierung allerdings zu wünschen übrig ließ.

Die Bindung an Rußland ist am stärksten in den belorussischen Streitkräften ausgeprägt, in denen ethnische Russen dominieren. Kaum 20% der Offiziere im Belorussischen Militärdistrikt waren bei der Auflösung der Sowjetunion 1991 Angehörige der Titularnation. B. hatte einen Schwerpunkt des sowjetischen Sicherheitsdispositivs mit der stärksten Streitkräftemassierung der UdSSR gebildet. Es war einer der vier Nuklearerben der Sowjetunion; anders als die Ukraine setzte es einer Entnuklearisierung seiner Streitkräfte keine Bedenken entgegen. Das Parlament verkündete im Dezember 1992 die Entfernung aller Atomwaffen innerhalb von zweieinhalb Jahren (1995 waren noch 18 nukleare Sprengköpfe in B. disloziert). Es ratifizierte im Februar 1993 den Atomwaffensperrvertrag und START-1-Vertrag gegen den Widerstand der konservativen Parlamentsfraktion „Belarus". Die Reduktion der konventionellen Streitkräfte gemäß dem KSE-Vertrag von 1990 wurde bis Ende 1993 erfüllt. Im Januar 1993 wurden nationale Streitkräfte ins Leben gerufen. Die Angehörigen der ehemals sowjetischen Truppen auf belorussischem Boden leisteten dem neuen Staat ihren Eid. Das Offizierskorps wurde mehrheitlich von Russen gebildet, die Rekruten (70 000) waren überwiegend Belorussen.

Religion und Kultur

Ähnlich wie in der Ukraine konkurrieren in B. mehrere Kirchen, hat das Land in seiner Geschichte in einem Kreuzungspunkt zwischen römischer und ostkirchlicher Christenheit konfessionelle Teilungen erfahren. Neben der russisch-orthodoxen Kirche existiert die griechisch-katholische mit ihrem orthodoxem Ritus und ihrer Unterstellung unter den Papst als Resultat einer im litauisch-polnischen Staat vollzogenen Kirchenunion sowie die römisch-katholische Kirche. Die katholische Kirche hat etwa 1,5 Mio. Anhänger, überwiegend aus der polnischen Minderheit. Der Gottesdienst wird in polnischer Sprache und meist von polnischen Geistlichen zelebriert. Der katholische Erzbischof von B., Tadeusz Kondrusiewicz, hat seinen Sitz in Hrodna. Die orthodoxe Kirche untersteht dem belorussischen Exarchat der russischen Kirche. Der Exarch von Minsk und Belarus ist der Metropolit Filaret, ein Russe. Der Gottesdienst wird in kirchenslawischer Sprache gehalten.

Eine eigenständige weißrussische Kultur löste sich im 16.–17. Jh. aus dem ostslawischen Kontext heraus und mußte sich zunächst gegen den Polonisierungsdruck, dann gegen die Russifizierung behaupten. Sie war vom bäuerlichen Landescharakter und einer reichen Folklore und Volkspoesie geprägt. Ansätze einer eigentlichen nationalen Literatur wurden mit dem „nationalen Erwachen" im 19. Jh. und der Verklärung des Bauerntums vor allem im Werk Janka Kupalas (1882–1942) herausgearbeitet.

Ökologie

Unter den ökologischen Problemen sind an erster Stelle die durch die Nuklearkatastrophe von Tschernobyl (ukr. [Čornobyl̦]) verursachten Langzeitschäden zu nennen. Dagegen treten andere keineswegs geringe Umweltprobleme wie die Folgen des Torfabbaus und der Torfverbrennung in den Hintergrund. Auf B. gingen etwa 70% der radioaktiven Niederschläge nach der AKW-Havarie von Tschernobyl im April 1986 nieder. Ein Fünftel seines Staatsterritoriums wurde unmittelbar betroffen. Über 20% der landwirtschaftlichen Flächen und 15% der Wälder sind mit mindestens einem Curie pro km^2 kontaminiert. Etwa 2 Mio. Menschen leben in den verstrahlten Gebieten, darunter 800 000 Kinder. Eine Fläche von 1000 km^2 im Süden ist als schwerstkontaminiert (mit einer Radioaktivität von mehr als 1480 kBq/m^2) einzustufen. Hier lebten noch 1990 10 000 Menschen in 70 Dörfern. Auf einem Areal von 3000 km^2 mit einer etwas geringeren Verstrahlung lebten damals noch 100 000 Menschen in über 300 Dörfern. 1990 warteten rd. 150 000 Menschen auf die Evakuierung aus Gebieten, die international als unbewohnbar eingeschätzt wurden. Es dauerte drei Jahre, bis der Umfang der Verstrahlung amtlich annähernd zugegeben wurde. 100 000 Personen wurden umgesiedelt. Inzwischen sind Krankheiten wie Leukämie und Schilddrüsendefekte dramatisch angestiegen. Weil die landwirtschaftliche Produktion noch drei Jahre lang auch in den verstrahlten Gebieten ohne Einschränkung weiter betrieben wurde, wurden kontaminierte Produkte in andere Landesteile geliefert. Die bescheidenen Mittel, die von den sowjetischen Nachfolgestaaten für die Behebung der Unglücksfolgen in B. bereitgestellt wurden, reichen bei weitem nicht aus. Aus westlichen Ländern, darunter auch aus der Bundesrepublik, erfolgten zahlreiche Hilfsmaßnahmen aufgrund privater Initiativen.

Produktion, Beschäftigung, Inflation, Außenwirtschaft

B. war als rohstoffarmes Land innerhalb der ehemaligen UdSSR als Standort moderner Technologien ausersehen gewesen und hatte (nach den baltischen Republiken) das höchste BIP pro Einwohner erzielt.

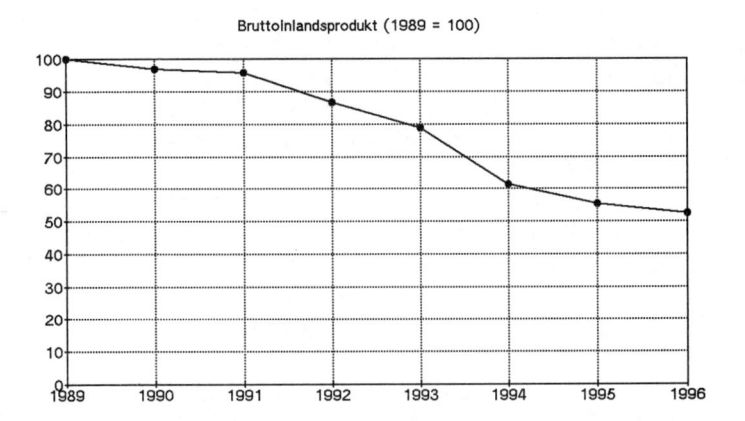

Bruttoinlandsprodukt (1989 = 100)

Nach dem Beginn der Wirtschaftstransformation in Rußland vermochte die auf Strukturerhaltung gerichtete Wirtschaftspolitik längere Zeit die schwindende Konkurrenzfähigkeit der auf Importe von Rohstoffen und Energie angewiesenen verarbeitenden Industrie der Republik zu verdecken. Allerdings können seither die aufgelaufenen Schulden für Energieimporte nicht bezahlt werden. Eine schwere Hypothek für die Zukunft stellen die unbewältigten Tschernobyl-Folgen dar.

Das BIP zu Kaufkraftparität betrug 1994 52,5 Mrd. US-$, das sind pro Einwohner 5100 US-$. Allerdings bestätigen neue Ergebnisse des Sozialproduktvergleichs der UNO diesen Pro-Kopf-Spitzenwert in der GUS nicht. Demnach betrug das BIP 1994 nur 34 Mrd. US-$, was rund 3000 US-$, pro Kopf entspricht (gegenüber rund 4000 US-$ in Rußland). Der Beschäftigtenanteil der Industrie beträgt etwa 30%, der der Landwirtschaft etwa 20%. Vom Arbeitskräftepotential in

Höhe von 6 Mio. Pers. sind etwa 5 Mio. beschäftigt und 1 Mio. (20%) nicht beschäftigt. B. ist neben der Ukraine die einzige GUS-Republik, für die auch 1996 wegen der verzögerten Wirtschaftsreformen noch kein Wirtschaftswachstum vorhergesagt wird, was diesem Land einen nun schon sieben Jahre dauernden Produktionsrückgang beschert:

Veränderung des Bruttoinlandsprodukts in % gegenüber dem Vorjahr

1990	1991	1992	1993	1994	1995	1996
–3,0	–1,2	–9,6	–9,0	–22,0	–10,0	–5,0

Quelle: European Bank for Reconstruction and Development. 1996: Prognose.

Seit 1992 sind jährliche Steigerungen der Verbraucherpreise um 1000–2000% zu verzeichnen. Die Einführung des weißrussischen Rubel, zunächst als Interimswährung, erfolgte im Mai 1992, ohne daß dieser Schritt von einer entschlossenen Anti-Inflationspolitik begleitet wurde. Seit Juli ist der Belorussische Rubel („Häschen" nach dem Bild auf den Banknoten) legales Zahlungsmittel. Ab 1995 soll eine monetäre Stabilisierung erreicht werden, die vom Internationalen Währungsfonds zur Bedingung für Kredite gemacht wird.

B. weist gegenüber Staaten außerhalb der GUS einen deutlichen Überschuß der Handelsbilanz auf (1994: 440 Mio. US-$), dagegen gegenüber GUS-Staaten einen erheblichen Einfuhrüberschuß (1994: 2,3 Mrd. US-$), damit insgesamt einen Importüberschuß (1994: 1,9 Mrd. US-$ bzw. 45% der Importe). Es hat Einfuhrbedarf bei Erdgas, Erdöl, Kohle, Elektroenergie, Erzen sowie Baumwolle. Ausfuhrerzeugnisse sind Mineralölprodukte, Mineraldünger, Holzwaren, elektrotechnische Erzeugnisse und Textilien. Das Problem der Bezahlung der Schulden für Energieträgerimporte, vor allem aus Rußland, ist bis auf weiteres ungelöst.

Das seit 1993 verfolgte Ziel einer Wirtschafts- und Währungsunion mit Rußland wurde Ende 1994 aufgegeben, da B. nicht zu wirtschaftspolitischem Souveränitätsverzicht gegenüber Rußland bereit ist. Nur eine Zollunion mit Rußland wurde im Mai 1995 vereinbart.

Land- und Forstwirtschaft

Infolge radioaktiver Verseuchung durch die Katastrophe von Tschernobyl wurde die landwirtschaftliche Nutzfläche um 20%–25% vermindert. Die Bodenqualität ist nicht so gut wie in der Ukraine und Teilen Rußlands. Die Viehwirtschaft wurde bis 1991 durch billige Futterlieferungen aus Kasachstan begünstigt und war daher überproportional entwickelt. Seither treten Probleme bei Futtermittelimporten mit Folge einer Reduktion der Tierbestände auf. Da ein Drittel der Landesfläche bewaldet ist, bestehen gute Voraussetzungen für Forstwirtschaft. Die Getreideerzeugung (1994: 6,1 Mio. t) reicht für den Eigenbedarf (etwa 10 Mio. t) nicht aus, daher werden Getreideimporte aus Rußland sowie Kasachstan getätigt. Die Kartoffelerzeugung (1994: 8,2 Mio. t) ist ausreichend. Die landwirtschaftlichen Staatsbetriebe, die nur formell privatisiert wurden, werden weiterhin stark vom Staat subventioniert. Es gibt im Bereich der Landwirtschaft nur geringe Fortschritte bei Privatisierung und Bodenreform.

Bergbau und Energiewirtschaft

B. besitzt nur wenige Bodenschätze: Pottasche, Salze, Phosphorit, Torf, etwas Erdöl und Erdgas. Die Erdölförderung liegt bei 2 Mio. t pro Jahr, die Erdgasförderung beträgt 300 000 t pro Jahr. Kohle wird nicht gefördert. Elektrizität wird in Wärmekraftwerken vor allem durch Torf erzeugt (1994: 31,4 Mrd. KWh).

Verarbeitende Industrie

In der Zeit der sowjetischen Industrialisierung erfolgte wegen fehlender Rohstoffbasis und aus strategischen Gründen kein

Aufbau von Schwerindustrie, dafür ab den sechziger Jahren die Ansiedelung von zivilen und vor allem militärischen Fertigungsstätten mit modernen Technologien. Industrielle Spezialgebiete sind: Elektronik, Fahrzeugbau (Erntemaschinen, Traktoren, Lkw), Maschinenbau; chemische Produktion (Kunstfasern), Düngemittelproduktion (aus Pottasche), Nahrungsmittelverarbeitung, Textilindustrie, Erdölverarbeitung (aus russischem Erdöl). Da die Preise importierter Rohstoffe und Energieträger stark erhöht wurden, verteuerten sich die weißrussischen Industrieerzeugnisse entsprechend und verloren ihre angestammten Absatzmärkte in Rußland, wo niedrigere Inlandspreise für Rohstoffe und Energie gelten und eine importsubstituierende Produktion entsteht. Um diese Benachteiligung zu vermeiden, drängte B. auf eine Wirtschafts- und Währungsunion mit Rußland, die, wie oben ausgeführt, bislang nicht zustande kam.

Privatisierung, Landreform

B. konnte bis zum Amtsantritt Präsident Lukaschenkos als „teilliberalisierte Quasi-Zentralverwaltungswirtschaft mit einer Übermacht des Staates in ökonomischen Belangen" gelten (Pankov). Ob sich daran unter dem neuen Präsidenten etwas ändert, war auch Monate nach seinem Amtsantritt nicht klar abzusehen. Bislang ist der Anteil des Privatsektors am BIP (1994: 15%) noch gering. Es wurden nur zögerliche Privatisierungsschritte gegangen; die Zurückhaltung gegenüber der Privatisierung entspricht allerdings einer konservativen Grundhaltung in weiten Teilen der Bevölkerung. Die Umstrukturierung oder Schließung verlustreicher Betriebe hat noch kaum begonnen. Angesichts dessen hat die Bereitschaft westlicher Institutionen wie des IWF, dennoch Finanzhilfen an B. zu vergeben, eher politische als wirtschaftliche Gründe: Man möchte vermeiden, daß sich an den Grenzen der Reformstaaten Polen, Litauen und Lettland eine Zone der Reformstagnation herausbildet.

Soziale Lage

Mit den Preissteigerungen, die monatlich 100% überschritten, konnten die Geldeinkommen nicht Schritt halten. Der Wert des Minimallohnes sank bis 1994 auf wenige DM pro Monat ab. Die durch die Inflation entwerteten Einkommen werden durch private Tätigkeit der Bevölkerung in der Landwirtschaft ergänzt. Die vom Staat betriebene Politik der strukturerhaltenden Subventionierung der Betriebe kann nur vorübergehend offene Arbeitslosigkeit vermeiden.

Wirtschaftliche Zukunftsaussichten

Die wirtschaftliche Zukunft des Landes wird davon abhängen, ob es sich als Standort moderner technologischer Erzeugnisse sowie qualitativ hochwertiger Argrarprodukte auch unter den Verhältnissen nach der Auflösung der UdSSR behaupten kann. Dafür wird ausschlaggebend sein, ob es B. gelingen wird, gegenüber den in ihren Wirtschaftsreformen schon weiter fortgeschrittenen Nachbarländern Polen, Rußland und den baltischen Staaten aufzuholen.

Literatur zum Kapitel

Belarus, in: Batalden, St. K./Batalden, S. L., The Newly Independent States of Eurasia: Handbook of former Soviet Republics, Phoenix (Arizona) 1993, S. 44–54.

Buchowjez, O., Die belorussiche Idee in Vergangenheit und Gegenwart: Vom „Aschenputtel" zur „Prinzessin", in: Institut für Internationale Politik (Hrsg.), Nationalismusformen und Entwicklungsdynamiken in den jungen Staaten der GUS, Teil 1, Göttingen 1993, S. 31–43.

Cherp, O./Kovaleva, N., Belarus, in: Pryde, Ph. R. (Hrsg.), Environmental Resources and Constraints in the Former Soviet Republics, Boulder/San Francisco/Oxford 1995, S. 175–191.

Crosnier, M.A./Gicquiau, H., Biélorussie, in: Le courrier des pays de l'Est, mars-avril 1995, S. 27–36.

DIW (Hrsg.), Die wirtschaftliche Lage Weißrußlands, in: Wochenbericht 25 und 50/1994.

Goette, J., Die nationale Identität Weißrußlands in historischer Entwicklung, in: Nitsche, P. (Hrsg.), Die Nachfolgestaaten der Sowjetunion: Beiträge zu Geschichte, Wirtschaft und Politik, herausgegeben unter Mitarbeit von Jan Kusber, Frankfurt a.M. usw. 1994, S. 59–80.

Hoff, M./Timmermann, H., Belarus in der Krise: Die „Partei der Macht" drängt auf Rückwendung nach Rußland, in: Osteuropa, 8/1944, S. 723–742.

Holtbrügge, D., Im Schneckentempo ins Unbestimmte: Stand und Perspektiven der Wirtschaftsreformen in Weißrußland, in: Osteuropa 9/1993, S. 839–852.

Ders., Weißrußland, München 1996.

Karger, A., Die Erblast der Sowjetunion: Konfliktpotentiale in nichtrussischen Staaten der ehemaligen UdSSR, Stuttgart/Berlin/Köln 1995, S. 100–115.

Kimpel, V., Belarus: At a Crossroads in History, Boulder 1993.

Lichter, W., Weißrußland, in: Wirtschaftstrends zum Jahreswechsel 1994/95, in: bfai Länderreport, Januar 1995 (Hrsg. Bundesstelle für Außenhandelsinformation)

Lindner, R., Nationsbildung durch Nationalgeschichte: Probleme der aktuellen Geschichtsdiskussion in Weißrußland, in: Osteuropa 6/1994, S. 578–590.

Markus, U., Belarus, in: RFE/RL Research Report 16/1994, S. 9–13.

Pankov, V., Die wirtschaftliche Transformation Weißrußlands, in: Osteuropa-Wirtschaft 1/1995, S. 1–12.

Schneider, E., Der erste Mann Weißrußlands: Stanislaus Schuschkewitsch, in: Osteuropa 12/1993, S. 1147–1151.

Umbach, F., Außen-, sicherheits- und verteidigungspolitische Orientierungen Weißrußlands, in: Osteuropa, 3/1994, S. 242–255.

Weissenburger, U., Umweltprobleme und Umweltschutz in Weißrußland, in: Osteuropa-Wirtschaft 1/1995, S. 13–23

Georgien

Staatsname	Republik Georgien
Staatsname in Landessprache	Sakharthwelos Respublika
Amtssprache	Georgisch
Schrift	Georgisch
Währung	Lari (seit September 1995)
Wechselkurs Ende 1995	1,3 pro US-$
Fläche	69 700 km^2 (BRD: 357 000 km^2)
Hauptstadt	Tbilisi, russ. Tiflis (1,3 Mio.)
Großstädte	Kutaisi (236 000)
	Rustawi (160 000)
	Batumi (137 000)
	Suchumi (122 000)
Autonome Territorien	Abchasien (etwa 300 000)
	Südossetien (96 000)
	Adscharien (380 000)

Einwohnerzahl (1994)	5,4 Mio.
Glaubensgemeinschaften (1989)	
Christen	90%
Muslime	8%
Nationalitätenanteile (1989)	
Georgier	70,1%
Armenier	8,1%
Russen	6,3%
Aseri	5,7%
Osseten	3,0%
Abchasen	1,8%
Stadt-Land-Verteilung (1989)	
Stadtbevölkerung	56,2
Landbevölkerung	43,8%
Bevölkerungswachstum	
Durchschnitt 1980–91	0,8%
Durchschnitt 1990–94	0,0%

Bevölkerungsdichte (1994)	78 Einwohner pro km²
Altersgruppen (1989)	
bis 9 Jahre	17,0%
10–19 Jahre	15,7%
20–39 Jahre	30,1%
40–59 Jahre	23,4%
über 60 Jahre	13,8%
Geburtenrate (1994):	9,7 pro 1000 Einwohner
Kindersterblichkeit (1993)	18,3 pro 1000 Geborene
Lebenserwartung (1989)	73 Jahre (m 69; w 76)
Mittl. Familiengröße (1989)	4,1 Personen

Unabhängigkeitserklärung	9. 4. 1991
Neue Verfassung	August 1995
Staatsoberhaupt	Präsident Eduard Schewardnadse; (im November 1995 mit 70% gewählt)
Letzte Parlamentswahlen	November 1995
Parteien:	Bürgerunion (Regierungspartei), zersplittertes Oppositionslager

Territorium

G. ist in drei geographische Hauptregionen gegliedert: in das Kaukasusmassiv im Norden mit dem Kasbek (5043 m) als höchster Erhebung, das südgeorgische Hochland oder den sogenannten „Kleinen Kaukasus" und eine Zwischengebirgszone im zentralen Landesteil. Zu etwa 87% besteht G. aus Gebirge. Den Kontrast bietet die feuchtwarme Schwarzmeerküste. Der größte Fluß ist die Kura (1 368 km), die in der Türkei entspringt und ins Kaspische Meer fließt. Kleine Flüsse wie Rioni und Alasani fließen zum Schwarzen Meer.

Unterhalb dieser Grobgliederung besteht eine komplizierte Feingliederung der Landschaft und der Lebens- und Wirtschaftsräume. Als historisches Kernland kann die Landschaft Kartli mit der Hauptstadt Tbilisi bezeichnet werden, die zum Synonym für ganz G. (in georg. Sprache „Sakartwelo") wurde.

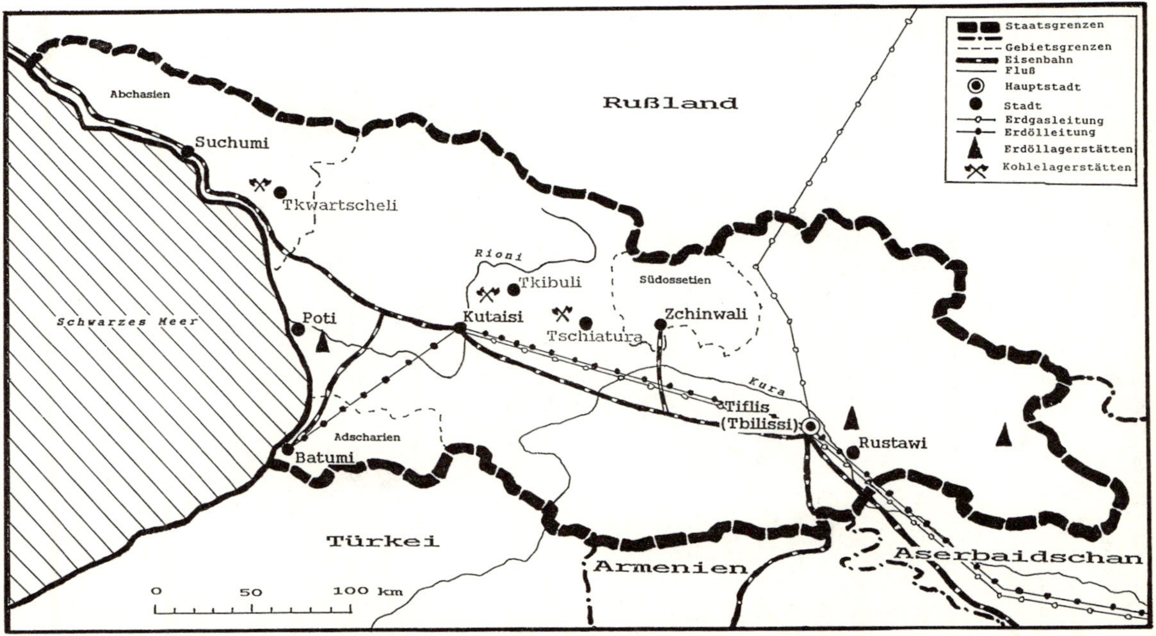

Staatsgrenzen
Gebietsgrenzen
Eisenbahn
Fluß
Hauptstadt
Stadt
Erdgasleitung
Erdölleitung
Erdöllagerstätten
Kohlelagerstätten
Rußland
Abchasien
Suchumi
Tkwartscheli
Rioni
Tkibuli
Südossetien
Zchinwali
Schwarzes Meer
Poti
Kutaisi
Tschiatura
Kura
Tiflis
(Tbilissi)
Rustawi
Adscharien
Batumi
Türkei
Armenien
Aserbaidschan
0
50
100 km

Östlich davon erstreckt sich Kacheti mit seiner reichen Landwirtschaft (Weinbau, Tabak, Seidenraupenzucht). Im Nordwesten liegt Tuscheti, wo überwiegend Almwirtschaft betrieben wird, und eine der isoliertesten und reizvollsten Landschaften Kaukasiens, Chewsurien mit seinen mittelalterlichen Wehrtürmen und Festungen. Westgeorgien besteht aus den Landesteilen Imereti mit dem Zentrum Kutaisi und Megreli oder Mingrelien mit dem Hauptort Sugdidi.

Eine Besonderheit der politischen Geographie besteht darin, daß der georgischen Sowjetrepublik drei autonome Gebietskörperschaften inkorporiert waren. Diese Enklaven sind im Nordwesten Abchasien, mit dem G. sich 1992–93 im Kriegszustand befand und heute in einem labilen Waffenstillstand befindet, im Südwesten die Adscharische Autonome Republik und im Norden das Südossetische Autonome Gebiet.

Abchasien mit der Hauptstadt Suchumi wird in einem gesonderten Abschnitt behandelt. Südossetien mit dem Zentrum Zchinwali hat rd. 96 000 Einwohner, davon 64 000 Osseten (ein nichtgeorgisches Volk mit einer iranischen Muttersprache) und 28 000 Georgier. Adscharien (Atschara) mit der Hauptstadt Batumi hat rd. 380 000 Einwohner, davon sind schätzungsweise die Hälfte Adscharen, d. h. Georgier islamischer Konfession. Die Lage in dieser autonomen Gebietseinheit ist im Gegensatz zu den beiden anderen nationalen Enklaven in letzter Zeit stabil geblieben.

Die georgische Hauptstadt Tiflis (georg: Tbilisi) galt mit ihrer beeindruckenden Altstadt und ihrer Lage in einem Talkessel an der Kura als eine der schönsten Städte der Sowjetunion. Sie ist seit dem 4. Jh. bezeugt und wurde im 11. Jh. zur Hauptstadt des georgischen Königreichs. Nachdem sie unter der Eroberung G.s durch die Mongolen und später unter persisch-türkischen Kriegen stark zu leiden hatte, wurde sie im 19. Jh. unter russischer Oberherrschaft zu einer multinationalen Metropole im Kaukasus. Neben ihr ist Rustawi, ebenfalls an der Kura gelegen, die größte Stadt in Ostgeorgien. Sie wurde in den vierziger Jahren zur Eisen- und Stahl-Metropole ausgebaut. Das Industriezentrum Westgeorgiens ist Kutaisi am Fluß

Rioni, mit 235 000 Einwohnern die zweitgrößte Stadt des Landes. Die wichtigsten Seehäfen sind Suchumi, Poti und Batumi am Schwarzen Meer.

G. war seit alters her ein West-Ost-Transitland von Südrußland nach Armenien und Aserbaidschan (ehemals Teil der Seidenstraße) und bildete die Verbindung Rußlands mit dem Transkaukasus (georgische Heerstraße). Das Eisenbahnnetz umfaßt 1600 km und ist voll elektrifiziert. G. könnte in Zukunft als Transitland für die Erdöl- und Erdgas-Exportpipelines aus Turkmenistan und Aserbaidschan an Durchleitungsgebühren bzw. bei der Verschiffung des Erdöls profitieren sowie dadurch auch die eigene Erdölverarbeitung wieder in Gang bringen. Das touristische Potential (Heilquellen, Gebirgstourismus) liegt seit den innenpolitischen Auseinandersetzungen brach.

Bevölkerung

Kompliziert wie die territoriale Gliederung ist auch die ethnische Komposition des Landes. Das beginnt schon beim Begriff der namengebenden Staatsnation „Georgier". Unter dem Ethnonym werden „Angehörige verschiedener Dialektgruppen, unterschiedlicher politischer Organisationen in vorrussischer Zeit und unterschiedlichen Entwicklungsstandes zusammengefaßt" (Stadelbauer 1995). Bei früheren Volkszählungen wurden einige dieser Gruppen noch als eigenständige Ethnien (Mingrelier, Swanen, Lasen) aufgeführt. Sie gehören zu einer gemeinsamen Sprachengruppe, zur südkaukasischen oder kartvelischen, und haben eine gemeinsame Schriftsprache. Zusammengenommen bilden sie rd. 70% der Bevölkerung G.s.

An erster Stelle der nichtgeorgischen Minderheiten stehen die Armenier (über 437 000). Sie leben in den südlichen Landesteilen von Achalkalaki, Achaltziche und anderen Bezirken im Grenzgebiet zu Armenien. In Tbilisi wohnen rd. 150 000 Armenier. Eine aserbaidschanische Minderheit konzentriert sich in vier Bezirken südlich von Tbilisi und stellte dort bis vor kurzem die Bevölkerungsmehrheit. In der Stalinzeit wurde eine turksprachige Bevölkerungsgruppe, als Turken oder Mesṭchen (Mesṭcheten) bekannt, aus G. nach Zentralasien deportiert. Die georgischen Behörden verweigerten dieser Volksgruppe bisher die Rückkehr in ihre Heimat.

Für die politische Landesgliederung fallen jene nichtgeorgischen Minderheiten ins Gewicht, die in sowjetischer Zeit einen autonomen Gebietsstatus erlangt haben: Abchasen und Osseten (siehe unten). Am Ende der sowjetischen Periode lebten über 95 000 Abchasen in G., davon über 93 000 in ihrer autonomen Gebietseinheit. Zur ossetischen Bevölkerungsgruppe in G. zählten 1989 rd. 164 000 Personen, davon lebten rd. 65 000 im Südossetischen Autonomen Gebiet, 33 000 in Tbilisi, der Rest verteilt sich über das Land.

Im Unterschied zu den Armeniern haben die Georgier keine größere Diaspora. Über 90% leben in G. Die Auswanderung ist geringer als aus Armenien, obwohl G. in den letzten drei Jahren eine enorme Verschlechterung der Lebensverhältnisse erlitten hat. Innerhalb des Landes kam es allerdings zu erheblichen Fluchtbewegungen. An die 250 000 Georgier wurden aus Abchasien vertrieben und leben heute weitgehend in Flüchtlingslagern. In den meisten demographischen Kennziffern (Geburtenrate, Altersgruppen, Familiengröße) liegt G. zwischen den asiatischen und den westlichen ehemaligen Unionsrepubliken. Auffallend war in sowjetischer Zeit sein besonders hohes Bildungsniveau.

Geschichte

Die Georgier führen ihre „nationale" Geschichte bis ins Altertum zurück. Spätestens im europäischen Hochmittelalter formierte sich nach der Darstellung ihrer Historiker die georgische „Nation" durch die politische Vereinigung von vier Hauptgruppen – Karten, Megrelier, Swanen, Abchasen (Paitschadse 1995). „Georgien" ist eine Fremdbezeichnung, deren Etymologie (ob vom Heiligen Georg, von iran. „gorg" = Wolf oder anderen Wurzeln abgeleitet?) umstritten ist.

Die Festigkeit der „Nation" erwies sich aber in der jüngsten Entwicklung als gering: in den innenpolitischen Wirren von 1992–93 zerfiel das Land in regionale Fraktionen, nicht nur entlang nationaler Trennlinien zwischen „Georgiern" und „Nichtgeorgiern". Tatsächlich war die georgische Gesellschaft in ihrer Geschichte stark segmentiert. Dörfer, Regionen, Fürstentümer stellten autarke Gemeinschaften dar, mit Fürsten und Dynasten (sogenannten „tawadni") an der Spitze (Reissner 1995). Die monarchische Zentralgewalt war schwach. G. bot das Bild einer ritterlichen Feudalgesellschaft, wie sie in West- und Mitteleuropa im Hochmittelalter bekannt war. Als integrierende, zentralisierende Kraft wirkte vor allem das Christentum, das in G. im 4. Jh. eingeführt wurde. Als Kernstück seiner älteren Geschichte betrachtet G. die Zeit vom 11.–13. Jh., als ein Zustand staatlicher Einheit unter der Bagratidendynastie erlangt wurde. Vor allem war dies ein „goldenes Zeitalter" in kultureller Hinsicht; unter Herrscher(inne)n wie der Königin Tamar (1184–1213) erlebte das Land wirtschaftliche Prosperität und kulturellen Höhenflug, von dem z. B. die Dichtung eines Schota Rustaweli zeugt. Vorübergehend wurde G., nach dem Zerfall des armenischen Reiches, zum bedeutsamsten politischen Faktor im Kaukasus.

1235 kam G. unter mongolische Oberherrschaft. Im 14. Jh. wurde es durch Invasionen der Heere Timur Lenks verwüstet, seit dem 16. Jh. wurde es zum Schlachtfeld in Auseinandersetzungen zwischen der Türkei und dem Iran. Erst Mitte des 18. Jh. gelang es zwei georgischen Staatsgebilden (Imereti, Kartli-Kacheti), ihre Unabhängigkeit zurückzugewinnen. Um sie zu sichern, ersuchten sie Rußland um Schutz. Im Vertrag von Georgijewsk unterstellte der König von Kartli-Kacheti 1783 sein Reich russischer Schutzherrschaft, behielt sich aber innenpolitische, kulturelle und religiöse Autonomie vor. Fünf Jahre später deklarierte Zar Paul G. zu seinem Herrschaftsgebiet. Seinen Schutzversprechungen war Rußland zuvor nicht nachgekommen; es hatte seinem Partner keinen Beistand geleistet, als dieser 1795 von persischen Truppen heimgesucht und Tiflis zerstört wurde. 1801 wurde das Kerngebiet G.s von Rußland annektiert; weitere georgische Gebiete folgten. G. wurde nun zur Basis der russischen Eroberung des Kaukasus in der ersten Hälfte des 19. Jh.

Die russische Oberherrschaft beendete aber auch die verheerenden Einfälle persischer Truppen in das Land. G. erlebte eine Stabilisierung seiner Bevölkerung und Wirtschaft. Tiflis wuchs neben Baku zum städtischen Handels- und Verwaltungszentrum im Kaukasus heran und erfuhr einen raschen Bevölkerungszuwachs (von 20 000 überwiegend armenischen Einwohnern zu Beginn auf 160 000 überwiegend georgische und russische Einwohner gegen Ende des Jh.) und tiefgreifende soziale Veränderungen.

Es bildete sich eine politische Gesellschaft und moderne georgische Nation unter der russischen Oberherrschaft und teilweise gegen sie gerichtet heraus. Ihre Träger, eine anfangs aus dem Adel, dann auch aus anderen sozialen Schichten rekrutierte georgische Intelligenzia, trat in Kontakt zu russischen und europäischen Intellektuellen. Als bekannteste Figur der „georgischen Aufklärung" und des nationalen Erwachens gilt der Schriftsteller Ilia Tschawtschawadse (1837–1907), der 1987 von der georgischen Kirche heilig gesprochen wurde. Anfangs vor allem kulturell ausgerichtet, entwickelte das „nationale Erwachen" seit den 1860er Jahren auch politische und soziale Ziel- und Wertvorstellungen. Ein Teil der „nationalen Bewegung" ging am Ende des Jh. eine Verbindung zum Sozialismus in seiner menschewistischen Variante ein. Die Menschewiki wurden dann zu Beginn des 20. Jh. zur wichtigsten politischen Strömung in G. Georgische Sozialdemokraten spielten eine Rolle in der kurzen parlamentarischen Phase (Duma) des zaristischen Rußlands nach der Revolution von 1905.

Mit dem Zerfall des Zarenreichs erlangte G. wieder für eine kurze Zeit Eigenstaatlichkeit. Zwischen dem 26. 5. 1918 und dem 25. 2. 1921 existierte eine georgische Republik. Sie litt wie die Nachbarn Armenien und Aserbaidschan unter den Wirren, die aus dem ersten Weltkrieg, dem russischen Bürgerkrieg und zwischenstaatlichen Konflikten im Transkaukasus resultierten. Das unabhängige G. orientierte sich deutlich an europäischen Traditionen. Besonders Deutschland wurde als außenpolitischer Partner gesucht; die Gründung der Republik G. war auf dem Wege von Geheimverhandlungen mit dem diplomatischen Vertreter Deutschlands, General von Lossow, vorbereitet worden. In der kurzen Phase der staatlichen Unabhängigkeit erwarb sich die menschewistische Regierung (Sozialdemokraten stellten im Parlament 109 von 130 Abgeordneten) durch Reformen Akzeptanz in der Bevölkerung und Respekt in der westeuropäischen Sozialdemokratie. Sie war jedoch mit kaum lösbaren sozialen und wirtschaftlichen Problemen konfrontiert.

Sowjetrußland schloß am 7. 5. 1920 einen Vertrag mit G., der dem Land territoriale Integrität, Nichteinmischung durch Rußland und sichere Grenzen zusicherte. Dabei mußte sich die georgische Seite verpflichten, kommunistische Organisationen in G. zu tolerieren. Im Südosten G.s wurde ein kommunistischer Aufstand in Szene gesetzt, der im Februar 1921 die Rote Armee zur „Unterstützung der revolutionären Proletarier" herbeieilen ließ. Nach der gewaltsamen Sowjetisierung Aserbaidschans und Armeniens wehte nun auch über Tiflis die rote Fahne.

Die Georgische Sowjetrepublik

Der Widerstand gegen die gewaltsame Sowjetisierung hielt bis Mitte der zwanziger Jahre an. Auch ein Flügel der lokalen KP-Führung unter Budu Mdiwani opponierte gegen die Politik der Moskauer Zentrale, gegen die Zwangsvereinigung mit den Nachbarn zu einer Transkaukasischen Föderativen Sowjetrepublik. Die zweite Hälfte der zwanziger Jahre – nach dem Ende des „Kriegskommunismus" und unter den Bedingungen der Neuen Ökonomischen Politik – war aber auch durch allmählichen wirtschaftlichen Wiederaufbau und eine relativ autonome Kulturpolitik gekennzeichnet, von einer fruchtbaren

Periode georgischer Kultur, die sich vorübergehend relativ frei entfalten konnte. Umso tiefer war die Zäsur der Stalinschen „Revolution von oben", der Zwangskollektivierung, Industrialisierung und Gleichschaltung.

„In dem Vierteljahrhundert zwischen 1928 und 1953 wurde G. tiefgreifender transformiert als in irgendeinem Abschnitt seiner dreitausendjährigen Geschichte" (Suny 1988). Das überwiegend bäuerliche Land wurde in eine überwiegend urbane Industriegesellschaft verwandelt. Dieser Wandel war von Terrormaßnahmen begleitet, die jeden Widerstand brutal wegfegten. Der Terror vernichtete die nationale Elite aus vorrevolutionärer Zeit; auch hier wurde eine Nation unter Stalin regelrecht enthauptet. Der Gewährsmann dieser Politik war in Transkaukasien der Georgier (Mingrelier) Lawrentij Berija, seit 1931 Führer des georgischen KP-Apparats, seit 1932 der Parteiorganisation Transkaukasiens. 1936–37 fielen Schriftsteller, Künstler und Wissenschaftler, darunter fast der gesamte Lehrkörper und viele Studenten der 1918 gegründeten Universität von Tiflis, dem Terror zum Opfer. Trotz dieser traumatischen Erfahrung mit dem Stalinismus kam es in G. im März 1956, am dritten Todestag des Diktators, zu einer Demonstration gegen die Rede, mit der Chruschtschow [N.S. Chruščev] auf dem 20. Parteitag der KPdSU die stalinistischen Verbrechen angeklagt hatte.

In der Zeit nach Stalin stand für 19 Jahre W. Mschawanadse an der Spitze des georgischen Parteiapparats. In G. gedieh in diesen Jahren eine weitgefächerte Schattenwirtschaft mit florierenden privatwirtschaftlichen Zonen, während die Kennziffern der offiziellen Wirtschaft Stagnation anzeigten. 1972 wurde Mschawanadse durch Eduard Schewardnadse ersetzt. Der damals 44jährige neue Parteichef führte eine umfassende „Säuberung" des Partei- und Verwaltungsapparats durch und profilierte sich gegenüber Moskau als Bekämpfer von Korruption und Schattenwirtschaft. Moskau wollte auch den „georgischen Nationalismus" bekämpfen, der sich in der Nachstalinzeit entwickelt hatte. In den siebziger Jahren entstand, u. a. im Zusammenhang mit dem KSZE-Prozeß, eine politische und nationale Dissidentenbewegung. Sie forderte 1978 den sowjetischen Machtapparat heraus, als Tausende von Demonstranten dem Versuch, den offiziellen Status der georgischen Sprache zu mindern, erfolgreichen Widerstand leisteten. Schewardnadse erwies sich in dieser Krise als geschickter Vermittler zwischen Tbilisi und Moskau. 1985 wurde er auf den Posten des sowjetischen Außenministers berufen und gab die Parteiführung in G. an Dschumber Patiaschwili ab.

In der von Schewardnadse in seiner Funktion als sowjetischer Außenminister entscheidend mitgestalteten Periode von „Perestroika" und „Glasnost" bildete sich in G. eine resolute Bewegung für staatliche Unabhängigkeit. G. kam in dieser Hinsicht von allen Unionsrepubliken am nächsten an die Entwicklung im Baltikum heran. Man vertrat die Auffassung, daß die Zugehörigkeit zur Sowjetunion auf gewaltsamer Annexion und nicht auf einer selbstbestimmten Entscheidung beruht hatte und deshalb nicht rechtswirksam sei. Es zeigte sich jedoch auf dem Weg in die Unabhängigkeit bereits eine Zersplitterung der politischen Kräfte mit teilweise gewalttätiger Rivalität zwischen den Gruppierungen und eine komplizierte Überlagerung der verschiedensten Konfliktmuster, die den Zerfall des Sowjetimperiums im allgemeinen begleiteten: Zu dem Konflikt zwischen der Unionsrepublik und der Zentralgewalt in Moskau traten politische Kämpfe innerhalb der nationalen Elite, Konflikte zwischen der Republikgewalt und nationalen Gebietskörperschaften und interethnische Spannungen hinzu.

Die Auflehnung gegen das herrschende System ging hier wie in anderen Unionsrepubliken von der Kulturelite aus. Tengis Abuladses Film „Die Reue" (Monanieba), der 1986 in sowjetischen und westlichen Kinos erschien, stand symbolhaft für die erneute und diesmal konsequentere Abrechnung mit dem Stalinismus. Swiad Gamsachurdia, Sohn des verfolgten Schriftstellers Konstantin Gamsachurdia und seinerseits als Dissident Opfer der politischen Repressionen der Ära Breschnew [L.I. Brežnev], wurde zu einer bekannten Figur der nationaldemokratischen Dissidentenbewegung, die Zeitung des nationalen

Schriftstellerverbands „Literaturuli Sakartwelo" zu ihrem Presseorgan, die „Ilia Tschawtschawadse Gesellschaft" zu ihrem Kulturzentrum. Im Sommer 1989 warnte der russische Bürgerrechtler Sacharow in einem Artikel in der Zeitschrift „Ogonjok" vor „Miniaturimperien", in welche die Sowjetunion zerfallen könnte, und hatte dabei G. vor Augen, weil sich dort mit dem georgischen Nationalismus die interethnischen Spannungen verschärften.

Bei der Unterdrückung einer friedlichen Demonstration in Tbilisi am 9. 4. 1989 gingen Sicherheitskräfte mit einer Brutalität vor, die mehrere Todesopfer forderte. Danach konnte von irgendeiner Form der Anbindung G.s an eine zu erneuernde Sowjetunion definitiv nicht mehr die Rede sein. Die KP-Führung unter Patiaschwili trat zurück. Unter der neuen Führung G. Gumbaridses schloß sich nun sogar die KP der Unabhängigkeitsforderung an, konnte damit ihren Verfall aber nicht aufhalten.

An den ersten relativ freien Parlamentswahlen im Oktober 1990 beteiligte sich eine Vielzahl von Parteien in verschiedenen Blöcken. Der Koalitionsblock „Runder Tisch – Freies Georgien" unter Swiad Gamsachurdia gewann eine Stimmenmehrheit von 54% und verdrängte die KP (29%) aus ihrer Machtposition im Obersten Sowjet. Gamsachurdia wurde zunächst zum Parlamentspräsidenten, im Mai 1991 mit großem Mehrheitsvotum (86,5%) zum Staatspräsidenten gewählt. Kurz zuvor, am 9. 4. 1991, hatte G. seine staatliche Unabhängigkeit erklärt, noch vor dem Zerfall der Sowjetunion infolge des Augustputschs.

Von der Unabhängigkeit ins Chaos

Die erneute Eigenstaatlichkeit erwies sich jedoch bald als nur bedingte „Unabhängigkeit". Sie war von politischer Gewalt, massivem Wirtschaftsverfall und interethnischen Konflikten begleitet. Das bot Rußland, von dessen Vormacht sich G. anfangs resolut zu emanzipieren versucht hatte, reichlich

Angriffsfläche für eine Rückführung G.s in seinen Machtbereich.

Man fühlte sich an Sacharows Warnung erinnert, als Gamsachurdia einen autokratischen Regierungsstil entwickelte. Das rückte die naive Erwartung zurecht, die Überwindung des kommunistischen Herrschaftssystems führe automatisch zur Demokratisierung. Der demokratisch eindeutig legitimierte Präsident unterdrückte die Opposition, darunter radikale nationalistische ebenso wie nationaldemokratische Gruppierungen, schränkte die neugewonnene Pressefreiheit wieder ein und behandelte Kritik an seinem Regierungsstil als Majestätsbeleidigung und Vaterlandsverrat. Er rüttelte an der Autonomie nationaler Gebietskörperschaften und trug dazu bei, daß die Minderheiten in den Unabhängigkeitsprozeß G.s nicht einbezogen wurden, sondern sich ihm entgegenstellten.

Gamsachurdia trieb auch Teile der Regierung in die Opposition. Im August 1991 trat Premierminister Tengis Sigua zurück, Außenminister Koschtaria wurde entlassen. Entscheidend für den bald darauf folgenden Staatsstreich wurde die Unzufriedenheit in Teilen der Nationalgarde. Dieser Kern der nationalen Streitkräfte zerfiel in Anhänger und Gegner des Präsidenten. Die rebellischen Gruppierungen unter Tengis Kitowani wurden zum Kern einer Fronde gegen den Präsidenten. Zu ihnen gesellten sich andere bewaffnete Einheiten und Parteimilizen wie die „Mchedrioni" (mchedari = Reiter) unter ihrem Führer Dschaba Josseliani, einem gerichtsnotorischen Kriminellen. Am 22. Dezember 1991 eröffnete die oppositionelle Nationalgarde das Feuer auf den Regierungspalast. Die Opposition erklärte die Regierung für abgesetzt und bildete einen Militärrat unter Kitowani. Das Präsidentenamt wurde kurzerhand abgeschafft. Am 6. 1. floh Gamsachurdia nach Armenien und weiter in die tschetschenische Republik. Von Grosny aus plante er, als Schützling des tschetschenischen Präsidenten Dudajew, den „Marsch auf Tbilisi" zur Rückeroberung seiner Macht, deren demokratische Legitimation er gegen seine Gegner, die Putschisten, stets hervorhob. Seine Anhänger bezogen Position vor allem in Mingrelien.

Ganze Regionen standen außerhalb der Regierungsgewalt des neuen Regimes, das sich bei der Unterdrückung des politischen Gegners seinerseits der Menschenrechtsverletzungen schuldig machte. Um sich eine Legitimationsbasis zu verschaffen, setzte es Parlamentswahlen für Oktober 1992 an und berief Eduard Schewardnadse an die Spitze eines neugebildeten Staatsrats. Der weltbekannte ehemalige sowjetische Außenminister sollte das nicht legitimierte Regime aufwerten und G. aus der Isolation herausführen. Doch auch er konnte keine effektive politische und militärische Kontrolle über das bereits zersplitterte Land ausüben. Den unter bürgerkriegsähnlichen Verhältnissen durchgeführten Neuwahlen des Parlaments und seines Präsidenten, an denen sich einige Landesteile nicht beteiligten, stellten sich am 11. 10. 1992 über 30 Parteien und Wählerblöcke. Die stärkste Parlamentsfraktion wurde eine Allianz aus ehemaligen KP-Mitgliedern und links-zentristischen Kräften. Als einziger Kandidat für das Amt des Parlamentspräsidenten stand Schewardnadse „zur Wahl" und wurde von 90% der Wählerstimmen bestätigt.

Schewardnadse stand unter dem starken innenpolitischen Druck, die Einheit G.s als oberste nationale Priorität zu wahren – eine krasse Überforderung angesichts politischer Zersplitterung und abtrünniger Landesteile wie Abchasien. Er wollte anfangs über den Parteien stehen, unterstützte schließlich aber doch eine Partei namens „Bürgerunion", die ihren Gründungskongreß im November 1993 abhielt. Sie erhob die Bildung einer zivilen Gesellschaft, den ethnischen Frieden, Wirtschaftsreformen und die Durchsetzung des Rechtsstaats zu ihrem Programm – gewaltige Postulate angesichts der Wirklichkeit im Lande.

Der Entwicklung zur zivilen Gesellschaft standen zunächst die Milizführer entgegen, die den Putsch gegen Gamsachurdia angeführt hatten. Im Frühjahr 1993 entledigte sich Schewardnadse der „Putschisten": Tengis Kitowani wurde durch den neuen Verteidigungsminister Karakaschwili ersetzt, der Verteidungsrat kurzerhand abgeschafft und damit auch Josseliani aus der Exekutive ausgestoßen. Premierminister Tengis Sigua nahm im August den Hut und wurde durch Otar Patsatsia, einen ehemaligen Betriebsdirektor, ersetzt. Schewardnadse erneuerte die Regierung, nahm Technokraten und Geschäftsleute in sie auf.

Die militärische Niederlage in Abchasien und die Rebellion in Mingrelien führten G. im Herbst 1993 an den Rand des Zusammenbruchs. Gamsachurdia kehrte im September aus seinem tschetschenischen Exil zurück, Schlüsselpositionen wie der Hafen von Poti und der Eisenbahnknotenpunkt von Samtredia wurden von „Swiadisten" besetzt; Kutaisi, die zweitgrößte Stadt G.s, wurde bedroht. In höchster Not warf Schewardnadse das außenpolitische Ruder herum und führte G. in die GUS und damit wieder unter die Fittiche Rußlands. Nachdem russische Militärs bisher die abchasische Konfliktseite unterstützt hatten, trat Moskau nun offiziell für die Wahrung der „territorialen Integrität" G.s ein und gewährte Unterstützung bei der Abwehr der Offensive aus Mingrelien. Mit dem Tod von Gamsachurdia (1.1.1994) wurde der innenpolitische Hauptgegner, die „Swiadisten", geschwächt; seine Hauptbastion Mingrelien konnte bis 1994 wieder unter die Hoheit der Regierung in Tbilisi gebracht werden. Seitdem vollzieht sich eine gewisse Stabilisierung, allerdings unter Verlust Abchasiens.

Der Preis für die Abwendung des staatlichen Zusammenbruchs war eine deutliche Einschränkung der Souveränität. G. mußte einen Vertrag über Freundschaft und militärische Kooperation mit Rußland schließen, der Moskau militärische Stützpunkte in dem Land gewährte. Die Hauptaufgabe Schewardnadses in der Folgezeit bestand darin, diesen gravierenden innen- und außenpolitischen Wechsel gegen Opposition zu verteidigen. Zwölf Oppositionsparteien erhoben gegen Schewardnadse wegen der Niederlage in Abchasien ein Mißtrauensvotum. Politische Morde erschütterten weiterhin das Land. Der wirtschaftliche Verfall legte an Tempo noch zu. Am 1.3.1994 ratifizierte das Parlament den GUS-Vertrag mit 125 Ja-Stimmen gegen 69 Nein-Stimmen. Die von Schewardnadse unterstützte „Bürgerunion" konnte sich zwar als stärkste

Parlamentsfraktion etablieren, aber nicht mit Mehrheit (71 von 234 Abgeordneten). Eine neue Oppositionspartei, die Nationale Befreiungsfront unter dem ehemaligen Premierminister Sigua und dem Hauptrivalen Schewardnadses, Tengis Kitowani, bündelte den Protest gegen die faktische Aufgabe Abchasiens und die Abhängigkeit von Rußland. Schlüsselposten in der Staatsverwaltung wurden dagegen zunehmend mit prorussischen Kräften besetzt.

Internationale Menschenrechtsorganisationen wiesen auf die Verfolgung politischer Dissidenten hin. Im Dezember 1994 wurde der Oppositionspolitiker G. Tschanturia, Chef der Nationaldemokratischen Partei, bei einem Attentat getötet. Im April 1995 ordnete Schewardnadse die Entwaffnung der noch bestehenden Milizen an, was vor allem gegen die 3000 Mchedrioni gerichtet war. Deren ehemaliger Führer, Josseliani, gründete eine eigene Partei namens „Gesellschaft für Wahlreform", wurde aber später wegen angeblicher Verwicklung in das unten erwähnte Attentat gegen Schewardnadse verhaftet.

Im Sommer 1995 erhob sich Opposition gegen Schewardnadse im Parlament, hinter der nationalkonservative Parteien wie die Monarchisten, die Partei der nationalen Unabhängigkeit und Josselianis Partei standen. Man versuchte, ein Amtsenthebungsverfahren gegen den Präsidenten zu initiieren, scheiterte aber an der Neutralität anderer Oppositionsparteien. Am 29. 8. wurde ein Attentat auf Schewardnadse verübt, als dieser sich auf dem Weg zur Unterzeichnung einer neuen Verfassung befand. Schon vorher war ein enger Vertrauter des Staatsoberhaupts ermordet und ein Attentat auf den Verteidigungsminister begangen worden.

Bis 1995 galt anstelle einer neuen nachsowjetischen Verfassung ein Gesetz über die Staatsgewalt als Grundgesetz. Danach war der Parlamentspräsident Staatsoberhaupt, so daß G. formal ein parlamentarisches und kein präsidentielles Regierungssystem hatte. Das Parlament stimmte im August 1995 einer neuen Verfassung zu (159 von 167 anwesenden Abgeordneten), die nun ein präsidiales Regierungssystem mit großer Machtfülle des Präsidenten konstituiert. Sie spart allerdings etliche strittige Fragen aus, so den Status der abtrünnigen Landesteile Abchasien und Südossetien. Zum neuen Präsidenten wurde Schewardnadse im November 1995 mit 70% Zustimmung gewählt. Gleichzeitig fanden Parlamentswahlen statt. An den Wahlen haben sich die Bewohner Abchasiens und Südossetiens nicht beteiligt. Schewardnadses Bürgerunion konnte ihre Position als stärkste Partei mit 20% der Wählerstimmen halten, gefolgt von einer Union für die Wiedergeburt Georgiens und der Einheitlichen Kommunistischen Partei. Insgesamt vollzog sich 1995 eine allmähliche Stabilisierung der politischen und wirtschaftlichen Lage des Landes. Stärkeres internationales Vertrauen in die Politik und Wirtschaft G.s signalisierte nicht zuletzt die Entscheidung, eine Trasse der Pipelineroute für den Export des kaspischen Erdöls aus Aserbaidschan über georgisches Territorium zu führen.

Interethnische Konflikte

Auf dem Weg in die staatliche Unabhängigkeit geriet G. in wachsenden Widerspruch zu seinen ethnischen Minderheiten. Am stärksten wirkte sich dieser Gegensatz auf das Verhältnis zu Abchasien aus. Im Nordwesten G.s bestand seit 1931 die Abchasische Autonome Republik, die zuvor einen eigenen sowjetischen Gliedstaat gebildet hatte. Ihre Titularnation, die von den Georgiern unterschiedenen, mit nordwestkaukasischen Völkern wie den Tscherkessen verwandten Abchasier, bildeten in ihr zuletzt nur noch eine Minderheit von knapp 18% der Gebietsbevölkerung. Im 19. Jh. hatte sie dort allerdings die Bevölkerungsmehrheit gebildet, bevor sie durch mehrere Bevölkerungsumschichtungen zur Minderheit wurde. Die Frage, inwieweit Abchasien einen Teil der georgischen Staats- und Territorialgeschichte oder ein eigenes Geschichtssubjekt darstellt, bestimmt die ideologische Auseinandersetzung zwischen beiden Konfliktseiten.

Spannungen zwischen der georgischen Regierung und der abchasischen Autonomie waren seit längerem zu beobachten, steigerten sich aber durch eine Intervention der georgischen Nationalgarde im Sommer 1992 zum regelrechten Krieg. Eine wesentliche Komponente des Abchasienkonflikts war die Einmischung Rußlands bzw. bestimmter Kräfte von rußländischem Territorium aus. Es verbündeten sich Nationalbewegungen im Nordkaukasus mit der abchasischen Konfliktseite, darunter eine Konföderation der Bergvölker und tschetschenische Kampfverbände. Die abchasische Sezession fand aber auch Unterstützung in links- und rechtskonservativen Kreisen Rußlands, die sich an Schewardnadse rächen wollten, weil er für sie der Liquidator sowjetischer Weltmacht war, und in Teilen des russischen Militärs, für die Abchasien und seine Schwarzmeerküste strategisch zu Rußland gehörten. Ein politisches Hauptanliegen der russischen Regierung war der GUS-Beitritt G.s. Ethno-territoriale Konflikte boten dafür das geeignete Druckmittel.

Zeittafel zum Abchasienkonflikt

1008:
Das Königreich Abchasien wird mit G. unter einer gemeinsamen Dynastie (Bagratiden) vereinigt.

15.–17. Jh.:
Abchasien zerfällt in lokale Fürstentümer und gerät unter den Einfluß des Osmanischen Reichs. Der größere Teil der Abchasier wird zum Islam bekehrt. Später gewinnt das Land eine gewisse Autonomie unter türkischer Oberherrschaft.

19. Jh.:
Abchasien wird 1810 russisches Protektorat und kommt 1864 unter volle russische Kontrolle als „Militärdepartement Suchumi". Beim Anschluß an Rußland emigrieren rd. 120 000 muslimische Abchasier ins Osmanische Reich. Nach 1864 wächst die georgische Kolonisation in Abchasien.

1918–21:
Abchasien ist von georgischen Truppen besetzt und der menschewistischen Regierung in Tiflis unterworfen. Es gerät mit G. zusammen im März 1921 unter sowjetische Kontrolle.

21. 5. 1921:
Gründung einer Abchasischen Sowjetrepublik, die am 16. 12. 1921 einen Allianzvertrag mit G. schließt.

Februar 1931:
Abchasien wird als Autonome Republik (ASSR) G. inkorporiert.

1933–53:
Die KP-Führung unter Berija betreibt die Georgisierung Abchasiens. Die georgische Schrift wird eingeführt, Unterricht in abchasischer Sprache verboten; Georgier werden nach Abchasien umgesiedelt.

1953–79:
Abchasien gewinnt einen Teil seiner Autonomie zurück. Dennoch beschweren sich 1973 130 prominente Abchasier in Moskau über Diskriminierungen durch Tbilisi.

1989:
Laut der letzten sowjetischen Volkszählung hat Abchasien 525 000 Einwohner, davon 45,7% Georgier, 17,8% Abchasier (97 000), 14,6% Armenier, 14,2% Russen. Im März unterzeichnen auf einer Massendemonstration angeblich 30 000 Abchasier eine Unabhängigkeitserklärung. Abchasien wird zum Hauptthema der georgischen Innenpolitik. Es kommt zu blutigen Kollisionen zwischen beiden Volksgruppen. Abchasien fordert seine Ausgliederung aus G. und Unterstellung unter die Hoheit der Russischen Föderation. Tbilisi beschuldigt Rußland der Einmischung.

1990:
Am 25. 8. erklärt der Oberste Sowjet in Suchumi – unter Boykott der georgischen Abgeordneten – die Unabhängigkeit Abchasiens. Die Erklärung wird vom georgischen Parlament annulliert.

1991:
Mit der Wahl Gamsachurdias zum Präsidenten G.s nehmen die Spannungen zwischen Suchumi und Tbilisi noch zu.

1992:
Der gewaltsame Machtwechsel in Tbilisi im Januar verschärft die innergeorgischen Widersprüche. Das neue, nicht legitimierte Regime steht in der Abchasienfrage und bei der Wahrung territorialer Integrität G.s unter Erfolgsdruck. Im Juli setzt das Parlament in Suchumi die abchasische Verfassung von 1925 in Kraft, nach der Abchasien ein mit G. auf gleicher Stufe stehender sowjetischer Gliedstaat war. Am 14. August greift Kitowanis Nationalgarde Suchumi an. Als Vorwand dient die Geiselnahme hoher georgischer Beamter und des Innenministers durch Anhänger Gamsachurdias aus Westgeorgien und Abchasien. Der abchasische Führer, Parlamentspräsident Ardsinba, verkündet die Mobilmachung und bittet den Nordkaukasus und Rußland um Beistand. Die „Konföderation der Bergvölker des Kaukasus" kündigt die Entsendung von Freiwilligen zur Unterstützung der Abchasier an. Am 3. September vereinbaren Jelzin, Schewardnadse und Ardsinba einen Waffenstillstand. Die Kämpfe zwischen georgischen und abchasischen Truppen gehen aber weiter. Es mehren sich Vorwürfe, wonach russisches Militär die abchasische Konfliktseite unterstützt. Schewardnadse ruft die internationale Gemeinschaft um Hilfe bei der Wahrung der territorialen Integrität G.s an.

1993:
Am 27. 9. erobern abchasische Kampfverbände Suchumi und treiben die georgische Bevölkerung Abchasiens in Scharen über den Grenzfluß Inguri nach G. 250 000 Georgier flüchten aus dem Kampfgebiet. Zusammen mit einer Offensive der „Swiadisten" aus Mingrelien führt diese Niederlage G. an den Rand des völligen Zusammenbruchs. Der Eintritt G.s in die GUS wendet das Verhältnis zwischen Moskau und Tbilisi. Rußland unterstützt nun die georgischen Streitkräfte bei der Abwehr der Offensive aus Mingrelien, spricht sich für den Erhalt der terri-

torialen Integrität G.s aus und verurteilt die „abchasische Aggression". Zuvor hatten verschiedene Kräfte aus Rußland die Abchasier unterstützt. Den „abchasischen Kampftruppen" standen Söldner und Freiwillige aus dem Norkaukasus (600 Tschetschenen und 600 Angehörige anderer nordkaukasischer Völker) und Kosaken aus Südrußland zur Seite. Auf georgischer Seite kämpften anstelle regulärer nationaler Streitkräfte Milizen wie die Nationalgarde Kitowanis und die „Mchedrioni" Josselianis. Im Dezember 1993 beginnen Vermittlungsgespräche in Genf. Man einigt sich auf Gewaltverzicht, Rückkehr der Flüchtlinge und Freilassung von Gefangenen. UN-Blauhelmeinheiten sollen in Abchasien stationiert werden und die militärischen Verbände beider Konfliktseiten trennen.

1994:
Am 14. Mai schließen die Konfliktseiten in Moskau ein von Rußland vermitteltes Waffenstillstandsabkommen. Im Juni treffen in Abchasien erste Abteilungen einer insgesamt 3000 Mann starken russischen Friedenstruppe unter der Ägide der UNO ein. Sie beziehen Stellung am Grenzfluß Inguri. Das nächstliegende Hauptproblem der Konfliktregelung ist die Rückführung der georgischen Flüchtlinge nach Abchasien, die von abchasischer Seite behindert wird. Am Jahresende verabschiedet das abchasische Parlament eine neue Verfassung, in der Abchasien als „souveräner Staat" definiert wird. Das Gebiet ist von G. faktisch getrennt. Im Tschetschenienkrieg wird seine Grenze zu Rußland dicht gemacht, wodurch es von der Außenwelt isoliert wird.

1995:
Der UN-Vermittler im Abchasienkonflikt, E. Brunner, beklagt die starre Haltung der abchasischen Seite. Bei den Friedensverhandlungen in Genf bekundet die abchasische Delegation im Februar die Möglichkeit einer Konföderation mit G. Doch kurz darauf faßt das Parlament in Suchumi den Beschluß einer Vereinigung Abchasiens mit Rußland und lehnt im August den Vorschlag einer Konföderation mit G. ausdrücklich ab. G.

klammert aus seiner neuen Verfassung den Status Abchasiens aus. Es rüstet militärisch auf. Ein neuer Waffengang ist aber unwahrscheinlich, solange russische Friedenstruppen in Abchasien stationiert sind. Ihr von der GUS erteiltes Mandat muß alle sechs Monate verlängert werden.

Ein anderer bewaffneter Konflikt, der georgisch-ossetische, trat hinter dem Abchasienkonflikt zurück. Die Osseten sind ein iranischsprachiges Kaukasusvolk, dessen Heimat in zwei getrennte Gebietskörperschaften aufgeteilt ist: die Nordossetische Republik in Rußland und das Südossetische Autonome Gebiet in G. Die Überwindung der Trennung und die Ausgliederung Südossetiens aus G. wurde zum Thema der ossetischen Nationalbewegung und zum Konfliktstoff. 1989 entstand eine südossetische Volksfront „Ademon Nychas", die sich gegen die Lostrennung G.s von der Sowjetunion stellte und die Vereinigung Südossetiens mit Nordossetien forderte. Als der Gebietssowjet im südossetischen Zentrum Zchinwali im November 1989 die Erhöhung des Gebietsstatus zur Autonomen Republik beantragte, reagierten die Georgier mit einem Sternmarsch. Es kam zu Gewaltakten. Im Juli 1990 proklamierte man in Zchinwali eine „Südossetische Sowjetrepublik im Bestand der UdSSR". Tbilisi hob daraufhin die Autonomie des Gebiets auf. Angriffe der georgischen Truppen auf Zchinwali im Juni 1992 leiteten eine regelrechte Kriegsphase ein. Daraufhin sah eine georgisch-russische Vereinbarung den Einsatz von Friedenstruppen und die Schaffung von Pufferzonen vor. Ein russisch-georgisch-ossetisches friedensschaffendes Kontingent bezieht seit Sommer 1992 Stellung in Südossetien. Der Konflikt, in dem einige Hundert Todesopfer zu beklagen waren, konnte dadurch eingedämmt, aber nicht gelöst werden.

1995 verlautete aus Tbilisi im Zusammenhang mit der Ausarbeitung einer neuen Verfassung eine gewisse Bereitschaft, G. nicht als „unitären", sondern „föderativen" Staat aufzubauen. In ihm könnte Abchasien, Adscharien und Südossetien territoriale Autonomie gewährt werden. Adscharien unterstützt dieses Konzept. Südossetien fordert dagegen von Tbilisi die volle Anerkennung seiner „Unabhängigkeit". Abchasien lehnte eine Föderation oder eine Konföderation mit G. per Parlamentsbeschluß ab.

Außenpolitik, Sicherheitspolitik

G. wurde 1993 durch staatliche Schwäche, innere Konflikte und äußere Einmischung von der anfangs entschiedenen Abwendung von Rußland zurück in die alten Bindungen gezwungen. Es wurde unter dramatischen Umständen im Herbst 1993 in die GUS hineingeführt, gleichsam hineingeschossen. Danach hat es sich besonders auf sicherheitspolitischer Ebene eng an Rußland angebunden. Am 22. 3. 1995 wurde ein Abkommen über die Stationierung russischer Truppen in vier Stützpunkten (Wasiani, Achalkalaki, Batumi, Gudauta in Abchasien) paraphiert und im September unterzeichnet. Zuvor hatte Moskau ein ähnliches Abkommen mit Armenien geschlossen.

Mit diesem Schritt hat G. auch militärpolitisch eine scharfe Wende vollzogen. Es war ihm bis dahin nicht gelungen, verläßliche nationale Streitkräfte zur Verteidung seiner staatlichen Unabhängigkeit und territorialen Integrität gegenüber Autonomie- und Sezessionsbestrebungen in Abchasien und Südossetien aufzubauen. Von nun an gestaltete es seine Militärpolitik durch eine Annäherung an Rußland und besetzte militärische Spitzenpositionen mit moskaufreundlichen Kräften. Dabei soll eine Berufsarmee geschaffen werden, deren Personalstärke von ursprünglich geplanten 65 000 auf nunmehr ca. 20 000 Mann zurückgeschraubt wurde. Die Milizen, die beim Putsch gegen Gamsachurdia und danach bei der militärischen Auseinandersetzung mit Abchasien eine Hauptrolle spielten, wurden 1995 durch ein Präsidentendekret zur Entwaffnung aufgefordert. Die Abkommen mit Rußland tragen wesentlich dazu bei, russischen militärischen Einfluß in Transkaukasien zu sichern.

Religion und Kultur

Neben Armenien hat G. eine der ältesten christlichen Landeskirchen. Sie hatte sich im 6. Jh. im dogmatischen Streit über die Frage nach dem Verhältnis des Göttlichen und Menschlichen in der Natur Christi von der oströmischen Kirche getrennt, später aber wieder mit der Orthodoxie vereinigt. Sie bildete einen autokephalen Teil der orthodoxen Kirche. 1811 wurde sie der obersten russischen Kirchenbehörde, dem Heiligen Synod, unterstellt.

Mit der Christianisierung und Stiftung einer nationalen Schriftsprache beginnt im 4. Jh. die Geschichte der georgischen Literatur. G. verfügt unter den Nationen der ehemaligen Sowjetunion über eine der ältesten Literaturen, über eine schriftsprachliche Tradition, die zu den reichsten und entwickeltsten der Welt zählt (Fähnrich 1993). Sie ist zunächst geistliche Literatur und erlebt im georgischen Feudalstaat der Bagratiden im 11.–13. Jh. ihren Höhepunkt. Es ist das „goldene Zeitalter" G.s, in der Literatur, Kunst, Philosophie, Geschichtsschreibung und andere Bereiche des kulturellen Lebens auf der Grundlage staatlicher Einheit und wirtschaftlicher Prosperität aufblühen. Georgische Herrscher wie David der Erbauer, Demetre oder die Königin Tamar betätigen sich selber literarisch. Aus der Literatur dieser Periode ragt ein Werk besonders hervor: „Der Recke im Panterfell" des Schota Rustaweli. Es zählt zu den bekanntesten Epen der Weltliteratur.

Dem „goldenen Zeitalter" folgen die Eroberung durch die Mongolen und der Zerfall G.s. Erst nach langem Schweigen meldet sich eine georgische Literatur im 16. Jh. zurück, zunächst durch Nachahmungen persischer Dichtung. Sie findet zu eigenen Wurzeln zurück und erlangt in der Romantik erneute Eigenständigkeit. Die georgische Romantik muß sich bereits mit einem neuen historischen Umstand auseinandersetzen: mit der russischen Oberherrschaft. Georgische Dichtung im 19. Jh. trägt nationale Züge. Dichter wie Alexander Tschawtschawadse, der Puschkin und andere russische und westeuropäische Dichter ins Georgische übersetzte, Grigol

Orbeliani, Giorgi Eristawi waren am Adelsaufstand gegen die russische Kolonialmacht beteiligt.

In den 1860er Jahren tritt eine Generation in Erscheinung, die den Namen „Terektrinker" erhält. Gemeint waren damit junge Leute, die den Terek überschritten und in Rußland ihr Studium absolviert hatten. Als ihre Führer gelten vor allem zwei Publizisten und Dichter: Ilia Tschawtschawadse und Akaki Zereteli, beide aus Fürstengeschlechtern stammend. Literaturgeschichtlich repräsentieren sie den kritischen Realismus, der sich mit gesellschaftlicher Rückständigkeit auseinandersetzt. Tschawtschawadse attackiert die sozialen Mißstände seines Landes, greift aber ebenso die „nationale Frage" auf und klagt die Unterdrückung georgischer Sprache und Kultur durch die zaristischen Behörden an. In einer sogenannten „Zweiten Gruppe", der nächsten Schriftsteller- und Intellektuellengeneration, gehen die politischen Zielsetzungen schon weiter. Zu ihr gehören die georgischen „Volkstümler", die für die vollständige Bauernbefreiung kämpfen. In einem weiteren Generationenschritt, der sogenannten „Dritten Gruppe", treten politische Motive mit der in G. besonders ausgeprägten „menschewistischen" Sozialismusvariante in den Vordergrund. Sie leitet zur Literatur des 20. Jh. über.

In sowjetischer Zeit wächst durch die Massenalphabetisierung die Leserzahl sprunghaft an, die literarischen Gattungen werden erweitert, der Anteil der Frauen unter den Schriftstellern wächst. Es wächst aber auch der ideologische Schematismus und die Repression gegen unfügsame Literaten. Zu den bedeutendsten Literaten der Moderne gehören Konstantin Gamsachurdia, Galaktion Tabidse, Demna Schengelaia, Niko Lortkipanidse. K. Gamsachurdia (1891–1975) wirkte vor allem als Prosaschriftsteller und schuf einige historische Romane. Im „Raub des Mondes" schildert er die Umwälzungen in der Kollektivierungs- und Industrialisierungsperiode der dreißiger Jahre. Auch andere Bereiche der Kunst haben sich in G. über Jahrhunderte hinweg reich entfaltet, im 20. Jh. besonders der Film. Regisseure wie Tengis Abuladse und Revaz Tschcheidse wurden weit über G. und die Sowjetunion hinaus berühmt.

In der Sowjetunion galt G. als eine Unionsrepublik mit sehr hohem Bildungsniveau. Anfang der neunziger Jahre hatten über 15% der Bevölkerung einen Hochschulabschluß und über 57% einen Schulabschluß der Sekundarstufe vorzuweisen. Über 100 000 Studenten waren an einer der 19 Hochschulen eingeschrieben. Heute wird das Bildungs- und Kulturleben durch die sozialen und wirtschaftlichen Krisen des Landes schwer belastet, von Reisenden aber immer noch als sehr intensiv beschrieben.

Ökologische Probleme

Hier steht die Luftverschmutzung mit Kohlenmonoxyden, Formaldehyden, Blei, Phenolen und anderen Schadstoffen in industriellen Ballungsgebieten um Tbilisi, Rustawi und Kutaissi an erster Stelle. Eine leichte Verbesserung der Situation resultierte vor allem aus der starken Schrumpfung der Industrieproduktion nach 1991. Probleme der Wasserverschmutzung beziehen sich u. a. auf defekte Abwässersysteme vor allem an der Küste des Schwarzen Meeres, Irrigationsmängel. In der Landwirtschaft wurde wie in anderen Teilen der Sowjetunion die chemische Keule eingesetzt. Eine ursprüngliche Vielfalt der Landwirtschaft in G. wurde durch die Einführung von Monokulturen z. B. in Westgeorgien (Tee, Tabak) reduziert, mit den damit verbundenen ökologischen Folgen (Bodenerosion, Versalzung, Irrigationsmängel u. a).

Produktion, Beschäftigung, Inflation, Außenwirtschaft

G.s Wirtschaft war innerhalb der Sowjetunion durch seine subtropischen landwirtschaftlichen Erzeugnisse sowie bergbauliche und schwerindustrielle Produktion von Bedeutung gewesen. Seither ist das BIP pro Einwohner auf das Niveau Tadschikistans abgesunken. Gründe dafür waren neben dem Rückgang der innersowjetischen Lieferbeziehungen vor allem die innenpolitischen Auseinandersetzungen, die Krisen und miltiärischen Auseinandersetzungen um Abchasien und Südossetien sowie der Nichtbeitritt zur GUS bis 1993.

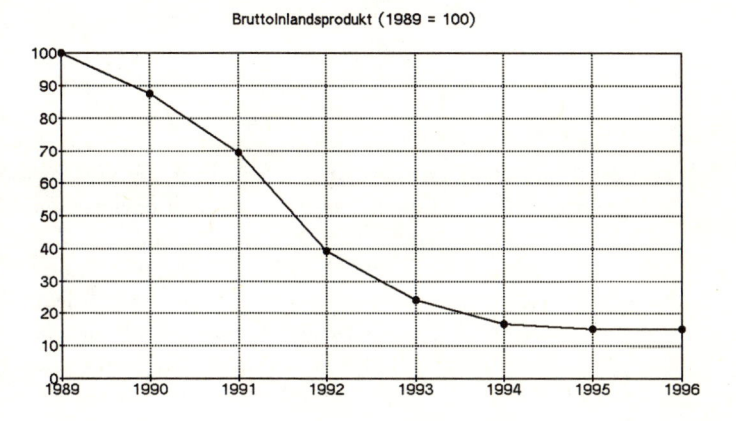

Bruttoinlandsprodukt (1989 = 100)

Das BIP nach Kaufkraftparität betrug 1994 5,4 Mr. US-$, das sind pro Einwohner 1000 US-$, damit der niedrigste Wert in der GUS. Das BIP ging in den neunziger Jahren fortwährend zurück und erreichte 1995 nur noch etwa 15% des Wertes von 1989. Für 1996 wird aufgrund hoher Finanzhilfen des IWF ein Wirtschaftswachstum von 10% prognostiziert.

Veränderung des Bruttoinlandsprodukts in % gegenüber dem Vorjahr

1990	1991	1992	1993	1994	1995	1996
−12,4	−20,6	−43,4	−39,0	−30,0	−10,0	10,0

Quelle: European Bank for Reconstruction and Development. 1996: Prognose

Seit 1991 ist eine fortschreitende Deindustrialisierung im Gange, wodurch der Anteil der Industrie am BIP von einem Drittel unter ein Viertel fiel und der der Landwirtschaft auf zwei Drittel anstieg. Statistische Angaben über Beschäftigung und

Arbeitslosigkeit liegen nicht vor. Die Arbeitslosenquote betrug 1994 vermutlich 50% des Arbeitskräftepotentials.

Seit 1992 hat der Staat eine Hyperinflation in Gang gesetzt. Die Verbraucherpreise stiegen 1992 um 1000%, 1993 um 3500% und 1994 sogar um 20 000%. Der „Kupon" löste im Mai 1993 den Rubel als Währung ab und erlebte wegen der hemmungslosen Geldmengenausweitung innerhalb von zwei Jahren einen Kursverfall von 1000 Kupons pro US-$ auf 2 Mio. Kupons pro US-$. Als Zahlungsmittel waren weithin russische Rubel und Westwährungen gebräuchlich. Im September 1995 wurde die Nationalwährung „Lari" mit einem Kurs von 1,3 Lari pro US-$ eingeführt, der zunächst stabil blieb.

Es besteht hoher Einfuhrbedarf an Nahrungsmitteln, industriellen Rohstoffen sowie Energieträgern. Erdöl und Erdgas wird aus Rußland, Turkmenistan und Aserbaidschan, neuerdings auch aus dem Iran geliefert. Ausfuhrpotential besteht bei Buntmetallen, speziellen Agrarprodukten sowie technischen Erzeugnissen. 1994 erreichte das Handelsbilanzdefizit die halbe Höhe der Importe.

Land- und Forstwirtschaft

Eine subtropische, niederschlagsreiche Zone an der Schwarzmeerküste erlaubt ertragreiche Tee-, Obst- und Weinproduktion. Die kleinen Flächen in Gebirgslagen lassen keine umfangreiche Getreideproduktion zu. Man setzt Zukunftshoffnungen auf den Wiederaufschwung der Erzeugung von Tee und Zitrusfrüchten.

Bergbau und Energiewirtschaft

G. besitzt große Manganlagerstätten sowie die größten Reserven an Barit (für Computerchips) im Bereich der GUS. Daneben werden Kohle, Eisenerz, Molybdän und Zink gefunden sowie Mineralwasserquellen genutzt. Es existieren kleinere

Vorkommen von Erdöl, Erdgas und Gold. Auch geothermische Energie (Erdwärme) ist vorhanden. Die Förderung aller Bodenschätze ist in den neunziger Jahren stark zurückgegangen. Durch den Rückgang der Kohleförderung, die noch Mitte der achtziger Jahre 1,5 Mio. t betragen hatte, auf unter 0,5 Mio. t ist die Eisen- und Stahlerzeugung im Werk Rustavi auf ein Fünftel der Kapazität gesunken. Da das hydroenergetische Potential für die Elektrizitätserzeugung nicht ausreicht, sind Stromimporte aus Rußland und Aserbaidschan sowie der Betrieb von Wärmekraftwerken erforderlich, für die Erdöl und Erdgas importiert werden müssen. Die eigene Stromerzeugung ist von 13,4 Mrd. KWh im Jahre 1991 auf 3 Mrd. KWh im Jahre 1994 gesunken, da die Brennstofflieferungen aus Rußland, Aserbaidschan und Turkmenistan weitgehend eingestellt wurden. Auch in der Zukunft wird das Problem der Finanzierung der Energieträgerimporte akut bleiben.

Verarbeitende Industrie

Trotz der schmalen Rohstoffbasis wurde zu Zeiten der Sowjetunion eine Schwerindustrie aufgebaut, die von Zulieferungen aus anderen Teilen der UdSSR, darunter aus Turkmenistan und der Ukraine, stark abhängig war (Stahlwerk Rustavi, Flugzeugwerk Tbilisi, Erdölverarbeitung in Batumi, Lokomotivenwerk in Tbilisi, Schiffswerft in Poti, Metallfabrik in Sestafoni usw.). Der Mangel an Energie, Rohstoffen und Vorprodukten verursachte nach 1991 zahlreiche Betriebsstillegungen. Etwas besser ist die Situation in der Lebensmittelverarbeitung (Tee, Wein, Kognak, Frucht- und Gemüsekonserven), da diese auf eigener landwirtschaftlicher Produktion basiert.

Privatisierung, Landreform

G. war zu sowjetischer Zeit die Republik gewesen, in der kaum verhüllte privatwirtschaftliche Aktivitäten (Schattenwirtschaft) hinter der Fassade einer Staatswirtschaft am weitesten gediehen waren. Daraus konnte man für das nachsowjetische G. gute Aussichten für eine marktwirtschaftliche Reform ableiten. Diese Prognose hatte allerdings nicht die enormen Behinderungen vorausgesehen, die sich dann aus dem politischen Zerfall des Landes ergaben.

In G. ist eine weitgehende Privatisierung der Wohnungen und von landwirtschaftlichen Grundstücken erfolgt. Allerdings gab es nur geringe Fortschritte bei der Privatisierung der Kleinunternehmen und praktisch keine Privatisierung der Mittel- und Großunternehmen. Das Gebiet Kutaisi wurde als marktwirtschaftliches Testgebiet ausersehen.

Soziale Lage

Durch die Hyperinflation wurden die offiziellen Nominaleinkommen extrem entwertet und entsprachen 1994 dem Gegenwert von einem US-$ pro Monat. Die Bevölkerung überlebt weithin durch Betätigung in der privaten Landwirtschaft, in Zweit- und Drittberufen, in der Schattenwirtschaft, durch Schmuggel sowie durch Unterstützung aus dem Ausland. Besonders betroffen wird sie von der nur unregelmäßig zur Verfügung stehenden Elektrizität und vom Brennstoffmangel. Nur auf den privaten Märkten ist das Warenangebot gut, aber unerschwinglich; das subventionierte Brot wird manchmal knapp. Viele Schulen sind seit Jahren geschlossen, in anderen stößt der von Lehrkräften aus der Bundesrepublik erteilte Deutschunterricht auf reges Interesse.

Wirtschaftliche Zukunftsaussichten

Mit seinen günstigen klimatischen Bedingungen sowie einigen bergbaulichen Produkten wie Mangan und Molybdän hat das Land ein gewisses Exportpotential. Positiv fällt auch die unternehmerische Begabung und der hohe Ausbildungsstand der Bevölkerung ins Gewicht. G. kann als Transitland für Erdöl und Erdgas aus dem Raum des Kaspischen Meeres eine Rolle spielen und dabei seine Schwarzmeerhäfen nutzen. Schließlich ist sein touristisches Potential wieder reaktivierbar. Seine verarbeitende Industrie bedarf der Umstrukturierung und Modernisierung, um mit neuen Produkten in- und außerhalb der GUS auftreten zu können und ihre Energie- und Rohstofflastigkeit zu verringern.

Literatur zum Kapitel

Bischof, H., Georgien: Gefahren für die Staatlichkeit, in: Friedrich-Ebert-Stiftung (Hrsg.), Studie zur Außenpolitik 86/1995.

Fähnrich, H., Georgische Literatur, Aachen 1993.

Fuller, E., Ethnische Minderheiten in den transkaukasischen Staaten, in: Halbach, U./Kappeler, A. (Hrsg.), Krisenherd Kaukasus, Baden-Baden 1995, S. 179–195.

Georgia, in: Batalden, St. K./Batalden, S. L., The Newly Independent States of Eurasia: Handbook of former Soviet Republics, Phoenix (Arizona) 1993, S. 95–118.

Georgia, in: The Economist Intelligence Unit (Hrsg.), Country Profile 1994-95, London 1995, S. 12–33.

Georgien, in: Bürger im Staat, 2–3/1995, S. 113–118.

Goldberg, S., Pride of Small Nations: The Caucasus and Post-Soviet Disorder, London/New Jersey 1994.

Gurgenidze, L./Lobzhanidze, M./Onoprischvili, D., Georgia: From Planning to Hyperinflation, in: Communist Economies & Economic Transformation, 3/1994, S. 259–289.

Hewitt, B.G., Abkhazia: a problem of identity and ownership, in: Central Asian Survey, 12/1993, S. 267–323.

Kahn, M./Gicquiau, H., Géorgie, in: Le courrier des pays de ltEst, mars-avril 1995, S. 37–42.

Kokeev, A., Der Kampf um das Goldene Vlies. Zum Konflikt zwischen Georgien und Abchasien, in: HSFK (= Hessische Stiftung Friedens-und Konfliktforschung) – Report 8/1993.

Kraft, E., Abchasien und Georgien. Der historische Hintergrund des Krieges, in: pogrom, 175/1994, S. 40 ff.

Kusber, J., Georgien: aktuelle Konflikte in historischer Perspektive, in: Nitsche, P. (Hrsg.), Die Nachfolgestaaten der Sowjetunion: Beiträge zu Geschichte, Wirtschaft und Politik, herausgegeben unter Mitarbeit von Jan Kusber, Frankfurt a.M. usw. 1994, S. 97–118.

Lortkipanidse, M., Georgien und seine Autonomien: kurzer Abriß der Geschichte Abchasiens, Atscharas und Südossetiens, in: Georgica, 15 u. 16/1993.

Paitschadse, D., Bemerkungen zur Geschichte Georgiens bis 1921, in: Halbach, U./Kappeler, A., a.a.O., S. 52–62.

Parsons, R., Georgians, in: Smith, Georgien (Hrsg.), The Nationalities Question in the Soviet Union, London/New York 1990, S. 180–198.

Reissner, O., Die Entstehungs- und Entwicklungsbedingungen der nationalen Bewegung in Georgien bis 1921, in: Halbach U./Kappeler A., a.a.O., S. 63–79.

Richards, L., Georgia, in: Pryde, Ph. R. (Hrsg.), Environmental Resources and Constraints in the Former Soviet Republics, Boulder/San Francisco/Oxford 1995, S. 205–220.

Ruwwe, H.-F., Georgien zur zur Jahresmitte 1994, in: bfai Länderreport, Mai 1994 (Hrsg. Bundesstelle für Außenhandelsinformation)

Stadelbauer, J., Die Krisenregion Kaukasien: Geographische, ethnische und wirtschaftliche Grundlagen, in: Halbach, U./Kappeler, A., a.a.O., S. 13–52.

Suny, R. G., The Making of the Georgian Nation, Bloomington usw. 1988.

Kasachstan

Staatsname	Republik Kasachstan
Staatsname in Landessprache	Kasakstan Respublika
Amtssprache	Kasachisch; Russisch ist „Verkehrssprache"
Schrift	Kyrillisch
Währung	Tenge (seit November 1993)
Wechselkurs Ende 1995	65 pro US-$
Fläche	2 717 300 km² (BRD: 357 000 km²)
Hauptstadt	Almaty, 1921–93 Alma-Ata (1,2 Mio.)
Großstädte (kas./russ.)	Karaganda (614 000 Tschimkent/[Čimkent] (400 000) Semej/[Semipalatinsk] (334 000) Pawlodar (330 000) Oskemen/[Ustţ-Kamenogorsk] (324 000) Dschambul/[Džambul] (310 000) Akmola, 1961–92 [Celinograd] (277 000) Aktjube/[Aktjubinsk] (253 000) Petropawl/[Petropavlovsk] (240 000) Kustanaj (225 000) Oral/[Uralsk] (200 000)

Einwohnerzahl (1994)	17,3 Mio.
Glaubensgemeinschaften (1989)	
Christen	49%
Muslime	51%
Nationalitätenanteile (1989)	
Kasachen	40% (1995: rund 42%)
Russen	38% (1995: rund 37%)
Deutsche	6%
Ukrainer	5%
Usbeken	2%

Stadt-Land-Verteilung (1989)	
Stadtbevölkerung	58%
Landbevölkerung	42%
Bevölkerungswachstum	
Durchschnitt 1980–1989	1,2%
Durchschnitt 1990–1994	0,5%
Bevölkerungsdichte (1994)	6 Einwohner pro km²
Altersgruppen (1989)	
bis 9 Jahre	21,4%
10–19 Jahre	18,6%
20–39 Jahre	32,2%
40–59 Jahre	18,4%
über 60 Jahre	9,4%
Geburtenrate (1994):	18,0 pro 1000 Einwohner
Kindersterblichkeit (1993)	28,4 pro 1000 Geborene
Lebenserwartung (1989)	69 Jahre (m 64; w 73)
Mittl. Familiengröße (1989)	4,0 Personen

Unabhängigkeitserklärung	16. 12. 1991
Neue Verfassung	August 1995
Staatsoberhaupt	Präsident Nursultan Nasarbajew
Letzte Parlamentswahlen	März 1994
Parteien	Union der nationalen Einheit, Volkskongreß, Sozialistische Partei und andere

Territorium

K. ist mit 2,7 Mio. km² (12% der Ex-UdSSR) flächenmäßig der zweitgrößte GUS-Staat. Es dehnt sich zwischen dem Kaspischen Meer im Westen, den Gebirgen Altai und Tien-Schan im Osten und von Südsibirien bis Mittelasien in der Nord-Süd-Richtung als riesige euro-asiatische Landbrücke aus. Geographisch ist es in weitläufige Steppenregionen, Wüsten und Halbwüsten (Kyzyl-Kum, Kara-Kum, Betpak-Dala, Mujun-Kum), im Osten auch in Gebirgszüge gegliedert.

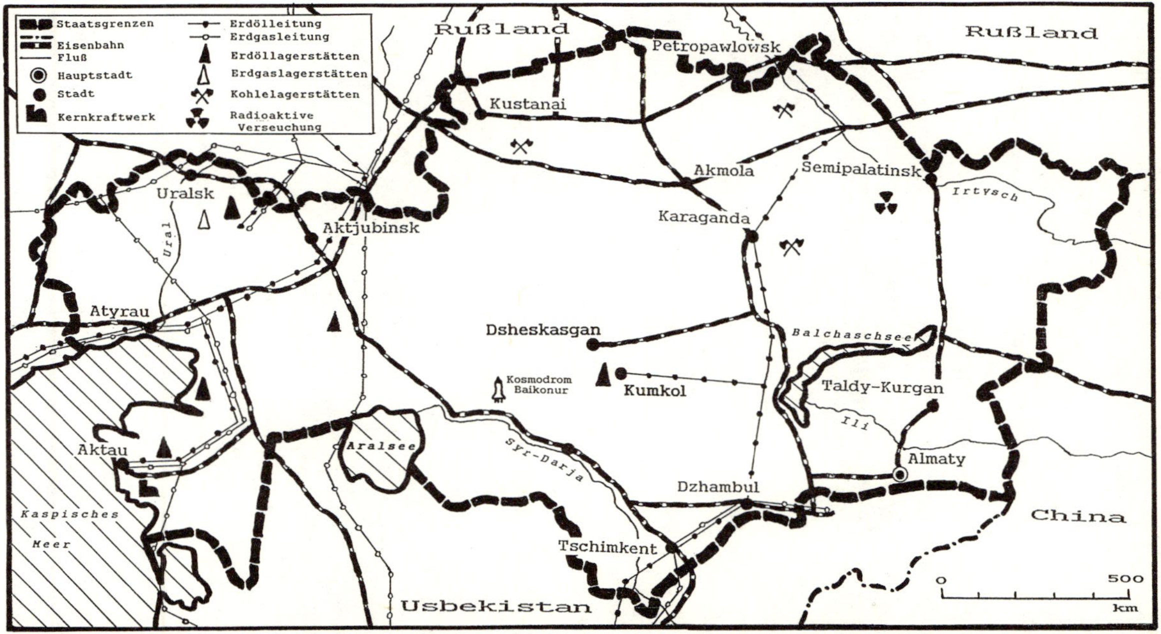
Staatsgrenzen
Eisenbahn
Fluß
Hauptstadt
Stadt
Kernkraftwerk
Erdölleitung
Erdgasleitung
Erdöllagerstätten
Erdgaslagerstätten
Kohlelagerstätten
Radioaktive Verseuchung
Rußland
Rußland
Petropawlowsk
Kustanai
Akmola
Semipalatinsk
Irtysch
Karaganda
Uralsk
Aktjubinsk
Ural
Atyrau
Dsheskasgan
Balchaschsee
Kosmodrom Baikonur
Kumkol
Taldy-Kurgan
Ili
Aktau
Aralsee
Syr-Darja
Almaty
Dzhambul
Kaspisches Meer
China
Tschimkent
0
500
km
Usbekistan

K. grenzt in Zentralasien an Kirgistan, Usbekistan und Turkmenistan, im Norden entlang der längsten Landgrenze innerhalb der GUS (3 500 km) an die Russische Föderation und im Osten an China. Die südliche Landeshälfte markieren große Binnengewässer: das Kaspische Meer im Westen, der Nordteil des schrumpfenden Aralsees und im Osten der Balchasch-See.

In agrarischer Hinsicht besteht das Territorium aus drei Landschaftsformen: Im Süden hat K. Anteil am alten mittelasiatischen Oasensystem. Landwirtschaft wird hier durch natürliche Wasserressourcen aus den Gletschersystemen des Pamir und Tien-Schan ermöglicht. Hier fließt einer der beiden Hauptströme, der Syr-darja, und einer der größeren Flüsse der Region, der Tschu. Der größte Teil K.s wird von Grassteppe und wüstenhafter Steppe bedeckt. Hier sind die landwirtschaftlichen Möglichkeiten beschränkt. Der Nordsaum der Steppenregion bildet jedoch eine bedeutende Zone der Getreideproduktion, das in den fünfziger Jahren erschlossene „Neuland".

Die Hauptstadt Almaty (1921 bis 1993 Alma-Ata) liegt im Südosten nahe der Grenze zu Kirgistan. Sie ist neben Taschkent heute eine internationale Metropole des exsowjetischen Zentralasien mit Flugverbindungen nach Europa und in viele asiatische Länder. Sie hat eine russische Bevölkerungsmehrheit (1989: 663 000 Russen, 252 000 Kasachen) und ging aus der 1854 gegründeten Grenzfeste Werny und aus der Geschichte der russischen Kolonisierung K.s hervor. Mit ihren rechtwinklig angelegten Straßen hat sie noch heute das typische Aussehen einer Kolonialstadt. In den letzten Jahren wurde eine Hauptstadtverlegung nach Akmola in einen zentraleren Landesteil erwogen. Der Umzug bis zum Jahr 2000 wurde im Juli 1994 vom Parlament sogar beschlossen. Das Projekt trifft jedoch auf Widerstände, nicht zuletzt in der kasachischen Regierungselite, die sich ungern in die Steppe verpflanzen lassen möchte.

Haupttransportmittel ist die Eisenbahn, von deren 14 400 km Netzlänge 4000 km elektrifiziert sind. Vier Hauptlinien in Nord-Süd-Richtung wurden für den Rohstofftransport (Kohle, Weizen) angelegt. Der Norden wird in West-Ost-Richtung auch von der Transsibirischen Eisenbahn, der Süden durch eine Verbindung nach Usbekistan und Turkmenistan erschlossen. Die Eröffnung der Eisenbahnstrecke Almaty-Urumtschi-Peking gab dem Handel mit China neue Impulse.

Bevölkerung

K. war die einzige ehemalige Sowjetrepublik, in der die namengebende Nationalität so weit zur Minderheit gemacht worden war, daß sie zuletzt weniger als die Hälfte der Bevölkerung ausmachte. Welchen Schwankungen der kasachische Anteil an der Republikbevölkerung in sowjetischer Zeit unterlag, verdeutlichen folgende Angaben über die absolute Zahl der Kasachen und ihren Anteil an der Republikbevölkerung in verschiedenen Jahren: 1926: 3,6 Mio. (58,5%), 1939: 2,3 Mio. (37,6%), 1959: 2,7 Mio. (29,8%), 1970: 4,2 Mio. (32,6%), 1979: 5,2 Mio. (36%), 1989: 6,5 Mio. (39,6%), 1993: 7,3 Mio. (43,2%). Hinter den Schwankungen bis in die fünfziger Jahre stehen gewaltsame Eingriffe in die Bevölkerungsentwicklung und demographische Katastrophen (siehe zur Geschichte). Noch um 1850 hatte der kasachische Bevölkerungsanteil bei 91% gelegen.

1989 lebten 8 Mio. Kasachen in der UdSSR und stellten das zweitgrößte sowjetische Turkvolk nach den Usbeken dar. Außerhalb K.s lebten sie in anderen zentralasiatischen Unionsrepubliken (in Usbekistan: 808 000, in Turkmenistan: 88 000, in Kirgistan: 37 000, in Tadschikistan: 11 000), in Rußland: 635 000, in China: 900 000 und in der Mongolei. Es gab Bestrebungen einer Rückführung der Kasachen aus der Diaspora in ihr „ethnisches Mutterland", aus dem viele im Bürgerkrieg, während einer Hungersnot 1921/22 und während der Zwangskollektivierung geflohen waren. Das Ethnonym „Kasach" (wahrscheinlich von der türkischen Verbwurzel „qaz" für „wandern") wurde erst seit 1926 zur offiziellen Volksbezeichnung. In russischen Quellen wurden die Kasachen zuvor als „Kirgisen" bezeichnet (die Kirgisen als „Kara-Kirgisen"). Die Abgrenzung des kasachischen und kirgisischen Ethnos besteht im wesentlichen in einer Unterscheidung zwischen Steppen- und Bergnomaden.

Das heutige K. ist wie kein anderer sowjetischer Nachfolgestaat auf friedliche Beziehungen zwischen seinen Nationalitäten angewiesen. Zu Beginn der staatlichen Unabhängigkeit bildeten Kasachen und Russen annähernd gleich große Bevölkerungsteile, neun Nationalitäten haben eine Bevölkerungsgröße von über 100 000 und in fünf Provinzen (Oblasti) bildeten Deutsche über 10% der Bevölkerung. In einigen Provinzen in Nordkasachstan sind die Kasachen in einer krassen Minderheit, in einigen Gebieten im Süden dominiert das usbekische Bevölkerungselement. Die höchste kasachische Konzentration findet sich in den Provinzen Gurjew (1989: 504 000 von 749 000) im Westen und Tschimkent (1 Mio. von 1,8 Mio.) und Ksyl-Orda (512 000 von 645 000) im Süden, die niedrigste in Akmola (225 000 von 1 Mio.) und dem Gebiet Nordkasachstan (112 000 von 600 000).

Ein Hauptproblem des Landes ist die hohe Abwanderung aus dem russischsprachigen Bevölkerungsteil. Diesbezügliche Zahlen sind zwar widersprüchlich, geben aber doch beträchtliche Emigrationsströme zu erkennen. Die Zahl der Russen hat sich schon Anfang der neunziger Jahre angeblich um 200 000 verringert (Argumenty i fakty 45/1994), die der Deutschen noch drastischer. Nach offiziellen Angaben leben noch ca. 613 000 Deutsche in K., die dorthin überwiegend aus der früheren Wolga-Republik deportiert worden waren. Der größte Teil ist in der Landwirtschaft sowie im Bau- und Fabrikwesen tätig. Zwischen 1993 und Oktober 1995 reisten 328 000 Spätaussiedler aus K. nach Deutschland aus.

Die politische Führung muß angesichts dieser Verhältnisse einem kasachischen Nationalismus vorbeugen und die wirtschaftlichen Probleme berücksichtigen, die durch die Emigration hervorgerufen werden. Tatsächlich sind die interethnischen Beziehungen bislang frei von Gewalt geblieben, wenn auch die Auswanderer Störungen in den Beziehungen zwischen den Nationalitäten beklagen. Unübersehbar vollzieht sich aber eine Kasachisierung des Regierungs- und Verwaltungspersonals, der Kultur- und Bildungseinrichtungen und anderer Öffentlichkeitsbereiche. 1995 machten Kasachen in den obersten Machtorganen (Minister, Vorsitzende von Komitees und anderer Ressorts) 82% des Personals aus, Russen 14%, Ukrainer 4%. Zum privilegierten Bevölkerungsteil sind die Kasachen damit aber nicht geworden. Die Gebiete mit dem höchsten kasachischen Bevölkerungsanteil gehören nach wie vor zu den am wenigsten entwickelten Landesteilen mit äußerst ärmlicher Infrastruktur. Kasachen verdienen im Durchschnitt weniger als Russen in K.

Ein äußerst sensitiver Bereich ist die Sprachenpolitik, in der jeder Ausschlag zu einer Kasachisierung Reaktionen in den russischsprachigen Minderheiten hervorruft. 1989 gaben 98,6% der Kasachen Kasachisch als ihre Muttersprache an (viele Kasachen beherrschen ihre Muttersprache allerdings nur zu einem geringen Grad), 62,8% beherrschten angeblich die russische Sprache. Bei den Russen in K. verfügten dagegen nur 0,9% über perfekte Kasachischkenntnisse.

Erheblich sind die Unterschiede zwischen dem türkisch-muslimischen und dem slawischen Bevölkerungsteil in einigen sozialkulturellen und demographischen Merkmalen (Geburtenraten, Familiengröße, Ausbildung, Altersstruktur, Urbanisierung u. a.). Die kasachische Bevölkerung wächst wesentlich schneller als die slawische, für die seit langem stagnative Geburtenraten und negative Migrationssalden bestehen; 1989 hat der kasachische Bevölkerungsanteil den russischen erstmals überrundet. Die Volksgruppen differieren erheblich in ihrer Altersstruktur: Das Durchschnittsalter des kasachisch-türkischen Bevölkerungsteils liegt bei 22 Jahren, des slawischen bei 46 Jahren. Eine ähnliche Diskrepanz zeigt sich bei der Urbanisierung: 77% der Slawen in K. leben in Städten, aber nur etwas über 30% der Kasachen. Starke Verzerrungen zeigen sich in der Berufsstruktur: 1990 wurden 51% der Verwaltungsposten von Kasachen besetzt, aber nur 3% der qualifizierten (11% der unqualifizierten) Arbeitsplätze in der Industrieproduktion. Drei Grundkomponenten der Modernisierung – Industrialisierung, Urbanisierung und demographische Revolution – sind bei aller gewaltsamen Umkrempelung der kasachischen Gesellschaft in sowjetischer Zeit an der Stammbevölkerung vorbeigegangen.

Die kasachische Titularnation ist in sich untergliedert. Stark sind die soziokulturellen Unterschiede zwischen Land- und Stadtbewohnern, zwischen den Kasachen im Norden in enger Berührung mit Russen und Russischsprachigen und denen im Süden, die in einem mittelasiatischen Milieu leben. Rd. 70% der Kasachen leben auf dem Land, häufig in ärmlicher Infrastruktur (Gesundheitswesen, Bildungs- und Kommunikationswesen). In historischer Hinsicht sind die Kasachen in drei große Stammesgruppierungen oder „Horden" (s. unten) untergliedert. Wie weit diese Einteilung in der Gegenwart wirksam ist, ist umstritten.

Geschichte

Die Ursprünge der Kasachen gehen wie bei anderen zentralasiatischen Völkern auf die Überlagerung ältester Bevölkerungschichten unterschiedlicher (darunter indo-europäischer) ethnischer Herkunft mit türkischen und mongolischen Stämmen zurück, die durch Innerasien wanderten und verschiedene Reiche gründeten. Einschneidend für ganz Zentralasien war vor allem die mongolische Reichsbildung unter Dschingis-Khan im 13. Jh. Seit dem Ende des 15. Jh. kontrollierte eine Union kasachischer Khane das Territorium, das heute K. umfaßt. Eine Stammesgruppe mit dem Namen eines mongolischen Herrschers des 14. Jh., Özbek, wanderte nach Süden in das heutige Usbekistan. Mit dieser Trennung des „usbekischen" und „kasachischen" Elements beginnt in der Steppenregion nördlich des Syr-darja eine „kasachische" Geschichte im engeren Sinne. Ihre staatliche Manifestation gewinnt sie im 16. Jh. in dem Kasachenkhanat unter Kasim Khan (1511–1518) und seinen Nachfolgern. Dieses Staatsgebilde zerfällt jedoch bald in drei Stammesföderationen oder Horden: in die Große oder Ältere Horde (Ulu Djus) im Gebiet von Semiretschje im Süden K.s, die Mittlere Horde (Orta Djus) in den zentralen und nördlichen Landesteilen und die Kleine Horde (Kischi Djus) im Westen. Die Horden geraten unter den Druck expandierender Mächte in Zentralasien (mongolische Oiraten und Dsungaren). Teile der kasachischen Stammesaristokratie wenden sich an den Zaren um Hilfe, andere an türkische Herrscher in der Region. Die russische Geschichtsschreibung interpretiert dies später als „freiwilligen Anschluß" K.s an Rußland. Teile Nordkasachstans gehörten zur Region der Großen Steppe, die bereits unter Iwan IV. im 16. Jh. unter russischem Einfluß stand. Im 18. Jh. entstehen dort Festungen wie Semipalatinsk (1718), Ust-Kamennaja (1720), Petropawlowsk (1752), Uralsk und Gurjew. Rußland baut seinen Einfluß in K. in der ersten Hälfte des 19. Jh. aus. In den zwanziger Jahren führt es sein Verwaltungssystem in der Großen und in der Mittleren Horde ein und beendet die Herrschaft der Stammesführer. In den vierziger Jahren verliert auch die Kleine Horde ihre Unabhängigkeit.

Die Kasachen waren Nomaden. Die extensive nomadische Viehzucht beherrschte ihre Wirtschafts-und Lebensform. In fruchtbareren Randzonen existierte auch Bewässerungsfeldbau und Landwirtschaft. Handel trieben die Kasachen mit den Oasen Mittelasiens, mit Ostturkestan und China und seit dem 18. Jh. mit russischen Siedlungen wie Orenburg, Petropawlowsk, Semipalatinsk.

Die Eingriffe der russischen Kolonialmacht in die aus ihrer Sicht rückständigen Lebensverhältnisse der Kasachen, insbesondere Landenteignungen, rufen Aufstände hervor. Vor allem die Aufstandsbewegung unter Kenessary Kassimow 1837–47 erschüttert die russische Position in K. Zu einer breiteren, problematischen Berührung zwischen Kasachen und Russen kommt es mit der Siedlungsbewegung nach Zentralasien nach der Bauernbefreiung in Rußland. Die Siedler aus den überbevölkerten Agrarmetropolen des Reichs erhalten Land, das die

Kasachen als ihr Weideland beanspruchen. Der Kolonisierungsdruck verdrängt kasachische Nomaden mit ihren Herden nach China und andere Gebiete Zentralasiens. Andererseits entstehen z. B. in einem russisch-kasachischen Schulwesen auch positive Berührungen mit der Kolonialmacht. Zum Massenaufstand kommt es, als die zaristischen Behörden 1916 die vom Militärdienst befreiten Einheimischen zu Arbeitseinsätzen rekrutieren. Die Niederschlagung des Aufstands führt zu weiterer Emigration nach China. Beim Zerfall des Zarenreichs 1917 entsteht eine kasachische Nationalbewegung, die ein unabhängiges K. unter dem Namen Alasch Orda proklamiert. Ein Teil der kasachischen Intelligenzia, überwiegend aus der Stammesaristokratie, steht auf ihrer Seite, ein anderer sympathisiert mit den Bolschewiki. Der Bürgerkrieg zerstört das Land und führt erneut zu Emigrationswellen. Die Periode Alasch Ordas unter der Führung Ali Bukeichanows wird 1920 durch die Rote Armee beendet.

Die Kasachische Sowjetrepublik

Im August 1920 wird das Land als „Kirgisische Autonome Republik" in die RSFSR eingegliedert. Seine Hauptstadt ist Orenburg. 1925 wird es umbenannt in „Kasachische Autonome Republik". Die Hauptstadt wird nach Ksyl-Orda in den Süden verlegt. 1929 wird Alma-Ata Hauptstadt. 1936 erhält dann K. den Status einer Unionsrepublik (SSR). In frühsowjetischer Zeit gehörte das Karakalpakische Autonome Gebiet südlich des Aralsees zu seinem Territorium. Es wird 1936 an Usbekistan übertragen.

Die Umwandlung der gesellschaftlichen Strukturen nach sowjetischem Muster beginnt Mitte der zwanziger Jahre, kaum daß sich K. von den Schrecken des Bürgerkriegs und einer großen Hungersnot 1920/21 erholt hat, der Hunderttausende zum Opfer gefallen waren. Der Staat versucht nun, durch Landvergabe und eine Bodenreform Nomaden seßhaft zu machen. Das Leben auf dem Land bleibt jedoch von einem

Gegensatz zwischen russischen Siedlern und kasachischen Nomaden geprägt. Es gelingt nicht, aus Nomaden Farmer zu machen. In die lokalen kommunistischen Partei- und Staatsorgane sollen verstärkt Einheimische rekrutiert werden; die Bolschewiki führen Propagandakampagnen über ihre politischen Ziele mittels „roter Karawanen" und „roter Jurten" durch. Besonders mit dem Kampf gegen den Analphabetismus ist die Sowjetisierung verbunden. Die KP tut sich jedoch schwer, bei den Einheimischen Fuß zu fassen. 1926 bilden bei Wahlen zu den lokalen Sowjets ihre Kandidaten eine Minderheit.

Der totale kommunistische Zugriff auf das Land beginnt erst mit Stalins „Revolution von oben". Mit Ausnahme der Ukrainer hat kein anderes größeres Volk der Sowjetunion einen höheren Tribut an die Umwälzung seiner sozialökonomischen Strukturen, insbesondere an die Kollektivierung der Landwirtschaft, entrichtet als die Kasachen. Die Bevölkerung K.s macht 1937 nur 84% derjenigen von 1926 aus. Kalkuliert man ein zu erwartendes natürliches Bevölkerungswachstum von einem Jahrzehnt ein, so reflektieren diese Zahlen eine demographische Tragödie. Die Kollektivierung der Landwirtschaft ist hier mit der gewaltsamen Seßhaftmachung der Nomaden verbunden, die Widerstand gegen den bisher gewalttätigsten Eingriff in ihr Leben leisten. Sie schlachten ihr Vieh, um es der Kollektivierung zu entziehen, oder fliehen mit ihren Herden nach China. 550 000 Haushalte von Nomaden und Halbnomaden werden in wasserlosen Regionen zwangsangesiedelt, kollektivierte Viehbestände bei neugeschaffenen Kolchosen konzentriert, ohne von ihnen versorgt werden zu können. Es kommt zu einem gewaltigen (80%) Verlust des Viehbestandes, der erst nach Jahrzehnten wieder auf den vorherigen Stand gebracht werden kann. Eine Hungersnot hält bis zum Ende der dreißiger Jahre an. Zwischen 1,5 und zwei Mio. Kasachen kommen ums Leben; eine halbe Mio. flieht außer Landes. Der Widerstand gegen die Kollektivierung wird brutal niedergeworfen. In den vierziger Jahren wird K. zu einem Hauptort des GULag, in dem deportierte Volksgruppen, Deutsche, Polen, Koreaner, Tschetschenen, Inguschen, Kurden, Griechen u. a., zwangsangesiedelt werden. 1949 befinden sich 820 000 Deportierte in K., darunter fast 400 000 Deutsche sowie 300 000 Tschetschenen (Khazanov 1995).

Auch nach Stalins Tod greift die sowjetische Zentralgewalt in die Bevölkerungsentwicklung ein. Die „Neulandkampagne" in den fünfziger Jahren soll aus der Steppe Nordkasachstans eine zweite Kornkammer der Sowjetunion machen. Sie beansprucht 35 Mio. Hektar Weideland (in K. und Südsibirien) für ein gigantisches landwirtschaftliches Experiment und führt eine weitere große Siedlerwelle aus Rußland und der Ukraine nach K. Infolge solcher Eingriffe werden die Kasachen zur Minderheit (29%) in ihrem Land, das im sowjetischen Sprachgebrauch nun als „Laboratorium der Völkerfreundschaft" und „Planet der hundert Sprachen" bezeichnet wird. Die Neulandkampagne ist mit weiterer Zentralisierung der Landwirtschaft verbunden, mit der Umstellung von Kolchosen auf größere Sowchosen (Staatsfarmen) und mit der Schwerpunktverlagerung von der Vieh- auf die Getreidewirtschaft.

Bis 1956 besetzten Russen den Posten des ersten KP-Sekretärs in K., zuletzt Leonid Breschnew. Sein Nachfolger wird dann ein Kasache, Dinmuhammad Kunajew. Er kann sich nach Unterbrechung seiner Amtszeit schließlich von 1964 bis 1986 an der Spitze der Partokratie in K. behaupten und verkörpert das „kommunistische Khanat", das für Zentralasien in der Ära Breschnew typisch wurde. Unter Kunajew werden Kasachen verstärkt in die lokalen Machtstrukturen integriert. Ein Trend zur „Ethnokratie", zur Bevorzugung der Titularnation in der Kaderpolitik, wird bereits in dieser Periode angelegt. Es entwickelt sich ein Nationalbewußtsein, das von dem Gefühl der Kasachen, zur Minderheit im eigenen Land gemacht worden zu sein, nicht geschwächt, sondern eher angestachelt wird.

Als Moskau unter der KPdSU-Führung Gorbatschows mit der Ablösung Kunajews durch einen landesfremden Russen, Gennadij Kolbin, im Dezember 1986 abermals in K. eingreift, kommt es zur ersten national motivierten Rebellion in der Periode der Perestroika. Am 16.–17. Dezember demonstrieren kasachische Studenten, teilweise auch Vertreter anderer Nationalitäten, gegen diese Entscheidung. Die Demonstrationen werden von Sicherheitskräften niedergeworfen, entgegen sowjetischer Gewohnheit aber nicht mehr verheimlicht. Dabei werden sie überwiegend als „nationalistischer Exzeß" dargestellt. Erstmals können sich auch Gegenstimmen gegen diese einseitige Darstellung artikulieren und geben dabei Einblicke in die Probleme der Unionsrepublik. In den folgenden Jahren entwickeln sich informelle Bewegungen. Im Herbst 1988 gibt es angeblich bereits 300 solcher Gruppen, die sich verschiedenen Themen widmen. K. ist die erste zentralasiatische Unionsrepublik, in die „Glasnost" Einzug hält. Unter den informellen Gruppen ragt die antinukleare Bewegung „Nevada-Semipalatinsk" unter der Leitung des Schriftstellers Olschas Sulejmenow hervor. Ihr Hauptanliegen ist die Schließung des Atomtestgeländes von Semipalatinsk (siehe Ökologie). Sie verbindet dieses und andere ökologische Ziele mit allgemeinen Forderungen nach der politischen und kulturellen Erneuerung K.s. Eine andere Gruppe mit dem Namen „Scheltoqsan" („Dezember") macht sich die Aufklärung über die Motive der Dezemberereignisse von 1986 zum Anliegen. Themen des nationalen Aufbruchs in der Perestroika-Periode sind die Sprachenfrage, die Immigration, die Aufklärung über „weiße Flekken" in der Geschichte K.s, die Gewalt der Stalinzeit, der „Atomkrieg gegen das eigene Volk" in Semipalatinsk und anderen atomaren Testgeländen.

Die KP kann ihre Machtposition in Parlamentswahlen 1990 behaupten. Alternative Kandidaten finden keinen Zugang zum Obersten Sowjet. Dennoch geht eine gewisse Erneuerung aus der Herrschaftselite selber hervor: in der Person des Parteichefs Nursultan Nasarbajew, der 1989 den Russen Kolbin an der Spitze der KP K.s abgelöst hat und im April 1990 vom Parlament und im Dezember 1991 von der Bevölkerung zum Präsidenten gewählt wird. Er ist im Unterschied zu den meisten anderen zentralasiatischen Republikführern ein Anhänger Gorbatschows, unterstützt dessen Bemühung um Bewahrung der Sowjetunion und fordert gleichzeitig mehr Autonomie für die Unionsrepubliken. Nach dem gescheiterten Augustputsch 1991 löst er den KP-Apparat auf, dessen Personal freilich weiterhin in den administrativen Strukturen dominiert.

Politik im unabhängigen Kasachstan

Genau fünf Jahre nach dem „Schock von Alma-Ata", den Dezemberdemonstrationen von 1986, erklärt K. am 16. 12. 1991 als letzte Unionsrepublik die staatliche Unabhängigkeit. Schon vorher wurde die Souveränität der Unionsrepublik in der Gesetzgebung verfestigt, in der Souveränitätserklärung des Obersten Sowjets vom 25. 10. 1990 oder in einem neuen Sprachengesetz vom 22. 9. 1989. Kasachisch wird zur Staatssprache erhoben, Russisch als „Sprache der Verständigung zwischen den Volksgruppen" definiert.

Nasarbajew erwirbt sich internationales Ansehen: durch die Betonung staatsbürgerlichen Patriotismus anstelle von ethnischem Nationalismus sowie zwischenstaatlicher Kooperation in der GUS statt nationalstaatlichen Alleingangs. Innenpolitisch verfolgt er eine Strategie, die man als „autoritäre Modernisierung" bezeichnet hat, wobei der Modernisierungseffekt aber durch mannigfache Widerstände gebremst wird. Anfangs bekam die „Modernisierung" international gute Noten, z. B. in bezug auf die Schaffung juristischer Rahmenbedingungen für Wirtschaftstransformation und für ausländische Investitionen. Doch spätestens seit 1994 wich der Optimismus einer Ernüchterung. Reformistische Impulse versickerten in einer Administration, die nicht gerade reformorientiert ist.

Vor der Reform rangiert die Aufgabe der Stabilitätswahrung. In K. gilt es insbesonders die ethno-politische Balance zwischen den slawischen und türkischen Bevölkerungshälften zu wahren. Nasarbajew hat in Grundsatzreden eine Ideologie des „bürgerlichen Friedens und nationalen Konsens" entworfen und einen „kasachstanischen Patriotismus" einem kasachischen oder überhaupt ethnischen Nationalismus entgegengesetzt. Alle Bürger K.s sollen ungeachtet ihrer ethnischen oder konfessionellen Zuordnung in den unabhängigen Staat integriert werden. Nasarbajew intervenierte zugunsten des russischsprachigen Bevölkerungsteils. Im Herbst 1992 ruft er zu Änderungen des Sprachengesetzes zugunsten der Russen auf. Man einigt sich im Januar 1993 auf die Definition „Staatssprache" für das Kasachische und „Verkehrssprache" für das Russische. Für die Gewalt unter sowjetischer Oberherrschaft macht Nasarbajew nicht die Russen und Rußland verantwortlich, sondern den „Totalitarismus", und er hebt in einer Rede in Akmola im März 1994 hervor, daß Rußland die Kasachen im 18. Jh. vor der Vernichtung gerettet habe. Kasachisch-nationalistische Gruppierungen wie „Alasch" bezeichnet er als „faschistisch", entrichtet aber auch seinen Tribut an die kasachische Titularnation. Auf einer Versammlung (Kurultai) kasachischer Klanrepräsentanten aus der ganzen Welt im Oktober 1992 bezeichnet er das neue K. in erster Linie als „kasachisches Heimatland" und legitimen Erben kasachischer Tradition.

Die ethno-politische Friedenswahrung wird durch einige Umstände erschwert: Rußland übt Druck auf die Minderheitenpolitik der GUS-Staaten aus und erklärt sich zur Schutzmacht für die 25 Mio. Russen im „nahen Ausland", davon über 6 Mio. in K.; dabei wird die territoriale Integrität K.s mit Blick auf die überwiegend slawischen Nordprovinzen in Frage gestellt; Kosakenverbände treten dort als Verteidiger der „rechtgläubigen slawischen Bevölkerung" auf und ordnen sich in restituierte Kosakenheere in Rußland ein. 1993-94 kommt es zu Konflikten zwischen den Kosaken und der Regierung. Auf der anderen Seite stellen kasachische Nationalisten, die allerdings keine starke politische Kraft darstellen, den interethnischen Konsens in Frage. In der Kaderpolitik entwickelt sich entgegen den Bekundungen der politischen Führung ein Trend zur „Ethnokratie" (siehe oben: Bevölkerung). Neue sprachenpolitische Regelungen verunsichern die nichtkasachische Bevölkerung. Gebiete mit überwiegend russischer Bevölkerung sollen bis zum Jahr 2000 zur zweisprachigen Administration übergehen. Eine neue Verfassung von 1993 enthält Bestimmungen, durch die sich die ethnischen „Minderheiten" diskriminiert sehen: Sie definiert z. B. die Republik K. als Form der „Staatlichkeit der selbstbestimmten kasachischen Nation".

Die Fülle präsidialer Macht, die in der Verfassung festgeschrieben wird, entspricht dem Trend in fast allen nachsowjetischen Staaten. Wie in anderen GUS-Staaten kommt es zu Spannungen zwischen legislativer und exekutiver Gewalt, wobei in K. das Parlament nicht wie in Rußland in einer prinzipiellen Opposition zum Präsidenten steht. Nasarbajew entwickelt zunehmend autokratische Tendenzen. Er will eine „loyale Opposition" und ein willfähriges Parlament. Das bisherige Parlament trifft nur zweimal im Jahr zusammen und steht einem zügigen Reformprozeß im Wege. Im Dezember 1993 löst es sich gegen den Widerstand seines Vorsitzenden S. Abdildin selber auf. Neue Parlamentswahlen im März 1994 weichen in etlichen Punkten von demokratischen Normen ab und stoßen auf internationale Kritik, so eine vom Präsidenten aufgestellte Kandidatenliste, über die 42 Parlamentssitze (von 177 insgesamt) besetzt werden, oder die Zurückweisung von 218 ungewünschten Kandidaten durch die zentrale Wahlkommission. Nasarbajew schafft sich so ein vermeintlich fügsames Parlament mit einer satten Mehrheit von Regierungsanhängern und einer „konstruktiven" Opposition. Deutlich tritt der Trend zur „Kasachisierung" hervor. Kasachen machen etwa 60% der Deputierten aus, obwohl nur 28% der Bevölkerung im wahlfähigen Alter auf den kasachischen Bevölkerungsteil entfallen. Russen sind mit nur 28% der Abgeordneten im Parlament vertreten (Ukrainer 6%, Deutsche 2%).

Aus der Vielfalt informeller Bewegungen bildet sich nach 1991 eine Parteienlandschaft heraus, in der drei Parteien das Hauptgewicht haben: die Sozialistische Partei als KP-Nachfolger, die Republikanische Partei, die aus den nationalistischen Bewegungen „Azat" (Freiheit) und „Scheltoqsan" (Dezember) hervorgeht, und die von Olschas Sulejmenow geführte Volkskongreß-Partei, in der die Bewegung „Nevada-Semipalatinsk" aufgeht. Die Sozialistische Partei ist mit 47 000 Mitgliedern die stärkste Gruppierung. Außerdem entsteht eine Union der nationalen Einheit K.s. (SNEK), die vom Präsidenten unterstützt wird. Im neuen Parlament bildet SNEK die stärkste Fraktion. Die eigentliche Opposition besteht aus nur acht Abgeordneten der Sozialistischen Partei, vier aus der slawischen Bewegung „Lad" und einem Vertreter des Demokratischen Komitees für Menschenrechte.

Das Verhältnis zwischen der Präsidialexekutive und dem Parlament ist damit aber nicht bereinigt. Das neue Parlament erweist sich nicht als willfährig. Nasarbajews Stern verblaßt angesichts äußerst prekärer Wirtschaftsdaten 1994. Im Frühjahr 1995 kommt es zur Verfassungskrise. Am 6. 3. erklärt das Verfassungsgericht die ein Jahr zurückliegenden Parlamentswahlen für ungültig. Eine Kandidatin hatte sie wegen Rechtsverletzungen angefochten. Nasarbajew „beugt sich" der Entscheidung der „dritten Gewalt" und löst das Parlament und die Regierung auf. Das entlassene Parlament hatte sich als ineffizient erwiesen und war seiner gesetzgeberischen Aufgabe kaum nachgekommen. In seinem letzten Arbeitsjahr hatte es sieben Gesetze verabschiedet, während der Präsident in drei Monaten nach der Parlamentsauflösung 50 Gesetze erließ. Nunmehr regiert Nasarbajew ohne Beschränkung durch andere Gewalten mit dem Instrument der Präsidialerlasse, wofür sich in der GUS der Terminus „Ukasokratie" verbreitet. Kurz darauf folgt er einem Weg, den vor ihm seine Amtskollegen in Turkmenistan und Usbekistan eingeschlagen haben: der Aussetzung der nächstfälligen Präsidentenwahlen. Am 29. 4. stimmen die Wähler in einem Referendum angeblich zu über 95% (nach korrigierten Angaben 91%) der Verlängerung der Amtszeit des Präsidenten bis zum 1. 12. 2000 zu.

Der Ausgang des Referendums zeigt, wie ähnliche Vorgänge in anderen zentralasiatischen GUS-Staaten, das „sowjetische Verhalten" der Wähler. Die Aussetzung einer Präsidentschaftswahl wird hier weniger als Demokratieverlust empfunden denn als ein Mittel zur Vermeidung politischer Reibungen. Ein etwaiger Führungswechsel wird als destabilisierend wahrgenommen. Die Hauptrechtfertigung Nasarbajews lautet denn auch: Stabilitätswahrung. Der Präsident verspricht dem Volk eine tatkräftige Regierung, wirtschaftlichen Fortschritt und energische Maßnahmen zur Verbrechensbekämpfung.

Vor allem letzteres liefert Legitimation für die Festigung der Präsidialautokratie. Am 1. 4. gründete Nasarbajew einen Rat für Kriminalitätsbekämpfung. Des weiteren wird der autoritäre Kurs mit der Beschleunigung von Reformen und der Sicherheit für die erhoffte Investitionstätigkeit ausländischen Kapitals begründet.

Der Trend zur Präsidialautokratie erreichte im Sommer 1995 seinen Höhepunkt mit einer neuen Verfassung, die am 30. 8. per Referendum mit großer Stimmenmehrheit angenommen wurde. Sie erweiterte die Machtbefugnisse des Präsidenten noch einmal erheblich. Nasarbajew kommentierte dies mit den Worten: „Ein Orchester kann nur einen Dirigenten haben". Die neue Verfassung enthält auch Korrekturen in bezug auf das Verhältnis zwischen Kasachen und Nichtkasachen. Sie führt ein Zweikammer-Parlament ein. 47 Abgeordnete (von denen sieben vom Präsidenten ernannt werden) sollen das Oberhaus, 67 das Unterhaus (Medjlis) bilden. Neue Parlamentswahlen wurden für Dezember 1995 festgesetzt. Die Arbeitsfähigkeit und Eigenständigkeit des Parlaments sind von vornherein begrenzt, die Machtmittel des Präsidenten gegenüber dem Parlament wesentlich größer als die Einschreitungsmöglichkeiten in umgekehrter Richtung. Trotz der Festigung der „Präsidialautokratie" bleibt die politische Wirklichkeit vielschichtig. Das Bekenntnis zu Demokratie und Rechtsstaatlichkeit wird nicht aufgegeben.

Außen- und Sicherheitspolitik

K. kommt aufgrund seiner Lage zwischen Rußland, China und Zentralasien und seiner Brückenstellung zwischen Europa und Asien geopolitische Bedeutung zu. Sein Ressourcenpotential und sein Anteil am nuklearen Erbe der Sowjetunion trugen zur internationalen Aufmerksamkeit bei, die K. beim Zerfall der UdSSR erlangte. Schon in den ersten zwei Jahren seiner Unabhängigkeit bis Ende 1993 wurde K. von 110 Staaten anerkannt, unterhielt zu 86 Staaten diplomatische Beziehungen und richtete 15 Botschaften im Ausland ein.

Nasarbajew tritt unter den Präsidenten der GUS als Integrationsfigur auf. Er will die GUS nicht als lockeren Staatenbund, sondern als konkrete Integrationsstruktur mit handlungsfähigen politischen Organen. Ausdruck dieser Auffassung ist sein Projekt einer „Euro-Asiatischen Union" von 1994, das eine Gemeinschaft mit einheitlicher Staatsbürgerschaft und Währung, supranationalen Leitungsgremien (Rat der Verteidigungsminister u. a.) und einem gemeinsamen Parlament vorsieht. Das Projekt stieß bei einigen GUS-Partnern auf teilweise heftigen Widerspruch, besonders beim Nachbarn Usbekistan.

Die enge bilaterale Zusammenarbeit mit der Russischen Föderation ist eine Hauptrichtung kasachischer Außenpolitik. Im März 1994 wird in Moskau ein Paket von Abkommen zwischen beiden Staaten unterzeichnet. Es betrifft Wirtschaftsbeziehungen, Staatsbürgerschaftsregelungen sowie die Pacht des Weltraumzentrums von Baikonur durch Rußland. Die bilateralen Beziehungen werden allerdings von einigen Problemen belastet (russische Machtansprüche gegenüber dem „nahen Ausland", inoffizielle Infragestellung der kasachischen Hoheit über Nordkasachstan u. a.). Der zweitwichtigste außenpolitische Partner ist China, das in den Handelsbeziehungen K.s außerhalb der GUS an vorderster Stelle steht und mit dem K. eine 1700 km lange Landgrenze teilt. Auch diese Beziehungen sind nicht frei von Problemen (fortgesetzte chinesische Atomwaffentests auf dem Gelände von Lop Nor, uigurische Diaspora in K. vor dem Hintergrund turk-muslimischer Nationalbewegungen in Xinjiang-Uigur u. a.).

Die regionale Integration der zentralasiatischen Republiken ist ein weiterer Hauptpunkt der Außenpolitik K.s. Sie wurde mit der 1994 ins Leben gerufenen trilateralen Kooperationsgemeinschaft mit Usbekistan und Kirgistan, dem sog. „zentralasiatischen Wirtschaftsraum" konkretisiert. Diese Gemeinschaft ist letztlich das, was von den anfänglich hochfliegenden Plänen eines „türkischen Commonwealth" übriggeblieben ist. Dazu kommen noch vielfältige geschäftliche und kulturelle Beziehungen, die K. und die zentralasiatischen Republiken sowie Aserbaidschan mit der Türkei unterhalten. In K. gab es 1995 160 gemeinsame Unternehmen mit türkischen Partnern. Mit den Staaten des Mittleren Ostens und der Türkei kooperiert K. außerdem im multilateralen Rahmen der ECO, teilweise auch innerhalb einer „Kaspischen Staatengemeinschaft".

K. muß heute als wesentlicher Teil einer strategischen Zone wahrgenommen werden, die sich in den neunziger Jahren aus dem exsowjetischen Raum hervorhebt: In der kaspischen Erdöl-und Erdgasregion treffen die energiepolitischen Interessen regionaler und globaler Akteure aufeinander. Rußland versucht, diese Zone in seinem wirtschaftlichen und sicherheitspolitischen Einflußbereich zu halten und die außenwirtschaftlichen und energiepolitischen Schritte ihrer Länder – neben K. Aserbaidschan und Turkmenistan – zu kontrollieren (vgl. Länderkapitel Aserbaidschan).

Die kasachische Außenpolitik hat auch eine klare Westdimension. Die USA, Deutschland und andere westeuropäische Staaten werden in Almaty als wichtige außenpolitische Partner und dringend gewünschte Investoren angesehen. Mit dem Beitritt zum Atomwaffensperrvertrag am 13. 12. 1993, dem Besuch Nasarbajews in Washington im Februar 1994 und der Unterzeichnung einer Erklärung über „demokratische Partnerschaft" wurden die kasachisch-amerikanischen Beziehungen ausgebaut. Washington lobt die reibungslose Abrüstung in K. Sämtliche Atombomben und Cruise Missiles wurden inzwischen zur Zerstörung nach Rußland verfrachtet.

Auch sicherheitspolitisch plädiert K. für die GUS-Integration. Es gehörte zu den Erstunterzeichnern des Vertrags über kollektive Sicherheit, unterstützte das Konzept vereinter GUS-Streitkräfte und hält eine rein nationale Sicherheitspolitik für unrealistisch. Neben der multilateralen setzt Almaty auf bilaterale Sicherheitskooperation, besonders mit Rußland.

Im Januar 1995 vereinbarten beide Staaten die Schaffung vereinter Truppenteile auf der Basis gemeinsamer Einsatzplanung, Ausbildung, Bewaffnung und Ausrüstung. Die Streitkräfte K.s sollen im Verteidigungsfall durch Tuppen des Innenministeriums und der Präsidentengarde verstärkt werden und bis 1998 die Zielgröße von 50 000 Mann erreichen. Mobile, schlagkräftige Eingreiftruppen sollen ihren Kern bilden (Tiller 1995).

Religion und Kultur

Aufgrund der multinationalen Zusammensetzung der Bevölkerung bestehen mehrere Glaubens- und Kulturgemeinschaften. Hier werden religiöse und kulturelle Verhältnisse der Kasachen skizziert. Die Kasachen sind Sunniten hanefitischer Rechtsschule. Der Islam drang in K. in einem langsamen Prozeß zwischen dem 8. und dem 16. Jh. mit starken regionalen Unterschieden ein. Hinsichtlich des Tiefegrads der Islamisierung besteht ein klares Süd-Nord-Gefälle. Als vorislamische Religionen existierten in Zentralasien der Zoroastrismus, christliche Sekten, alttürkische Religionen, Schamanismus und verschiedene Formen des Synkretismus. Für die Herrschaftslegitimation spielte die Abstammung von Dschingis-Khan und die Berufung auf mongolische Kultur und Glaubensvorstellungen eine Rolle. Der kasachische Islam hat bis heute einen stark synkretistischen Charakter. Er hat „heidnische" Kultur- und Glaubenselemente, insbesondere schamanistische, kaum verdrängt, sondern in sich aufgenommen. Er setzte sich in K. weniger in seiner orthodoxen als in seiner sufitischen Form durch. Als Rußland im 19. Jh. tatarische Islamgelehrte als Missionare nach K. entsandte, um die Nomaden zu „zivilisieren" und dem Einfluß einer islamischen Mission aus Buchara vorzubeugen, stieß dies auf ablehnende Reaktionen. Islamische Rechtsnormen prägten und prägen das Leben der Kasachen weniger als Normen aus dem Zusammenhang von Stamm und Sippe und der nomadischen Lebensweise.

Dennoch ist die „nationale Wiedergeburt" auch in K. mit einem verstärkten Interesse am Islam verbunden. Moscheen werden neu gebaut oder wiedereröffnet – vor 1985 gab es nur 25 „arbeitende Moscheen" in ganz K. Ein kasachisches Muftiat hat sich von der Geistlichen Verwaltung für die Muslime K.s und Zentralasiens in Taschkent getrennt und selbständig gemacht. Islamische Rückbesinnung gehörte zum Programm der 1990 gegründeten nationalistischen Partei „Alasch", die sich für ein „muslimisches Turkestan" stark machte und von Präsident Nasarbajew als extremistisch abgestempelt wurde. Von einer islamistischen Massenbewegung oder von einer breiteren gesellschaftlichen Option für den „islamischen Staat" scheint das Land allerdings weit entfernt zu sein.

Kasachische Stammeseliten öffneten sich im 19. Jh. europäischen, russischen Einflüssen. Schriftsteller und Gelehrte wie Tschokan Walichanow (1835–65), Ibrai Altynsarin (1841–89) oder Abai Kunanbajew (1845–1904) traten für Bildungsreformen und Volksaufklärung in einer zu weit über 90% analphabetischen Nomadengesellschaft ein. In deren Kultur hatte bis dahin mündlich tradierte Dichtung dominiert, die von „aqyn" und „achund" genannten Sängern im Volk verbreitet wurde. Mit der Entwicklung einer kasachischen Literatursprache verbindet sich insbesondere der Name Abai (Kunanbajew), der heute ein zentrales Symbol der kasachischen kulturellen Selbstwahrnehmung ist. Sein Werk wird als „glänzende Synthese aus der kasachischen Volksdichtung, der klassischen Literatur des Orients und der russischen und europäischen Kultur" gewertet.

Der wohl bekannteste kasachische Schriftsteller der Gegenwart ist Olschas Sulejmenow (geb. 1936). Er ist der Vorsitzende des nationalen Schriftstellerverbands und leitet die Partei „Nationaler Kongreß". Er legte sich 1975 durch einen Essay mit dem Titel „[Az i ja]" (ein Wortspiel mit dem Begriff Asien und der russischen Form für ich) mit dem sowjetischen Kulturestablishment an. Seit 1989 leitete er die Anti-Atom-Bewegung „Nevada-Semipalatinsk". Nasarbajew hat sich seines unbequemen Opponenten allerdings entledigt und ihn 1995 zum Botschafter in Rom ernannt.

Das heutige Bildungssystem ist weitgehend aus sowjetischer Zeit übernommen worden. Dabei wurden allerdings auch neue Bildungseinrichtungen nach westlichen Vorbildern (Colleges, Managerschulen u. a.) eingeführt. Ein gegenwärtiger Trend ist die Aufwertung der kasachischen Sprache im Bildungswesen. Russisch bleibt jedoch vorläufig ein unverzichtbares Verständigungsmittel. Als Fremdsprachen gewinnen Englisch und Deutsch an Attraktivität. Sprachliche oder inhaltliche Umstellungen stoßen jedoch auf die Knappheit der Mittel; es fehlt an Lehrbüchern und geeigneten Lehrkräften. Unter den finanziellen Engpässen leidet besonders die Wissenschaft, ebenso unter den Irritationen, die durch sprachenpolitische Maßnahmen und ethnische Selektion im Bildungswesen in der russischsprachigen Bevölkerung entsteht. Viele Spezialisten sind emigriert.

Ökologie

Außer Rußland hat kein sowjetischer Nachfolgestaat ein verheerenderes Umwelterbe angetreten als K. Hier wirkten die Hauptverursacher ökologischer Katastrophen in der Sowjetunion, Rüstung, Industrie und Landwirtschaft, zusammen, während in Mittelasien vor allem die Landwirtschaft (Baumwoll-Monokultur) hervortrat.

Besonders gespenstisch wirkt die rüstungsbezogene Umweltschädigung: Insgesamt wurden hier etwa 18 Mio. Hektar Bodenfläche für atomare, chemische und biologische Testzwecke genutzt. Zum Symbol dieses Mißbrauchs wurde das Atomtestgelände bei Semipalatinsk, wo am 29. 8. 1949 die erste sowjetische Atombombe und 1953 die erste sowjetische Wasserstoffbombe gezündet wurden. Das Gelände (etwa 100 km westlich von Semipalatinsk am Südufer des Irtysch gelegen mit der Bahnstation Konetschnaja und dem Flughafen Tschagan) diente von 1949 bis 1963 513 ober- und unterirdischen Atombombentests, über deren Gefährlichkeit die rd. 400 000 Bewohner der Umgebung, in der Schafzucht und Landwirtschaft betrieben wurde, im Unklaren gelassen wurden. Erst 1989 wurde die Öffentlichkeit darüber umfassender informiert: Der Führer der Bewegung „Nevada-Semipalatinsk", O. Sulejmenow, verlas im Fernsehen eine Erklärung über den „Atomkrieg gegen das eigene Volk". Die humanitären Folgen der Verstrahlung (im Umkreis von 150 km mit einer Dosis von 100 bis 200 rem, dem Mehrfachen der Tschernobyl-Emission) waren erhöhte Kindersterblichkeit, angeborene Mißbildungen, Immunschwächen und andere Schäden. Die Menschen wurden aus den verstrahlten Gebieten nicht umgesiedelt. Das Atomtestgelände wurde im August 1991 endgültig geschlossen, jedoch von den abziehenden Russen nicht entsorgt; das verstrahlte Gebiet wird von armen Landbewohnern geplündert. Rußland leistet auch keine Wiedergutmachung an die Strahlenopfer, deren Anzahl auf bis zu 1,5 Mio. geschätzt wird.

Außerdem wurde die Bevölkerung Südkasachstans um die Hauptstadt Almaty vom radioaktiven Fallout der chinesischen Atomtests des etwa 1200 km östlich gelegenen Testgeländes Lop Nor in der Provinz Xinjiang (Sinkiang) betroffen, wobei die radioaktive Belastung von Luft und Boden die Werte von Semipalatinsk übersteigen soll.

Die industrielle Umweltschädigung in dem rohstoffreichen Land zeigt sich vor allem in der Luftverschmutzung, die in den nordöstlichen und zentralen Industriegebieten internationale Spitzenwerte erreicht, am schlimmsten dort, wo Metallurgie, Ölraffinerien und Chemieindustrie konzentriert sind. Die Gebiete Pawlodar, Karaganda und Dscheskasgan stehen mit 60% der republikweiten Schadstoffemission an der Spitze. Im industriellen Urzeitgelände K.s kam es zu schlimmen Havarien wie in einer Fabrik für geheime Produktion von nuklearem Treibstoff in Ust-Kamenogorsk im September 1990, aus der eine hochgiftige Beryllium-Oxid-Gasemission austrat.

Die landwirtschaftlichen Umweltschäden werden neben der Bodenerosion (vor allem in den „Neuland"-Gebieten) von dem weltweit bekanntesten ökologischen Schadensfall Zentralasiens, der Aralsee-Tragödie, angeführt. Dem natürlichen Wassersystem des Aralbeckens, vor allem den Hauptströmen

Amu-darja und Syr-darja, wurde zur Erweiterung der Landwirtschaft und insbesondere des Baumwollanbaus Zentralasiens seit den sechziger Jahren so viel Wasser entnommen, daß der Zufluß in den Aralsee stagnierte und das viertgrößte Binnengewässer der Erde schrumpfte. 1990 teilte sich der inzwischen schon weit geschrumpfte See in einen „Kleinen See" im Norden und einen „Großen See" im Süden. Im Februar 1992 erklärte das Parlament K.s den Aralsee zur Zone einer Umweltkatastrophe. Internationale Konferenzen und Projekte beschäftigen sich seit Jahren mit diesem Thema, können den See in seiner ursprünglichen Form aber nicht wiederherstellen (siehe auch die Länderkapitel Turkmenistan und Usbekistan). Industrielle und landwirtschaftliche Umweltschädigungen wirken bei der Wasserverschmutzung zusammen, die in K., besonders entlang des Syr-darja, traurige Rekorde erreichte.

Produktion, Beschäftigung, Inflation, Außenwirtschaft

Das rohstoffreiche, dünn besiedelte Land weist eine für die Nachfolgestaaten der Sowjetunion typische „duale" Wirtschaftsstruktur auf und kann als „industrialisiertes Entwicklungsland" eingestuft werden. Hauptsektor der Volkswirtschaft ist immer noch der Erzbergbau, dann folgen Landwirtschaft und die Förderung von Energieträgern. Die ehemaligen Hauptexportprodukte Getreide und Kohle werden in Zukunft durch Erdöl abgelöst werden, wenn die großen Vorkommen im Westen mit ausländischem Kapital erschlossen worden sind. Die 1994 einsetzende, auf Senkung der Inflation gerichtete Geld- und Finanzpolitik wurde mit einer Verstärkung der Rezession erkauft, was die soziale Lage weiter verschlimmerte. Hohe Besteuerung, Bürokratismus und Korruption beeinträchtigen die Entstehung von neuen Privatunternehmen sowie das erhoffte Engagement ausländischen Kapitals. Die fortschreitende Einkommensdifferenzierung führt zu sozialen Spannungen.

Bruttoinlandsprodukt (1989 = 100)

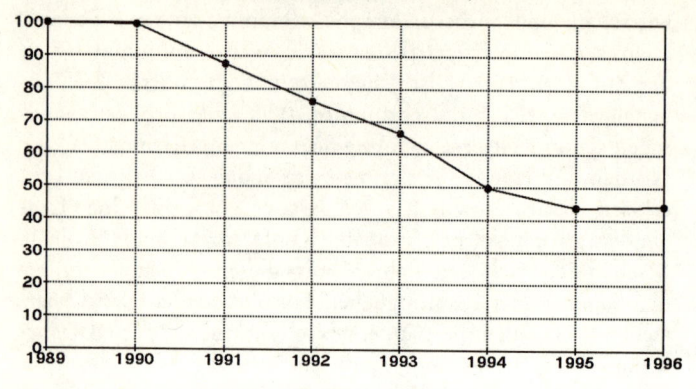

K. war wirtschaftlich mit Rußland stärker verflochten als alle anderen zentralasiatischen GUS-Republiken und daher vom Niedergang des Handels zwischen den ehemaligen Sowjetrepubliken besonders stark betroffen. Das BIP zu Kaufkraftparität betrug 1994 48,5 Mrd. US-$, das sind rund 2800 US-$ pro Einwohner. Der seit 1991 zu beobachtende starke gesamtwirtschaftliche Produktionsrückgang dauerte bis 1995 an und erst für 1996 wird eine Stabilisierung erwartet.

Veränderung des Bruttoinlandsprodukts in % gegenüber dem Vorjahr

1990	1991	1992	1993	1994	1995	1996
−0,4	−12,0	−13.0	−13,0	−25,0	−12,0	1,0

Quelle: European Bank for Reconstruction and Development. 1996: Prognose.

K. weist im Vergleich mit seinen zentralasiatischen GUS-Nachbarn einen vergleichsweise hohen Industrialisierungsgrad auf: 1993 betrug der Industrieanteil an der Warenproduktion 39%, der Anteil der Landwirtschaft 13%. Der Produktions- und Beschäftigtenanteil in der Industrie, der für 1992 mit 20% beziffert wurde, ist zurückgegangen; der Beschäftigtenanteil der Landwirtschaft (1991: knapp 20%) durch Rückwanderung auf das Land angestiegen. Es kam zu einem Einbruch der Investitionstätigkeit: 1994 wiesen die Investitionen nur noch 15% des Niveaus von 1991 auf. Vom Arbeitskräftepotential in Höhe von 9,5 Mio. Personen sind 7,3 Mio. beschäftigt und 2,2 Mio. (23%) nicht beschäftigt.

Seit der Preisfreigabe im Jahre 1992 stiegen die Preise erheblich (1994 um 2000%). Die Inflation soll aber ab 1995 durch restriktive Geld- und Fiskalpolitik wesentlich vermindert werden. Im November 1993 erfolgte die Einführung der Nationalwährung „Tenge", deren Kursverfall gegenüber Westwährungen sich in Grenzen hielt.

Der hohe Exportüberschuß gegenüber Staaten außerhalb der GUS wird durch den Importüberschuß gegenüber GUS-Ländern weit übertroffen, dadurch verbleibt ein hoher Einfuhrüberschuß (1994: Handelsbilanzdefizit 800 Mio. US-$, das sind 21% der Importe). Haupt-Exportprodukte sind Kohle (40% der Förderung), Getreide, Eisenerz, Buntmetalle und Erdöl. Erdöl wird geographisch bedingt im Osten des Landes aus Sibirien importiert und aus Förderstätten im Westen exportiert. Erdgas, dessen Eigenproduktion nicht ausreichend entwickelt ist, muß vorerst noch eingeführt werden. Der Importbedarf bei Konsumgütern (verarbeitete Lebensmittel) kann wegen Devisenmangels nur teilweise befriedigt werden. Wichtigste Handelspartner sind Rußland, Turkmenistan, Usbekistan, China, Deutschland und die USA.

Land- und Forstwirtschaft

Die klimatischen Bedingungen im Norden K.s (lange, kalte, schneearme Winter; lange, heiße, niederschlagsarme Sommer) lassen nur Anbau von Sommergetreide und wenig ertragsintensive Nutzung zu. Die Möglichkeiten der „Neulandgewinnung" (1954–1958, insgesamt 18 Mio. Hektar) wurden überschätzt, da Bodenerosion und Bodenzerstörung durch schwere Erntemaschinen nicht genügend berücksichtigt wurden. In Mittel- und Südkasachstan sind die Niederschlagsmengen für den Getreideanbau zu gering; bei künstlicher Bewässerung gedeiht aber Reis, Baumwolle (1994: 206 000 t) sowie Tabak. Ohne künstliche Bewässerung ist nur Obstanbau und Viehzucht (Schafe, Pferde, Kamele) möglich. Die Ernteerträge bei Getreide weisen starke witterungsbedingte Schwankungen auf (1992: 29,8 Mio. t, 1994: 16,4 Mio. t). Die Veralterung des Maschinenparks erschwert die Ernteeinbringung. Die Viehwirtschaft wird noch stark extensiv betrieben mit negativen Folgen für ihre Effektivität: Die Tierbestände gehen durch Futtermangel zurück und die Bodenqualität der Weiden läßt wegen mangelnder Pflege nach. Bodenreform und Privatisierung in der Landwirtschaft stoßen weithin auf Ablehnung, da sie nicht mit nomadischen Traditionen vereinbar erscheinen.

Bergbau und Energiewirtschaft

K. verfügt über bedeutende Vorkommen von Kohle sowie Eisen-, Kupfer-, Kobalt-, Gold-, Silber-, Blei-, Zink-, Zinn-, Uran-, Eisen- und Manganerzen und von Bauxit im Zentrum und Osten des Landes an Tausenden von Fundstätten. Der Jahreswert des Erzbergbaus beträgt etwa 20 Mrd. US-$, d. h. 40% des BIP. Die Erdöl- und Erdgasfelder sind vor allem im Westen an der Küste des Kaspischen Meeres (Tengis-Feld, Emba-Felder) und im Nordwesten (Karatschaganak) sowie im Zentrum (Kumkol) gelegen. Die Kohlefelder sind im Zentrum und im Norden konzentriert (Karaganda, Ekibastus). Große unerschlossene Felder machen K. zum weltgrößten Kohlereservat. Die Kohleförderung ist rückläufig (1992: 122,5 Mio. t, 1994: 104 Mio. t), die Erdölförderung stabil (1994: 20 Mio. t bei großen Zukunftserwartungen), die Erdgasförderung stark rückläufig (1992: 8 Mio. t, 1994: 4,5 Mio. t). Das gegenwärtige jährliche Förderniveau beträgt bei Erdöl nur etwa 1% der Vorräte, bei Erdgas etwa 0,2%. Die Elektrizitätserzeugung (1994: 66,4 Mrd. KWh vor allem aus Kohle- und Erdgaskraftwerken) kann den hohen Inlandsbedarf für industrielle

Zwecke nicht decken. In Aktau (1964–91: [Ševčenko]) liefert ein schneller Brüter (150 MW) Energie für eine Meerwasserentsalzungsanlage. Die Uranerzproduktion beläuft sich auf etwa 3500 t/ Jahr bei Reserven von 1 Mio. t Das Uranerz wird nach Rußland und zunehmend auf den Weltmarkt exportiert.

Die Steigerung der Ölförderung kann als Kernstück der kasachischen Wirtschaftspolitik angesehen werden. Sie erfordert nicht nur wegen des erheblichen Kapitalbedarfs, sondern auch wegen der besonderen Eigenschaften des kasachischen Erdöls auf dem Festlandssockel (extreme Fördertiefe, hoher Säuregehalt) die Beteiligung erfahrener und finanzkräftiger internationaler Gesellschaften und Konsortien. In der Lagerstätte Tengis, die nordöstlich an das Kaspische Meer angrenzt, werden 2 Mrd. t Erdöl vermutet. Die jährliche Förderung soll 36 Mio. t betragen, der für den Förderzeitraum prognostizierte Gewinn von annähernd 100 Mrd. US-$ geht zu knapp 20% an die US-amerikanische Chevron, zu 59% an den Staat K. und zu knapp 22% an die kasachische Erdöl- und Erdgasgesellschaft. In dem östlich von Uralsk an der russischen Grenze gelegenen Feld Karatschaganak lagern 800 Mrd. m³ Erdgas und 300 Mio. t Erdöl. Sie werden von dem britisch-italienischen Konsortium British Gas/Agip ausgebeutet. Die Erdgasförderung soll von 5 Mrd. m³ (1995) auf rund 25 Mrd. m³ (2006–2015) steigen und dann bis 2033 wieder auf 5 Mrd. m³ sinken. Für den Abtransport der Förderung in den Feldern in Nordwesten K.s wurde das „Kaspische Pipelinekonsortium" (KTK) gegründet, dessen Teilhaber außer K. noch Rußland sowie westliche Ölfirmen sind; der Oman mußte sich wegen Nichterfüllung von Finanzzusagen aus dem Konsortium zurückziehen. Durch die vorgesehene Streckenführung Tengis-Astrachan-Komsomlskaja-Noworossisk hat Rußland nicht nur erhebliche Einnahmen aus Transitgebühren, sondern auch die Kontrolle über die kasachischen Erdöl- und Erdgasexporte. Es verlangt überdies Beteiligung an den Erschließungsprojekten. Jedoch sind auch Trassenführungen durch die Türkei zum Mittelmeer im Zusammenhang mit Plänen des Erdöltransports aus der gesamten Region des Kaspischen Meeres unter Umgehung Rußlands im Gespräch.

Verarbeitende Industrie

Der Nachfragerückgang auf dem Inlandsmarkt bei Investitionsgütern wegen geringer Investitionsneigung sowie bei Konsumgütern wegen niedriger Realeinkommen der Bevölkerung führen zu Produktionsrückgang und Betriebsstillständen. Die Konkurrenzfähigkeit der Betriebe gegenüber dem Ausland ist gering. Die Konversion (d. h. Umstellung auf zivile Produktion) der Rüstungsindustrie kommt nur langsam voran. Die etwa 130 Rüstungsbetriebe haben sich in staatliche Holdinggesellschaften zusammengeschlossen („Korgau" für Maschinenbau und Elektronik, „Katep" für Uranförderung und -verarbeitung, „Chimprom" für chemische Produkte usw.); ihre zivilen Erzeugnisse finden noch wenig Absatz und die Betriebe suchen weiterhin staatliche Unterstützung. Begrenzte Zukunftsbedeutung hat die militärische Hochtechnologie im Weltraumzentrum Baikonur und dem Atomversuchsgelände Semipalatinsk, die beide an Rußland verpachtet sind. Die Stadt Leninsk, in der die am „Kosmodrom" Baikonur Beschäftigten wohnen, wird ab 1. 8. 1995 für 20 Jahre der russischen Jurisdiktion unterstellt und gleichsam zum 90. Subjekt der Rußländischen Föderation, wo auch der russische Rubel neben dem kasachischen Tenge Zahlungsmittel ist.

Einige Großbetriebe der Schwarz- und Buntmetallurgie sind von der Regierung an ausländische Gesellschaften zunächst für 5–10 Jahre zur Betriebsführung übergeben worden, wovon man sich Restrukturierung und Rückzahlung der Schulden erhofft. Das Interesse der ausländischen Partner besteht in der Aussicht auf den späteren Eigentumserwerb und den damit verbundenen Zugriff auf die Rohstoffreserven der kasachischen Unternehmen. Allerdings kam es hierbei in einigen Fällen zu Unregelmäßigkeiten (siehe unten).

Privatisierung, Landreform

Handel und Dienstleistungen waren 1994 zu 60% privatisiert, der Privatanteil am BIP betrug 1994 etwa 20%, in der Industrie etwa 5%. Im Jahre 1995 begann die Massenprivatisierung mit Hilfe von Privatisierungsgutscheinen nach russischem Vorbild. Auslandsbeteiligungen bestehen vor allem im Bergbau sowie Erdöl- und Erdgassektor. Deutlich wächst das Interesse russischer Investoren (Bankengruppen) sowie westlicher Firmen an Beteiligungen an Betrieben der Buntmetallgewinnung. Ausländische Investoren beklagen allerdings häufige Interventionen der Regierung und einer Vielzahl von Bürokratien bei Auslandsbeteiligungen, hinter denen Korruption vermutet wird. Als Beispiele können folgende zwei Fälle dienen, die in K. erhebliches Aufsehen erregt haben:

Die österreichische Stahlfirma Vöst-Alpine und das kasachische Handelshaus Butja, die zunächst mit der Betriebsführung des überschuldeten größten kasachischen Unternehmens, des Metallurgie-Kombinats in Karaganda (Karmet) betraut worden waren, wurden nach Intervention der kasachischen Regierung durch die amerikanische United Steel Engineering und die israelische Finanzgruppe Eisenberg ersetzt. Nach vier Monaten, nachdem die Restrukturierung des Werkes keine Fortschritte gemacht hatte und die Schulden des Unternehmens sich von knapp 300 auf 400 Mio. US-$ erhöht hatten, wurde United Steel und der Gruppe Eisenberg die Betriebsführung wieder entzogen und das Werk an die britische Firma ISPAT International verkauft.

Die Goldmine Wasilkowskoje wurde ohne Ausschreibung an Placer Dome (USA) vergeben, während der zunächst präferierte Partner Dominion Mining (Australien) leer ausging. Aus Protest dagegen sperrte die Weltbank einen Kredit für die Rekonstruktion der Mine.

Beobachter weisen auf die Häufung von Fällen hin, in denen die kasachische Regierung Geschäftsbeziehungen mit „internationalen Abenteurern" (S. Koslow in NG, 21. 10. 1995) eingeht, wobei niemand die persönliche Verantwortung für die angerichteten Schäden übernimmt und die öffentliche Kritik als Denunziation des wirtschaftlichen Reformkurses hingestellt wird.

In der Landwirtschaft erschweren hohe Verschuldung und mangelhafte technische Ausstattung der Sowchosen die Privatisierung. Außerdem wird vielfach privater Grundbesitz als nicht vereinbar mit nomadischen Traditionen angesehen; die Verfassung von 1995 sieht allerdings Privatbesitz auch an Grund und Boden vor.

Soziale Lage

Gegenüber der Inflation zurückbleibende Nominaleinkommen, um Monate verspätete Zahlung von Löhnen und Gehältern, Renten und Stipendien, steigende Arbeitslosigkeit sowie die Aufhebung der letzten Preissubventionen im November 1994 führten zur Verarmung eines Großteils der Bevölkerung. Besonders kraß ist die Armut in den Steppengebieten im mittleren K. sowie um das Atomversuchsgelände westlich von Semipalatinsk, wo die wirtschaftliche Entwicklung völlig vernachlässigt worden war.

Westliche Hilfe

IWF, Weltbank, EU und andere internationale Organisationen verstärkten ihre Unterstützungsleistungen, seit K. 1993 als Entwicklungsland eingestuft wurde. Das deutsche BMZ leistet „technische" (d. h. Beratungs-) und finanzielle Hilfe, wobei die GTZ ausführende Funktionen bei der Beratung übernimmt. Zwei deutsche Wirtschaftsforschungsinstitute, das DIW in Berlin und das ifo-Institut für Wirtschaftsforschung beraten den Präsidenten und die Regierung K.s in Fragen der Wirtschaftsreform. Von deutscher Seite werden als Schwerpunkte der „technischen Zusammenarbeit" genannt: Reformpolitik, Sozialpolitik, Landwirtschaft und Umwelt, Klein- und Mittelindustrie sowie berufliche Bildung. Von westlichen Partnern werden an den kasachischen Behörden der Mangel an eigenen Konzeptionen und klaren sektoralen Strategien sowie die veralteten Verwaltungsstrukturen bemängelt. Die weit verbreitete Korruption und Inkompetenz vieler Staatsbediensteten wurde im Oktober 1995 vom stellv. Ministerpräsidenten N. Schaikenow angeprangert, der vor allem auf die Praxis der Umlenkung von (ausländischen) Krediten in die Hände von regionalen Machtzirkeln verwies (NG, 20. 10. 1995).

Neben den großen öffentlichen Hilfsprogrammen existiert eine Reihe von kleineren Initiativen. Eine davon ist das 1992 gegründete Institute of Management, Economics and Strategic Research, das in zweijährigen Kursen Diplomökonomen für Wirtschaft und Verwaltung ausbildet. Der Unterricht erfolgt in Englisch, die Studiengebühren betragen 400 US-$ pro Jahr; der Andrang ist groß. Geleitet wird die „Business School" vom Amerikaner Hartmut Fischer, der den Gründungsvater Chan Young Bang, einen der ersten ausländischen Berater Nasarbajews, ablöste.

Wirtschaftliche Integration in Zentralasien und darüber hinaus

Neben der GUS-Integration machen immer wieder Integrationsbemühungen von sich reden, die einen Teil der GUS-Staaten enger zusammenführen bzw. auch über die GUS hinaus greifen sollen. Ein Beispiel dafür ist die „Zentralasiatische Wirtschaftsgemeinschaft". Für eine wirtschaftliche Integration der zentralasiatischen GUS-Staaten Kasachstan, Turkmenistan, Usbekistan, Tadschikistan und Kirgistan spricht vor allem, daß ihre Volkswirtschaften zu Zeiten der Sowjetunion vielfach miteinander verflochten waren (z. B. durch Austausch von Energieträgern oder die Führung von Verkehrswegen), die Lebensräume willkürlich durchschneidende Grenzen aufweisen und einzeln zu geringe Nachfrage entfalten können, um ihren Industrien Absatzmärkte zu bieten. Eine vorwiegende Ausrichtung auf ausländische Märkte verstärkt noch ihren schon bestehenden Charakter als Rohstofflieferanten und Importeure von Fertigerzeugnissen. Entsprechende Abkommen über engere wirtschaftliche Zusammenarbeit (Turkestanischer Vertrag über Freundschaft, Zusammenarbeit und gegenseitige Hilfe vom Juni 1992; Taschkenter Treffen der Staats- und Regierungschefs der Region im Januar 1993; Besuch Nasarbajews in Usbekistan im Januar 1994; Treffen der Präsidenten K.s, Kirgistans und Usbekistans im Juli 1994 usw.) wurden abgeschlossen. Aber wie auf der GUS-Ebene bleibt auch hier die Umsetzung der Beschlüsse weit hinter den Deklarationen zurück: Bislang funktioniert nur der Warenverkehr über die Grenzen der zentralasiatischen Republiken hinweg. Dabei spielen nicht nur die latente Rivalität zwischen K. als flächengrößtem und Usbekistan als bevölkerungsreichstem Land Zentralasiens sowie die persönlichen Animositäten der Staatschefs eine Rolle, sondern auch die unterschiedlich ausgeprägte Orientierung zu den großen Nachbarn Rußland, Iran und China.

Andererseits zeigt K. starkes Interesse an Integration mit Rußland. Diesem Ziel dient das Abkommen zwischen Rußland und K. über die Erleichterung des wirtschaftlichen Austausches zwischen den Grenzregionen der beiden Staaten, das im Januar 1995 in Omsk zwischen 12 russischen und 9 kasachischen Gebietseinheiten abgeschlossen worden war. Auf höherer Ebene haben Rußland und K. ebenfalls im Januar 1995 Verträge abgeschlossen, die Zusammenarbeit in militärischen Fragen, aber auch eine Zollunion und die Konvertibilität der Währungen regeln. Damit sei man Nasarbajews Konzeption einer „Eurasischen Union" einen Schritt näher gekommen, die nach dessen Vorstellungen die GUS ablösen solle (vgl. Halbach 1994). Wie sich die Integrationsbestrebungen innerhalb der zentralasiatischen GUS-Länder einerseits und ihre bilateralen Sonderbeziehungen mit Rußland andererseits vereinbaren lassen, bleibt eine nur konkret zu lösende Frage.

Wirtschaftliche Zukunftsaussichten

Einerseits sind die Zukunftshoffnungen, die man in K. auf seine natürlichen Bedingungen gründet, nicht unberechtigt: das flächengroße Land birgt vielfältige mineralische Reichtümer und verfügt über Anbauflächen, die es ähnlich wie Rußland und Usbekistan zur weitgehenden Selbstversorgung bei Energieträgern, Rohstoffen und auch landwirtschaftlichen Produkten befähigen. Allerdings bietet eine nur auf Rohstoffe und Landwirtschaft ausgerichtete Entwicklung wegen des geringen spezifischen Arbeitskräftebedarfs großen Teilen der Bevölkerung keine ausreichenden Zukunftsperspektiven. Die Reaktivierung bzw. Neuansiedlung von Verarbeitungsbetrieben und die Entwicklung des Dienstleistungssektors, verbunden mit einem Aufschwung der Klein- und Mittelbetriebe, müßte daher hohe Priorität haben. Voraussetzung dafür ist allerdings, daß K. sein Odium als Eldorado für windige Geschäftemacher und eine korrupte Bürokratie verliert.

Für K. ist das Verhältnis zu Rußland wegen der erforderlichen Reintegration seiner Betriebe in den Wirtschaftsraum der ehemaligen UdSSR von Bedeutung, weswegen eine einseitige Orientierung K.s in Richtung seiner westlichen und südlichen Nachbarn kaum in Frage kommen kann. Die wirtschaftliche Kooperation seiner nördlichen Gebiete mit südsibirischen Gebietseinheiten gibt dafür ein Beispiel.

Literatur zum Kapitel

Bahro, G., Tödliche Erbschaften – das atomare Potential in Kasachstan, in: Aus Politik und Zeitgeschichte B 52–53, 1992, S. 39–46.

Ders., Wir bitten nicht, wir fordern: Das Ende der Atomwaffentests in Kasachstan, in: der überblick 2/1992, S. 34–36.

Dixon, A., Kazakhstan: Political Reform and Economic Development. Post-Soviet Business Forum. The Royal Institute of International Affairs, London 1994.

Ėkonomičeskaja i socialtnaja geografija Kazachstana, Almaty 1993.

Giroux, A./Gicquiau, H., Kazakhstan, in: Le courrier des pays de ltEst, mars-avril 1995, S. 43–50.

Götz, R., Die Wirtschaft Kasachstans, in: Berichte des BIOst, 7/1993.
Greßler, S., Kasachstans schwieriger Weg in die Unabhängigkeit: Ein Erfahrungsbericht, in: Berichte der BIOst, 12/1993.
Halbach, U., Eigenstaatlichkeit in Kasachstan und Zentralasien, in: Meissner, B./Eisfeld, A. (Hrsg.), Die GUS-Staaten in Europa und Asien, Baden-Baden 1995, S. 199–212.
Ders., Nasarbajews Euroasische Region, in: Aktuelle Analysen des BIOst, 36/1994.
Huber, G./Schönherr, S./Thanner, B., Kasachstan – Wirtschaft im Umbruch, in: ifo studien zur ostforschung 10, München 1992.
International Monetary Fund (Hrsg.), Economic Review Kazakhstan, Washington D.C. 1992.
Istorija Kazachstana: Očerk, Almaty 1993.
Janabel, J., Kazakhstan Struggles for Survival, in: Central Asia Monitor, 4,1994, S. 17–20.
Karger, A., Die Erblast der Sowjetunion: Konfliktpotentiale in nichtrussischen Staaten der ehemaligen UdSSR, Stuttgart/Berlin/Köln 1995, S. 172–191.
Kasachstan, in: Wostok 3/1993, S. 20–49.
Kasachstan: Wirtschaftstrends zum Jahreswechsel 1994/95, in: bfai Länderreport, Februar 1995 (Hrsg. Bundesstelle für Außenhandelsinformation)
Kassenow, U. T., Zentralasien und Rußland: Der dornige Weg zu gleichberechtigten Beziehungen, in: Berichte des BIOst 14/1995.
Kazachstan otkryvaet dveri: Spravočnik dlja biznesmenov, Altmaty 1993.
Kazakhstan, in: Batalden, St. K./Batalden, S. L., The Newly Independent States of Eurasia: Handbook of former Soviet Republics, Phoenix (Arizona) 1993, S. 95–107.
Kazakhstan, in: East European Energy Report 38/1994, London 1994.
Kazakhstan, in: National Geographic, March 1993, S. 26–36.
Kazakhstan, in: The Economist Intelligence Unit (Hrsg.), Country Profile 1994–95, London 1995, S. 66–87.
Kazakhstan: An Economic Profile, Washington, D.C., 1993.
Khazanov, A. M., Ethnic Problems of Contemporary Kazakhstan, in: Central Asian Survey, 14 (2) 1995, S. 243–264.
Mežnacionaltnye otnošenija v Kazachstane, Almaty 1993.
Müller, F., Ökonomie und Ökologie in Zentralasien, in: Aus Politik und Zeitgeschichte B 38–39/1993, S. 21–28.
Neef, Ch., Jeder Start ein Wunder, in: Der Spiegel, 6/1995, S. 150–154.
Olcott, M. B., Kazakhstan, in: Mesbahi, M. (Hrsg.), Central Asia and the Caucasus after the Soviet Union: Domestic and International Dynamics, Gainesville (Florida) 1994, S. 119–132.
Ders., The Kazakhs, Stanford (Cal.) 1987.
Ostermann, D., Das verstrahlte Erbe des sowjetischen Atomwahns, in: Frankfurter Rundschau, 6. 9. 1995, S. 3.

Raschid, A., The Resurgence of Central Asia: Islam or Nationalism, London/New Jersey 1994, S. 107–136.

Röhm, T./Huber, G./Schönherr, S., Kasachstan – Wirtschaft weiter im Abschwung, Anpassungsdruck nimmt zu, in: ifo studien zur ostforschung 16, München 1994.

Schirokow, G./Wolodin, A., Wirtschaftliche und politische Beziehungen Rußlands mit Kasachstan und Kirgisien, in: Berichte des BIOst 6/1995.

Simon, K. P., Auf ewig eine Strahlenwüste, in: Greenpeace Magazin, 3/1993, S. 50–51.

Smith, D. R., Kazakhstan, in: Pryde, Ph. R. (Hrsg.), Environmental Resources and Constraints in the Former Soviet Republics, Boulder/San Francisco/Oxford 1995, S. 251–274.

Trutanov, I., Le Kazakhstan, un membre très actif de la CEI, in: Le courrier des pays de l'Est, mars-avril 1995, S. 129–133.

Ders., Die Hölle von Semipalatinsk: Ein Bericht, Berlin/Weimar 1992.

Kirgistan

Staatsname	Kirgisische Republik
Staatsname in Landessprache	Kyrgys Respublikasy
Amtssprache	Kirgisisch
Schrift	Kyrillisch, Umstellung auf Lateinisch vorgesehen
Währung	Som (seit Mai 1993)
Wechselkurs Ende 1995	11 pro US-$
Fläche	198 500 km^2 (BRD: 357 000 km^2)
Hauptstadt	Bischkek [Biškek], 1926–91: Frunse [Frunze] (635 000)
Großstädte	Osch [Oš] (213 000) Karakol, 1889–1921: Prschewalsk [Prževalsk] (64 000); Naryn (26 000)

Einwohnerzahl (1994)	4,6 Mio.
Glaubensgemeinschaften (1989)	
Christen	26%
Muslime	74%
Nationalitätenanteile (1989)	
Kirgisen	56,0%
Russen	16,7%
Usbeken	12,9%
Ukrainer	2,5%
Deutsche	0,8%
Stadt-Land-Verteilung (1989)	
Stadtbevölkerung	38%
Landbevölkerung	62%
Bevölkerungswachstum	
Durchschnitt 1980–1989	2,0%
Durchschnitt 1990–1994	0,7%

Bevölkerungsdichte (1994)	23 Einwohner pro km²
Altersgruppen (1989)	
bis 9 Jahre	26,4%
10–19 Jahre	21,3%
20–39 Jahre	29,8
40–59 Jahre	14,6
über 60 Jahre	7,9%
Geburtenrate (1994):	24,3 pro 1000 Einwohner
Kindersterblichkeit (1993)	31,9 pro 1000 Geborene
Lebenserwartung (1989)	69 Jahre (m 65; w 73)
Mittl. Familiengröße (1989)	4,7 Personen

Unabhängigkeitserklärung	31. 8. 1991
Neue Verfassung	Mai 1993
Staatsoberhaupt	Präsident Askar Akajew
Letzte Parlamentswahlen	Februar 1995
Parteien:	Keine eigentliche Regierungspartei, Vielzahl politisch bedeutungsloser Parteien, darunter KP, Sozialdemokraten, Agrarpartei, Ata Meken und andere

Territorium

K. ist ein Hochgebirgsland im östlichen Teil Zentralasiens. Es teilt seine Grenzen mit drei anderen unabhängig gewordenen ehemaligen Sowjetrepubliken: Tadschikistan im Süden, Usbekistan im Westen und Kasachstan im Norden. Im Osten grenzt es an China.

Von Gebirgsmassiven umrahmt, ist es das geographisch am stärksten isolierte Land in der GUS. Seine einzelnen Landesteile sind von der Hauptstadt aus auf dem Landweg schwer zu erreichen und mit dem Rest des Staatsterritoriums nur schwach verbunden. Die Provinz Osch im Süden ist im Winter nur per Flugzeug zu erreichen, die Provinz Talas im Westen auf dem Landweg nur durch einen erheblichen Umweg über Kasachstan.

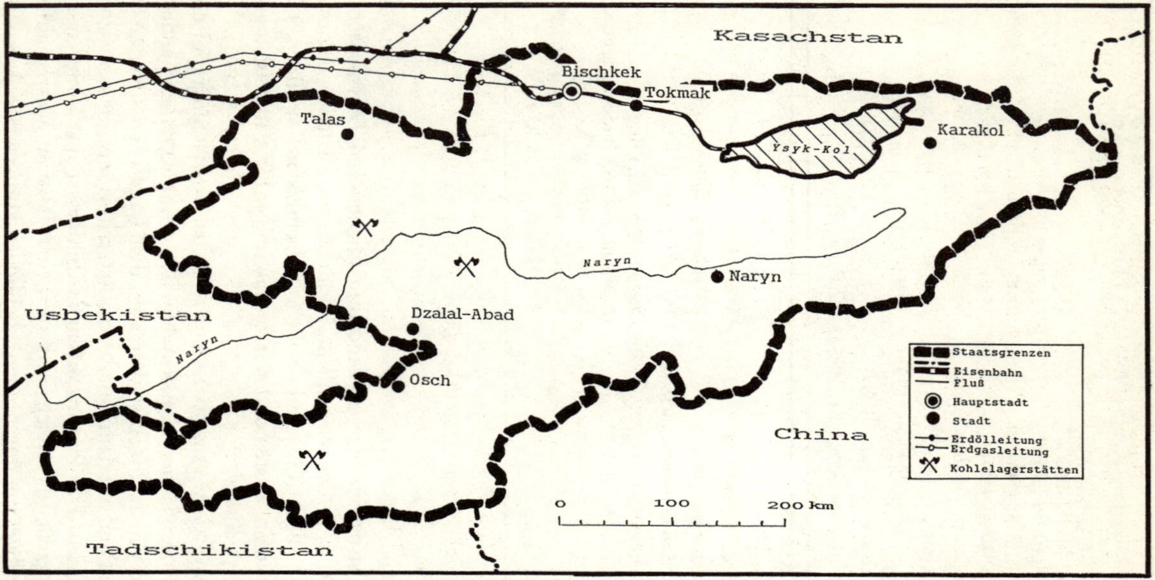
Kasachstan
Bischkek
Tokmak
Talas
Ysyk-Kol
Karakol
Naryn
Naryn
Usbekistan
Dzalal-Abad
Naryn
Osch
China
Tadschikistan
Staatsgrenzen
Eisenbahn
Fluß
Hauptstadt
Stadt
Erdölleitung
Erdgasleitung
Kohlelagerstätten
0
100
200 km

Die Hauptverbindung zur Außenwelt ist die Fernstraße von Bischkek nach Almaty. Bischkek wird derzeit an internationale Flugnetze angeschlossen.

Über 90 % des Territoriums sind gebirgig. Die höchste Erhebung ist der Pik Pobedy mit 7 429 m in einer der größten Gletscherzonen der Welt. Zwei Hochgebirgsketten, Tien-Schan (chin. „Himmelsberge") und Pamir-Alai, bestimmen die Konturen des Landes in der Ost-West-Richtung. Wegen seiner alpinen Bodengestalt und landschaftlichen Schönheit wird K. die „Schweiz Zentralasiens" genannt. Zwischen durchschnittlich über 4000 m hohen Bergen liegen Täler und Talkessel. Ein solcher Talkessel bildet die Umgebung des Issyk-Kul (Warmer See). Der 6 200 km² große, sehr tiefe und abflußlose Hochgebirgssee war eine Hauptattraktion des innersowjetischen Tourismus. Das Land verfügt über einen enormen Wasserreichtum, über nahezu 3000 Seen, die von Gletscherflüssen gespeist werden. Die größten Flüsse sind der Naryn im Zentrum des Landes, der aus Kasachstan kommende Tschu im Norden und der Talas im Westen.

Das relativ kleine Land besteht aus sehr unterschiedlichen Landschaften und Lebensräumen. Da ist im Norden das dicht besiedelte Tal des Tschu mit der Hauptstadt Bischkek; östlich des Issyk-Kul erstreckt sich eine gewaltige Gletscherzone; auch im Zentrum erhebt sich entlang des Naryn-Flusses Hochgebirge; die Gebiete am Talas im Westen sind durch Gebirgsbarrieren vom Rest des Landes getrennt. Eine eigene Prägung hat der Süden mit den beiden Zentren Osch und Dschelal-Abad. Die Provinz Osch bildet den Ostteil des Fergana-Tals, in dem sich die Grenzen von drei Republiken – Usbekistan, Tadschikistan und K. – überschneiden und in dem komplizierte ethnische Gemengelagen bestehen. Hier entfallen 26% der lokalen Bevölkerung auf die usbekische Minderheit, und der Einfluß Usbekistans auf diesen Teil K.s wird in Bischkek mit Argwohn betrachtet.

Die Städte liegen überwiegend im Norden an der Grenze zu Kasachstan und im Fergana-Tal im Süden. Die Hauptstadt Bischkek ist modern und hat keine historischen Sehenswürdigkeiten aufzuweisen. Von 1926 bis 1991 hieß sie Frunse nach dem dort geborenen General der Roten Armee, der eine Hauptrolle bei der Sowjetisierung Zentralasiens gespielt hatte. Bischkek ist stark russisch geprägt; 1989 lebten hier 345 000 Russen und nur 140 000 Kirgisen. Die historisch bedeutsamste Stadt ist Osch. Sie war bereits im Altertum ein wichtiges Handelszentrum.

K. war lange Zeit terra incognita. Erste russische Kartographen kamen 1856 hierher. Noch bis in die sowjetische Zeit hinein blieben bestimmte Landesteile unerforscht. Administrativ ist K. in die Gebiete Issyk-Kul, das Tschu-Tal, Naryn, Talas, Dschelal-Abad und Osch gegliedert. Diese Gliederung reflektiert teilweise die traditionelle Einteilung nach Stammesterritorien.

Durch K. führt nur eine Eisenbahnlinie, die die Hauptstadt an das kasachische Eisenbahnnetz anschließt (Länge 300 km, nicht elektrifiziert). Die Straßenverbindungen zwischen dem Nord- und Südteil des Landes sind im Winter blockiert. Die Gebirgslage weiter Landesteile erschwert den Fahrzeugverkehr. Es bestehen gute Möglichkeiten für Hochgebirgstourismus im landschaftlich sehr reizvollen Osten des Landes.

Bevölkerung

1989 lebten insgesamt 2,5 Mio. Kirgisen in der Sowjetunion, davon nur 300 000 außerhalb ihrer Titularrepublik (175 000 in Usbekistan, 64 000 in Tadschikistan, u. a.). Außerhalb der Sowjetunion leben Kirgisen vor allem in Xinjiang-Uigur im Westen Chinas (rd. 100 000).

Die ethnischen Bevölkerungsproportionen unterlagen im 20. Jh. starken Veränderungen. So sank zwischen 1926 und 1959 der Anteil der Kirgisen von 66,8% auf 40,5%, der der Russen nahm dagegen von 11,7% auf 30,2% zu. Seit den siebziger Jahren kehrte sich die Entwicklung zugunsten des kirgisischen Bevölkerungsteils um (1994: 56% Kirgisen, 16,7% Russen). In den Jahren nach 1991 verstärkte sich die Abwanderung aus den nichtkirgisischen Bevölkerungsteilen. Es wird geschätzt, daß allein zwischen 1990 und 1992 rd. 200 000 Menschen aus K. abgewandert sind. Dramatisch war die Emigration unter der deutschen Minderheit. 1995 macht die deutsche Bevölkerungsgruppe in dem Land mit 38 000 Personen nur noch 0,8% der Gesamtbevölkerung aus (1989 mit 102 000 Personen 2,4%). Die Abwanderung der Russen konnte dagegen 1994 gebremst werden. 50% weniger Russen verließen K. als im Vorjahr. Hier zahlten sich offenbar einige Maßnahmen aus, mit denen Bischkek in Kooperation mit Rußland der Emigration entgegenwirkte, wie etwa Arbeitsbeschaffungsmaßnahmen durch russisch-kirgisische Joint ventures u. a.

Die Abwanderung hängt mit wirtschaftlichen Verschlechterungen nach dem Zerfall der Sowjetunion und der Verunsicherung der Nicht-Kirgisen über ihren ethno-politischen Status zusammen. Das Land trat mit ungünstigen Startbedingungen in die Unabhängigkeit: Es gehörte zu den besonders unterentwickelten Unionsrepubliken, z. B. in Hinsicht auf Infrastruktur, Industrialisierung, Gesundheitswesen.

Die Kirgisen leben überwiegend auf dem Land (85%), die europäischen Minderheiten überwiegend in Städten, so daß sich eine Zweiteilung der Bevölkerung ergibt: dem ländlichen kirgisischen steht das urbane russischsprachige Bevölkerungssegment gegenüber. Dies spiegelt sich in der Relation zwischen Berufs- und Völkergruppen wider: Bestimmte technische, industrielle Berufe sind hochgradig von ethnischen Minderheiten abhängig. In den achtziger Jahren machten Kirgisen nur ein Fünftel der Studenten an technischen und berufsbildenden Fachschulen aus. Ende der achtziger Jahre waren nur 25% der Arbeitsplätze in der Industrie, aber 69% in der Landwirtschaft von Kirgisen besetzt. Das Wirtschaftsleben wird dementsprechend von der gegenwärtig hohen Abwanderung der Nicht-Kirgisen negativ beeinflußt.

K. ist dem natürlichen Landescharakter entsprechend ungleichmäßig besiedelt. Hochgebirgslandschaften, in denen man nur gelegentlich auf einzelne Nomadenjurten und kleine Bergsiedlungen stößt, stehen dichtbesiedelte Regionen wie das

Tschu- oder das Fergana-Tal gegenüber. Ein großer Teil der Bevölkerung ist im Süden (Osch, Dschelal-Abad) konzentriert.

Geschichte

Ethnisch sind die Kirgisen nur schwer von den Kasachen zu unterscheiden. Bei der sowjetischen Aufgliederung Zentralasiens in nationale Gebietseinheiten wurde K. zunächst als Gebiet der „Kara-Kirgisen", die Kasachen dagegen als „Kirgisen" bezeichnet. Im wesentlichen wurde dann mit der Unterscheidung zwischen Kasachen und Kirgisen eine Trennlinie zwischen Steppen- und Bergnomaden gezogen. Die Frühgeschichte und der Ursprung der Kirgisen sind wie bei vielen Völkern Innerasiens umstritten. Als ihre Vorfahren gelten turk-mongolische Stämme mit gemeinsamen Wurzeln im Altai in Innerasien. Es wird angenommen, daß diese Stämme aus Sibirien, wo sie zwischen den Flüssen Jenissej und Orchon ein Reich gebildet hatten, südwärts nach Mittelasien wanderten.

Das Gebiet hatte vor der Einwanderung der kirgisischen Stämme aus dem Norden seine eigene Geschichte gehabt. Es war Teil antiker Reichsbildungen (Alexander der Große u. a.) gewesen und lag an einer Trasse der Seidenstraße. Es wurde zur Heimat verschiedener Kultur- und Religionsgemeinschaften (Zoroastrismus, Buddhismus, Islam, Schamanismus). Auch das Christentum war hier vertreten, wie in anderen Teilen Zentralasiens. In Tokmak, einer der ältesten Siedlungen, existierte im Mittelalter ein nestorianisches Erzbistum. Osch im Fergana-Tal wurde im 10. Jh. zu einem Zentrum islamischer Wissenschaft.

Zu Beginn des 13. Jh. kam K. unter mongolische, anderthalb Jahrhunderte später unter die Herrschaft Timurs. Eine eigene kirgisische Staatsbildung kam dabei zum Erliegen; allerdings wurden die Kirgisen nie ganz abhängig von anderen Mächten. Die politische Organisation fiel mit den Stammesstrukturen zusammen. Gesellschaftliche Strukturen und Traditionen, Kultur und Wirtschaft der Kirgisen waren vom Nomadismus geprägt, der hier so tief verwurzelt war, daß er auch von sowjetischer „Modernisierung" nicht völlig eliminiert wurde.

Von 1710 bis 1876 bildete K. einen Teil des usbekischen Khanats von Kokand. Rußland dehnte im 19. Jh. seine Macht über Kasachstan nach Zentralasien aus. 1876 annektierte es Kokand und brachte damit auch kirgisische Gebiete unter seine Herrschaft. Kirgisen waren danach in Aufstände gegen die russische Kolonialmacht verwickelt. Einige Stämme flohen nach Afghanistan oder zogen sich in unzugängliche Gebirgsregionen zurück. 1916, beim größten Aufstand in Zentralasien, der von Kosaken brutal niedergeschlagen wurde, flohen 150 000 Nomaden nach China. In umgekehrter Richtung war es zwischen 1862 und 1877 zu einer Fluchtwelle aus China nach K. gekommen: Das Volk der Dunganen war nach einem gescheiterten Aufstand aus Nordchina nach Mittelasien geflohen.

Die russische Kolonialmacht ließ anfangs die überkommenen Strukturen unangetastet. Doch bald entstand mit der Ansiedlung russischer und ukrainischer Kolonisten auf Kosten der Nomaden ein Gegensatz zwischen den Einheimischen und der Kolonialmacht. 1911 befanden sich 87 000 Siedler aus Rußland in K. Ihre Zahl erhöhte sich noch nach den Agrarreformen Stolypins, die die Abwanderung von Bauern aus den überbevölkerten Agrarmetropolen des Reichs nach Süden und Osten förderten.

Die Kirgisische Sowjetrepublik

K. lag außerhalb der unmittelbaren Bürgerkriegsgebiete des 1917 zerfallenen Zarenreichs. Ein lokale KP wurde hier als exklusiv russische Partei gegründet. Im April 1918 wurde K. in die Turkestanische Autonome Sowjetrepublik eingegliedert.

Die lokale Sowjetmacht setzte anfangs eine ungeschminkt kolonialistische Politik fort. Die gesamte Verwaltung blieb russisch. Den Einheimischen wurde weiterhin Land zugunsten russischer Siedler genommen. Erst nach dem Ausbruch des

Widerstands der sogenannten „Basmatschi" in Zentralasien und nachdem Moskau nach Beendigung des Bürgerkriegs wieder stärkere Kontrolle über die lokalen Machtorgane erlangt hatte, schaltete das Sowjetregime auf eine konziliantere Politik um. Landreformen stellten in den zwanziger Jahren teilweise die Rechte kirgisischer Nomaden und Bauern wieder her. 1924 wurde K. als „Kara-Kirgisische Autonome Region", 1926 als Autonome Republik (ASSR) und 1936 als Unionsrepublik (SSR) eingerichtet. Bei den Kirgisen überwog noch lange das Bewußtsein ethnischer Zusammengehörigkeit der zentralasiatischen Turkvölker, das dieser „nationalen Abgrenzung" widerstrebte.

Vorläufig kam es noch nicht zur radikalen Umwandlung der sozialökonomischen Strukturen. Doch die Kommunisten griffen mit ihren Vorstellungen von Säkularisierung und Modernisierung, Frauenemanzipation, Landumverteilung und Volksbildung in die traditionelle Lebenswelt der einheimischen Bevölkerung ein und provozierten Widerstand. In den zwanziger Jahren wurden kirgisische Partei- und Verwaltungskader aufgebaut, deren politische Optionen, z. B. auf Schaffung einer muslimisch-türkischen Parteiorganisation, sich bald dem Verdacht des Nationalismus aussetzten und mit den Interessen Moskaus kollidierten. 1925 opponierte eine Gruppe hoher kirgisischer Parteikader (Gruppe der Dreißig) gegen die Vormacht des Russischen in der Partei und forderte eine stärkere Berücksichtigung des kirgisischen Elements im Staats- und Parteiaufbau. Daraufhin erfolgte eine erste Säuberung im Parteiapparat.

Den denkbar tiefsten Einschnitt stellte die Zwangskollektivierung der Landwirtschaft seit 1929 dar. Mit ihr war der Kampf gegen den Nomadismus verbunden. Die Nomaden entzogen sich ihrer Seßhaftmachung und dem staatlichen Zugriff auf ihre Herden durch Flucht nach China und Afghanistan. Ganze Viehherden wurden geschlachtet, um sie dem Zugriff des Staates zu entziehen. Stalins „Revolution von oben" führte hier ähnlich wie in Kasachstan zur völligen Zerrüttung der Viehzucht und damit des wichtigsten Wirtschaftszweigs.

Widerstand gegen die Kollektivierung ging auch von lokalen Parteifunktionären aus. Die Bestrafung dafür folgte in einer Serie von Säuberungen des kirgisischen Parteiapparats. Die Mitgliederzahl der KP sank um 51 %. Stalins „großer Terror" vernichtete die junge kirgisische Intelligenzia, die in sich in der frühen sowjetischen Periode gebildet hatte. Gleichzeitig begann die Industrialisierung, die mit Einwanderungswellen aus den zentralen Regionen der Sowjetunion verbunden war. So wurden mit den wirtschaftlichen auch die demographischen Grundlagen des Landes verändert.

Die Chruschtschowzeit war auch in K. mit einer Liberalisierung der Kulturpolitik verbunden. Literatur und Publizistik erlangten Freiräume, in denen die unter Stalin unterdrückten nationalen Bedürfnisse in einem begrenzten Rahmen artikuliert werden konnten. Seit 1961 stand Turdakun Ussubalijew als einer der für Zentralasien typischen Parteifürsten der Breschnew-Ära 24 Jahre lang an der Spitze der Republikführung. In seine Amtszeit fällt die verstärkte Einbeziehung ethnischer Kirgisen in die Machtstrukturen der Unionsrepublik. Kirgisen stellten gegenüber der früheren Dominanz russischer Kader nunmehr drei Viertel der Spitzenfunktionäre. Mitglieder der KP waren in den achtziger Jahren zu ungefähr gleichen Teilen Kirgisen und Russen. Machtkämpfe innerhalb der kirgisischen Partei- und Staatselite verliefen teilweise entlang traditioneller Stammes- und Clanlinien. Obwohl traditionelle Loyalitätsgemeinschaften wie Stamm, Sippe und Großfamilie im Leben der Kirgisen die bestimmenden Kollektivformen blieben, wuchs in der nachstalinistischen Zeit auch so etwas wie ein kirgisisches Nationalgefühl, getragen vor allem von einer neu formierten und erweiterten nationalen Intelligenzschicht. In der Literatur wurde, z. B. von Dschingis Aitmatow (siehe unten), das traditionelle Leben dargestellt, was die Kritik der Partei an der „Verherrlichung vorsowjetischer Vergangenheit" hervorrief. Dieses gewachsene kirgisische Nationalgefühl rieb sich an einer Reihe von Mißständen: an der Russifizierungspolitik, an den Immigrationswellen, die den Anteil der Kirgisen an der Republikbevölkerung gesenkt hatten, an den Umweltsünden sowjetischer Industrialisierungspolitik, an der wirtschaftlichen Abhängigkeit vom Zentrum.

Zum Zeitpunkt der Amtsübernahme der KPdSU-Führung durch Gorbatschow war der Moskauer Zentrale die Kontrolle über die zentralasiatischen Republiken schon weitgehend entglitten. In der ersten Hälfte der achtziger Jahre versuchte Moskau, den Zugriff wieder zu straffen. Eine Kampagne zur Bekämpfung von Korruption, Unterschlagungen im Sektor der Baumwollwirtschaft, „ideologischen Mißständen" und „Fehlern der Kaderpolitik" führte in den zentralasiatischen Republiken zu Parteisäuberungen, von denen in K. etwa 2600 Kader, meist Kirgisen, betroffen waren. Ussubalijew wurde als Parteichef von Absamat Massalijew (1985-1990) abgelöst.

Das Eingreifen Moskaus rief nun aber Abwehrreaktionen hervor. Das gewachsene Nationalbewußtsein der Titularnation wehrte sich gegen die „kommando-administrative" Praxis Moskaus im Gewand der Reformpolitik, der Perestroika. In Kasachstan führte dieser Konflikt im Dezember 1986 bei der Ablösung des dortigen Parteichefs Kunajew durch einen Russen zum offenen Aufbegehren. Dies hatte auch in K. seinen Widerhall. Dort entstand in den folgenden Jahren – anders als in den Nachbarrepubliken – eine relativ freie und kritische Berichterstattung über soziale, ökonomische, ökologische und kulturelle Probleme und Fehlentwicklungen.

Der Schriftstellerverband kritisierte 1987 die Vernachlässigung kirgisischer Kultur, Sprache und Geschichte. Insbesondere die Sprachenfrage wurde zum Schlüsselthema der „nationalen Wiedergeburt". Der Schriftsteller Aitmatow und seine Kollegen kämpften gegen einen absurden Zustand: In der Hauptstadt K.s gab es gerade eine einzige höhere Schule mit durchgängiger kirgisischer Unterrichtssprache. Die in den Städten lebenden Kirgisen waren ihrer Muttersprache weitgehend entfremdet, während die ländlichen Kirgisen sich kaum in Russisch verständigen konnten. Neben der Sprachenfrage bestimmten zwei weitere Themen den nationalen Aufbruch: die Umweltfrage (Schutz des Issyk-Kul u. a.) und die Geschichtsschreibung (nationale Herkunft der Kirgisen u. a.).

Die eigentliche Veränderung begann für K. 1990 und führte zu einem Prozeß, der die Republik von anderen zentralasiatischen Sowjetrepubliken wie Turkmenistan oder Usbekistan unterschied. Im Februar 1990 konnte sich der kommunistische Parteiapparat bei Parlamentswahlen auf Republik- und Lokalebene noch behaupten und alternative politische Kräfte vom Zugang zu staatlicher Macht fernhalten. Allerdings bildete sich im September eine Parlamentsfraktion, die dann gegen die Parteibürokratie auftrat und „Demokratisierung" forderte. Der Oberste Sowjet beschloß, das Amt eines Staatspräsidenten einzuführen. Die Deputierten konnten sich nicht auf einen der beiden Kandidaten, den Parteichef Massalijew oder den Ministerpräsidenten Dschumagulow, einigen. Als Kompromißkandidat wurde nun der Präsident der nationalen Akademie der Wissenschaften, Askar Akajew (geb. 1944), ins Spiel gebracht und am 27. 10. 1990 zum Staatspräsidenten gewählt. Damit trat ein Mann an die Spitze der Republikführung, der nicht der engeren sowjetkommunistischen Machtelite entstammte. Hinter den Auseinandersetzungen hatte offenbar auch die Konkurrenz zwischen tribalen und regionalen Machtgruppierungen gestanden. Akajew konnte, gerade weil er keine machtvolle Stammesklientel vertrat, als Kompromißfigur auftreten.

Die gesamte Machtstruktur war im Sommer 1990 durch eine der heftigsten interethnischen Kollisionen erschüttert worden, die sich bis dahin in der zerfallenden Sowjetunion ereignet hatten. Im Juli gerieten Kirgisen und Usbeken in der Provinz Osch im Fergana-Tal aneinander. Daraus entwickelte sich ein Pogrom an der hier vertretenen usbekischen Minderheit. Es gab unbeschreibliche Gewaltszenen und Hunderte von Toten. Der Konflikt ereignete sich in einer für das Fergana-Tal typischen Zone ethnischer Mischbevölkerung mit starken sozialen und wirtschaftlichen Problemen (Jugendarbeitslosigkeit, Wohnraum- und Bodenverknappung u. a.) und interethnischer Konkurrenz. Er hätte sich erheblich ausweiten können, wenn die Führungen K.s unter Akajew und Usbekistans unter seinem Präsidenten Karimow nicht sehr umsichtig gehandelt hätten.

Der neue Präsident setzte nun mit Nachdruck auf Wirtschaftsreformen, Stärkung der Regierungsautorität gegenüber der alten Partokratie und Entschärfung interethnischer Konflikte. Von der innerparlamentarischen Opposition gegen die Nomenklatur unterstützt, regierte er quer zur linkskonservativen Machtelite. Eine weitere Wende brachte der Augustputsch in Moskau 1991. Während die Partokratie in K. den restaurativen Staatsstreich unterstützte, stellte sich Akajew als einziger zentralasiatischer Staatschef mit Entschiedenheit gegen die Putschisten in Moskau und gegen einen gleichzeitigen Putschversuch restaurativer Kräfte im eigenen Land. Damit konnte er nach dem Scheitern des Augustputschs glaubwürdiger als seine Amtskollegen in anderen Unionsrepubliken in K. das formelle Ende der kommunistischen Ära verkünden. Wie Jelzin in Moskau, verfügte er ein Verbot der KP und die Beschlagnahme ihres Eigentums.

Am 31. 8. 1991 verkündete das Parlament die staatliche Unabhängigkeit, nachdem die Kirgisische SSR sich bereits im Dezember 1990 in „Republik Kirgistan" umbenannt (ab 1993: Kirgisische Republik) und sich für „souverän" erklärt hatte. Was bereits vor diesem Datum an politischem Wandel in K. unter der Führung Akajews eingeleitet worden war, wurde als „seidene Revolution" in Anspielung auf die tschechoslowakische „samtene Revolution" bezeichnet. Dazu gehörte z. B. eine Regierungsreform im Januar 1991, welche die alte sowjetische Machtstruktur auf eine „schlankere" Exekutive reduzierte.

Die ersten Jahre der Unabhängigkeit

Am 12. 10. 1991 stellte sich Akajew mit seinem Präsidentenamt einer Volkswahl. 95% der Wähler stimmten bei einer Wahlbeteiligung von 90% für ihn. Ein Gegenkandidat war allerdings nicht aufgestellt worden. Damit war Akajew zwar demokratisch legitimiert, sein politischer und wirtschaftlicher Kurs aber noch keineswegs gegen Widerstand gefeit. In den nachfolgenden Jahren büßte die Exekutive an Popularität ein, insbesondere aufgrund der Verschlechterung der Lebensbedingungen.

Vor allem hatte Akajew sich mit dem alten Parlament aus 350 nebenberuflichen Abgeordneten auseinanderzusetzen, die nur zu zwei regulären Sitzungen pro Jahr zusammenkamen. Die Verabschiedung wichtiger Gesetze wurde verzögert, so daß immer mehr mit präsidentiellen Erlassen regiert wurde. Eine neue Republikverfassung blieb lange zwischen dem Präsidenten und dem Parlament umstritten. Ein Streitpunkt war z. B. die Frage, ob das Recht auf privaten Landbesitz nur ethnischen Kirgisen oder allen Bürgern der Republik offenstehen solle; die vom Parlament geforderte ethnische Einschränkung wurde schließlich durch Bemühen Akajews fallengelassen. Umstritten war auch der Status der russischen Sprache und die Frage der doppelten Staatsbürgerschaft für Russen. Im Mai 1993 wurde die neue Verfassung einstimmig vom Parlament verabschiedet. Sie sah ein ständig tagendes Einkammer-Berufsparlament aus 105 Abgeordneten mit dem Namen „Schogorku Kengesch" und strikte Gewaltenteilung zwischen Legislative, Exekutive und Judikative vor. Allerdings sollte das amtierende alte Parlament aufgrund eines Kompromisses bis zu den neuen Präsidentschaftswahlen Ende 1995 im Amt bleiben. Die Verfassung enthält Bestimmungen über Bürger- und Menschenrechte, Rechtsstaatlichkeit u. a., die westlichem Verfassungsstandard entsprechen. Mit den Regierungssystemen der meisten GUS-Staaten stimmt sie darin überein, daß sie dem Präsidenten eine große Machtfülle gewährt, die sich über die Akime, vom Präsidenten eingesetzte Statthalter, auf die lokale Ebene erstreckt.

In der politischen Entwicklung K.s zeigten sich die Grenzen des mit dem Namen Akajews verbundenen „liberal-demokratischen Modells". Es erwies sich als ein Idealmodell ohne Bodenhaftung, als „Demokratie von oben", ohne Verwurzelung in den sozialen, ökonomischen und politischen Realitäten des Landes. Und so zeigte sich ein Trend, der auch andere GUS-Staaten wie Rußland prägt: Reformen mußten teilweise mit nicht gerade verfassungsgemäßen Mitteln im politischen Alltag verfochten werden. Es entstand ein magisches Dreieck mit Zielkonflikten zwischen Demokratisierung, Stabilität und Reform. Dabei unterschied sich K. aber weiterhin von Nachbarländern, in denen sich der Trend zur Präsidialautokratie vollends durchgesetzt hat.

Die Regierung wurde im Dezember 1993 neu zusammengesetzt. Unter dem Premierminister Apas Dschumagulow erhielt sie eine „zentristische" Ausrichtung, d. h. sie verfolgt eine Politik der graduellen Reform unter Einbeziehung der alten Wirtschafts- und Verwaltungskader. Im Januar 1994 stärkte Akajew seine Stellung durch ein Referendum über das Vertrauen der Bevölkerung in seine Person und Politik: 96,2% der Abstimmenden drückten ihm ihr Vertrauen aus. Im Herbst 1994 erreichte die Auseinandersetzung mit dem Parlament ihren Höhepunkt: Akajew ließ die Parlamentszeitung [Svobodnye gory] (Freie Berge), eine Plattform der Kritik an seiner Reformpolitik und Machtstellung, verbieten. Am 2. 9. 1994 erwies sich das Parlament als arbeitsunfähig und löste sich auf. 180 Deputierte hatten erklärt, der nächsten Sitzungsperiode fernzubleiben. Der Präsident, der offenbar den Boykott angeregt hatte, setzte Parlamentsneuwahlen für Dezember an. Mit dem Parlamentskollaps stellte auch die Regierung Dschumagulow offiziell ihre Tätigkeit ein und versah ihre Aufgaben nur noch kommissarisch. Akajew regierte nun ohne Parlament und Regierung per Dekret. Am 22. 10. ließ er sich eine Neuordnung des Parlaments per Referendum bestätigen. Das künftige Parlament sollte nun aus zwei Kammern bestehen: einer 70köpfigen, nur gelegentlich zusammentretenden Volkskammer und einer 35köpfigen ständigen und professionellen Gesetzgebenden Kammer.

Im Februar 1995 wurden die Wahlen zum neuen Parlament unter internationaler Beobachtung abgehalten. Die Zusammensetzung des Parlaments fiel allerdings kaum zur Zufriedenheit des Präsidenten aus: viele Mitglieder des alten Parlaments und Angehörige der Nomenklatura wurden wiedergewählt. Schon im April kam der erste Konflikt: Die Parlamentarier verweigerten ihre Zustimmung, als sie auf Wunsch des Präsidenten das Verfassungsgericht anerkennen sollten. Sie hatten das Beispiel Kasachstans vor Augen, wo das Verfassungsgericht die Gültigkeit einer Parlamentswahl angefochten hatte.

Angesichts politischer, wirtschaftlicher, ethnischer und sozialer Destabilisierungsgefahren wächst auch im „demokratischen" K. die Neigung, Stabilität durch eine autoritäre politische Führung zu sichern. Im April 1995 stellte eine Parlamentsfraktion den Antrag, die Amtszeit des Präsidenten per Referendum über den nächstfälligen Wahltermin hinaus bis zum Jahr 2000 zu verlängern. Daran schloß sich ein ähnlich lautender Aufruf aus Osch an, hinter dem offensichtlich der dortige Akim, ein Mann des Präsidenten, stand. Nur Akajew könne, so hieß es, für Sicherheit und Ordnung im Lande sorgen. Akajew selber wies dieses Ansinnen zunächst zurück und entsagte vorläufig noch einem Trend, dem kurz zuvor seine Amtskollegen in Usbekistan und Kasachstan und bereits 1994 der turkmenische Präsident gefolgt waren. Er entsprach damit den Erwartungen, die insbesondere westliche Kreditgeber an ein „demokratisches Modell" in K. knüpfen. Außerdem hatten drei Parteien, Erkin Kyrgyzstan, die KP und Ata Meken, gegen eine Amtsverlängerung opponiert. Akajew hatte in seiner Rede an die Nation am 31. 3. 1995 allerdings vor Anarchie gewarnt. Der Präsident zeichnete ein düsteres Bild von Kriminalität und wuchernden Mafiastrukturen. Im August 1995 baten Regierungsanhänger den Präsidenten nochmals um die Verlängerung seiner Amtszeit bis zum Jahr 2001. Sie haben dafür angeblich eine Mio. Unterschriften gesammelt. Statt der automatischen Verlängerung der Amtszeit des Präsidenten setzte man in K. nun Präsidentschaftswahlen für den 24. Dezember 1995 fest, bei denen Akajew wie zu erwarten wieder gewählt wurde.

Außen- und Sicherheitspolitik

Beim Übergang in die staatliche Unabhängigkeit betrachtete K. intensivierte Beziehungen zu seinen unmittelbaren Nachbarn sowie zur Türkei, zu ostasiatischen Mächten wie China, Japan und Korea, aber auch eine weite Öffnung gegenüber dem Westen als Hauptanliegen seiner Außenpolitik. Es trat im April 1994 einer zentralasiatischen Kooperationsgemeinschaft mit den Nachbarn Usbekistan und Kasachstan, dem Abkommen zur Schaffung eines „einheitlichen Wirtschaftsraums in Zentralasien", bei. Die Dreiergemeinschaft sieht den freien Verkehr von Kapital, Waren und Arbeitskraft auf ihrem Territorium und eine koordinierte Kredit-, Preis-, Steuer-, Zoll- und Währungspolitik vor. Die Zusammenarbeit soll auch militärische Bereiche umfassen. K. bildet in ihr das wirtschaftlich schwächste Glied. Diese Gemeinschaft ist das, was von der anfänglichen Vision eines „türkischen Commonwealth" mit der Türkei als Anlehnungsmacht für alle turksprachigen Staaten letztlich realisiert werden konnte. Dazu kommen vielfältige geschäftliche und kulturelle Beziehungen zur Türkei, die K. wie alle übrigen turksprachigen GUS-Länder unterhalten. In Bischkek fand im August 1995 der dritte Turkstaaten-Gipfel statt (nach dem ersten in Ankara 1992 und einem weiteren in Istanbul). Er wurde als Abkehr von den anfänglich euphorischen Vorstellungen einer türkischen Staatengemeinschaft gewertet.

Besondere Bedeutung erlangten die Beziehungen zu China. K. organisierte die erste freie Handelszone an der Grenze zu China. Der Grenzhandel wurde zu einem wichtigen Wirtschaftsfaktor. Ähnlich wie Kasachstan ist auch K. unfreiwillig in die Entwicklungen in Chinas Westen, in der Autonomen Region Xinjiang-Uigur mit ihrer turko-muslimischen Stammbevölkerung, involviert und an Stabilitätswahrung in ihr interessiert. Im Juli 1992 hatte eine sogenannte „Partei für die Unabhängigkeit Uigurstans" eine Konferenz in Bischkek abgehalten und die kirgisischen Behörden beunruhigt.

Bei aller Offenheit K.s gegenüber der Außenwelt hat Rußland Priorität für seine Außen- und Sicherheitspolitik. Präsident Akajew war in Zentralasien der engste Verbündete Jelzins. In einer Aussage vom 31. 8. 1993 räumte er Rußland „die Hauptpriorität in unserer Außenpolitik" ein. Die Zusammenarbeit erstreckt sich vor allem auf militärische und sicherheitspolitische Belange. K. schloß mit Rußland Abkommen über militärische Zusammenarbeit, die vor allem die Nutzung ehemals sowjetischer Militäranlagen in K. betrafen. Beim Aufbau einer eigenen nationalen Streitkraft (geplant: 30 000 Mann, tatsächliche Stärke: 7–8000) ist das Land weitgehend von Rußland abhängig. K. hat sich – innenpolitisch höchst umstritten – mit einem kleinen Truppenkontingent vorübergehend an der Sicherung der tadschikisch-afghanischen Grenze beteiligt. 1994 befanden sich rd. 12 000 russische Soldaten unter einem gemeinsamen kirgisischen und GUS-Kommando auf dem Territorium K.s. Im Januar 1994 einigten sich die Verteidigungsminister K.s, Usbekistans und Kasachstans über die Nutzung ehemaliger sowjetischer Militärobjekte. Eine Militärdoktrin K.s ist bislang kaum bekannt; als Hauptproblem der regionalen Sicherheit wird hier ähnlich wie in den Nachbarländern die äußerst instabile Lage in Tadschikistan angesehen. Aus diesem Land gelangen Waffen, Drogen und Flüchtlinge nach K., die seine innenpolitische Stabilität gefährden.

Religion und Kultur

Die Kirgisen sind Sunniten hanefitischer Rechtsschule. Ihre Bekehrung zum Islam erfolgte spät, im nördlichen Landesteil erst durch eine von Kokand ausgehende Mission zwischen dem 17. und 19. Jh. Sie konnte die vorislamischen Verhältnisse nicht verdrängen. Auf dem Territorium K.s liegen jedoch wesentlich ältere Zentren islamischer Kultur wie die Stadt Osch.

Religiöser Fundamentalismus und politischer Islamismus treffen in der kirgisischen Kultur kaum auf Entfaltungsmöglichkeiten. Eine politische Bewegung auf islamischer Grundlage konnte hier in den letzten Jahren nicht entstehen. Der Versuch, eine Republiksektion der „Islamischen Partei der Wiedergeburt" in K. zu etablieren, scheiterte daran, daß die Partei keine Anhänger fand. In den meisten Teilen des Landes hat der europäische Reisende den Eindruck, sich in einer äußersten

Randzone der islamischen Welt zu bewegen. Man trifft hier eher auf stammesbezogene Kultursymbole wie die beeindrukkenden Stammesfriedhöfe als auf Moscheen. Totemismus und Schamanismus prägen die Kultur der kirgisischen Stämme nachhaltig. Im 19. Jh. sagte der Schriftsteller Tschokan Walichanow über die religiöse Kultur der Kirgisen: „Der Islam kann in einem Volk ohne Schrifttum und ohne Mullahs keine Wurzeln schlagen. Er ist hier nur eine Umhüllung, die über alte schamanische Glaubensinhalte gelegt wurde".

Es bestehen aber in religiöser und kultureller Hinsicht regionale Unterschiede. In Südkirgisien im Fergana-Tal wurde der Islam früher und tiefer verwurzelt als im Norden. Osch gehört zu den Zentren islamischer Religiosität in Zentralasien mit einem lokalen Heiligtum, dem „Taht-i-Süleyman", einem Kalksteinfelsen, auf dem der Prophet gebetet haben soll. In dieser Region bestehen soziale und interethnische Probleme und könnten einen Nährboden für die Radikalisierung von Religiosität bieten, von der zur Zeit aber noch nicht viel zu bemerken ist.

Jeder Besucher des Landes wird dagegen mit einem Kultursymbol auf Schritt und Tritt konfrontiert, mit Manas, dem Helden des kirgisischen Nationalepos. „Manas" ist eine gewaltige Sammlung kirgisischer Mythen, Märchen und Legenden und steht für das vielleicht umfangreichste Epos der Weltliteratur (mehr als 500 000 Verse), das über viele Jahrhunderte mündlich tradiert und 1920 niedergeschrieben wurde. Es malt ein mythologisches Bild der frühen Geschichte der Kirgisenstämme, enthält aber auch viele Hinweise auf fremde Länder und wird heute als Beweis für die Weltoffenheit K.s angeführt. Seine Überlieferung gilt als erstrangiges nationales Kulturgut. Manas-Sänger (manastschi) standen traditionell in hohem Ansehen. Ende der vierziger Jahre unternahm die stalinistische Kulturpolitik einen absurden Angriff auf die großen Epen der Turkvölker, die plötzlich zum „reaktionären Kulturgut" abgestempelt wurden. Auch Manas fiel diesem lächerlichen Verdikt zum Opfer. Heute steht das Epos und sein Held im Zentrum kirgisischer Kulturpolitik. Im Sommer 1995 feierte Bischkek sein 1000-Jahres-Jubiläum. Die Feierlichkeiten fielen mit dem dritten Gipfeltreffen der Turkstaaten in der kirgisischen Hauptstadt zusammen. Türkische Politiker wie der verstorbene Präsident Özal hatten versucht, Manas zum Symbol einer gesamttürkischen Renaissance zu erheben. Präsident Akajew stellte jedoch klar, daß es das nationale Symbol K.s und nicht das eines pantürkischen Zentralasiens sei.

Andere Werke, die auf dem Territorium des heutigen K. entstanden sind oder deren Autoren aus K. stammen, können nur sehr bedingt als „kirgisisch" angesehen werden. Dazu gehören alttürkische Dichtungen wie das „Kutadgu Bilig" (glückbringendes Wissen). Dichtungen, die als „kirgisisch" zu bezeichnen wären, wurden vor dem 20. Jh. mündlich tradiert. Diese mündliche Tradition reicht bis in die Gegenwart und wird von „akyn" genannten Rezitatoren aufrechterhalten, die ihre Dichtung unter Begleitung durch nationale Musikinstrumente vortragen.

Eine moderne Literatur entstand in sowjetischer Zeit. Ein Name repräsentiert K. weit über seine Grenzen und die der Sowjetunion hinaus: Dschingis Aitmatow. Der 1928 in der Region von Talas geborene Schriftsteller machte in Novellen und Romanen wie „Dschamilija" (1958), „Erzählungen der Berge und Steppen" (1963), „Abschied von Gülsary" (1966) oder „Ein Tag länger als ein Leben" (1980) kirgisische und zentralasiatische Sujets weltbekannt. Sein Hauptthema ist der Konflikt zwischen der Tradition und der Moderne, ein für das ehemals sowjetische Zentralasien unerschöpfliches Thema. Aitmatow setzte sich gegen Ende der achtziger Jahre für die Aufwertung des Kirgisischen im Bildungswesen seiner Heimat ein. Dennoch war er in sowjetischer Zeit kein nationaler Dissident, sondern machte steile Karriere im sowjetischen Literaturestablishment. Er vertrat zuletzt K. als Botschafter in Brüssel. Seine internationale Aktivität setzte seiner Akzeptanz in K. selber allerdings Grenzen. Es wird inzwischen sogar Zweifel daran angemeldet, daß der Schriftsteller, der bei den nächsten Präsidentschaftswahlen mit Akajew konkurrieren will, in seinem Heimatland noch verwurzelt ist.

K. hat ein für zentralasiatische Verhältnisse freies Pressewesen. Ein im August 1993 von der Regierung erlassenes Gesetz zur staatlichen Kontrolle über die Medien wurde durch Präsidentendekret teilweise wieder abgeschafft. Es erschienen 1990 114 Zeitungen (42 in kirgisischer Sprache) und 42 Zeitschriften (16 in Kirgisisch). Heute bestehen allerdings erhebliche materielle Probleme für den Druck und die Distribution von Presseerzeugnissen.

Ökologie

Die meisten Umweltprobleme hängen mit der Landwirtschaft zusammen, sind aber weniger dramatisch als in anderen zentralasiatischen Ländern. Wo Baumwolle angebaut wird (wie in der Provinz Osch), wurde jahrzehntelang hemmungslos von chemischen, teilweise hochgiftigen Düngemitteln, Defolianten und Pestiziden Gebrauch gemacht. Bischkek, Osch und Tokmak gehörten zur Liste der sowjetischen Städte mit hoher Luftverschmutzung. Die Wasserverschmutzung hängt wiederum vorwiegend mit der Landwirtschaft zusammen, teilweise aber auch mit industriellen Umweltsünden. Flüssen wie Tschu und Naryn werden Öl, Kupfer, Nitrate und andere Schadstoffe zugeführt. Dem Touristen bietet sich in K. noch eine grandiose, ökologisch scheinbar intakte Natur, die aber durchaus gefährdet ist.

Produktion, Beschäftigung, Inflation, Außenwirtschaft

Durch die Hochgebirgslage weiter Landesteile bestehen nur geringe Möglichkeiten landwirtschaftlicher Nutzung. Metallerze und das hydroenergetische Potential sowie Kohle bilden das Hauptexportpotential. Unter dem reformorientierten Präsidenten wurde K. zu marktwirtschaftlichen Musterland, was eine tiefe Wirtschaftsdepression nicht verhinderte.

Bruttoinlandsprodukt (1989 = 100)

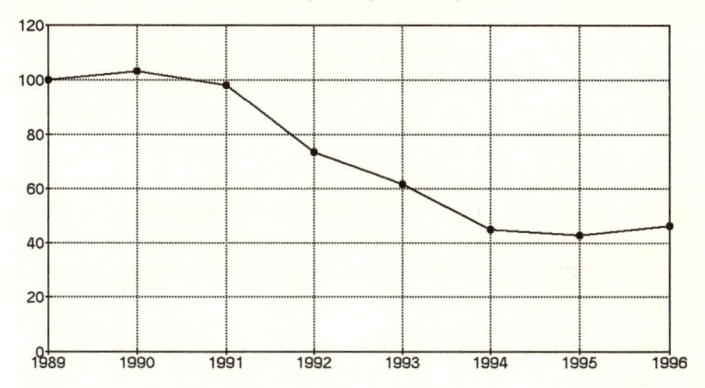

Das nach Kaufkraftparität berechnete BIP betrug 1994 8,1 Mrd. US-$, das sind 1800 US-$ pro Einwohner. Seit Beginn der Wirtschaftstransformation ging die Produktion stark zurück.

Veränderung des Bruttoinlandsprodukts in % gegenüber dem Vorjahr

1990	1991	1992	1993	1994	1995	1996
3,2,	–5,0	–25,0	–16,0	–27,0	–5,0	8,0

Quelle: European Bank for Reconstruction and Development. 1996: Prognose.

Besonders hoch war im selben Zeitraum der Rückgang der Industrieproduktion (jeweils um 25% pro Jahr) sowie der Investitionen (jeweils um 30%-40% pro Jahr). Der Beschäftigtenanteil in der Industrie (1991: 18%) ist seither erheblich gesunken, der Beschäftigtenanteil in der Landwirtschaft (1991: 33%) sowie im Handel und Dienstleistungsbereich entsprechend angestiegen. Vom Arbeitskräftepotential in Höhe von 2,3 Mio. Pers. sind 1,8 Mio. beschäftigt, 0,5 Mio. (22%) nicht beschäftigt.

In K. wurden 1992 die Preise freigegeben und nach einigem Zögern und durch Finanzhilfen des Internationalen Währungsfonds (IWF), der Weltbank und einzelner Geberländer unterstützt eine strikte monetäre Stabilisierungspolitik durchgeführt. Die hohe Inflation der Jahre 1992 und 1993 (jeweils über 1000%) konnte durch Kürzung der Staatsausgaben auf 300% (1994) bzw. etwa 200% (1995) gesenkt werden. Die ebenfalls mit IWF-Unterstützung im Mai 1993 eingeführte Nationalwährung „Som" blieb verhältnismäßig stabil.

K. weist eine nahezu ausgeglichene Handelsbilanz sowohl mit GUS-Staaten als auch Staaten außerhalb der GUS auf. Es besteht Importbedarf bei Erdgas und Erdöl, Chemikalien, Maschinenbauerzeugnissen, Fahrzeugen und Nahrungsmitteln. Exportiert werden Elektroenergie nach Usbekistan, Kasachstan und China sowie Buntmetalle, Wollwaren und elektrotechnische Erzeugnisse in verschiedene Länder.

Man könnte K. einen Musterschüler des Westens in bezug auf Demokratisierung und Wirtschaftsreform nennen, denn in keinem anderern GUS-Staat wurden westliche Vorschläge und Grundvorstellungen derart weitgehend verwirklicht wie in diesem kleinen Bergland an der Grenze zur Volksrepublik China. Hier zeigt sich aber auch, daß sowohl die Hypotheken aus der Zeit der Sowjetunion als auch die natürlichen Voraussetzungen und der geringe Entwicklungsstand der „bürgerlichen" Gesellschaft auf längere Zeit eine größere Rolle spielen als neu geschaffene Institutionen.

Land- und Forstwirtschaft

Wegen der überwiegenden Hochgebirgslage besteht Mangel an landwirtschaftlich nutzbarem Boden. Die Getreideernte (1994: 1 Mio. t) reicht zur Ernährung der Bevölkerung nicht aus. Die Baumwollernte (1994: 54 000 t) kann aus klimatischen Gründen kaum gesteigert werden. Die Viehzucht in den Gebirgsregionen nimmt mit etwa 10 Mio. Schafen und Ziegen und zwei Mio. Pferden und Rindern einen bedeutenden Platz im Wirtschaftsleben der Republik ein. Daneben wird Tabak-, Obst- und Gemüseanbau betrieben.

Bergbau und Energiewirtschaft

Die Kohleförderung (1992: 2,1 Mio. t, 1994: 0,8 Mio. t) ist rückläufig, die Erdöl- und Erdgasförderung geringfügig. Elektrizität (1994: 12,7 Mrd. KWh) wird vor allem in Wasserkraftwerken (Toktogul am Naryn) erzeugt. Das Land besitzt bedeutende Vorkommen von Gold, Quecksilber, Antimon, Uran und Marmor. Nachdem die Uranförderung an Bedeutung verloren hat, tritt Gold (Minen Kumtor, Dscherui) im Bergbau an die erste Stelle (Förderung 1994: 2 t, Steigerung auf 20 t geplant). Ausländische Investoren zeigen starkes Interesse an Bergbauprojekten.

Verarbeitende Industrie

Die Großbetriebe des Maschinenbaus, der Elektrotechnik und der Textilindustrie stehen wegen Material- und Absatzproblemen überwiegend still. Die Rüstungsindustrie (Flugzeugbau) wird teilweise auf zivile Fertigungen umgestellt, allerdings nicht immer mit Erfolg: Die Lenin-Werke in Bischkek gaben die Herstellung von Kühlschränken und anderen Haushaltsgeräten wegen mangelnder Nachfrage wieder auf und produzieren wieder Patronen für Kalaschnikows für den in- und ausländischen Bedarf.

Einige Joint ventures mit europäischen, amerikanischen und südostasiatischen Partnern (vor allem eine Fernsehgeräteproduktion in Tokmak mit südkoreanischem Partnerunternehmen) versprechen Modernisierung und Produkterneuerung.

Privatisierung, Landreform

Es erfolgte eine weitgehende Privatisierung des Einzelhandels (90%), der Anteil des Privatsektors am BIP beträgt 30%. 1995 wurde die Privatisierung von Betrieben beschleunigt. Es gibt private Schulen, Universitätseinrichtungen und Krankenhäuser. Bei der Privatisierung des Goldbergbaus kam es 1993 zu einem Korruptionsskandal, in den der damalige Ministerpräsident Tschyngyschew verwickelt war und zurücktreten mußte. Die Privatisierung des geringen Ackerlandes (7% der Landesfläche) mit dem Ziel der Stärkung der Position der Titularnation war Anlaß interethnischer Konflikte.

Soziale Lage

Außer für Brot und Milch existieren kaum Preissubventionen. Wirtschaftskrise und strikte Finanzdisziplin des Staatshaushaltes treffen vor allem die Angestellten des öffentlichen Bereiches und die von staatlichen Unterstützungen abhängigen Teile der Bevölkerung. Die Lehrergehälter und die Renten sind so niedrig, daß sie unter der Armutsgrenze liegen. Vielfach werden sie zudem monatelang nicht ausbezahlt. Die Landflucht aus den Bergregionen verstärkt das städtische Proletariat. 200 000 Menschen werden von der Welthungerhilfe unter maßgeblicher Beteiligung Deutschlands unterstützt.

Wirtschaftliche Zukunftsaussichten

Das kleine Gebirgsland wird nicht nur durch seine geographische Randlage im Wirtschaftsraum der ehemaligen UdSSR benachteiligt, sondern auch durch seine ehemals ganz auf UdSSR-Bedürfnisse hin ausgerichtete Produktionsstruktur. Im Vergleich zu seinen größeren GUS-Nachbarn wird K. im westlichen Ausland wenig beachtet, wenn auch manche persönliche Kontakte zu der als besonders freundlich und aufgeschlossen wirkenden Bevölkerung geknüpft wurden. Positiv fällt ins Gewicht, daß das marktwirtschaftliche und demokratische „Musterland" auf die Unterstützung internationaler Organisationen rechnen kann. Anders als seine mit Naturressourcen stärker gesegneten GUS-Nachbarn kann K. nicht mit Visionen einer glänzenden Zukunft aufwarten.

Literatur zum Kapitel

Bozdag, A., Demokratie – oder Chauvinismus? Kirgisien im Wandel, in: der Überblick, 2/1992, S. 38–42.

Ders., Konfliktregion Kirgisien, in: Orient, 3/1991, S. 365–393.

Braden, K., Kyrgyzstan, in: Pryde, Ph. R. (Hrsg.), Environmental Resources and Constraints in the Former Soviet Republics, Boulder/San Francisco/Oxford 1995, S. 307–323.

Crisp, S., Kirgiz, in: Smith, G. (Hrsg.), The Nationalities Question in the Soviet Union, London/New York 1990, S. 246–258.

Dobson, R. B., Kyrgyzstan in a Time of Change, in: Central Asia Monitor, 1/1995, S. 19–28.

Filonyk, A. O, Kyrgyzstan, in: Mesbahi, M. (Hrsg.), Central Asia and the Caucasus after the Soviet Union: Domestic and International Dynamics, Gainesville (Florida) 1994, S. 149–163.

Giroux, A., Kirghizstan, in: Le courrier des pays de lţEst, mars-avril 1995, S. 51–54.

Herr, H./Priewe, J., Entwicklungsstrategien für Transformationsökonomien am Beispiel der Republik Kirgistan – ein Diskussionsbeitrag, in: Osteuropa-Wirtschaft, 1/1995, S. 51–71.

International Monetary Fund (Hrsg.), Kyrgyz Republic, Washington D.C. 1993.

Istorija kyrgyzov (dosovetskij period): Ėksperimentalţnaja programma i metodičeskoe posobie dlja obščeobrazovateľnoj školy, Bischkek 1994.

Kyrgysstan, in: Wostok 3/1994, S. 35–65.

Kyrgyz Republic, in: The Economist Intelligence Unit (Hrsg.), Country Profile 1994-95, London 1995, S. 88–106.

Kyrgyzstan, in: Batalden, St. K./Batalden, S. L., The Newly Independent States of Eurasia: Handbook of former Soviet Republics, Phoenix (Arizona) 1993, S. 136–145.

Raschid, A., The Resurgence of Central Asia: Islam or Nationalism, London/New Jersey 1994, S. 136–158.

Reinecke, G., Politische Entwicklung im nachsowjetischen Mittelasien: Demokratisierung in Kirgistan, in: Berichte des BIOst 57/1995.

Schatalina, L., Das politische Spektrum Kirgistans, in: Osteuropa 11/1994, S. 1045–1056.

Moldova

Staatsname	Republik Moldau
Staatsname in Landessprache	Republika Moldova
Amtssprache	Moldauisch (Rumänisch)
Schrift	Lateinisch
Währung	Lei (seit November 1993)
Wechselkurs Ende 1995	4,6 pro US-$
Fläche	33 700 km^2 (BRD: 357 000 km^2)
Hauptstadt	Chişinău, russ. Kischinjow [Kišinev] (750 000)
Großstädte	Tiraspol (182 000)
	Bălţi, russ. [Bel'cy] (159 000)
	Bender/Tighina, russ. [Bendery] (130 000)
Autonome Territorien	Gagausien (rund 150 000)
	Transnistrien (rund 600 000)

Einwohnerzahl (1994)	4,4 Mio.
Glaubensgemeinschaften (1989)	
Christen	97%
Nationalitätenanteile (1989)	
Moldover	64,5%
Ukrainer	13,8%
Russen	13,0%
Gagausen	3,5%
Bulgaren	2,0%
Stadt-Land-Verteilung (1989)	
Stadtbevölkerung	47,5%
Landbevölkerung	52,5%
Bevölkerungswachstum	
Durchschnitt 1980–1989	0,9%
Durchschnitt 1990–1994	0,0
Bevölkerungsdichte (1994)	129 Einwohner pro km^2

Altersgruppen (1989)
   bis 9 Jahre   19,6%
   10–19 Jahre   17,3%
   20–39 Jahre   30,8%
   40–59 Jahre   20,8%
   über 60 Jahre   11,5%

Geburtenrate (1994):	14,3 pro 1000 Einwohner
Kindersterblichkeit (1993)	21,5 pro 1000 Geborene
Lebenserwartung (1989)	69 Jahre (m 65; w 72)
Mittl. Familiengröße (1989)	3,4 Personen

Unabhängigkeitserklärung	27. 8. 1991
Neue Verfassung	Juli 1994
Staatsoberhaupt	Präsident Mircea Snegur
Letzte Parlamentswahlen	Februar 1994
Parteien:	Regierungslager: Demokratische Agrarpartei u. a.; Opposition: Christdemokratische Partei u. a.

Territorium

Flächenmäßig der zweitkleinste sowjetische Nachfolgestaat, hat M. mit Abstand die höchste Bevölkerungsdichte in der GUS. Es liegt ganz im Südwesten der ehemaligen UdSSR in einem Gebiet zwischen den Flüssen Donau, Prut und Dnjestr. Im Norden, Süden und Osten ist es von der Ukraine umgeben, im Westen grenzt es an Rumänien. Günstige klimatische und landschaftliche Bedingungen machen aus M. eine der fruchtbarsten Regionen der ehemaligen UdSSR. Der zentrale Landesteil entfällt auf das sog. bessarabische Plateau mit bewaldeten Mittelgebirgen. Nördlich davon erstreckt sich die Steppe von Bălți (gesprochen Beltsj), im Süden die Trockensteppe von Budschak. Beide Steppenlandschaften sind fruchtbare Schwarzerde-Zonen.

Die Republik M. zerfiel bei ihrem Übergang in die Eigenstaatlichkeit in drei politische Gebietsteile: Transnistrien am linken Dnjestr-Ufer mit dem Zentrum Tiraspol, Gagausien im Süden mit dem Zentrum Komrat und das übrige Republikterritorium mit der Hauptstadt Chişinău.

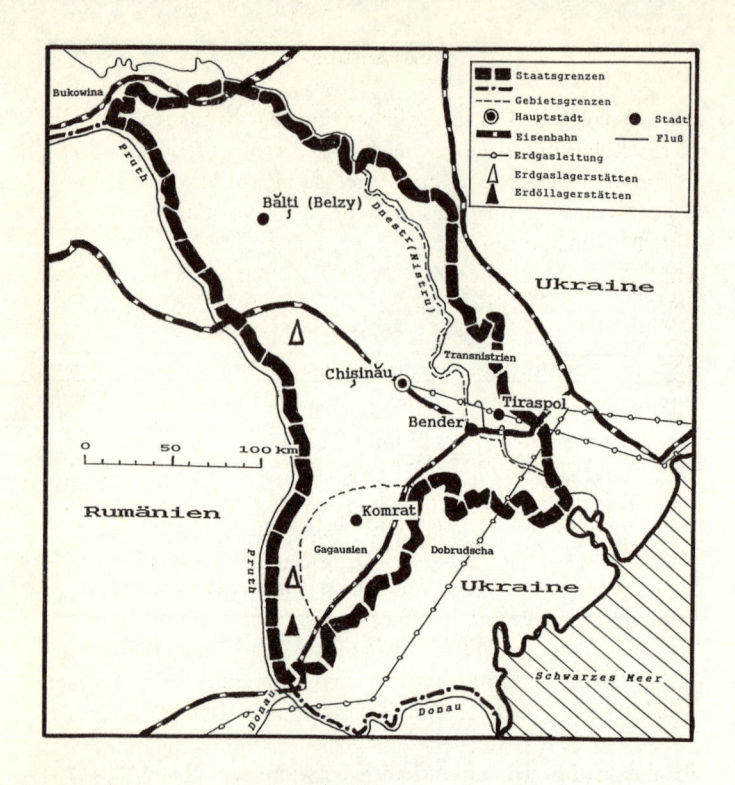

Chişinău (gesprochen Chischinou) liegt im Zentrum des moldauischen Weinanbaugebiets. In der Hauptstadt lebten 1989 325 000 Moldauer, 175 000 Russen und 95 000 Ukrainer. Die Stadt wurde 1420 erstmals erwähnt.

Die Netzlänge der Eisenbahn beträgt 1200 km, sie ist nicht elektrifiziert. Das milde Klima sowie historische Sehenswürdigkeiten könnten Touristen anziehen, wenn die innenpolitischen Verhältnisse sowie der Ausbau der Infrastruktur dafür die Voraussetzungen schaffen würden.

Bevölkerung

Die Moldauer sind in sprachlicher Hinsicht Rumänen, die unter russischer und sowjetischer Herrschaft in erheblichem Maße russifiziert wurden. Ein Mittel dazu war die Ansiedlung nichtrumänischer Bevölkerungsteile und eine starke Immigration aus Rußland und der Ukraine. Die größte Minderheitengruppe bilden Ukrainer (rd. 600 000), dicht gefolgt von Russen (562 000). Die meisten Ukrainer und Russen kamen nach dem zweiten Weltkrieg nach M. Andere Völker haben sich über Jahrhunderte hinweg mit den moldauischen Rumänen vermischt: Griechen, Slawen und Türken. Als politisch relevante Minderheiten und Minderheitengebiete sind die turksprachigen Gagausen im Süden M.s und die slawischen Minderheiten in Transnistrien zu erwähnen (dazu näher unten). Von Bedeutung ist auch die bulgarische Minderheit im Süden des Landes. M. trägt in Hinsicht auf seine Bevölkerungsstruktur mit seinen Minderheiten, die ihr „Mutterland" im Ausland erblicken könnten (Russen, Ukrainer, Bulgaren), ethno-politische Merkmale, die sowohl für Balkanländer als auch für sowjetische Nachfolgestaaten typisch sind. Seine Besonderheit besteht darin, daß auch die moldauische Titularnation selber in einem sehr engen ethnisch-sprachlichen Zusammenhang zu einer anderen, der rumänischen Staatsnation steht.

Geschichte

Abzüglich des sog. „Transnistrien" fällt das heutige M. größtenteils mit dem Gebiet zusammen, das in vorsowjetischer Zeit nach einem rumänischen Fürstengeschlecht als „Bessarabien" bezeichnet wurde. Es bildete vor 1812 einen Bestandteil des Moldaufürstentums, eines der beiden rumänischen Donaufürstentümer (das andere war die Wallachei), die unter der nominellen Oberherrschaft der Hohen Pforte standen. Dieses Moldaufürstentum war im 14. Jh. entstanden und hatte in Stephan dem Großen (1457–1504) seinen bedeutendsten Herrscher gehabt. Im Friedensvertrag von Bukarest, der einen Krieg zwischen Rußland und der Türkei 1806–12 beendete, wurde der größte Teil Bessarabiens von Rußland annektiert. Moldauische Gebiete westlich des Prut wurden später mit der Wallachei vereinigt und bildeten die territoriale Grundlage für ein unabhängiges Rumänien (1878).

Unter zaristischer Herrschaft wurde der rumänische Charakter Bessarabiens durch siedlungs- und kulturpolitische Maßnahmen gewaltsam zurückgedrängt, der Anteil der rumänischsprachigen Bevölkerung dadurch verringert. 1897 bestand die Bevölkerung von knapp zwei Mio. zu 47,6% aus Rumänen, 19,7% Ukrainern, 11,8% Juden, 8% Russen, 5,3% Bulgaren und 3% Gagausen. Die zuvor Konstantinopel unterstellte orthodoxe Landeskirche fiel unter die Hoheit der obersten russischen Kirchenbehörde. Die rumänische Bevölkerung bildete die Masse entrechteter Bauern. Soziale Eliten und städtische Führungsschichten entfielen auf andere Volksgruppen. Die jüdische Gemeinde von Kischinjow litt 1902 unter einem der frühesten und schlimmsten Pogrome im Zarenreich.

Zu Beginn des 20. Jh. entstand eine auf Rumänien orientierte Nationalbewegung, die ihr kulturelles Zentrum in Iasi (russ. Jassy) nahe der Grenze auf rumänischer Seite erblickte. Im Revolutionsjahr 1917 erhob sich auch Bessarabien in einem sozialen und nationalen Aufstand. Er wurde vor allem von Bauern und Soldaten getragen, die von der Front zurückströmten, und gipfelte in der Ausrufung einer „Demokratischen Moldauischen Republik" (15. 12. 1917), die sich als eigenständiger Staat, bedrängt von ukrainischen Gebietsansprüchen und den roten und weißen Bürgerkriegstruppen Rußlands, nicht behaupten konnte. 1918 schloß sich Bessarabien an Rumänien an, was russischerseits nicht verhindert, aber auch nie anerkannt wurde. Auch unter rumänischer Staatlichkeit führte Moldau/Bessarabien die Existenz einer Randprovinz, die in der Kultur- und Schulpolitik allerdings einer deutlichen Rumänisierung unterworfen wurde, was zu Lasten der nichtrumänischen Bevölkerungsgruppen ging. Russen und Ukrainer lehnten sich an ihre kommunistisch regierten „Mutterländer" an. Es entstand eine Untergrundbewegung mit Verbindungen zur Kommunistischen Internationale. Sie wurde von der antikommunistischen Regierung in Bukarest strikt unterdrückt.

Die Moldauische Sowjetrepublik

Die Sowjets richteten 1924 einen Gebietsstreifen mit rumänischer Teilbevölkerung am linken Dnjestr-Ufer als „Moldawische ASSR" mit der Hauptstadt Tiraspol im Bestand der Ukrainischen Unionsrepublik ein. Auf der Grundlage des Hitler-Stalin-Pakts von 1939 forderte Moskau im Januar 1940 von Rumänien die Übergabe Bessarabiens und der Nordbukowina. Teile des annektierten Territoriums, die Nordbukowina und im Süden Ismail nahe der Donaumündung, wurden der Ukraine eingegliedert. Das übrige Bessarabien wurde mit der „Moldawischen ASSR" vereinigt und am 2. 8. 1940 als „Moldawische SSR" mit der Hauptstadt Kischinjow eingerichtet. Aufgrund einer Umsiedlungsvereinbarung mit Deutschland verließen 93 000 Bessarabien-Deutsche das Land.

Bereits ein Jahr später wurden die Gebiete wieder von rumänischen Truppen besetzt. Es begann die Verfolgung der jüdischen Bevölkerung Bessarabiens. An die 100 000 Menschen wurden über den Dnjestr getrieben, wobei die Hälfte ums Leben kam (Völkl 1993). Im August 1944 kämpfte sich dann die Rote Armee über Bessarabien nach Rumänien vor. Bessarabien und die nördlich und südlich davon gelegenen Gebiete wurden wieder der Sowjetunion eingegliedert.

Im Zuge der „Entkulakisierung" und Kollektivierung der Landwirtschaft wurden rund 200 000 Personen verhaftet und deportiert. Deportationen und Migrationen (Abwanderung in die Neulandgebiete Kasachstans, Zuwanderung von Russen und Ukrainern) verringerten den Anteil der Rumänen an der Gebietsbevölkerung, was dann aber durch die höhere Geburtenrate wieder ausgeglichen wurde. Die „moldawische" Sowjetnation war eine der willkürlichsten Produkte stalinistischer Nationalitätenpolitik. Die Sowjetmacht erzwang die

Trennung der Moldau vom Rumänentum und die Herausbildung einer „moldawischen" Sondernation. Sowjetischen Linguisten fiel die Aufgabe zu, aus dem hier gesprochenen rumänischen Dialekt ein separates moldawisches Idiom zu konstruieren. Die lateinische Schrift wurde durch die kyrillische ersetzt, der Kontakt mit der rumänischen Literatur unterbunden. Faktisch übernahm das Russische die Funktion der Staatssprache. M. sollte seine Identität aus der Situation eines Migrationsgebiets und aus dem schöpfen, was man in der Sowjetunion unter „Internationalismus" verstand. Die einwandernden Russen waren dabei die Kulturbringer. Das Partei- und Staatspersonal M.s war hochgradig russifiziert.

In der Periode der Perestroika ging Opposition gegen den moskauhörigen Parteiapparat unter Simon Grossu zunächst vom nationalen Schriftstellerverband aus. Diese Opposition blieb anfangs sehr stark auf „nationale" Themen fixiert: Sprache, Geschichte und nationale Identität. Sie richtete sich gegen die Fiktion einer „moldawischen Sowjetnation". Im Mai 1989 formierte sich eine „Volksfront" (Front Popular) und wurde, wie in anderen Unionsrepubliken, zum wichtigsten Akteur der „nationalen Wiedergeburt". Die Parole der „nationalen Wiedergeburt" verband sich mit Forderungen nach der Machtübernahme durch antikommunistische Kräfte und nach der Unabhängigkeit von der Sowjetunion. Auch die Rückgliederung der an die Ukraine gefallenen Landesteile ging in das Programm ein. Aus Parlamentswahlen im Frühjahr 1990 ging die Volksfront als stärkste politische Kraft hervor. Sie gewann 40% der Mandate; rd. 30% entfielen auf Vertreter ihr nahestehender Gruppierungen. Die ehemalige kommunistische Machtelite hatte nur noch eine Minderheitenposition im Obersten Sowjet. Der neue Parlamentsvorsitzende Mircea Snegur, ein zum Reformer gewandelter ehemaliger Vertreter der KP-Nomenklatura, wurde bald darauf in das neu geschaffene Amt des Staatspräsidenten gewählt.

Am 23. 6. 1990 verabschiedete das Parlament eine Souveränitätserklärung, die den Vorrang der Republiklegislation vor den Gesetzen der Sowjetunion, Ressourcenhoheit über das

Republikterritorium und andere Souveränitätsmerkmale postulierte. M. lehnte schon frühzeitig jede Unionserneuerung ab, die auch nur irgendwie auf den Erhalt des zentralistischen sowjetischen Machtsystems hinauslief; allenfalls eine lockere Konföderation kam für das Land als Fortsetzung der Union noch in Frage. Im September 1990 hob das Parlament das sowjetische Gesetz über die Einberufung zum Militärdienst auf.

Bei der „nationalen Wiedergeburt" seit Ende der achtziger Jahre traten in der moldauischen Titularnation zwei Tendenzen hervor: einerseits die Aufhebung der strikten Trennung vom Rumänentum, andererseits die Besinnung auf eine eigenständige moldauische Nation mit rumänischem Sprach- und Kulturhintergrund, aber mit eigener Staatlichkeit. Für die erste Tendenz war die kulturelle Kooperation mit Rumänien charakteristisch; zuvor unterbundene Literatur rumänischer Schriftsteller zirkuliert nun im M. Für die zweite Tendenz wurde der Stammvater der moldauischen Nation, Stephan der Große (Stefan cel Mare), zum historischen Bezugspunkt. Sein Geburtstag wurde 1991 zum staatlichen Feiertag erklärt, die Moldauische Orthodoxe Kirche sprach ihn heilig.

Durch den Sturz der Ceauşescu-Diktatur gewannen die moldauische Volksfront und die Parole der Vereinigung mit Rumänien Anfang 1990 Auftrieb. Die Grenzen zu Rumänien wurden geöffnet. Die neue Nationalfahne zeigte die Farben Rumäniens und der kurzlebigen Moldau-Republik von 1917-18. Entscheidend beeinflußte aber die Sprachenfrage die interethnischen Beziehungen in der Republik. Das Parlament beschloß 1989 Zusätze zur Verfassung, denen zufolge Moldauisch (Rumänisch) als Staatssprache definiert und das lateinische Alphabet wieder eingeführt werden sollte. Als Sprachen des interethnischen Verkehrs sollten Moldauisch und Russisch fungieren. Das ging den Russen zu weit, der Volksfront nicht weit genug. Ein 1989 verabschiedetes Sprachengesetz räumte Angestellten im öffentlichen Dienst eine Frist von vier bis fünf Jahren für das Erlernen des Rumänischen ein. Da die in M. lebenden Russen nur äußerst selten über entsprechende Sprachkenntnisse verfügten, sahen sie sich mit dieser Regelung ethnisch diskriminiert. Die Entsowjetisierung M.s ging insgesamt mit einer Zurückdrängung von Nicht-Moldauern aus Regierungsämtern einher. Die völlige Lostrennung vom Sowjetsystem erfolgte beim gescheiterten Augustputsch in Moskau 1991. Am 27. 8. verkündete M. seine staatliche Unabhängigkeit.

Das unabhängige Moldova und seine abtrünnigen Landesteile

Die Minderheiten reagierten deutlich auf die Veränderungen der ethnopolitischen Situation in M. Am schärfsten war die Reaktion in den Minderheitengebieten am linken Dnjestrufer und im Siedlungsgebiet der Gagausen. Gegen die vermeintliche „Rumänisierung" entstand eine Interessenkoalition aus nationalen Minderheiten und jenen politischen Kräften, die am alten Sowjetsystem festhielten. Die gagausische Minderheit im Süden des Landes hielt dem Unabhängigkeitskurs M.s eine eigene „Gagausische Sowjetrepublik" entgegen, die am 19. 8. 1990 in Komrat ausgerufen wurde. Am 2. 9. 1990 folgte in Tiraspol die Deklaration einer „Transnistrischen Moldawischen Sowjetrepublik". Beide Regionen hielten eigene Parlamentswahlen ab und organisierten sich militärisch. Sie sprachen sich im Gegensatz zum übrigen M. in einem unionsweiten Referendum über den Erhalt der Sowjetunion im März 1991 deutlich für die Union aus und unterstützten den restaurativen Augustputsch. Im Dezember 1991 stimmte ihre Bevölkerung mit großer Mehrheit für eine Loslösung von M. und für den Beitritt zu einer erneuerten Sowjetunion – zu einem Zeitpunkt, als die Sowjetunion gerade aufgelöst wurde. Einem weiteren Zusammenleben mit M. stimmten die politischen Führungen beider Regionen äußerstenfalls im Rahmen einer trilateralen Konföderation zu.

Der parallele Separatismus der beiden Regionen wurde für M. zur schwersten Belastung seiner staatlichen Unabhängigkeit. Etwa 30% seines Staatsterritoriums standen im Falle eines vereinigten Vorgehens der beiden selbsternannten Republiken gegen die Zentralregierung zur Disposition. Kettenreaktionen in anderen ethnischen Enklaven, z. B. unter der bulgarischen Minderheit, waren zu befürchten. Die Konflikte mit den separatistischen Kräften betrafen auch das Verhältnis zu den Nachbarstaaten und vor allem zu Rußland. Die Ukraine, Rumänien, Bulgarien und die Türkei waren involviert.

Gagausien

Der Süden M.s mit den Ortschaften Komrat (Comrat), Cahul und Vulcaneşti stellt ein ethnisches Mosaik aus Gagausen, Bulgaren, Moldauern, Ukrainern und Russen dar. Moldauer sind hier in der Minderheit. Die größte Bevölkerungsgruppe in diesem Gebiet, das 12% des Staatsterritoriums M.s ausmacht, bilden die Gagausen, eine turksprachige, aber christlich-orthodoxe Volksgruppe, die nach dem Anschluß Bessarabiens an Rußland hier angesiedelt wurde. Die Gagausen waren privilegierte, gegenüber der russischen Zentralgewalt loyale Siedler. 1989 lebten 153 000 Gagausen in M. und 36 000 in der Ukraine (in Südbessarabien). Friktionen zwischen ihnen und Angehörigen der moldauischen Titularnation sind in der Vergangenheit kaum aufgetreten. Die Regierung hat das dünn besiedelte Gebiet im Süden auch nicht zur Ansiedlung von Moldauern zwecks „Rumänisierung" benutzt. Ihre Nationalitätenpolitik unterschied sich hier deutlich von der in Georgien, wo in Abchasien und Südossetien ähnliche Minderheitenenklaven bestehen. Die Gagausen befürchteten aber, daß ein unabhängiger, entsowjetisierter moldauischer Staat ihren Landbesitz konfiszieren und sie „rumänisieren", womöglich gar an Rumänien anschließen würde. Die analoge Reaktion in Transnistrien und die Propaganda der alten sowjetischen lokalen Machtorgane bestärkte sie in dieser Haltung. Als sie für den Oktober 1990 eigene Parlamentswahlen ansetzten, rief die moldauische Volksfront zu einem „Marsch in den Süden zum Schutz der Heimat" auf. In Rumänien schalteten sich nationalistische

Verbände in den Konflikt ein und protestierten gegen die „Zerstückelung Moldovas". An den Grenzen Gagausiens wurden Freiwilligenverbände unter dem Befehl des Premierministers Mircea Druc konzentriert. Bevor es zum bewaffneten Konflikt kam, setzte Präsident Snegur aber eine moderatere Minderheitenpolitik gegenüber Druc durch.

1992-93 kam es zu gelegentlichen Angriffen auf lokale Polizeistationen und Ämter der Zentralregierung durch gagausische Einheiten. Unter Drucs Nachfolger Sangheli (seit August 1992) führte die Zentralregierung Verhandlungen mit der gagausischen Führung und zeigte zunehmend Bereitschaft zu einem tragfähigen Kompromiß. Dabei wurde ein Status für „Gagauz Eri" (Land der Gagausen) konzipiert, der territoriale Autonomie und Gewaltenabgrenzung zwischen Chişinău und der Gebietsregierung vorsieht. Den Gagausen wird sogar ein Sezessionsrecht zugestanden, sollte M. sich an Rumänien anschließen. Nach der Wahl eines neuen Republikparlaments im Februar 1994, in dem die nationalistischen und prorumänischen Kräfte deutlich an Boden verloren haben, bestanden gute Aussichten auf die Durchsetzung dieser Lösung, die ein Kompromißvorbild in analogen ethno-territorialen Konflikten in der GUS abgeben könnte. Im März 1994 führte das Parlament einen neuen Verfassungsartikel ein, der die Schaffung von autonomen Gebieten ermöglicht. Im März 1995 votierte die Bevölkerung von Gagauz Eri in einem Referendum für Selbstbestimmung.

Transnistrien

Schwieriger ist der Konflikt mit dem abtrünnigen Transnistrien. Das sogenannte „Transnistrien" ist ein schmaler Gebietsstreifen aus fünf Distrikten am linken Ufer des Dnjestr zwischen M. und der Ukraine, der mit der „Moldawischen ASSR" von 1924 identisch ist und vor 1940 zur Ukraine gehört hatte. Hauptzentren sind die Städte Tiraspol und Bender (russ. Bendery, mold. auch Tighina) im Süden sowie Ribnite (russ.

[Rybnica]) im Norden. Das Gebiet hat gegenwärtig eine Bevölkerung von rd. 600 000, die zu 28% aus Ukrainern, 23% Russen und 41% Moldauern besteht. Hier liegt über ein Drittel des Wirtschaftspotentials M.s. Eisenbahnverbindungen zwischen der Ukraine und M. gehen über das Gebiet. Die russischsprachige Bevölkerungsgruppe (viele Ukrainer des Gebiets sind russifiziert) betrachtet Transnistrien als einen Teil Rußlands und erhob die angebliche „Rumänisierung" zum Anlaß, sich von einem unabhängigen moldauischen Staat zu trennen. Sie gilt in politischer Hinsicht als sehr konservativ und an alten sowjetischen Maßstäben orientiert. Auch der Einfluß russisch-patriotischer militärischer Kreise ist hier groß.

In sowjetischer Zeit hatten sich viele Militärpensionäre am Dnjestr angesiedelt. Zuwachs erhielt dieses Lager dann noch durch angereiste Kosaken, die an den Dnjestr eilten, um das Slawentum vor der „Rumänisierung" zu schützen. Reaktionen auf entscheidende Vorgänge in M. (Sprachengesetz, neue nationale Symbole, Souveränitätserklärung, Entsowjetisierung und Unabhängigkeit) verstärkten hier das Bestreben nach Wiederherstellung sowjetischer Verhältnisse, die Opposition gegen „antisozialistische Kräfte in Chişinău" und die Anlehnung an das rechts- und linkskonservative Lager in Rußland. Ein Jahr nach der Ausrufung einer „Transnistrischen Moldawischen Sowjetrepublik" kam es im Herbst 1991 zu Scharmützeln zwischen der moldauischen Polizei und einer transnistrischen Nationalgarde. Im Dezember 1991 votierte eine überwältigende Mehrheit der transnistrischen Bevölkerung in einem Referendum für die Unabhängigkeit ihrer Republik. Kurz danach wurde ein ehemaliger General der Roten Armee aus Kamtschatka, Igor Smirnow, zu ihrem Präsidenten gewählt. Die Gefahr des Bürgerkriegs wuchs im Frühjahr 1992, als russische Extremisten einen General der in M. stationierten 14. (ehemals sowjetischen) Armee entführten und Smirnow die Generalmobilmachung in dem Gebiet anordnete. Präsident Snegur verhängte daraufhin den Ausnahmezustand in M.

Der Konflikt wurde internationalisiert. Es trat eine Vier-Parteien-Kommission mit Vertretern M.s, Rußlands, Rumäniens und der Ukraine in Erscheinung. Die USA und die EU riefen zur friedlichen Regelung auf. Der Konflikt spitzte sich jedoch im Sommer 1992 zu: Im Juni beschossen sich die moldauische Polizei und die transnistrische Nationalgarde, moldauische Flugzeuge bombardierten die Umgebung der Stadt Bender. Verhandlungen zwischen den Präsidenten Jelzin und Snegur konnten eine weitere Gewalteskalation am Dnjestr aufhalten. Die russischen Stationierungstruppen beendeten den militärischen Konflikt. Eine Friedenstruppe aus russischen, moldauischen und transnistrischen Kontingenten wurde in Transnistrien stationiert und ein Waffenstillstand geschlossen.

In Rußland kristallisierten sich zunächst divergierende Haltungen zu dem Konflikt heraus. Das national-patriotische Lager erhob Transnistrien zum Paradefall für die Solidarität mit einem prorussischen Separatismus im „nahen Ausland". Es fand seinen Verbündeten im Vizepräsidenten Ruzkoj [A. Ruckoj]. Außenminister Andrej Kosyrew [A. Kozyrev] betonte anfangs die Souveränität und territoriale Integrität der anderen sowjetischen Nachfolgestaaten und den Verzicht auf Einmischung in deren innere Angelegenheiten, ging aber bald zu einer Politik gegenüber dem sog. „nahen Ausland" über, in der die „nationalen Interessen" Rußlands die Souveränität der Nachbarn einschränkten. Transnistrien hatte dabei gegenüber M. eine ähnliche Funktion wie Abchasien gegenüber Georgien: Es wurde zum Druckmittel Moskaus bei dem Bemühen, M. in die GUS hineinzuzwingen (siehe Außenpolitik). Offiziell vermied Moskau den Anschein einer Unterstützung der transnistrischen Separatisten. Tatsächlich leistete es dem abtrünnigen Gebiet aber Wirtschaftshilfe.

Zu einem besonderen Faktor in der Transnistrienfrage wurde die um Tiraspol stationierte 14. russische Armee (7 700 Mann) unter dem Kommando des Generals Lebed. Sie machte als disziplinierte und gut bewaffnete Truppe einen wesentlichen Teil der Machtstrukturen in dem Gebiet aus. Hatte sie anfangs die transnistrischen Separatisten gegenüber der Zentralregierung in Chisinau unterstützt, wurde sie danach zu einer logistischen Stütze der friedenssichernden Truppen. 1993 geriet General Lebed mit dem transnistrischen „Präsidenten" Smirnow in Konflikt über die Frage, wer nun eigentlich in dem Gebiet regiert. Richtete Lebed 1992 seine Schimpfkanonaden noch gegen die „Faschisten in Chişinău", so war nun die Separatistenregierung in Tiraspol dran. Das Problem Lebed bestand darin, daß weder Tiraspol nach Moskau Kontrolle über den ruppigen, aber populären General ausübten. Während sich Moskau zum Abzug seines Militärs bis 1997 verpflichtete, kündigte Lebed den weiteren Verbleib seiner Truppen am Dnjestr an. Dafür stimmte auch die Bevölkerung des Gebiets in einem Referendum im März 1995 mit großer Mehrheit. Im Frühjahr 1993 erhielt die KSZE ein Mandat zur Entsendung einer Mission nach M. und Transnistrien (Zentrale in Chişinău, Außenstelle in Tiraspol). Ihre Hauptaufgabe bestand darin, einen Rahmen für einen Dialog und für Verhandlungen zwischen Chişinău und Tiraspol zu schaffen (Troebst 1995).

Wie im Falle von „Gagauz-Eri" hat die Zentralregierung in bezug auf Transnistrien Kompromißbereitschaft unter Beweis gestellt und dem Gebiet Autonomie zugesagt. Ein wesentliches Legitimationsargument für den transnistrischen Separatismus wurde inzwischen entkräftet: die angebliche „Rumänisierung". Der baldige Anschluß an Rumänien ist innenpolitisch in M. kein Thema. Weniger als 10% der Bevölkerung vertreten diese Option. In seiner Nationalitäten- und Minderheitenpolitik hat sich die Regierung flexibel gezeigt. Eine von Präsident Snegur Ende 1992 zusammengestellte Regierung trug den Namen „Regierung des nationalen Konsens". Man hat die Minderheiten bei der Besetzung politischer Ämter berücksichtigt und Russen, Ukrainer und Gagausen im April 1994 von der für Staatsdiener geltenden Verpflichtung entbunden, die Landessprache in kürzerer Frist zu lernen. Dabei zeigen viele Nichtmoldauer inzwischen größere Bereitschaft, ihre Kinder auf rumänischsprachige Schulen (71% der Sekundarschulen) zu schicken. Russen beschweren sich allerdings über die Schließung vieler russischer Schulen.

Innenpolitik

Die innenpolitische Entwicklung kann als relativ demokratisch bewertet werden, jedenfalls im Vergleich zu vielen anderen GUS-Staaten, in denen sich autoritäre Tendenzen verfestigt haben. Die anfängliche Dominanz der Volksfront wich einem breiteren Spektrum von Parteien. Die stärkste politische Kraft ist derzeit die von Präsident Snegur und dem Regierungschef Sangheli unterstützte Demokratische Agrarpartei unter dem Vorsitz von Dumitru Motpan in Koalition mit dem Demokratischen Klub und dem Unabhängigen Klub. Dieses Spektrum kann als zentristisch bezeichnet werden und vertritt eine moderate Nationalitätenpolitik sowie ein vorsichtig-distanziertes Verhältnis zu Rumänien. Die Sozialdemokratische Partei unterstützt weitgehend diesen Kurs. In der Opposition stehen aus der Volksfront hervorgegangene Gruppierungen mit nationaler und prorumänischer Programmatik, als stärkste die Christlich Demokratische Volksfront. Als Partei der ethnischen Minderheiten ist die Bewegung „Soglasie" (russ. Eintracht) zu nennen.

Im Februar 1994 wurde ein neues Republikparlament gewählt. Ein Erfolg auf dem Weg zur Reintegration der abtrünnigen Landesteile zeigte sich darin, daß sich die gagausischen Wahlberechtigten an den Wahlen beteiligten. Die Agrarier erhielten 43,8% der Wählerstimmen (statt der erwarteten absoluten Mehrheit). Ein linkskonservativer Block aus Sozialisten und der Bewegung „Soglasie" besetzte den zweiten Platz mit 22%. Er wurde besonders von der gagausischen und slawischen Minderheit unterstützt. Die Kräfte, die seinerzeit die Unabhängigkeit eingeleitet hatten, erlitten eine Niederlage. Zwei aus der Volksfront hervorgegangene Gruppierungen erreichten zusammen nur knapp über 16%.

Die Abschwächung der anfänglichen nationalen Emphase wurde auch in der neuen Verfassung deutlich. Ihre Verabschiedung war durch die ungeklärten Beziehungen zu den abtrünnigen Minderheitengebieten lange verhindert worden. Im Juli 1994 gab sich M. schließlich eine neue Verfassung, ohne vorherige Regelung der transnistrischen und gagausischen Frage. Die Präambel spricht von der „moldauischen Sprache, dem moldauischen Volk und seiner tausendjährigen Vergangenheit" und erteilt damit der Verbindung zu Rumänien eine Absage. Gegen diese Definition der Nationalsprache erhob sich allerdings nachfolgend Protest. Die Verfassung sichert der „Republik Transnistrien" und der gagausischen Minderheit die „Möglichkeit einer Autonomie" zu. Nur wenige Institutionen wie Armee und Sicherheitsorgane sollen ausschließlich unter zentraler Kontrolle stehen.

Außen- und Sicherheitspolitik

M. betont seine Unabhängigkeit und Nichtgebundenheit. In diesem Zusammenhang wurde sowohl die Frage des Verhältnisses zu Rumänien als auch die Frage der Integration in die GUS relevant. Anfängliche Anlehnung an Rumänien ging über ein Konzept der rumänischen Zweistaatigkeit (Rumänien und M.) hin zur stärkeren Betonung der moldauischen Eigenstaatlichkeit. Das erste GUS-Abkommen von Almaty 1991 wurde von einer Delegation M.s zwar unterzeichnet, aber vom Parlament nicht ratifiziert. M. trat keinen multilateralen Abkommen über militärische, wirtschaftliche oder politische Kooperation in der GUS bei. Dadurch kam es zu Spannungen mit Rußland, das über Transnistrien und die hohe wirtschaftliche Abhängigkeit M.s vom ehemaligen sowjetischen Wirtschaftsraum Druckmittel gegenüber dem Lande in der Hand hatte. Präsident Snegur trat für die Zusammenarbeit mit der GUS ein. Er nahm an verschiedenen GUS-Gipfeln teil. Die Ratifizierung des GUS-Beitritts verfehlte im August 1993 die erforderliche absolute Mehrheit im moldauischen Parlament. Im September 1993 unterzeichneten 174 Abgeordnete ein Dokument zugunsten der Ratifikation und der Einbeziehung M.s in die Wirtschaftsunion der GUS. Nach den Parlamentswahlen 1994 verbreitete sich der Rückhalt für diesen Schritt noch.

Enge Beziehungen bestehen zu den Balkanstaaten Rumänien und Bulgarien. Die intensivsten Beziehungen zum Westen unterhält M. mit den USA. Es möchte seine Verbindungen zur EU ausbauen und hat Antrag zur Aufnahme in den Europarat gestellt. Hier hat es bereits einen Beobachterstatus. Es ist Mitglied verschiedener internationaler Organisationen (UNO, OSZE, IWF, Weltbank) und strebt die weitere Integration in die weltweite Staatengemeinschaft an.

In militärischer Hinsicht ist M. bündnisfrei. Es ist dem GUS-Sicherheitspakt von Taschkent nicht beigetreten. Staatspräsident Snegur hat im März 1994 in Brüssel M.s Teilnahme an der NATO-Initiative „Partnerschaft für den Frieden" unterzeichnet.

M. ist Partner innerhalb des KSE-Vertrags (über konventionelle Streitkräfte in Europa). Es hat sich verpflichtet, seine Streitkräfte, bei deren Aufbau es sich weitgehend an der Ukraine und auch an Rumänien orientieren will, auf ein Minimum von 20 000 Berufssoldaten zu begrenzen. Daneben kommt ein Kontingent von etwa 400 000 Reservisten in Betracht. Der Kern der Streitkräfte soll aus einer relativ kleinen, aber effektiven, modern ausgerüsteten und mobilen Armee bestehen. Die derzeitige Personalstärke liegt bei 10 000 Mann. Die Finanzierung einer größeren Personalstärke trifft auf Schwierigkeiten. Durch die ungelöste Krise um Transnistrien ist das Land beim Aufbau seiner Streitkräfte noch kaum fortgeschritten.

Die nationalen Streitkräfte sind vorerst den in Transnistrien stationierten russischen und separatistischen Militärkräften (14. Armee, russisches Kontingent der Friedenstruppen, transnistrische Nationalgarde) unterlegen. Im Oktober 1994 vereinbarte M. mit Rußland den Abzug der 14. Armee im Verlauf von drei Jahren. Die Vereinbarung trifft jedoch innerhalb des russischen Militärs auf Ablehnung, ihre Umsetzung ist fraglich. Die militärpolitischen Ziele M.s, der Aufbau eigener Streitkräfte als Voraussetzung seiner staatlichen Souveränität und die sicherheitspolitische Unabhängigkeit von Rußland, sind in Frage gestellt.

Religion und Kultur

Das kulturelle Leben der „Moldawischen SSR" wurde mit Ausnahme der staatlich geförderten Folklore in sowjetischer Zeit nicht von der Titularnation bestimmt. Hauptinhalt sowjetischer Kulturpolitik war hier die Unterbindung eines ethnischen, kulturellen oder sprachlichen Zusammenhangs mit dem Rumänentum. Eine auf der Sprache der namengebenden Nationalität beruhende Kultur und Literatur konnte sich in dieser Unionsrepublik kaum entfalten. In der Literatur dominierten russische und ukrainische Autoren. Die wenigen „moldauischen" Autoren wie L. S. Delianu und A. P. Lupan waren auf Themen des „sozialistischen Realismus" beschränkt.

Traditionen im Bauerntum M.s, die in der patriarchalisch-ländlichen Gesellschaft und der orthodoxen Kirche Rumäniens wurzelten, wurden durch die Zwangskollektivierung der Landwirtschaft zerstört. Da in Bessarabien privatwirtschaftliche Traditionen in der Landwirtschaft, in dem ganz und gar dominierenden Wirtschaftssektor, und im Bauerntum stark verwurzelt waren, war dieser Einschnitt in die sozialkulturelle und -ökonomische Geschichte der Region gravierend.

Die bekannteste Figur der älteren Kultur- und Literaturgeschichte der Moldau ist Antioch Kantemir (1709-44), der auch in der russischen Literatur als Satiriker und Kritiker der gesellschaftlichen Verhältnisse wirkte.

Die „nationale Wiedergeburt" der letzten Jahre ging mit „religiöser Wiedergeburt" einher. Vor der Sowjetisierung war Bessarabien ein Land der Kirchen und Klöster. Diese „Kultstätten", wie es im sowjetischen antireligiösen Jargon hieß, wurden dann geschlossen und umfunktioniert. 1988 begann eine Welle der Restauration und Wiedereröffnung religiöser Gebäude. Was den Umgang mit anderen Kultur- und Glaubensgemeinschaften betrifft, ist die Geschichte M.s mit einem Thema belastet: mit den antijüdischen Pogromen im 19. Jh. und dem Antisemitismus des 20. Jh.

In M. besteht Pressefreiheit. Es gibt unabhängige Presseorgane in mehreren Landessprachen. Das kulturelle Angebot

(Musik, Theater, Museen) ist trotz der materiellen Engpässe reichhaltig.

Ökologie

Die intensiv betriebene Landwirtschaft unter Anwendung von Pestiziden und chemischen Düngemitteln hatte starke Bodenvergiftung zur Folge. Den Böden in M. wurden zwischen 1967 und 1989 durchschnittlich 17 kg Pestizide pro Hektar zugeführt, eine Giftinjektion, die das 13fache des sowjetischen Durchschnittswerts betrug. Die Landwirtschaft M.s leidet heute unter Humusschädigung und Bodenerosion. Ein weiteres Hauptproblem ist die Wasserverschmutzung, insbesondere die Schädigung des Dnjestr. Baumaterialgewinnung führte zu Landschaftszerstörung; insbesondere Waldvernichtung ist zu beklagen.

Produktion, Beschäftigung, Inflation, Außenwirtschaft

Fruchtbare, wenn auch durch Übernutzung geschädigte Böden sowie ein günstiges Klima erlauben eine ertragreiche Landwirtschaft mit hohem Exportpotential bei Wein. Die Industrie außerhalb der Nahrungsmittelverarbeitung ist auf Rohstoffeinfuhren angewiesen. Die Wirtschaft Transnistriens ist von der übrigen Volkswirtschaft fast vollständig isoliert und hat gleichzeigig ihre Absatzmärkte im Raum der ehemaligen UdSSR weitgehend verloren.

Das nach Kaufkraftparität berechnete BIP betrug 1994 10 Mrd. US-$, das sind pro Einwohner 2300 US-$. (Nach neuen Ergebnissen des Sozialproduktvergleichs der UNO betrug das BIP 1994 jedoch nur 8 Mrd. US-$ bzw. pro Kopf rund 1850 US-$.) Der hohe Industrieanteil am BIP (etwa 50%) erklärt sich durch die große Bedeutung der Verarbeitung landwirtschaftlicher Produkte; der Anteil der landwirtschaftlichen Produktion am BIP macht etwa 25% aus. In der Industrie sind

22%, in der Landwirtschaft 33% der Beschäftigten tätig. Das BIP ging ab 1991 beträchtlich zurück.

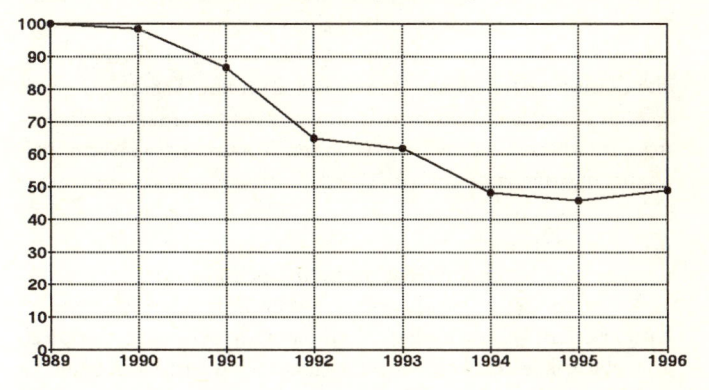

Bruttoinlandsprodukt (1989 = 100)

Veränderung des Bruttoinlandsprodukts in % gegenüber dem Vorjahr
1990 1991 1992 1993 1994 1995 1996
−1,5 −11,9 −25,0 −5,0 −22,0 −5,0 7,0
Quelle: European Bank for Reconstruction and Development. 1996: Prognose.

Vom Arbeitskräftepotential von 2,5 Mio. Personen sind etwa 2 Mio. beschäftigt, 400 000 nicht beschäftigt (knapp 20%). Es existiert eine hohe innerbetriebliche Arbeitslosigkeit.

Die Hyperinflation der Jahre 1992 und 1993 setzte sich ab 1994 nicht fort; die Verbraucherpreise stiegen 1994 „nur" um rund 600%, 1995 um rund 150%. Im November 1993 erfolgte (in M. ohne Transnistrien) die Einführung der Nationalwährung „Lei". Dabei halfen Weltbank und IWF mit Krediten, verlangen nun aber auch eine stabilitätsorientierte Geld- und Fiskalpolitik und damit ein Ende der Erhaltungssubventionen an bankrotte Betriebe. In Transnistrien ist dagegen seit Juli 1995 der „Suworik", eine Coupon-Währung („in drei Sprachen und mit acht Druckfehlern", Ch. Schmidt-Häuer) neben dem russischen Rubel im Umlauf, deren Kurs rasant verfiel.

M. weist eine nahezu ausgeglichene Handelsbilanz mit Staaten außerhalb der GUS auf, jedoch einen sehr hohen Einfuhrüberschuß gegenüber den GUS-Staaten, vor allem gegenüber Rußland für Erdgasimporte. Insgesamt betrug sein Handelsbilanzdefizit im Jahre 1994 850 Mio. US-$, das sind 70% des Wertes der Einfuhren. Daher muß es Industrieanlagen an seine Gläubiger, vor allem den russischen Gaskonzern Gasprom, verpfänden.

Land- und Forstwirtschaft

Gute Böden (überwiegend Schwarzerde) bedecken fast drei Viertel der Landesfläche. Durch günstiges Klima sind zwei bis drei Ernten pro Jahr möglich. Angebaut werden Obst und Gemüse, Wein, Tabak, Mais und Getreide: M. war als der „Gemüsegarten der UdSSR" bekannt. Durch Überdüngung und übermäßigen Einsatz von Schädlingsbekämpfungsmitteln werden die Erträge allerdings gefährdet. Es besteht Einfuhrbedarf bei Getreide. 1994 kam es durch Dürre und Überschwemmungen zu einem starken Rückgang der landwirtschaftlichen Produktion.

Bergbau und Energiewirtschaft

M. verfügt über große Vorkommen an Baumaterialien, aber nur sehr kleine Vorkommen an Braunkohle, Erdöl und Eisenerz. Zur Elektrizitätserzeugung werden Wasserkraftwerke am Dnjestr betrieben. Bei Energieträgern besteht hohe Importabhängigkeit von Rußland und der Ukraine. Zur Bezahlung von Erdgasimporten aus Rußland erfolgte eine Eigentumsübertragung von Erdgaspipelines und Verteilern an die russische Gasgesellschaft Gasprom. Der Energiemangel könnte auch durch stärkere Wirtschaftsintegration mit Rumänien (Kernkraftwerk

Cernavoda) gemildert werden, dagegen bestehen aber politische Bedenken.

Verarbeitende Industrie

Die in Transnistrien konzentrierte Schwerindustrie, deren Absatzmarkt in Rußland lag (Zementwerke, Metallurgie, Rüstungsproduktion), hat ihre Produktion erheblich einschränken müssen. Auch die Textilindustrie und die Holzverarbeitung arbeiten mit geringer Auslastung. Hauptbranche der Industrie M.s ist allerdings die Nahrungsmittelverarbeitung (vor allem Weinkellereien, Tabak- und Zigarettenproduktion). Aus der Besteuerung der Wein- und Tabakerzeugung wird das Staatsbudget weitgehend finanziert. Einige deutsche, holländische und australische Joint ventures im Bereich der Nahrungsmittelverarbeitung, insbesondere des Weinexports, sind bereits in Betrieb. Man setzt Hoffnungen auf das Exportpotential nach Westeuropa und den USA und erweitert auch mit Hilfe von Auslandskrediten die Kapazitäten für die Flaschenherstellung.

Privatisierung, Landreform

Die Privatisierung der Kleinbetriebe und die Ausgabe von Gutscheinen für die Privatisierung der Mittel- und Großbetriebe wurde schon in einem frühen Stadium der Wirtschaftstransformation eingeleitet (ab 1991). 1995 wurden zwei Drittel der Staatsbetriebe außerhalb Transnistriens privatisiert; bankrotte Unternehmen werden versteigert. Die Großbetriebe in Transnistrien bleiben vorerst staatlich. Die Bodenreform kommt wenig voran, da der Austritt von Beschäftigten aus den Kolchosen und Sowchosen mit ihren Grundstücksanteilen gesetzlich erschwert wurde.

Soziale Lage

Die Beschäftigungsmöglichkeiten in der Landwirtschaft mit hohem Selbstversorgungsgrad der Bevölkerung sowie die ausgedehnte Schattenwirtschaft mildern die Folgen der Arbeitslosigkeit und den Rückgang der Realeinkommen. Die Transitlage zwischen Rumänien und der Ukraine bzw. Rußland begünstigen Handel und Schmuggel, wovon viele leben. In Transnistrien, wo die Wirtschaftslage einstweilen hoffnungslos erscheint, wurde der Versuch einer Sozialpolitik sowjetischen Typs durch subventionierte Preise für Lebensmittel aufgegeben und zur rationierten Verteilung von Brot an Minderbemittelte übergegangen.

Wirtschaftliche Zukunftsaussichten

Die wirtschaftliche Zukunft des Landes hängt stark davon ab, ob sich die innenpolitische Situation weiter beruhigt und vor allem ob der Status Transnistriens in einer befriedigenden Weise geklärt werden kann. Die Tage der für den russischen Markt produzierenden Schwerindustrie dürften bald gezählt sein. Dagegen hat die vom Klima begünstigte Landwirtschaft und darunter besonders die Herstellung und der Export alkoholischer Getränke gute Entwicklungschancen.

Literatur zum Kapitel

Chinn, J./Roper, St. D., Ethnic Mobilization and Reactive Nationalism: The Case of Moldova, in: Nationalities Papers 2/1995, S. 291 ff.

Cioranescu, G., Bessarabia: Disputed Land between East and West, München 1985.

Crosnier, M.-A., Moldavie, in: Le courrier des pays de l'Est, mars-avril 1995, S. 55–60.

Dima, N., From Moldavia to Moldova: The Soviet-Romanian Territorial Dispute. 2. Aufl. Boulder (Col.) 1991.

Dinu, A./Rowntree, M., Moldova, in: Pryde, Ph. R. (Hrsg.), Environmental Resources and Constraints in the Former Soviet Republics, Boulder/San Francisco/Oxford 1995, S. 193–203.

Eyal, J., Moldavians, in: Smith, G. (Hrsg.), The Nationalities Question in the Soviet Union, London/New York 1990, S. 123–145.

Gabanyi, A. U., Die Moldaurepublik zwischen Wende und Rückwendung, in: Südosteuropa, 3-4/1993, S. 163–207.

Hartwig, I., Die Beziehungen zwischen Rumänien und Moldova seit 1992, in: Osteuropa 11/1994, S. 1070–79.

Hofbauer, H./Viorel, R., Bukowina, Bessarabien, Moldawien: Vergessenes Land zwischen Westeuropa, Rußland und der Türkei, Wien 1993.

Karger, A., Die Erblast der Sowjetunion: Konfliktpotentiale in nichtrussischen Staaten der ehemaligen UdSSR, Stuttgart/Berlin/Köln 1995, S. 116–126.

King, Ch., Moldova and the new Bessarabian question, in: The World Today, 7/1993, S. 135-139.

Ders., Moldova with a Russian Face, in: Foreign Policy, Nr. 97, Winter 1994/95, S. 106–120.

Ders., Post-Soviet Moldova: A Borderland in Transition, (Hrsg.) The Royal Institute of International Affairs, London 1995.

Lichter, W., Moldau, in: Wirtschaftstrends zur Jahresmitte 1995, in: bfai Länderreport, Juli 1995 (Hrsg. Bundesstelle für Außenhandelsinformation).

Livitcaia, M. P., Problems of Daily Life in Moldova, in: Sonderveröffentlichung BIOst, Februar 1995.

Moldova, in: Batalden, St. K./Batalden, S. L., The Newly Independent States of Eurasia: Handbook of former Soviet Republics, Phoenix (Arizona) 1993, S. 55–64.

Moldova and Russia, in: Transition, 19/1995, S. 1–25.

Schmidt-Häuer, Ch., Moskaus Erbe – hochexplosiv, in: Die Zeit, 49/1994, S. 4.

Socor, V., Moldova, in: RFE/RL Research Report 16/1994; sowie mehrere Berichte des Autors in RFE/RL Research Report.

Troebst, St., Internationale Vermittlungsbemühungen zwischen Moldova und der selbsternannten „Transnistrischen Moldavischen Republik", in: Berliner Osteuropa Info, Juni 1995, S. 18–22.

Verseck, K., Die „idyllischen Gärten" sind erstarrt, in: die tageszeitung, 10. 2. 1995, S. 12–13.

Völkl, E., Bessarabien – Moldova, in: M. Weithmann (Hrsg.), Der ruhelose Balkan, München 1993, S. 44–63.

Rußland

Staatsname	Rußländische Föderation – Rußland
Staatsname in Landessprache	[Rossijskaja Federacija – Rossija]
Amtssprache	Russisch
Schrift	Kyrillisch
Währung	Rubel
Wechselkurs Ende 1995	4600 pro US-$
Fläche	17 075 400 km^2
Hauptstadt	Moskau [Moskva] (9 Mio.)

Großstädte (1 Mio. u. mehr)
  Sankt Peterburg, dt. eing. St. Petersburg,
  1914–24 Petrograd, 1924–91 Leningrad (5 Mio.)
  Nischni-Nowgorod [Nižnij Novgorod], 1992–90 Gorki
  (1,4 Mio.)
  Nowosibirsk [Novosibirsk] (1,4 Mio.)
  Jekaterinburg [Ekaterinburg], 1924–91 Swerdlowsk
  [Sverdlovsk] (1,4 Mio.)
  Samara, 1925–91 Kuibyschew [Kujbyšev] (1,3 Mio.)
  Omsk (1,2 Mio.)
  Tscheljabinsk [Čeljabinsk] (1,1 Mio.)
  Kasan [Kazanţ] (1,1 Mio.)
  Perm [Permţ] (1,1 Mio.)
  Ufa (1,1 Mio.)
  Rostow a. Don [Rostov-na-Donu] (1 Mio.)
  Wolgograd [Volgograd], 1925–61 Stalingrad, bis 1925 Zarizyn
  [Caricyn] (1 Mio.)
  Krasnojarsk (1 Mio.)
  Saratow [Saratov] (1 Mio.)

Autonome Territorien 21 Republiken
                     10 Autonome Kreise (Bezirke)
                     1 Autonomes Gebiet

Einwohnerzahl (1994)	149,5 Mio.
Glaubensgemeinschaften (1989)	
Christen	89%
Muslime	7%
Nationalitätenanteile (1989)	
Russen	81,5%
Tataren	3,8%
Ukrainer	3,0%
Tschuwaschen	1,2%
Stadt-Land-Verteilung (1989)	
Stadtbevölkerung	74%
Landbevölkerung	16%
Bevölkerungswachstum	
Durchschnitt 1980–1989	0,7%
Durchschnitt 1990–1994	0,1%
Bevölkerungsdichte (1994)	9 Einwohner pro km^2
Altersgruppen (1989)	
bis 9 Jahre	15,5%
10–19 Jahre	13,5%
20–39 Jahre	32,7%
40–59 Jahre	23,6%
über 60 Jahre	14,7%
Geburtenrate (1994):	9,5 pro 1000 Einwohner
Kindersterblichkeit (1993)	19,9 pro 1000 Geborene
Lebenserwartung (1989)	69 Jahre (m 64; w 74)
Mittl. Familiengröße (1989)	3,2 Personen

Unabhängigkeitserklärung	24. 8. 1991
Neue Verfassung	Dezember 1993
Staatsoberhaupt	Präsident Boris Jelzin [B. N. Elţcin]
Letzte Parlamentswahlen	Dezember 1995

Parteien: Im Vorfeld der Dumawahlen im Dezember 1995 bildet sich eine unübersichtliche Landschaft neuer Parteien und Parteikoalitionen. 43 Parteien treten zur Wahl an, von denen die meisten an der 5-%-Hürde scheitern werden. Als stärkste gilt die Kommunistische Partei der RF mit über 500 000 Mitgliedern.

Vorbemerkung

Es ist hier aus Platzgründen nicht möglich, R. in der ihm gebührenden Ausführlichkeit zu behandeln. So muß ein Abschnitt zu Religion und Kultur leider entfallen. Auch die historische und politische Entwicklung R.s kann nur gestreift werden. Ergänzend wird auf die im Literaturverzeichnis am Ende des Kapitels genannten Autoren verwiesen. Der föderative Aufbau sowie die einzelnen nationalen Republiken und Gebietseinheiten der Rußländischen Föderation werden in Götz/Halbach 1994 behandelt.

Territorium

Der Zerfall der UdSSR hat die Grenzlinien der heutigen „Rußländischen Föderation" (nachfolgend: RF) im Vergleich zum zaristischen und sowjetischen Imperium in etwa auf das Territorium zurückverlegt, welches das moskowitische R. gegen Ende des 17. Jh. eingenommen hatte. Auf diesem Territorium ist ein eigenes Nationalstaatsbewußtsein erst im Entstehen begriffen. In gewisser Weise ist die RF ein „ungeliebter Staat", mit dem sich die eigene Bevölkerung nur unzureichend identifiziert (Simon 1993). Der Verlust des Supermachtstatus, das Entschwinden der ehemaligen Sowjetrepubliken in die Eigenstaatlichkeit, die Situation der dort lebenden Russen beeinträchtigte das Selbstwertgefühl des nachsowjetischen R. In den territorialen Veränderungen wird eine krasse Verschlechterung der „geopolitischen" Situation des Landes gesehen. So gehören z. B. von den zwanzig größten Hafenstädten der Sowjetunion nur drei zum heutigen R.

Die RF ist mit 76% des ehemals sowjetischen Territoriums, mit über 17 Mio. km^2 immer noch der mit Abstand größte Staat der Welt. Ihr riesiger Raum überspannt mehre Zeit-, Klima- und Landschaftszonen in einer West-Ost-Ausdehnung von über 9000 km und einer Nord-Süd-Ausdehnung von 4000 km.

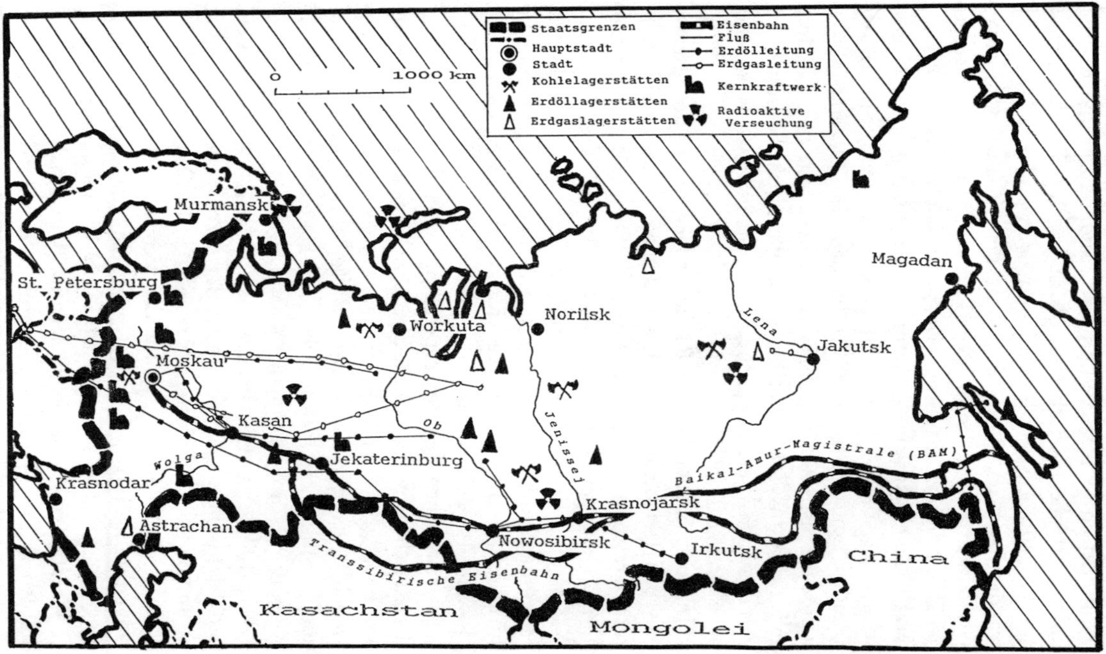

Staatsgrenzen
Hauptstadt
Stadt
Kohlelagerstätten
Erdöllagerstätten
Erdgaslagerstätten
Eisenbahn
Fluß
Erdölleitung
Erdgasleitung
Kernkraftwerk
Radioaktive Verseuchung
0
1000 km
Murmansk
St. Petersburg
Moskau
Kasan
Workuta
Norilsk
Jakutsk
Magadan
Lena
Ob
Jenissej
Wolga
Jekaterinburg
Krasnodar
Astrachan
Nowosibirsk
Krasnojarsk
Irkutsk
Baikal-Amur-Magistrale (BAM)
Transsibirische Eisenbahn
Kasachstan
Mongolei
China

Sie grenzt an 18 Staaten, und ihre Landgrenzen und Küstenlinien erstrecken sich über rd. 61 000 km. Ein Teil dieser riesigen Grenzlinie ist weder gesichert noch völkerrechtlich einwandfrei geklärt. Nach Auskunft des russischen föderalen Grenzdienstes gehören rd. 13 500 km zu den noch nicht restlos geklärten Grenzabschnitten (Rossijskaja gazeta, 6. 5. 1995). In letzter Zeit wurden Abkommen über gemeinsamen Grenzschutz mit GUS-Staaten und zahlreiche internationale Abkommen zu Grenzfragen geschlossen. Im Dezember 1995 wurde die fast 4000 km lange Grenze mit China endgültig festgelegt. Die russische Führung betrachtet die Außengrenze der zerfallenen Sowjetunion insbesondere im Süden als vorgeschobene Grenze der RF.

Im europäischen Teil der RF liegen vier Fünftel der osteuropäischen Tiefebene. Allein dieser kleinere europäische Teil bis zum Ural besteht aus verschiedenen Hauptvegetationszonen und Bodentypen von der arktischen Tundra über Taiga und Waldsteppe zur Schwarzerdezone mit ihren günstigen Bodenverhältnissen für die Landwirtschaft, dann über die Steppe bis zu Halbwüsten nördlich des Kaspischen Meeres und zum Hochgebirge des Kaukasus.

Im asiatischen Teil, oft generell als Sibirien bezeichnet, erstreckt sich die Westsibirische Ebene, an die sich die Altai-, Sajan- und Baikalgebirge anschließen. Die Mittelsibirische Ebene liegt zwischen den Flüssen Jenissej [Enisej] und Lena. Vor Nord- und Ostsibirien säumen zahlreiche Inseln das Festland (Nowaja Semlja [Novaja Zemlja], Sachalin, Kurilen u. a.). Der östlichste Teil der asiatischen Landmasse der RF zwischen Lena und Pazifischem Ozean wird als der Ferne Osten bezeichnet. Er umfaßt über ein Viertel des russischen Territoriums.

Zu einer Voraussetzung für das Verständnis der Entwicklungen im nachsowjetischen R. wird die territoriale Organisation des Landes. Die RF ist in 89 Gebietseinheiten oder „Föderationssubjekte" gegliedert: in 21 nationale Republiken, die den höchsten Autonomiestatus haben, in 6 Regionen, 49 Gebiete und zwei Hauptstädte mit Sonderstatus (Moskau und St. Petersburg), d. h. insgesamt 57 territoriale Verwaltungseinheiten sowie in 10 Autonome Kreise und ein Autonomes Gebiet, die größtenteils den territorialen Verwaltungseinheiten untergeordnet sind. Auf eine Vorstellung dieser „Föderationssubjekte" muß hier verzichtet werden. Eine ausführliche Darstellung besonders der Republiken der RF haben die Autoren im „Politischen Lexikon Rußland" (Becktsche Reihe Länder Bd. 856, München 1994) vorgelegt.

Das Eisenbahnnetz umfaßt 87 000 km, davon sind 38 000 km elektrifiziert. Von der Eisenbahn wird vor allem der westliche Teil Rußlands sowie Südsibirien erschlossen, jedoch nicht der Norden. Die nördlich der alten Transsibirischen Eisenbahn verlaufende Baikal-Amur-Magistrale (BAM) verschlang riesige Investitionsmittel, ist aber nicht ausgelastet. Beabsichtigt wird der Bau einer Hochgeschwindigkeits-Eisenbahnstrecke St. Petersburg-Moskau. Für einen „Verkehrskorridor" Berlin-Warschau-Minsk-Moskau, der modernisierte Autobahn- und Eisenbahntrassen und Grenzabfertigungen umfaßt, hat die Weltbank Planungsmittel zur Verfügung gestellt. Der Straßentransport gewinnt an Bedeutung, die Betriebe des Kfz-Transports sind weitgehend privatisiert. Das Straßennetz ist erweiterungs- und modernisierungsbedürftig. Nach Auflösung der UdSSR wurde die Handelsflotte auf die GUS-Staaten und die baltischen Staaten aufgeteilt, wobei R. nur ein Rumpfbestand verblieb. Dies ermöglichte ein Vordringen ausländischer Reedereien, die 50% des russischen Außenhandelsvolumens transportieren.

Wichtige Seehäfen der UdSSR liegen in anderen GUS-Republiken bzw. im Baltikum; die Umschlagskapazität der russischen Häfen (165 Mio. t/Jahr) reicht nicht aus, daher ist die Nutzung von ausländischen Häfen gegen Devisen erforderlich. Ein Hafenausbauprogramm ist angelaufen, das die Kapazität um 50% erhöhen soll.

Das Funktionieren des dichten Luftverkehrsnetzes wird durch Zerlegung der ehemaligen Staatslinie Aeroflot in etwa 300 Einzelgesellschaften (die allerdings noch überwiegend in Staatsbesitz sind), Wartungsmängeln und gelegentlichem Treibstoffmangel beeinträchtigt. Die Flugsicherheit auf innerrussischen Linien hat abgenommen, nicht jedoch im internationalen Verkehr.

Mitte der neunziger Jahre kam es zu einem starken Rückgang des Tourismus aus den ehemaligen Sowjetrepubliken und aus dem westlichem Ausland trotz Öffnung vormals gesperrter Gebiete. Die touristischen Zentren Moskau und St. Petersburg verfügen über moderne Hotels und Restaurants mit westlichem Preisniveau, dagegen fehlt eine moderne touristische Infrastruktur in den Regionen weitgehend. Spezialisierte Reisebüros in westlichen Ländern vermitteln Bildungs- und Abenteuerreisen in fast alle Teile Rußlands.

Bevölkerung

Nach der letzten allgemeinen sowjetischen Volkszählung von 1989 lebten 147 Mio. Menschen (51% der Gesamtbevölkerung der UdSSR) in R. Die Bevölkerungsdichte ist regional extrem differenziert mit äußerst dünn besiedelten Regionen im hohen Norden und industriellen Ballungsgebieten in zentralen und südlichen Landesteilen sowie in Westsibirien. Nach Nationalitäten setzte sich die Bevölkerung 1989 wie folgt zusammen: 120 Mio. Russen, 5,5 Mio. Tataren, 4,3 Mio. Ukrainer, 1,8 Mio. Tschuwaschen, 1,3 Mio. Baschkiren, 1,2 Mio. Weißrussen und eine Mio. Mordwinen. Es folgt eine Vielzahl kleinerer Völker mit Bevölkerungszahlen unterhalb der Millionengrenze. Von den über 27 Mio. Nichtrussen in der RF leben nur 9,4 Mio. in ihren jeweiligen nationalen Gebietseinheiten. Sie wohnen dort zumeist mit einer relativen oder absoluten russischen Bevölkerungsmehrheit zusammen, was einem „ethnischen Separatismus" der nationalen Gebietseinheiten und der Vorstellung eines Zerfalls der RF in „nationalstaatliche" Bestandteile Grenzen setzt. Vielfach ist die Verflechtung zwischen den nichtrussischen und russischen Bevölkerungsteilen durch Mischehen und interethnische Kommunikation recht hoch, ebenso der Russifizierungsgrad der nichtrussischen Bevölkerungsteile. Nur wenige nationale Gebietseinheiten sind stärker vom namengebenden Ethnos geprägt. Dies gilt für Tschetschenien, wo der tschetschenische Bevölkerungsanteil nach der Auflösung der binationalen tschetscheno-inguschischen Gebietseinheit heute bei über 75% liegt, für Tuwa, wo die Tuwiner 64% der Bevölkerung ausmachen, für Tschuwaschien (68% Tschuwaschen) oder für das poly-ethnische Dagestan, wo die Russen gegenüber den dagestanischen Ethnien nur eine kleine Minderheit bilden.

Unter den kleineren nationalen Autonomien (nationalterritoriale Gebietseinheiten) hat nur der Autonome Kreis der Komi-Permjaken im Norden eine deutliche titularnationale Bevölkerungsmehrheit (60%). Nur in solchen Gebieten kann die Eigenart der nichtrussischen Stammbevölkerung soweit zum Tragen kommen, daß man vom „inneren Ausland" R.s sprechen könnte, besonders dann, wenn sie Kulturkreisen wie dem islamischen (Tschetschenien u. a.) oder buddhistischen (Tuwa u. a.) angehören.

In den Bevölkerungsverhältnissen haben sich seit 1989 Veränderungen vollzogen, die von den aktuellen Daten nur unzureichend reflektiert werden. Im Februar 1994 wurde in der gesamten RF (mit Ausnahme Tschetscheniens) ein Mikrozensus durchgeführt, um die sozio- und ethno-demographischen Informationen zu präzisieren. Er erfaßte 7,3 Mio. Personen oder 5% der Gesamtbevölkerung und zeigte einige demographische Trends für das nachsowjetische R. auf, z. B. einen erschreckenden Rückgang der Lebenserwartung der Männer.

Als Konfliktzonen der RF werden unter interethnischen, sozialen und politischen Gesichtspunkten am häufigsten der Nordkaukasus sowie die Republiken Tuwa und Jakutien genannt.

Geschichte

Die staatliche Zentralisierung R.s und seine imperiale Expansion seit dem 16. Jh. gingen der Bildung einer russischen Nation voraus. Gemeinsam mit ihren ostslawischen Verwandten, den Ukrainern und Weißrussen, beanspruchen die Russen (Großrussen) als Ausgangspunkt ihrer staatlichen Geschichte das mittelalterliche Kiewer Reich. Mit seinem Schwerpunkt am Dnepr in der heutigen Ukraine und einem Herrschaftsbereich, der von Karelien im Norden bis zur Steppengrenze im Süden reichte, wurde dieses altostslawische Reich durch die Taufe des Kiewer Großfürsten Wladimir im Jahre 988 in den byzantinisch-ostchristlichen Kulturkreis einbezogen. Später unterlag es einer politischen Zersplitterung in Kleinfürstentümer und fiel im 13. Jh. unter die Herrschaft der mongolisch-tatarischen „Goldenen Horde". Sein Schwerpunkt hatte sich schon vorher vom Kiewer Süden in den Nordosten verlagert, in das dünn besiedelte Wolga-Oka-Gebiet. Unter den dortigen Teilfürstentümern wurde Moskau aus bescheidenen Anfängen heraus zum Ausgangspunkt eines neuen, diesmal „russisch" zu nennenden Vereinigungs-und Staatsbildungsprozesses, der sich bis zum 16. Jh. erstreckte.

Die russischen Fürstentümer standen bis gegen Ende des 15. Jh. unter der – im wesentlichen fiskalischen – Oberherrschaft der Goldenen Horde, wobei der Moskauer Fürst insofern eine Sonderstellung genoß, als er den Tatarentribut unter seinen fürstlichen Verwandten eintrieb. Im 15. Jh. hatte Moskau bereits andere Fürstentümer absorbiert und war durch das „Sammeln der russischen Lande" zum wichtigsten Machtfaktor im russischen Kerngebiet geworden. Im 16. Jh. wurde dieser Vereinigungs- und Zentralisierungsprozeß unter den Großfürsten von Moskau abgeschlossen, die sich nunmehr Zar nannten und ein autokratisches Herrschaftssystem ausgestalteten. Iwan IV. (der „Schreckliche") unterwarf Mitte des 16. Jh. die Tatarenchanate von Kasan und Astrachan der Moskauer Herrschaft. Das moskowitische R. begann, zu einem verschiedene Völkerschaften, Kulturen und Religionen umspannenden Vielvölkerreich zu expandieren. Zwischen dem Ende des 15. und dem Ende des 19. Jh. vermehrte R. seine Fläche um mehr als das 45fache. Um 1600 waren 10% seiner Untertanen Nichtrussen, um 1700 über 25%, um 1800 über 45%, und die Volkszählung von 1897 erfaßte bei einer Gesamtbevölkerung von 125 Mio. sogar eine nichtrussische Mehrheit von 55,5%.

Die Expansionsrichtung zielte zunächst nach Osten, dann nach Westen und Süden. Im 16. Jh. erreichte sie die Siedlungsgebiete muslimischer (Tataren, Baschkiren) und „heidnischer" Völker (Udmurten, Mordwinen, Tschuwaschen u. a.) an der mittleren Wolga und zielte ab 1582 in den weiten Raum Sibiriens. Seit dem 17. Jh. dehnte sich R. in Gebiete aus, die in sowjetischer Zeit die nichtrussischen Unionsrepubliken bildeten: in die Ukraine, die Ostseeländer, nach Weißrußland, Litauen. Im 19. Jh. erreichte die Expansion ihren Höhepunkt mit der Einverleibung Georgiens (1801), Finnlands (1809), Bessarabiens (1812), des gesamten Kaukasus, Kasachstans und Mittelasiens.

Grundlegende Einschnitte gliederten die Geschichte dieser enormen territorialen Expansion: Das autokratische Fundament wurde im 15. und 16. Jh. gelegt und im 18. Jh. von Peter dem Großen zu einem absolutistischen Militär- und Steuerstaat ausgebaut. Umbildung, „Perestroika", der Gesellschaft ging im wesentlichen vom Staat und Herrscher aus, so z. B. der autoritäre Versuch der Anpassung R.s an Entwicklungen in Europa durch Peter den Großen. Auch wo der Staat gesellschaftliche Freiräume öffnen wollte, mußte er ihre Ausfüllung erst anregen und auf den Weg bringen.

Für die Bildung einer russischen Nation innerhalb der rußländischen Reichsbildung – in die Völker integriert wurden, deren nationale und kulturelle Geschichte und Identität mitunter älter und stärker ausgeprägt waren als die der Russen – bestanden Hindernisse: Die Russen lebten in regionaler Streuung in einem gewaltigen Raum, was das Erleben ethnischer Gemeinschaft nicht förderte; für die Umsetzung einer solchen Gemeinschaft in eine moderne Nationenbildung fehlten einige wichtige sozial- und entwicklungsgeschichtliche Voraussetzungen wie ein Bürgertum, gesellschaftliche Modernisierung, die Überwindung ständischer und regionaler Segmentierung. Ansätze dafür entstanden in gesellschaftlichen Wandlungsprozessen und Reformen seit der zweiten Hälfte des 19. Jh.

Auch der russische Nationalismus ging dann wieder stärker vom Staat als von der Gesellschaft aus und zeigte im Gegensatz zu einigen bereits erwachten nationalen Bewegungen der Nichtrussen im Zarenreich überwiegend ein reaktionäres, antiliberales Gesicht. Bis zum 19. Jh. blieb die Reichsideologie in R. wie in anderen Vielvölkerreichen aber überwiegend vornational: Sie wollte aus den Nichtrussen – abgesehen von einigen Missionsbemühungen der russisch-orthodoxen Kirche – nicht Russen, sondern loyale Untertanen des Zaren machen. Erst gegen Ende des 19. Jh. schaltete sie unter dem Zaren Alexander III. auf eine generelle Russifizierungspolitik um und beschleunigte damit nur den Zerfall des Reichs.

Sowjetrußland

Nach dem Zusammenbruch des Zarenreichs vom Februar und dem bolschewistischen Staatsstreich vom Oktober 1917 gingen einige Nationalbewegungen der Nichtrussen zur Forderung nach staatlicher Unabhängigkeit über, nachdem sie bis dahin lediglich Selbstbestimmung innerhalb eines erneuerten, föderalen und demokratischen R.s gefordert hatten. Im Frieden von Brest mußte R. im März 1918 gegenüber dem deutschen Kaiserreich auf seinen gesamten Westrand verzichten. Unter deutscher Besatzung wurden vom Baltikum bis zur Ukraine nationale Regierungen gebildet. In Transkaukasien sagten sich Georgien, Armenien und Aserbaidschan von R. los. Bessarabien vereinigte sich mit Rumänien. Im Bürgerkrieg wurde auch die Verbindung zur zentralasiatischen Reichsperipherie unterbrochen. Der Sowjetstaat schrumpfte auf das russische Territorium der vorimperialen Periode zurück. Dieses Sowjetrußland wurde im Juli 1918 als Russische Sozialistische Föderative Sowjetrepublik (RSFSR) konstituiert. Es wurde nicht als ein russischer Nationalstaat, sondern als eine multinationale Föderation definiert, die 1923 17 nationale Gebietseinheiten – Autonome Republiken und Autonome Gebiete – umfaßte. Als erste nationale Gebietseinheiten wurden die baschkirische und die tatarische an der mittleren Wolga zu autonomen Republiken. Erstmals in der Geschichte wurde ein Staat als Föderation ethno-territorialer Subjekte begründet. Die Nationalitätenpolitik Lenins und Stalins setzte hier das von ihr favorisierte Prinzip territorialer Autonomie durch. Freilich war dies eine „Föderation" nur dem Schein nach.

Von Sowjetrußland und seiner Roten Armee ging zwischen 1918 und 1921 die Restitution des Vielvölkerreichs unter sowjetischem Vorzeichen aus. Lediglich die westliche Reichsperipherie mit Polen, den baltischen Staaten und Bessarabien blieb bis 1939 unabhängig. Im Dezember 1922 wurde durch Zusammenschluß der RSFSR, der Ukrainischen SSR, der Weißrussischen SSR und der Transkaukasischen Föderativen Sowjetrepublik die UdSSR gegründet.

In den zwanziger Jahren war die Integrationsideologie des sowjetischen Vielvölkerstaats mit der RSFSR als größtem Bestandteil internationalistisch und richtete sich gegen einen „großrussischen Chauvinismus". Die nationalen Kulturen der nichtrussischen Völker wurden gefördert. Gleichzeitig wurde der Terrorapparat ausgebaut, der GULag (System der Straflager) bereits lange vor der eigentlichen Stalin-Ära errichtet. Terroristischen Charakter erlangten auch die großen sozialökonomischen Umwälzungen unter Stalins „Revolution von oben", die Kollektivierung der Landwirtschaft und die Industrialisierung. In den dreißiger Jahren veranlaßte Stalin in der Geschichtsschreibung, Kunst und anderen Bereichen eine ideologische Wende zum „Sowjetpatriotismus", der zunächst auch noch internationalistisch gemeint war, dann aber den Akzent zur führenden Rolle des Russentums in der Sowjetunion hin verlagerte. Es entstand eine Integrationsideologie, die auf russische historische Heroen wie Alexander Newskij, Iwan IV. und Peter den Großen zurückgriff. Nach dem deutschen Überfall auf die Sowjetunion 1941 suchte dieser Sowjetpatriotismus noch verstärkt Anleihe in der russischen Geschichte, im Abwehrkampf russischer Fürsten gegen deutsche Ordensritter und andere äußere Feinde. Den Sieg im Kampf gegen die Armeen Hitlers, in einem Krieg, der Russen und anderen Völkern der Sowjetunion unvorstellbare Opfer – rund 27 Mio. Tote – auferlegt hatte, feierte Stalin am 24. 5. 1945 mit einem Toast, der die Nichtrussen aufhorchen lassen mußte: „Ich trinke vor allem auf das Wohl des russischen Volkes, weil es die hervorragendste Nation unter allen zur Sowjetunion gehörenden Nationen ist." Was dann im Spätstalinismus, der sog. „Schdanow-Ära", an offizieller Glorifizierung des Russentums folgte, war wohl der rüdeste großrussische Chauvinismus in der Geschichte R.s. Er verband sich mit Antisemitismus, Antikosmopolitismus und anderen reaktionären Geisteshaltungen.

Nach Stalins Tod wurde die Sowjetideologie wieder stärker auf eine internationalistische Grundlage gestellt. Die einseitige Verehrung des russischen Volkes wurde durch die Betonung der „Freundschaft der Völker der Sowjetunion" ersetzt. In den sechziger Jahren postulierte die Doktrin vom „Sowjetvolk" eine „neue historische Gemeinschaft aus verschiedenen Nationalitäten" mit gemeinsamen sowjetischen Merkmalen. Theoretisch waren einem russischen Nationalismus in diesem ideologischen Rahmen kaum Entfaltungsmöglichkeiten gesetzt. In der Praxis ragten die Russen aber durch ihre Bevölkerungsgröße und ihre politische Bedeutung aus dem „Sowjetvolk" heraus, ebenso durch ihren sprachenpolitischen Status. Russisch wurde zur obligatorischen Zweitsprache für alle Nichtrussen, und es wurde aus der Sprachenvielfalt in der Sowjetunion als die angeblich am weitesten entwickelte Sprache, als die „Sprache des Weltkommunismus", herausgehoben. Seit den sechziger Jahren konnte sich ein konservativer russischer Nationalismus in einem gewissen Rahmen artikulieren, so z. B. in der 1965 gegründeten Allrussischen Gesellschaft für Geschichts- und Kulturdenkmäler, in bestimmten Literaturbereichen (Dorfprosa) und außerhalb parteiamtlicher Duldung in Formen des [Samizdat] (Selbstverlag). Dieser russische Nationalismus zerfiel allerdings in unterschiedliche ideologische Segmente: einen Nationalbolschewismus, einen Neostalinismus, einen konservativen antikommunistischen Russismus. Allen Varianten war die Abneigung gegen westliche Kultur und gegen die Reformpolitik Gorbatschows in der zweiten

Hälfte der achtziger Jahre gemeinsam. Für die mannigfachen Zerfallserscheinungen nach der gescheiterten Perestroika und der Auflösung der Sowjetunion machte man hier das Treiben von Juden und Freimaurern, die Absicht des Westens, R. zu zerstören, und andere Objekte altbekannter Verschwörungstheorien und Phobien verantwortlich.

In der Periode der Perestroika Ende der achtziger Jahre war die Mobilisierung der Bevölkerung und die Bildung informeller Bewegungen in einigen Unionsrepubliken stärker als in R. Die Souveränitätsbestrebungen der Nichtrussen in der Sowjetunion wirkten auf die Selbstwahrnehmung der Russen zurück.

Während der größte Teil der Georgier, Usbeken und anderer nichtrussischer Nationen der UdSSR bei Befragungen Ende der siebziger Jahre ihre jeweilige Republik, ihr nationales Territorium mit dem Begriff „Heimat" identifizierten, brachte die Mehrheit der befragten Russen die Sowjetunion und nicht R. mit diesem Begriff in Verbindung. Die Russen erlebten aber Einbrüche in dieses Reichsgefühl, stellten Veränderungen in ihren Beziehungen mit den „Brudervölkern" fest, z. B. wachsende Konkurrenz zwischen nationalen und russischen Kadern in den Unionsrepubliken. Die Reaktion verlief in zwei gegenläufigen Richtungen: einerseits zur verstärkten Behauptung des Reichszusammenhalts, andererseits zur Überlegung, ob die russische Nation für ihr Imperium nicht einen zu hohen Preis zahle, ja ob R. als Nation im Rahmen des sowjetischen Vielvölkerreichs überhaupt existiere.

Die Souveränitätsforderungen der Gliedstaaten seit 1988 ließ in R. ein Nachdenken darüber aufkommen, wie es selber in der „nationalen Staatlichkeit" des Sowjetföderalismus angesiedelt war. Die RSFSR war das mit der Unionsstruktur verwachsene Rückgrat der UdSSR. Ihr fehlte ein nationales Profil, über das andere sowjetische Gliedstaaten in Gestalt nationaler Republikinstitutionen verfügten. Wie zuvor in den nichtrussischen Gliedstaaten der UdSSR ging nun auch in R. die Bestrebung nach Überwindung des kommunistischen Systems zumindest teilweise mit der Parole der „nationalen Wiedergeburt" einher, die nicht mehr nur in einem rückwärtsgewandten „heiligen

Rußland", sondern auch in einer modernen europäischen Nation gesucht wurde. Seit 1989 entstand ein breiteres Spektrum informeller Bewegungen und gesellschaftlicher Organisationen. Dazu gehörten Parteien, besser parteiähnliche Organisationen, wie die Sozialdemokratische Partei der russischen Föderation, die Bewegung demokratisches R., die Demokratische Partei Trawkins [N. Travkin] u. a. Einige Parteien bewegten sich allerdings ausdrücklich im Rahmen des imperialen R. oder der alten Sowjetordnung, so die „Liberaldemokratische Partei", deren Vorsitzender Schirinowski [V. Žirinovskij] zum Protagonisten des rechtsextremen Lagers aufstieg, oder die „Vereinigte Front der Werktätigen" und andere linkskonservative Gruppen.

Die Souveränitätsbewegung der sowjetischen Gliedstaaten wurde schließlich um eine mächtige Komponente erweitert, nämlich um R. selbst. Am 12. 6. 1990 folgte der Volkskongreß der Russischen Föderation dem Beispiel der Unionsrepubliken und erklärte die Souveränität R.s. Präsident Boris Jelzin [B. N. Elţcin] erhob dieses Datum 1994 zum Nationalfeiertag und nannte 1995 in einem Interview „die Auflösung eines der ruchlosesten totalitären Systeme", nämlich der Sowjetunion, das wichtigste Ereignis einer selbstbestimmten Entwicklung R.s. Unter der politischen Führung Jelzins, der am 29. 5. 1990 zum Parlaments- und ein Jahr später zum Staatspräsidenten gewählt wurde, entwickelte sich R. zum Gegenspieler der von Gorbatschow [M. S. Gorbačev] repräsentierten Unionsgewalt, und diese Konstellation war von einem persönlich geprägten Machtkampf zwischen dem sowjetischen und dem rußländischen Präsidenten bestimmt. R. beteiligte sich zwar an den Versuchen, einen neuen Unionsvertrag auszuhandeln, knüpfte aber gleichzeitig Beziehungen zu den Unionsrepubliken und stellte sich mit ihnen gemeinsam gegen jeden restaurativen und an der alten zentralistischen Machtstruktur orientierten Versuch der Unionsbewahrung.

Der Putschversuch des sog. Notstandskomitees unter dem sowjetischen Vizepräsidenten Janajew [G. I. Janaev] vom 19. 8. 1991 verstärkte die Gleichsetzung von Erneuerung und Souveränität R.s im Gegensatz zu Kommunismus und Unionsbewahrung. Jelzin wurde zum zentralen Symbol des Widerstands gegen die Putschisten. Nicht Gorbatschow, gegen den sich der gescheiterte Putsch gerichtet hatte, sondern Jelzin war der Mann der Stunde. Danach wurde mit der Auflösung der KPdSU der Kommunismus und mit der Gründung der GUS im Dezember 1991 die Sowjetunion formell aufgehoben. Später hieß es allerdings, „bei der Bestattung des ancien régime habe man die Leiche nicht gesehen".

Das nachsowjetische Rußland

In der Innenpolitik erlangten zwei Bereiche grundlegende Bedeutung: die Ausgestaltung des nachsowjetischen politischen Systems, die sich unter den ungünstigen Bedingungen eines Machtkampfs zwischen der Präsidialexekutive und dem noch in sowjetischer Zeit zusammengesetzten Parlament vollzog, und die Formierung der „Rußländischen Föderation" aus 89 Gebietssubjekten in einem Prozeß, der zwischen Dezentralisierung und Rezentralisierung schwankte, zwischen Machtteilung auf dem Verhandlungsweg und Gewaltdemonstration im Krieg gegen das abtrünnige Tschetschenien.

Die erste Periode nach der Unabhängigkeit (1992–93) ist von politischen Machtkämpfen zwischen dem linkskonservativen Parlament und dem Präsidenten und seinen Regierungen geprägt. Hauptobjekt der Parlamentsopposition war die Wirtschaftspolitik der Regierung Jegor Gaidar während des Jahres 1992, die als sozial unverträglich und ruinös kritisiert wurde. Mit der Ernennung Viktor Tschernomyrdins [V. St. Černomyrdin] zum Ministerpräsidenten im Dezember 1992 gab Jelzin der Regierung eine zentristische Ausrichtung, die zwischen Reform und Bewahrung bzw. Nutzung bestehender Strukturen vermitteln sollte.

Gleichzeitig kam es aufgrund der politischen Schwäche des Zentrums zu einer Machtumverteilung zwischen Moskau und den Regionen. Eine Reihe von Föderationssubjekten, nationale

Republiken und im Gegenzug die administrativen Gebietseinheiten, strebten nach weitgehender Autonomie. Die Republik Tschetschenien erklärte im November 1991 sogar ihre staatliche Unabhängigkeit. Das Verhältnis zwischen der zentralen und regionalen Machtebene wurde durch einen Föderationsvertrag im März 1992 nur unzureichend geregelt.

Im Herbst 1993 erreichte der Machtkampf seinen Höhepunkt. Präsident Jelzin setzte am 21. 9. die Tätigkeit des Parlaments per Dekret aus und verkündete Parlamentsneuwahlen für Dezember. Sein Gegenspieler und ehemaliger Stellvertreter Ruzkoi [A. V. Ruckoj] erhob sich zum Gegenpräsidenten. Es entstand eine Doppelherrschaft, in der sich die Präsidialexekutive und das Parlament die politische Gewalt gegenseitig streitig machten. Als die im Parlament verschanzten Gegner Jelzins zur Gewalt gegen den präsidialen „Staatsstreich" aufriefen, wendete die Gegenseite ihrerseits Gewalt an und ließ das Parlament (das „Weiße Haus") beschießen. Damit setzte sich fürs erste der Präsident durch. Aus den Parlamentsneuwahlen im Dezember gingen allerdings nicht die ihn unterstützenden „demokratischen" Kräfte als politische Hauptakteure hervor.

Immerhin erhielt R. im Dezember 1993 nach mehr als drei Jahren Vorbereitung endlich seine neue Verfassung. Nach mehreren umstrittenen und verworfenen Verfassungsprojekten trug das Projekt, das im Dezember 1993 zur Volksabstimmung vorgelegt wurde, die Handschrift Jelzins. Es erlangte keine überzeugende Legitimation und wurde mit sehr knapper Mehrheit angenommen. Die Präsidialexekutive unterband Kritik an dem Projekt. Peinlicherweise war die Partei außerhalb des Regierungsspektrums, die es am deutlichsten unterstützte, die rechtsradikale „Liberaldemokratische Partei Rußlands" (LDPR) Schirinowskis.

Die Verfassung schreibt eine deutliche Vormachtstellung des Präsidenten fest, der mehr Macht erlangt als sein französischer oder amerikanischer Amtskollege. Er kann auch ohne Parlament per Dekret regieren und erlangt eine sehr starke Stellung im Sicherheitsbereich (Oberkommando über die Streitkräfte, Verhängung von Kriegszustand u. a.). Während dem

Präsidenten starke Instrumente gegen ein oppositionelles Parlament gewährt werden, verfügt das Parlament seinerseits kaum über Machtmittel gegen den Präsidenten.

Auf der Seite der Exekutive entstand nun ein riesiger, rd. 4000 Personen umfassender Präsidialapparat mit einem Präsidentenbüro, einem Sicherheitsrat und anderen Gremien. Er neigt immer stärker dazu, im Alleingang zu regieren, und stimmt sich immer weniger mit den Regierungsressorts ab. Der Sicherheitsrat erlangt einen von der Verfassung nicht vorgesehenen Einfluß und wird deshalb gelegentlich mit dem Politbüro aus KPdSU-Zeiten verglichen. Aus dem riesigen Gesamtapparat des Präsidenten schält sich eine kleine „Partei der Macht" heraus, die ab 1994 die engste Umgebung des Präsidenten bildet und auf die sich die Politikgestaltung in R. verengt. Diese Verengung wird besonders bei dem unverständlichen Entscheidungsprozeß deutlich, der zum Krieg in Tschetschenien führt. Die „Partei der Macht" besteht vor allem aus den sogenannten „Silowiki", den „Gewaltministern", deren Ressorts Truppenteile unterstehen.

Das Parlament besteht aus zwei Kammern, dem Föderationsrat (178 Mitglieder, je zwei Vertreter aus jedem der 89 Gebietssubjekte) als Oberhaus und der Staatsduma als Unterhaus (450 Abgeordnete, eine Hälfte der Sitze wird über Parteilisten, die andere über Direktmandate beschickt). Die erste Legislaturperiode dieses neuen Parlaments lief schon nach zwei Jahren im Dezember 1995 ab, die weiteren Legislaturperioden dauern je vier Jahre.

In der Staatsduma verteilten sich nach den Parlamentswahlen von 1993 die politischen Lager folgendermaßen: 36% „Nationalisten" und „Kommunisten", 30% Vertreter „demokratischer" Parteien, 24% „Zentristen" sowie 10% Unabhängige. Zum demokratischen Spektrum zählten die Parteien bzw. Parteibündnisse „Wahl Rußlands" (E. Gaidar), „Partei für Einheit und Einvernehmen" (S. Schachraj), „Jabloko", dt. „Apfel" (nach den Anfangsbuchstaben ihrer Führungspersönlichkeiten G. Jawlinski, Ju. Boldyrew und W. Lukin); zum nationalistischen und kommunistischen die „Liberaldemokratische Partei (V. Schirinowski), die „Agrarpartei" (M. Lapschin) und die Kommunistische Partei (N. Sjuganow), zum zentristischen die „Frauenpartei", die „Demokratische Partei" und die Fraktion „Neue Regionalpolitik".

Im Vorfeld der Parlamentswahlen im Dezember 1995 bilden sich neue Parteien und Koalitionen, wobei die Exekutive um Jelzin versucht, sich als politische Partei ins Spiel zu bringen. Ministerpräsident Tschernomyrdin erhielt im April 1995 den Auftrag zur Bildung eines zentristischen Wahlblocks, der sich als Regierungspartei etablieren sollte. Dieses Parteienbündnis unter dem Namen „Unser Haus – Rußland" verkündete eine Mischung aus Stabilitätswahrungs- und Reformparolen, einen „sozialen Liberalismus" als seine politische Leitlinie. Aus den Parlamentswahlen am 17. Dezember 1995 geht jedoch die KPRF mit 22 % der für Parteien abgegebenen Wählerstimmen als stärkste Partei hervor, die von ihrem hohen Organisationsgrad und der Unzufriedenheit der Bevölkerung, insbesondere der älteren Generation, profitiert. Aus ähnlichen Gründen kann die Partei Schirinowskis sich mit 11 % als zweitstärkste Gruppierung auf der Parteienliste behaupten, allerdings mit deutlichen Stimmeneinbußen gegenüber 1993. Tschernomyrdins Block folgt mit knapp 10 % erst auf Platz drei; von den demokratischen Parteien ist nur der Wahlblock „Jabloko" um Jawlinski (8 %) im neuen Parlament vertreten. Dagegen konnte sich weder die Gaidar-Partei noch der 1995 gegründete „Kongreß russischer Gemeinden" (KRO) trotz seines populären Aushängeschildes, des Afghanistankämpfers General Lebed, über die Parteiliste qualifizieren. Das Paralament bleibt in verschiedene politische Kräfte zersplittert und wird auch weiterhin kein wirksames Gegengewicht gegen den Präsidialapparat und die von diesem abhängige Regierung bilden. Entscheidend für die politische Zukunft Rußlands werden die Präsidentschaftswahlen sein, die für Juni 1996 angesetzt wurden.

Generell war nach 1993 eine starke Wahl- und Parteienmüdigkeit in der Bevölkerung zu beobachten. An den Parlamentswahlen von 1993 hatten sich nur knapp 50% der 106 Mio. Wahlberechtigten beteiligt. Bei Kommunalwahlen war die

Wahlbeteiligung in einigen Städten und Regionen noch weit niedriger. Demoskopische Untersuchungen zeigten einen steten Popularitätsverlust der regierenden Elite und der Parteien. Daran gemessen war die Beteiligung von 65 % bei den Dumawahlen am 17. Dezember 1995 recht hoch.

Bei der Niederschlagung des Augustputschs 1991 hatte ein großer Teil der Bevölkerung auf Jelzins Seite gestanden, drei Jahre später hielten laut Befragungen nur noch 23% dem Präsidenten seine Rolle im August 1991 zugute, 30% entschuldigten die Putschisten (Trautmann 1995).

Vor diesem Hintergrund wird ein fatales Versäumnis deutlich: Jelzin hätte 1991 die für ihn und die „Demokraten" günstige Dynamik nutzen und Neuwahlen des Parlaments anordnen müssen, um dann mit einer erneuerten Legislative eine einigermaßen koordinierte Reformpolitik verfolgen zu können. Der Legitimationsverlust des Staates resultiert aus Übergangskrisen in der sozialen Entwicklung (Einkommenspolarisierung, Bildung neureicher Schichten bei Verarmung sozial schwacher Bevölkerungsteile, Kriminalität, Mafiabildung), im Bildungssystem und im Wertesystem (sinkende Akzeptanz für demokratische Erneuerung, steigende für den starken Staat, für die sowjetische Vergangenheit, für die Großmachtrolle R.s) (Trautmann 1995).

Auch in der Beziehung zwischen dem Zentrum und den Regionen, zwischen der föderalen Ebene und den sogenannten „Föderationssubjekten", konnte die Machtverlagerung zur präsidialen Exekutive kaum zu einer Konsolidierung genutzt werden. Zwischen dem föderalen Verfassungsverständnis und dem einiger Republiken und Gebietssubjekte bleiben krasse Widersprüche bestehen, z. B. in bezug auf die „staatliche Souveränität", die nach dem föderalen Verfassungsverständnis nur für die RF als Gesamtstaat, nach dem der Republiken aber auch für Föderationssubjekte beansprucht wird. Faktisch bleibt es bei einer asymmetrischen Struktur der Föderation, in der die Subjekte auf ungleichen politischen Statusebenen angesiedelt sind. 1994 tritt Moskau in eine regionalpolitische Strategie der bilateralen Machtteilungsverträge mit einzelnen kritischen Föderationssubjekten wie Tatarstan, Baschkortostan, Jakutien und andere ein. Sie ist einer Vereinheitlichung der Föderation entgegengesetzt und trifft auf Kritik und Opposition nicht nur bei den links- und rechtskonservativen Jelzin-Gegnern, die ein starkes und unitäres R. fordern und von Dezentralisierung und Machtteilung nichts wissen wollen, sondern auch bei Politikern, die als „Demokraten" und „Reformer" etikettiert wurden.

Einen ganz anderen Weg beschreitet Moskau gegenüber dem schwierigsten aller „Föderationssubjekte", der seit November 1991 abtrünnigen tschetschenischen Republik. Statt auch hier alle Verhandlungsmöglichkeiten auszuschöpfen, neigt Moskau in diesem Fall seit dem Sommer 1994 dazu, Subordination zu erzwingen, zunächst durch militärisch-geheimdienstliche Einmischung in innertschetschenische Machtkämpfe mit dem Ziel, das Dudajewregime zu stürzen, dann durch die massive Militärintervention vom 11. Dezember 1994. Das Ansehen der politischen Führung in der Gesellschaft sinkt dabei auf einen Tiefpunkt. Ebenso erleidet das internationale Ansehen R.s erheblichen Schaden. Das Verhältnis zwischen R. und Tschetschenien, historisch durch zahlreiche gewalttätige Aktionen von Strafexpeditionen der zaristischen Armee bis zur Deportation unter Stalin belastet, wird durch die Gewalt, mit der die russischen Streitkräfte im Januar und Februar 1995 gegen Grosny vorgehen, erneut zerrüttet. Vor diesem Hintergrund fällt es schwer, an eine gütliche Regelung des Status der tschetschenischen Republik und an ihre friedliche Reintegration in die RF zu glauben. Immerhin gelingt am 30. Juli 1995 der Abschluß eines Militärabkommens, in dem die Konfliktseiten die Beendigung des Kriegszustands vereinbaren. Seit Herbst 1995 spitzt sich der Konflikt aber wieder zu. Die genaue Zahl der Todesopfer ist noch unbekannt und liegt nach Schätzungen zwischen 20 000 und 50 000.

Außen- und Sicherheitspolitik

R. trat mit einer westorientierten Außenpolitik, einer „atlantischen Orientierung", in die nachsowjetische Periode ein. Im Dezember 1992 markierte Außenminister Kosyrew in Stockholm die Grenzen dieser Orientierung und warnte vor Kräften in seinem Land, die eine einseitige Kooperation mit dem Westen zum Verrat an den nationalen Interessen R.s erklären könnten. Die Hauptpunkte dieser antizipierten Revision russischer Außenpolitik durch den „nationalpatriotischen Gegner" wurden dann von Kosyrew selber übernommen: die Betonung der „nationalen Interessen" und eigener Positionen auf internationalen Konfliktfeldern, das Bestehen auf dem Beitritt aller ehemaligen Unionsrepubliken (mit Ausnahme der baltischen) in die GUS, die Betonung des weltpolitischen Großmachtstatus R.s und die Beanspruchung seiner exklusiven Rolle als Ordnungsmacht im exsowjetischen Raum. Das bedeutete nicht das Ende der Kooperation mit dem Westen, aber eine Relativierung dieser Ausrichtung.

1992 prägte R. für die anderen sowjetischen Nachfolgestaaten den Terminus „nahes Ausland", durch den der Sondercharakter seines Verhältnisses gegenüber diesen Ländern hervorgehoben und deren Souveränität eingeschränkt wurde (Alexandrova 1995). Spätestens seit 1994 geht es nicht mehr um die Frage, ob eine machtpolitische Integration der GUS-Staaten um R. herum praktiziert werden soll, sondern in welcher Form dies zu geschehen habe. Den Beziehungen zum „nahen Ausland" und damit der GUS-Politik wird unbestrittene Priorität in der russischen Außenpolitik eingeräumt (siehe „Rußland und die GUS" im Einleitungsteil).

Außerhalb seiner engeren Interessensphäre will R. auch als globale Ordnungsmacht agieren. Es will ein internationales System, in dem beide Supermächte der ehemaligen bipolaren Weltordnung heute als gleichberechtigte Weltmächte auftreten und in dem Krisen in allen Regionen der Welt mit Hilfe der UNO und der KSZE (OSZE) einvernehmlich gelöst werden. Die größte außenpolitische Empfindlichkeit R.s bezieht sich auf eine etwaige Mißachtung seiner weltpolitischen Bedeutung. Es glaubte, diese Mißachtung auf zwei traditionellen Aktionsfeldern russischer und sowjetischer Außenpolitik erfahren zu haben: auf dem Balkan und im Nahen Osten. Mit seiner proserbischen Haltung und der Forderung nach einer Aufhebung des Embargos gegen den Irak zeigte Moskau auf diesen beiden Feldern gegenüber dem Westen wieder Flagge.

Ein Hauptärgernis wurde für Moskau die NATO, die sich nach dem Ende des „Kalten Krieges" nicht nach russischen Vorstellungen entwickelte. Moskau wünschte ihre Unterordnung unter die KSZE, die als gesamteuropäisches Sicherheitssystem fungieren sollte. Es kam zwar zu einer nominellen Aufwertung der KSZE zur OSZE, aber nicht zu ihrer Umwandlung in ein umfassendes europäisches Sicherheitssystem. Stattdessen sah sich R. nun mit Plänen der Erweiterung der NATO nach Ostmitteleuropa konfrontiert. Die sogenannte „Osterweiterung" wurde zum Reizthema im außen- und sicherheitspolitischen Diskurs in R. Noch im August 1993 hatte Jelzin in Warschau einen NATO-Beitritt Polens gebilligt. In der neuen Militärdoktrin kam dann im Herbst bereits eine deutlich veränderte Haltung zum Vorschein. Seitdem wurde für den Fall der NATO-Erweiterung mit Gegenmaßnahmen gedroht: mit der Nichtratifizierung des Start-II-Vertrags, der Aufkündigung des Vertrags über konventionelle Streitkräfte in Europa (KSE). Die anfänglich verbesserten Beziehungen zu den USA verschlechterten sich über Streitpunkte wie die NATO-Erweiterung, die Balkanpolitik, die Lieferung eines russischen Kernkraftwerks an den Iran. Der engste Partner im Westen blieb Deutschland, das wesentliche Beiträge zur Einbeziehung R.s in europäische Strukturen, z. B. beim Zustandekommen eines Kooperationsabkommens mit der Europäischen Union, geleistet hatte.

Die russische Außenpolitik unter Kosyrew übte Druck auf andere Staaten aus. Dies betraf vordringlich die engere Interessensphäre R.s im exsowjetischen Raum. Unter solchem Druck wurden einige Staaten wie Georgien, Moldova und Aserbaidschan in die GUS hineingezwungen. Moskau versuchte,

Kontrolle über die außenwirtschaftlichen Aktivitäten seiner Nachbarn auszuüben, und warnte insbesondere die Anrainer des Kaspischen Meeres vor einer einseitigen Ausbeutung der regionalen Erdölressourcen. Der Krieg in Tschetschenien demonstrierte dem nahen und fernen Ausland, daß militärische Gewalt kein Tabu ist.

Allerdings hat die russische Außenpolitik kein festes Konzept und unterliegt der Meinungsvielfalt im politischen und weltanschaulichen Diskurs R.s. Dabei konkurrieren Strömungen wie die „atlantische Orientierung" (prioritäre Kooperation mit Westeuropa und USA), die „eurasische Konzeption" (Ausrichtung auch nach Asien, Beherrschung des eurasischen, d. h. exsowjetischen Raums) und die „slawophile Tradition" (Slawenbund mit Ukraine und Weißrußland, orthodoxe Länder wie Serbien als prioritäre Partner).

In seiner neuen Militärdoktrin, die am 2. 11. 1993 Gesetzeskraft erlangte, stellt sich R. als Ordnungsmacht und Sicherheitsgarant der GUS dar. Es behält sich vor, seine Streitkräfte zur Wahrung der Stabilität auch im Inneren einzusetzen und seine Grenzen auch im „nahen Ausland" zu verteidigen. Als Hauptbedrohung wird nicht mehr der Westen und als Feind kein einzelner Staat gesehen. Vielmehr bedrohen regionale Konflikte die Stabilität R.s und die aller übrigen Staaten der GUS. Auch wenn der Großkrieg zwischen Blöcken nicht mehr wahrscheinlich ist, hält R. in Übereinstimmung mit dem strategischen Konzept der NATO am Prinzip der nuklearen Abschreckung fest, nicht aber an der nuklearen Konfrontation. Aus dem strategischen Raum der GUS hebt sich die alte sowjetische Süd- und Ostgrenze zu islamischen Ländern und regionalen Akteuren wie Türkei, Iran und China hervor. Moskau will verhindern, daß ehemalige Sowjetrepubliken in die Einflußsphären regionaler Gravitationszentren geraten (Trautmann 1995). Es möchte hier seinen militärpolitischen Einfluß durch einen kollektiven Sicherheitsvertrag und eine Reihe bilateraler Kooperationsabkommen sichern, durch 30 geplante Militärstützpunkte im „nahen Ausland", durch gemeinsame Grenzsicherung an der Außengrenze der GUS und andere Instrumente (siehe „Rußland und die GUS" im GUS-Kapitel).

Die Streitkräfte haben (nach Angaben des Instituts für strategische Studien in London von 1994) einen personellen Gesamtumfang von 1,7 Mio. (950 000 Wehrpflichtige, 150 000 Mitarbeiter des Verteidigungsministeriums u. a.). Über die tatsächliche Stärke existieren allerdings unterschiedliche Angaben. Die Landstreitkräfte umfassen ca. 780 000 Mann, die Luftverteidigungskräfte 250 000, die Luftstreitkräfte 170 000. Diese Einheiten sind in acht Militärbezirken disloziert: St. Petersburg, Moskau, Wolga, Nordkaukasus, Ural, Sibirien, Transbaikal, Fernost. Etwa 167 000 Mann entfallen auf strategische Nuklearstreitkräfte. Die Seestreitkräfte haben eine Personalstärke von ca. 295 000 und bestehen aus fünf Flotten: Flotte Nord mit dem Hauptquartier Semerowsk, Ostseeflotte mit dem Hauptquartier Kaliningrad, Schwarzmeerflotte (48 000) unter gemeinsamer russisch-ukrainischer Kontrolle mit dem Hauptquartier Sewastopol auf der Krimhalbinsel, Kaspische Flotte (unter russischem Kommando, aber aufgeteilt zwischen R., Aserbaidschan, Kasachstan und Turkmenistan) und Pazifik-Flotte mit dem Hauptquartier Wladiwostok. Zu den regulären Streitkräften kommen paramilitärische Einheiten hinzu: Sicherheitstruppen des Innenministeriums (180 000) und Grenztruppen (100 000).

Zur Bewaffnung der Nuklearstreitkräfte gehörten Ende 1994 744 Interkontinentalraketen mit 3 600 Sprengköpfen, 520 U-Boot-gestützte Interkontinentalraketen mit 2 400 Sprengköpfen, 69 Bomber mit 34 Marschflugkörpern und 810 Sprengköpfen. Die Zahl der taktischen Atomsprengköpfe wird mit bis zu 13 000 angegeben.

Im Zuge einer Militärreform sind weitreichende Veränderungen in der Zusammensetzung der Streitkräfte, ihren Kommandodstrukturen und Dislozierung geplant. Hauptziel ist die Aufstellung wesentlich verkleinerter und leichter bewaffneter Streitkräfte. Die Schaffung sog. Mobiler Kräfte ist das Kernelement der Umstrukturierung. Aus dem Erbe der massigen Sowjetarmee, geschaffen für den Großkrieg zwischen den

Blöcken, sollen bewegliche, gut ausgebildete und auf gänzlich neue Aufgaben eingestellte Streitkräfte hervorgehen.

Ökologie

R. ist das Land mit der weltweit größten Umweltzerstörung, die jahrzehntelang geheim gehalten wurde. Nach Angaben der russischen interministeriellen Umweltkommission von 1995 enthalten die Industrieabwässer jährlich 86 Mio. t Schadstoffe, es lagern 1,6 Mrd. t Giftmüll (Nickel-, Arsen-, Chromverbindungen u. a.) am Boden, die Industrieabfälle betragen jährlich 80 Mrd. t. Zehn Müllverbrennungsanlagen in ganz Rußland verarbeiten nur 5% des anfallenden Mülls. Durch undichte Pipelines werden in allen Erdölfördergebieten Grundwasser und Flüsse mit Öl verseucht, mit besonders gravierenden Folgen in den nördlichen Regionen mit ihrer geringen natürlichen Regenerierungsfähigkeit. Z.B. flossen 1994 nach einem Rohrbruch bei Ussinsk in der Komi-Republik etwa 100 000 t Erdöl aus. 1989 sollen auf den Ölfeldern von Tjumen 500 000 t Erdöl ausgetreten sein. Durch ungereinigte Industrieemissionen in allen Industriezentren des Landes kommt es zu hoher Luft- und Wasserverschmutzung. Die Liste der Städte mit der höchsten Schadstoffemission und Luftverschmutzung wird von drei Städten in Sibirien angeführt: Norilsk (1991: 2 486 000 t), Nowokusnjezk [Novokuzneck] (674 000 t) und Magnitogorsk (665 000 t). Moskau liegt auf dem elften Platz mit nahezu 300 000 t.

Eine der schrecklichsten ökologischen Hinterlassenschaften des Kalten Krieges ist die radioaktive Verseuchung weiter Landstriche (Insel Nowaja Semlja u. a.) durch ober- und unterirdische Atomwaffentests. Dazu kamen 115 überwiegend unterirdische Kernexplosionen zu nichtmilitärischen Zwecken (seismologische Untersuchungen, Schaffung von Gasspeichern, Anlage künstlicher Seen u. a.). Bei der Plutoniumproduktion im Gebiet von Tscheljabinsk gab es mehrere schwere, geheimgehaltene Unfälle, bei denen 250 000 Menschen verstrahlt wurden. In zivilen Kernkraftwerken (Belojarsk, Leningrad) wurden bei mehreren Unfällen Bedienungsmannschaften hoher Strahlung ausgesetzt. In der Barentsee und Karasee wurde Atommüll in enormen Ausmaßen versenkt und im Uralgebiet, in Südsibirien sowie im Westen R.s gelagert. Vor Murmansk liegen 135 Reaktoren aus 71 stillgelegten Atom-U-Booten im Meer oder auf Frachtschiffen. Radioaktive Niederschläge vom Testgebiet Semipalatinsk (Kasachstan) erreichten die Altai-Region, Niederschläge aus dem Tschernobyl-Unglück die Gebiete Brjansk, Tula, Kaluga und Orjol [Orël] mit insgesamt 400 000 Einwohnern. Von den zivilen Kernkraftwerken gelten die Stationen Leningrad, Smolensk und Kursk mit ihren Reaktoren vom Tschernobyl-Typ sowie die veralteten Reaktoren der Station Kola als am unsichersten. Unfallträchtig sind auch die militärischen Reaktoren in Krasnojarsk, Tomsk und Tscheljabinsk.

Neue Umweltprobleme werden durch Einwirkung aus westlichen Industrieländern geschaffen: Westliche Firmen (auch aus Deutschland) versuchen, gefährliche Stoffe – darunter radioaktiven Abfall – nach R. zu verschieben. Holzfirmen schlagen sibirische Wälder kahl, ohne daß für eine ausreichende Aufforstung gesorgt wird.

Produktion, Beschäftigung, Inflation

R. ist das Land mit der reichsten Ressourcenausstattung sowie den höchsten Umweltschäden in der Welt. Mit seinem zu Kaufkraftparität berechnetem BIP liegt es dennoch hinter den USA, Japan, China, der Bundesrepublik, Frankreich, Indien, Italien und Großbritannien; in der GUS dominiert es mit seiner Wirtschaftskraft allerdings bei weitem.

Seit 1992, dem Beginn der marktwirtschaftlichen Transformation, kam es in R. zu einem erheblichen Rückgang der Produktion vor allem in der verarbeitenden zivilen Industrie und in der Rüstungsindustrie. Einen geringeren Produktionsrückgang wies die Landwirtschaft auf. Der Lebensstandard ist in R.

nicht so sehr abgesunken wie in den anderen GUS-Mitgliedsländern, allerdings tritt wie dort auch in R. eine zunehmende Einkommensdifferenzierung nach Berufsgruppen und Regionen in Erscheinung.

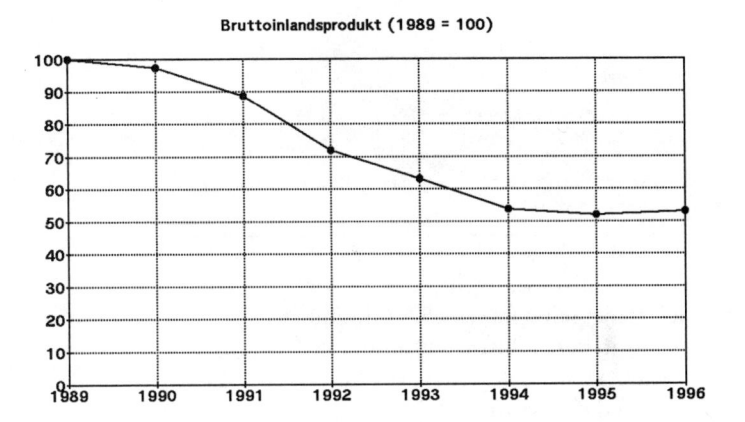

Bruttoinlandsprodukt (1989 = 100)

Das nach Kaufkraftparität berechnete BIP betrug 1994 662 Mrd. US-$, das sind pro Einwohner 4400 US-$. (Nach neuen Ergebnissen des Sozialproduktvergleichs der UNO betrug das BIP 1994 allerdings nur 600 Mrd. US-$, das sind pro Kopf rund 4000 US-$ pro Jahr). Für 1995 wurden folgende Anteile der Wirtschaftsbereiche am BIP prognostiziert (in Klammern die Vergleichswerte für 1990): Industrie 25 (35%), Landwirtschaft 6% (15%), Bauwirtschaft 7% (9%), Dienstleistungen 56% (34%), direkte Steuern abzüglich Subventionen 6% (7%). Gegenüber den UdSSR-Verhältnissen ergibt sich eine Erhöhung des Dienstleistungsanteils als Folge eines nachholenden Strukturwandels. Die Abnahme des Beitrags der Landwirtschaft ist auf gestiegene Nahrungsmittelimporte zurückzuführen; ihr Anteil wird aber vermutlich wegen der unzureichenden Erfassung privater Produktion unterschätzt. Die Schattenwirtschaft hat vermutlich etwa den Umfang von 20% des registrierten BIP.

Nach Einsetzen der Wirtschaftstransformation kam es zu einem starken Produktionsrückgang. 1995 waren das BIP insgesamt auf 46%, darunter die Industrieproduktion auf 43% und die landwirtschaftliche Produktion auf 68% des Niveaus von 1989 zurückgegangen.

Veränderung des Bruttoinlandsprodukts in % gegenüber dem Vorjahr

1990	1991	1992	1993	1994	1995	1996
–2,5	–9,0	–19,0	–12,0	–15,0	–3,0	2,0

Quelle: European Bank for Reconstruction and Development. 1996: Prognose.

Die Beschäftigtenstruktur zeigte 1994 folgende Anteile: Von den statistisch erfaßten 65,5 Mio. Beschäftigten waren 19 Mio. (29%) in der Industrie, 10 Mio. (15%) in der Landwirtschaft, 7 Mio. (11%) in der Bauwirtschaft, 10 Mio. (15%) im Handel und Verkehrswesen, 19 Mio. (29%) in sonstigen Dienstleistungsbereichen einschließlich des Staates (2,4 Mio.) tätig. Auffallend ist die niedrige Arbeitsproduktivität in Land- und Bauwirtschaft.

In der russischen Wirtschaft spielen Großbetriebe, die aus den ehemaligen staatlichen Kombinaten hervorgegangen sind, immer noch eine bedeutende Rolle. Zu den größten gehören die Unternehmen der Erdöl- und Erdgasförderung, der Metallurgie sowie des Fahrzeugbaus. Während in der Industrie (einschl. Bergbau) 1994 noch knapp 87% der Beschäftigten in Betrieben mit 200 Arbeitskräften und mehr arbeiteten, waren es in der Bauwirtschaft nur noch 48%. Im Dienstleistungsgewerbe betrug der Anteil der Kleinbetriebe (weniger als 15 Beschäftigte) im Jahre 1994 bereits 50%. Der Anteil der (wie oben abgegrenzten) Mittel- und Kleinbetriebe hat sich in Rußland von 116 000 im Jahre 1990 auf über eine Million im Jahre 1994 fast verzehnfacht. In ihnen waren 9,5 Mio. Arbeitskräfte tätig; nimmt man noch die etwa 6 Mio. hinzu, die zwar formell in Großbetrieben angestellt waren, in Wirklichkeit aber in Kleinbetrieben arbeiteten, erhöht sich die Gesamtzahl auf über 15 Mio., das sind etwa ein Viertel aller Beschäftigten.

Das BIP wurde 1994 wie folgt verwendet: Privater Verbrauch 47%, Staatsverbrauch 22%, Sachanlageinvestitionen 24%, Lagerinvestitionen 3%, Exportüberschuß 4%. Gegenüber den UdSSR-Zeiten ist eine Zunahme des Anteils des privaten Verbrauchs sowie eine Abnahme des Investitionsanteils zu beobachten und innerhalb der Investitionen eine relative Gewichtsverlagerung zur Rohstoffwirtschaft sowie zum Wohnungsbau.

Vom gesamten Arbeitskräftepotential (1994: 86 Mio.) sind nach amtlichen Angaben 71 Mio. beschäftigt und 15 Mio. (17,5%) nicht beschäftigt. Von den Nichtbeschäftigten sind 10 Mio. formell arbeitslos bzw. in „unbezahltem Urlaub", weitere 5 Mio. üben aus anderen Gründen keine amtlich registrierte Tätigkeit aus. Anders als in westlichen Ländern erfolgten bislang kaum Unternehmenskonkurse und formelle Entlassungen, sondern die Betriebe schickten die Belegschaften in „unbezahlten Urlaub", legten Betriebsabteilungen still, verzichteten auf Investitionen und finanzierten die niedrigen Löhne und Gehälter der verbleibenden Beschäftigten zum Teil durch Bankkredite.

Die hohe Inflation der Jahre 1992 (2600%) und 1993 (940%) wurde unter Einfluß ausländischer Kreditgeber 1994 und 1995 auf 300–400% reduziert. Die Geld- und Kreditpolitik der russischen Zentralbank wurde nach der Ablösung von Zentralbankchef Wiktor Geraschtschenko [V. Geraščenko] durch Tatjana Paramonowa stabilitätsorientierter. Geraschtschenko, der ehemalige Vorsitzende der sowjetischen Staatsbank, war nach dem „schwarzen Dienstag" (11. 10. 1994), als es auf der Devisenbörse zu einem Kurssturz des Rubel gekommen war, von Jelzin entlassen worden. Die Duma verweigerte der amtierenden Zentralbankchefin Tatjana Paramonowa jedoch die erforderliche Bestätigung, obwohl diese 1995 unbestreitbare Erfolge bei der Senkung der Inflationsrate und der Stabilisierung des Rubelkurses erzielte. Im November 1995 wurde sie von

Jelzin entlassen und der frühere Finanzminister S. Dubinin, der als gemäßigter Monetarist gilt, mit ihrer Nachfolge beauftragt.

Zahlungsmittel ist der Rubel, d. h. R. führte als einziges GUS-Mitglied keine Währungsreform durch. Der Außenwert des Rubel sank (nachdem er zu Zeiten der Sowjetunion mit mehr als einem US-$ festgesetzt worden war) auf bis zu 5000 Rbl/$, hat sich aber im Frühjahr 1995 bei etwa 4500 Rbl/$ stabilisiert, was mit dem Rückgang der Inflation zusammenhängt.

Außenwirtschaft

R. weist seit der Liberalisierung des Außenhandels Anfang der neunziger Jahre einen stetigen Überschuß der Handelsbilanz auf. Er wurde vor allem durch Exporte von Energieträgern und Rohstoffen erzielt. Größter Devisenbringer ist der Gaskonzern „Gasprom" (Gasindustrie) mit 7 Mrd. US-$/Jahr. Der Außenhandelsüberschuß Rußlands betrug im Jahre 1994 gegenüber den GUS-Staaten (nach voneinander abweichenden Statistiken) nur 1–4 Mrd. US-$, da sie für ihre Rohstoffexporte unter den Weltmarktpreisen liegende Preise bezahlten. Gegenüber den übrigen Ländern betrug er 12–20 Mrd. US-$. Dabei erfolgt ein relativ hoher Devisenabfluß durch Auslandsreisen von Russen, die „Kofferimporte" tätigen, der für 1994 auf etwa 7 Mrd. US-$ geschätzt wurde. Der Saldo der Leistungsbilanz (Gesamtsaldo der Handels- und Dienstleistungsbilanz) war 1994 daher mit 6–18 Mrd. US-$ anzusetzen. Unter Berücksichtigung des Netto-Kapitalabflusses, der auf mindestens 10 Mrd. US-$ geschätzt wird, ergibt sich je nach den verwendeten Daten ein Finanzierungsbedarf in unterschiedlicher Höhe, der durch Neuverschuldung geschlossen wurde.

R.s Verschuldung im Ausland erreichte Ende 1995 etwa 130 Mrd. US-$, darin sind Schulden der ehemaligen UdSSR in Höhe von 104 Mrd. US-$ enthalten. Die Verschuldung besteht überwiegend gegenüber öffentlichen Gläubigern, d. h. es handelt sich um Kredite, die Staaten bzw. internationale Organisationen an R. gewährt haben. Hauptgläubiger unter den westlichen Ländern ist Deutschland mit 23 Mrd. US-$, gefolgt von Italien mit 11 Mrd. US-$. Die Schulden R.s gegenüber den ehemaligen RGW-Ländern betragen 30 Mrd. US-$. Umgekehrt hat R. als Rechtsnachfolger der UdSSR (praktisch uneinbringliche) Forderungen an ehemalige RGW- und Entwicklungsländer in Höhe von 142 Mrd. US-$. Die GUS-Länder waren gegenüber R. Ende 1994 mit rund 20 Mrd. US-$ verschuldet; Hauptschuldner waren die Ukraine, Belarus und Kasachstan.

Die Warenstruktur des russischen Außenhandels zeigt ein von Dritte-Welt-Ländern vertrautes Bild: exportiert werden überwiegend Rohstoffe, importiert werden vor allem Fertigerzeugnisse. Allerdings bestand diese Struktur schon zu Zeiten der Sowjetunion und hat sich nach Freigabe des staatlichen Außenhandelsmonopols höchstens verstärkt.

Wichtigste Handelspartner R.s waren 1994: die Ukraine (Ausfuhr 6,7 Mrd. US-$, Einfuhr 4,4 Mrd. US-$, Ausfuhrüberschuß R.s 2,3 Mrd. US-$); Deutschland (Ausfuhr 5,36 Mrd. US-$, Einfuhr 5,64 Mrd. US-$, Einfuhrüberschuß R.s 0,3 Mrd. US-$); USA (Ausfuhr 3,4 Mrd. US-$, Einfuhr 2,1 Mrd. US-$, Ausfuhrüberschuß R.s 1,3 Mrd. US-$). Deutschland ist bei Erdöl und Erdgas größter Handelspartner R.s (Importanteil bei Erdgas 40%, bei Erdöl 20%). Deutsche Exporte nach R. werden teilweise durch Hermes-Bürgschaften (Obergrenze 1995: 1,5 Mrd. DM) abgesichert.

Die Investitionen ausländischer Privatfirmen in R. betrugen 1994 etwa 1,2 Mrd. US-$ (davon Direktinvestitionen 1 Mrd. US-$, Portfolioinvestitionen 200 Mio. US-$) und wurden zu zwei Dritteln im Rohstoffbereich angelegt. 1995 bestanden 9900 Gemeinschaftsunternehmen (Joint ventures) mit 310 000 Beschäftigten. Sie hatten einen Anteil von 9% am Gesamtexport des Landes.

Es gibt in R. eine Reihe von „Freihandelszonen" oder „Freie Wirtschaftszonen": „Jantar" (Kaliningrad), „Wyborg", Stadt St. Petersburg und Teile des Gebiets Leningrad, „Sadko"

(Gebiet Nowgorod), „Selenograd" und „Scheremetewo" (Flughafen) bei Moskau, die Stadt Sotschi, die Republik Kabardino-Balkarien, „Kusbass" (Gebiet Kemerowo), „Altai", „Berg-Altai", „Dauria" (Gebiet Tschita), „Ewa" (Jüdisches Autonomes Gebiet Birobidschan), „Nachodka" (Region Primorje), „Sachalin" (gesamte Insel) sowie „Kurilen". Die praktische Bedeutung dieser Freihandelszonen ist gering, da ihre gesetzlich vorgesehenen Zoll- und Steuervergünstigungen durch Präsidialerlasse abgeschafft wurden. Inguschetien wurde am 1. 7. 1994 zum Ausgleich für die Belastungen durch Flüchtlinge aus Tschetschenien durch Präsidialerlaß zur Steueroase erklärt (verringerte Mehrwert- und Gewinnsteuer, keine sonstigen Steuern), was zur Gründung von Tausenden von Briefkastenfirmen führte.

Land- und Forstwirtschaft, Fischerei

Die russische Landwirtschaft sowie die ihr vor- und nachgelagerten Produktionsstufen (der sog. „Agrarindustrielle Komplex") haben sich weniger verändert als die anderen Wirtschaftsbereiche. Noch immer dominieren sehr große Betriebe (die typische Betriebsgröße ist 5000 Hektar mit 400 Beschäftigten), die mit niedriger Produktivität oder mit Verlust arbeiten: Ihr Getreideertrag pro Hektar lag mit 1450 kg weit unter dem westeuropäischen Durchschnitt (etwa 6000 kg). Die Beschäftigung in der Landwirtschaft ist mit etwa 10 Mio. Vollarbeitskräften (15% der Erwerbstätigen) für ein Industrieland recht hoch, was ein Spiegelbild der niedrigen Arbeitsproduktivität darstellt. 1994 arbeitet die Mehrzahl der landwirtschaftlichen Betriebe mit Verlust.

1994 wurden auf 53 Mio. Hektar 81,3 Mio. t Getreide geerntet, davon überwiegend Futtergetreide, was angesichts schrumpfender Tierbestände ausreicht. Im Bereich der Tierzucht nimmt die Tierhaltung der genossenschaftlichen Großbetriebe ab, während sie in den Bauernwirtschaften und Nebenwirtschaften der Bevölkerung zunimmt.

Aus ehemaligen Sowchosen und Kolchosen entstanden auf etwa 50% der Nutzflächen bis Ende 1994 280 000 Gesellschaften genossenschaftlichen Typs, daneben blieben auf etwa 35% der Flächen 10 000 Kolchosen und Sowchosen bestehen. Hauptbetätigung der Großbetriebe sind der Getreideanbau und die Viehwirtschaft.

Ende 1994 existierten 28 000 private Bauernwirtschaften mit einer Durchschnittsgröße von 43 Hektar, ihr Anteil an der landwirtschaftlichen Gesamtproduktion beträgt 2%, bei Getreide 5%, bei Sonnenblumen 10%. Die Gründung von privaten Bauernwirtschaften stagniert wegen Kapitalmangel, Abhängigkeit bei Absatz und Bezug von Vorprodukten von den landwirtschaftlichen Großbetrieben sowie geringer Erfahrung der neuen Bauern, viele geben daher wieder auf. Private Nebenwirtschaften dienen zunehmend der Selbstversorgung der Bevölkerung: Auf privaten Grundstücken der Bevölkerung werden 90% der Kartoffeln und 67% des Gemüses geerntet sowie 40% des Fleisches und der Milch erzeugt.

Etwa die Hälfte der landwirtschaftlichen Produktion wird über halbstaatliche Handelseinrichtungen aufgekauft; die andere Hälfte auf Märkten und über das entstehende private Handelsnetz oder im Wege des Tauschhandels abgesetzt. Die Erzeuger klagen über zu geringe Aufkaufpreise bzw. mangelnde kaufkräftige Nachfrage der Konsumenten und schnell steigende Preise für Energie, Düngemittel und Fahrzeuge. Rationalisierungsmöglichkeiten werden weithin nicht ausgeschöpft. Große Mängel bei Transport, Kühlung und Lagerung der Produkte bleiben unbehoben. Man erhofft vergeblich die Lösung der Probleme durch staatliche Programme. Die desolate Lage der russischen Landwirtschaft ist zum Teil als Folge der Vernichtung des selbständigen Bauerntums im Zuge der Kollektivierung zu verstehen. Zum Teil hängt sie aber auch mit der Unfähigkeit der Behörden zusammen, die erheblichen Mittel, die in die Landwirtschaft geleitet werden, anders als strukturkonservierend einzusetzen.

R. war und ist immer noch ein waldreiches Land, wenn auch die Waldbestände der westlichen Landesteile (außer Karelien) durch Abholzung stark geschrumpft sind. Auch in Sibirien droht eine ähnliche Entwicklung: Durch Übertragung der Zuständigkeiten an teilweise korrupte lokale Verwaltungen kommt es zu einem „Ausverkauf" der Wälder an in- und ausländische Holzfirmen, die nur an schnellem Gewinn interessiert sind und die Aufforstung vernachlässigen.

Die ehemalige sowjetische und nun russische Fischwirtschaft wurde durch die Auflösung der UdSSR und die damit verbundene Aufteilung der Handelsflotte sowie den Verlust der Häfen des Baltikums und der GUS-Republiken betroffen. Durch den Wegfall aller Subventionen wurde Fisch für viele inländische Konsumenten unerschwinglich. Während die Sowjetunion die Weltrangliste im Fischfang anführte, nimmt R. nur noch den sechsten Platz hinter China, Peru, Japan, Chile und den USA ein. Durch Privatisierung der Fangbetriebe und der Fischverarbeitung hofft man auf einen erneuten Aufschwung des mit einer halben Mio. Beschäftigten immer noch bedeutenden Wirtschaftszweiges.

Bergbau und Energiewirtschaft

R. besitzt auf seinem Territorium die weltgrößten Vorkommen an Erdgas sowie die zweitgrößten Vorkommen an Erdöl (nach dem mittleren Osten) und die drittgrößten Kohlevorkommen (nach den USA und der Volksrepublik China) in der Welt. Es verfügt über bedeutende Vorkommen an Quecksilber, Nickel, Blei, Gold, Eisenerz, Zink und Kupfer sowie ein großes hydroenergetisches Potential.

Die Förderung der Rohstoffe geht in den neunziger Jahren zurück. Im Jahre 1994 wurden gefördert: Kohle 271 Mio. t (69% von 1990), Erdöl 316 Mio. t (61% von 1990), Erdgas 607 Mrd. m³ (95% von 1990), Eisenerz 73 Mio. t (69% von 1990), Gold 132 t (99% von 1990). Zu den Gründen für den Förderrückgang gehören die Erschöpfung von erschlossenen Fördergebieten, die verlangsamte Exploration und Erschließung neuer Lagerstätten sowie der Nachfragerückgang auf dem Binnenmarkt, insbesondere für Kohle.

Unter Beteiligung amerikanischer, japanischer und niederländischer Ölkonzerne wird die Ausbeutung großer Erdöl- und Erdgasvorkommen auf Sachalin sowie in der Timan-Petschora-Region (südlich der Barentsee) vorbereitet. Große Erdgasfelder auf der Jamal-Halbinsel (nördliches Westsibirien) werden unter Beteiligung der Wintershall AG erschlossen und eine neue Erdgasleitung nach Westeuropa gebaut. Der für die genannten Projekte erforderliche Investitionsaufwand liegt in der Größenordnung von 100 Mrd. US-$. Die Verwirklichung der Erschließungsvorhaben wurde 1995 noch durch die ausstehende Entscheidung des russischen Parlaments über das „product sharing" verzögert, das den ausländischen Investoren feste Anteile an den Fördererträgen sichert.

1994 wurden 876 Mrd. KWh Elektrizität erzeugt, davon 601 Mrd. KWh in Wärmekraftwerken (69% der Gesamterzeugung), 177 Mrd. KWh in Wasserkraftwerken (20%) und 98 Mrd. KWh in Kernkraftwerken (11%). Zu beobachten ist seit 1990 eine starke Zunahme des Anteils der Erzeugung in Wasserkraftwerken und eine entsprechend starke Abnahme des Erzeugungsanteils in Wärmekraftwerken, für die sich die Brennstoffe verteuert haben.

Mitte 1995 waren folgende zivile Kernreaktoren in Betrieb: 11 graphitmoderierte Reaktoren vom Typ RBMK (Tschernobyl-Typ) in den Stationen St. Petersburg, Smolensk und Kursk; 11 Druckwasserreaktoren in den Stationen Balakowo (bei Saratow), Kola, Nowoworonesch [Novovoronež] und Twer [Tvert] (Kalinin); ein schneller Brüter in der Station Belojarski (bei Jekaterinburg) sowie ein nukleares Heizkraftwerk in Bilibino (Ostsibirien). Die Druckwasserreaktoren 1 und 2 der Station Kola werden als äußerst unsicher eingestuft; gegen die graphitmoderierte Reaktoren bestehen grundsätzliche Sicherheitsbedenken.

Verarbeitende Industrie

R. verfügt über Produktionsstätten in allen Wirtschaftszweigen, die teilweise mit importierten Maschinen und Anlagen ausgestattet sind und in Teilen der Grundstoffindustrien sowie im militärischen Maschinenbau (Rüstungsindustrie) hohes technologisches Niveau aufweisen. Dagegen sind die Anlagen der Konsumgüterherstellung einschließlich der Nahrungsmittelindustrie überwiegend stark veraltet. Im Verlauf der Wirtschaftstransformation kam es zu einem erheblichen Rückgang der Produktion der verarbeitenden Industrie auf weniger als 40% des Produktionsniveaus von 1990. Dabei erfolgte eine relative Stabilisierung der Rohstoffverarbeitung für den Export (Buntmetallurgie, Grundchemikalien), dagegen aber ein fortwährender Produktionsrückgang der Investitions- und Konsumgüterindustrien, deren Produkte unter geringen Exporten und rückläufiger Nachfrage auf dem Binnenmarkt litten. Es sind zwar einzelne Beispiele gelungener Umstrukturierung von Unternehmen bekannt geworden, insgesamt aber steht die Anpassung der Industrie an die Erfordernisse der Marktwirtschaft noch aus; auch sind – wie im Westen – nur geringe Erfolge der Konversion der Rüstungsindustrie zu verzeichnen.

Wirtschaft der Regionen

Die 21 Republiken und 68 sonstigen territorialen Untergliederungen der Rußländischen Föderation („Regionen", „Autonome Kreise", „Gebiete") verfügen über sehr unterschiedliche Ausstattungen mit natürlichen Ressourcen und Produktionskapazitäten. Rohstoffreiche Gebietseinheiten im Wolga/Ural-Gebiet und im Norden und Osten konnten sich aufgrund ihres Exportpotentials gegenüber den Folgen der Wirtschaftstransformation besser behaupten als die Standorte der verarbeitenden Industrie und Rüstungsindustrie im Zentrum und Westen R.s. Armutsgebiete wie die Republiken des Nordkaukasus und am Südrand Sibiriens sind dagegen weiter zurückgefallen. Die soziale Lage der Bevölkerung entspricht nur teilweise der Wirtschaftskraft der Gebietseinheit, in der sie wohnt: Im Norden und Osten Sibiriens führt der profitable Ausbau der Rohstoffwirtschaft bei Vernachlässigung der Belange der Bevölkerung zu deren Abwanderung.

Wirtschaftsreform, Privatisierung, Bodenreform

R. war Schrittmacher der Wirtschaftsreform in der GUS durch Jelzins Reformprogramm im Oktober 1991 und die prinzipielle Preisfreigabe zum Jahresanfang 1992. Das Reformtempo nahm ab durch Zurückdrängung der „Reformer der ersten Stunde" (um Jegor Gaidar) und ihre im Dezember 1992 erfolgte Ersetzung durch sog. „gemäßigte" Reformer um Ministerpräsident Tschernomyrdin, der jedoch unter Einfluß des IWF sowie erfolgreicher Vorbilder in Osteuropa seit 1994/95 ebenfalls für Preisstabilisierung, weltwirtschaftliche Öffnung und Privatisierung eintritt. Die Wirtschaftsreformen werden zunehmend von den Interessen der entstehenden Schicht von Kapitaleignern (die weitgehend identisch mit der alten Funktionärsklasse ist) und der Exportwirtschaft getragen. Hinhaltenden Widerstand leisten die Agrarlobby und Teile des militärisch-industriellen Komplexes sowie der alten Gewerkschaften, die im Parlament stark vertreten sind. In den Regionen kam es zu einzelnen Reformexperimenten, die der allgemeinen Entwicklung vorauseilen (vor allem in Nischni-Nowgorod).

Der Anteil des Privatsektors am BIP beträgt 1995 50–60%. Die Privatisierung der über eine Mio. Kleinbetriebe im Handel und Dienstleistungsbereich ist fast abgeschlossen. Sie erfolgte durch direkten Verkauf an die Beschäftigten oder Außenstehende, wobei allerdings nur das Inventar der Betriebe veräußert wurde, während die Geschäftslokale kommunales Eigentum bleiben und nur gepachtet werden können.

Das Kapital der Mittel- und Großbetriebe wurde teilweise an die Beschäftigten übereignet, teilweise durch Privatisierungsschecks, die in Aktien umgetauscht werden konnten, an die Bevölkerung verteilt sowie über Aktienbörsen privatisiert. Ausnahmen bildeten die Unternehmen der Energie-, Rohstoff- und Rüstungswirtschaft, in denen die Privatisierung entweder ganz untersagt blieb oder nur mit einer Staatsmehrheit erlaubt worden war. Die Privatisierung in R. hatte überwiegend den Charakter einer „Insider-Privatisierung", bei der die Beschäftigten der Betriebe und vor allem deren Management bevorzugt wurden, wobei unlautere Praktiken nicht selten waren. Außenstehende, darunter Ausländer, kommen praktisch erst in einer zweiten Phase ab 1995 zum Zuge, wenn die Kapitalanteile auf Börsen gehandelt werden. Die Auswirkungen der Privatisierung auf das Verhalten der Unternehmen waren wegen des erwähnten Insidercharakters bislang gering. Der Kapitalerwerb von Ausländern wird in Teilen der Bevölkerung als Ausverkauf nationaler Interessen verstanden und abgelehnt. Eine Reihe von Skandalen im Bereich der Banken und Investmentfonds (am berühmtesten wurde der Zusammenbruch der Gesellschaft MMM) hat viele „kleine Leute" endgültig um ihre Ersparnisse gebracht.

Die Bodenreform ist in R. seit Jahren umstritten. Zwar sieht die Verfasssung neben staatlichem auch Privateigentum an Grund und Boden vor, doch konnte bis Mitte 1995 noch kein Bodengesetzbuch verabschiedet werden, das dieses Ziel verwirklicht.

Soziale Lage

Soziale Hauptprobleme werden geschaffen durch zunehmende Arbeitslosigkeit, Abschaffung der betrieblichen Sozialeinrichtungen, Alkoholismus und Krankheiten und den Wegfall der Subventionierung von Grundnahrungsmitteln bei geringer Funktionsfähigkeit von kommunalen Sozialeinrichtungen.

Die Einstellung der Unternehmensleiter zu ihren Arbeitskräften entspricht, von Ausnahmen abgesehen, noch vielfach dem aus der Sowjetzeit überkommenen „patriarchalischen"

Prinzip: Man fühlt sich für das Schicksal der Belegschaft stärker verantwortlich als in westlichen Ländern. Anders als in westlichen Ländern erfolgten auch kaum Unternehmenskonkurse und Entlassungen, sondern die Betriebe schickten die Belegschaften in „unbezahlten Urlaub", verzichteten auf Investitionen und finanzierten Löhne und Gehälter zum Teil durch Bankkredite. Dadurch wirkten sich der Rückgang der Aufträge und der Produktion nicht in einem entsprechenden Anstieg der offenen Arbeitslosigkeit aus. Allerdings dürfte auch der Druck auf die staatliche Wirtschaftspolitik, das „soziale Netz" an die Erfordernisse einer Marktwirtschaft anzupassen, entsprechend gering sein.

In R. erhöhten sich die Einkommen im Unterschied zur anderen GUS-Ländern nach 1992 nahezu im Gleichschritt mit der Inflation, wodurch sich die durchschnittlichen Realeinkommen stabilisiert haben. Dabei erfolgte eine erhebliche Umschichtung der Einkommenserzielung: Einkommen aus Unternehmertätigkeit und Vermögen haben nach der amtlichen Statistik ab 1995 einen größeren Anteil an den Gesamteinkommen (1995: 44%, gegenüber 1991: 78%) als Löhne und Gehälter (1995: 40% gegenüber 1991: 9%); die Transfereinkommen haben anteilsmäßig nur wenig zugenommen (1995: 16% gegenüber 1991: 13%). Der hohe Anteil der Gewinneinkommen erklärt sich aus dem großen Umfang, den selbständige Tätigkeiten inzwischen angenommen haben. Da die Möglichkeiten zur Gewinnerzielung nicht allen offensteht, hat sich die Einkommensdifferenzierung erhöht: 1995 war das Durchschnittseinkommen des obersten Zehntels der Bevölkerung 16 mal so hoch wie das des untersten Zehntels (Vergleichswert 1991: 4,5 mal). Es entstand eine Schicht von Neureichen, die Händler, Bankangestellte, Betriebsdirektoren, Vorsitzende von landwirtschaftlichen Großbetrieben sowie korrupte Staatsbedienstete umfaßt. Weit unterdurchschnittliche Einkommen haben Rentner, Beschäftigte im Bildungs- und Gesundheitswesen sowie Arbeiter und Angestellte in Staatsbetrieben mit Ausnahme derjenigen, die leitende Funktionen innehaben. Einkommen unterhalb der Armutsgrenze gemäß russischer Definition bezogen im Frühjahr 1995 46 Mio. Pers. (31% der Bevölkerung). Der garantierte Mindestlohn beträgt seit Mai 1995 43 700 Rbl, ebenso die Stipendien für Studenten, die Mindestrente 43 739 Rbl, was das Existenzminimum weit unterschreitet. Bei Arbeitslosigkeit werden für drei Monate 75%, für weitere vier Monate 60% und dann noch für fünf Monate 45% des früheren Durchschnittsgehalts bezahlt.

Wirtschaftliche Zukunftsaussichten

R. verfügt über die beste Ressourcenausstattung aller GUS-Mitglieder, über moderne Forschungseinrichtungen und trotz Abwanderung von Fachkräften über qualifizierte Spezialisten auf vielen Gebieten, die durch Rückwanderung aus den GUS-Staaten verstärkt werden. Die Maschinen, Bauten, Verkehrswege und Wohngebäude sind teilweise sehr verschlissen. Durch die Investitionsschwäche der neunziger Jahre nimmt der Kapitalstock ab (nur der Wohnungsbestand nimmt wegen der regen Bautätigkeit zu). Marktwirtschaftliche Institutionen entstehen – wie in den anderen GUS-Republiken auch – erst nach und nach, wobei R. im Reformtempo auf einigen Gebieten zwar hinter manchen seiner Nachbarstaaten zurückbleibt, insgesamt jedoch durchaus Reformerfolge zu verzeichnen hat. Bei weiter stabilitätsbewußter Geld- und Fiskalpolitik und einer investitionsfördernden Steuerpolitik könnte in der zweiten Hälfte der neunziger Jahre ein Wirtschaftsaufschwung eingeleitet und bis zum Ende des Jahrtausends der Produktionseinbruch der Transformationsperiode aufgeholt werden.

Literatur zum Kapitel

Ahlberg, R., Soziale Aspekte des Transformationsprozesses: Sozialstruktur und Marktwirtschaft in Rußland, in: Osteuropa 5/1994, S. 430–441.

Alexandrova, O., Rußland und sein „nahes Ausland": Integrationsvorstellungen und Ansätze der russischen Integrationspolitik, in: Berichte des BIOst 20/1995.

Altrichter, H., Kleine Geschichte der Sowjetunion 1917–1991, München 1993.

Bundesinstitut für ostwissenschaftliche und internationale Studien (Hrsg.), Zwischen Krise und Konsolidierung: Gefährdeter Systemwechsel im Osten Europas, München/Wien 1995.

Deutsches Institut für Wirtschaftsforschung/Institut für Weltwirtschaft an der Universität Kiel/Institut für Wirtschaftsforschung Halle, Die wirtschaftliche Lage R.s, Fünfter Bericht (2 Teile), in: DIW-Wochenbericht, 47–48/1994 und 2/1995.

Eigendorf, J./Schut, K., Die Macher von Moskau: Aufstieg und Macht der neuen Business-Elite Rußlands, Düsseldorf/Wien 1994.

Frenkel, A., Makroėkonomičeskie indikatory v 1992–1995 godach, in: Voprosy statistiki 4/1995.

Goskomstat Rossii (Hrsg.), Statističeskoe obozrenie 4/1995.

Götz, R., Die sozialökonomischen Perspektiven Rußlands, in: Die neue Gesellschaft/Frankfurter Hefte, 4/1995, S. 343–347.

Ders., Strukturerbe und Systemtransformation in der früheren UdSSR: Erfahrungen der Perestrojka, in: Aussenpolitik, 2/1994, S. 166–175.

Ders., Zur makroökonomischen Entwicklung in Rußland 1989–1995, in: Aktuelle Analysen des BIOst 73 und 74/1994.

Götz, R./Halbach, U., Politisches Lexikon Rußland: Die nationalen Republiken und Gebietseinheiten der Rußländischen Föderation, München 1994.

Grub, St., Das russische Privatisierungsprogramm für 1994, in: Osteuropa-Recht 4/1994, S. 393–398.

Handelman, St., Comrade Criminal: The Theft of the Second Russian Revolution, London 1994.

Hoffer, F., Perestroika: Die unfreiwillige Zerstörung des sowjetischen Gesellschaftszusammenhangs oder warum das letzte Gefecht verloren ging, Marburg 1992.

Kappeler, A., Rußland als Vielvölkerreich: Entstehung, Geschichte, Zerfall, München 1992.

Knabe, B., Systemtransformation und gesellschaftlicher Wandel in Rußland, Berichte des BIOst 57/1994.

Mensen, B. (Hrsg.), Rußland: Politik und Religion in Geschichte und Gegenwart, Nettetal 1995.

Mick, Ch., Probleme des Föderalismus in Rußland, in: Osteuropa 7/1994, S. 611–629.

OECD Economic Surveys: The Russian Federation, Paris 1995.

Pankov, V., Der Stand und die Aussichten der marktwirtschaftlichen Transformation Rußlands, in: Osteuropa-Wirtschaft 4/1994, S. 269–288.

Proektor, D., Konturen der russischen Sicherheitspolitik in den neunziger Jahren, in: Berichte des BIOst 6/1995.

Ruffmann, K.-H., Sowjetrußland: Struktur und Entfaltung einer Weltmacht, München 1967.

Russia: An Economic Profile, Washington D.C. 1994.

Russian Economic Monitor, in: PlanEcon Report 19–20/1995, Washington D.C. 1995.

Rußland, in: Länderanalysen der Frankfurter Allgemeinen Zeitung GmbH Informationsdienste, Frankfurt a.M. 1995.

Rutland, P., Privatisation in Russia: One Step Forward: Two Steps Back?, in: Europa-Asia-Studies 7/1994, S. 1109–1131.

Ruwwe, H.-F., Rußland: Wirtschaftstrends zur Jahresmitte 1995, in: bfai Länderreport, Juli 1995.

Scheidel, A./Hoffer, F., Krise ohne Arbeitslosigkeit? Beobachtungen zur Beschäftigungssituation in Rußland, in: Osteuropa 6/1995, S. 538–544.

Schneider, E., Die nationalistische und die beiden kommunistischen Fraktionen der rußländischen Staatsduma, in: Berichte des BIOst 28/1995.

Ders., Die russischen Parlamentswahlen 1993 und die neue Verfassung, in: Berichte des BIOst, 15/1994.

Schröder, H.-H., Risikofaktoren: Militär und Rüstungsindustrie in Rußland, in: H. Birkenbach/U. Jäger/Chr. Wellmann (Hrsg.), Jahrbuch Frieden 1994, München 1993, S. 152–164.

Schulus, A., Schattenwirtschaft in Rußland: Formen, Ausmaße und Bedrohung, in: Osteuropa-Wirtschaft 3/1993, S. 250–261.

Segbers, K., Der sowjetische Systemwandel, Frankfurt a.M. 1989.

Simon, G., Rußland: Hegemon in Eurasien?, in: Osteuropa 5/1994, S. 411–429.

Stökl, G., Russische Geschichte: Von den Anfängen bis zur Gegenwart, 5. Aufl. Stuttgart 1990.

Tiller, H., Umbach, F., Kontinuität und Wandel der russischen Streitkräfte unter Jelzin, in: Berichte des BIOst 52/1994.

Torke, H.-J. (Hrsg.), Historisches Lexikon der Sowjetunion 1917/22 bis 1991, München 1993.

Ders., (Hrsg.), Lexikon der Geschichte Rußlands: Von den Anfängen bis zur Oktoberrevolution, München 1985.

Trautmann, L., Rußland zwischen Diktatur und Demokratie: Die Krise der Reformpolitik seit 1993, Baden-Baden 1995.

Wädekin, K.-E., Russische Landwirtschaft: Erzeugung und Aufwand, in: Osteuropa 7/1994, S. 643–655.

Watschnadse, G., Rußland ohne Zensur: Eine Bilanz, Frankfurt a.M. 1993.

Ders., Zeitbombe Rußlands: Militär, Mafia, Industrie, Frankfurt a.M. 1994.

Weiss, G., Die Russische Föderation zwischen imperialer Versuchung und legitimer Interessenpolitik: Zur westlichen Kritik an der russischen Außen- und Sicherheitspolitik, in: Berichte des BIOst 23/1995.

Weissenburger, U., Umweltprobleme und Umweltschutz in der Russischen Föderation, in: Osteuropa 2/1994, S. 100–114.

Westen, K., Die Verfassung der Russischen Föderation, in: Osteuropa 9/1994, S. 809–832.

Tadschikistan

Staatsname	Republik Tadschikistan
Staatsname in Landessprache	Dschumhuri-i Todschikiston
Amtssprache	Tadschikisch (Farsi); Russisch ist Verkehrssprache
Schrift	Kyrillisch
Währung	Tadschikischer Rubel (seit Mai 1995)
Wechselkurs Ende 1995	300 pro US-$
Fläche	143 100 km² (BRD: 357 000 km²)
Hauptstadt	Duschanbe (610 000)
Großstädte	Chudschand, 1936–91 Leninabad (160 000)
	Kuljab (77 000)
	Kurgan-Tjube (60 000)
Autonomes Gebiet	Berg-Badachschan (215 000)
Einwohnerzahl (1994)	5,9 Mio.
Glaubensgemeinschaften (1989)	
Muslime	91%
Christen	9%
Nationalitätenanteile (1989)	
Tadschiken	62,3%
Usbeken	23,5%
Russen	7,6%
Tataren	1,4%
Kirgisen	1,3%
Stadt-Land-Verteilung (1989)	
Stadtbevölkerung	31%
Landbevölkerung	69%
Bevölkerungswachstum	
Durchschnitt 1980–1989	3,0%
Durchschnitt 1990–1994	1,4%
Bevölkerungsdichte (1994)	41 Einwohner pro km²

Altersgruppen (1989)	
bis 9 Jahre	30,5%
10–19 Jahre	22,5%
20–39 Jahre	28,0%
40–59 Jahre	12,6%
über 60 Jahre	6,4%
Geburtenrate (1994):	27,2 pro 1000 Einwohner
Kindersterblichkeit (1993)	47,0 pro 1000 Geborene
Lebenserwartung (1989)	Jahre (67 m ; 72 w)
Mittl. Familiengröße (1989)	6 Personen

Unabhängigkeitserklärung	9. 9. 1991
Neue Verfassung	November 1994
Staatsoberhaupt	Präsident Emomali Rachmonow
Letzte Parlamentswahlen	Februar 1995
Parteien:	Das Parteienspektrum vom Beginn der neunziger Jahre (Islamische Partei der Wiedergeburt, Volksfront „Rastochez" und Demokratische Partei) bildet seit Ende 1992 die (teilweise bewaffnete) Opposition

Territorium

T. ist flächenmäßig der kleinste zentralasiatische GUS-Staat. Sein Territorium ist nur zu einem geringen Teil besiedelt und landwirtschaftlich nutzbar (5,7%). Über 90% wird von Hochgebirgen eingenommen, die zu den drei großen alpinen Systemen Hissar-Alai, Pamir und Tien-Schan gehören.

T. liegt im Südosten Zentralasiens und grenzt an Usbekistan, Kirgistan, China und Afghanistan. Die politisch kritische Grenze zu Afghanistan ist rd. 1300 km lang. Die östliche Landeshälfte nimmt das Hochgebirgsmassiv des Pamir mit den höchsten Bergen der ehemaligen Sowjetunion (dar. [Pik Kommunizma], 7482 m) ein. Sie besteht administrativ aus dem autonomen Gebiet Berg-Badachschan (etwa 215 000 Einwohner)

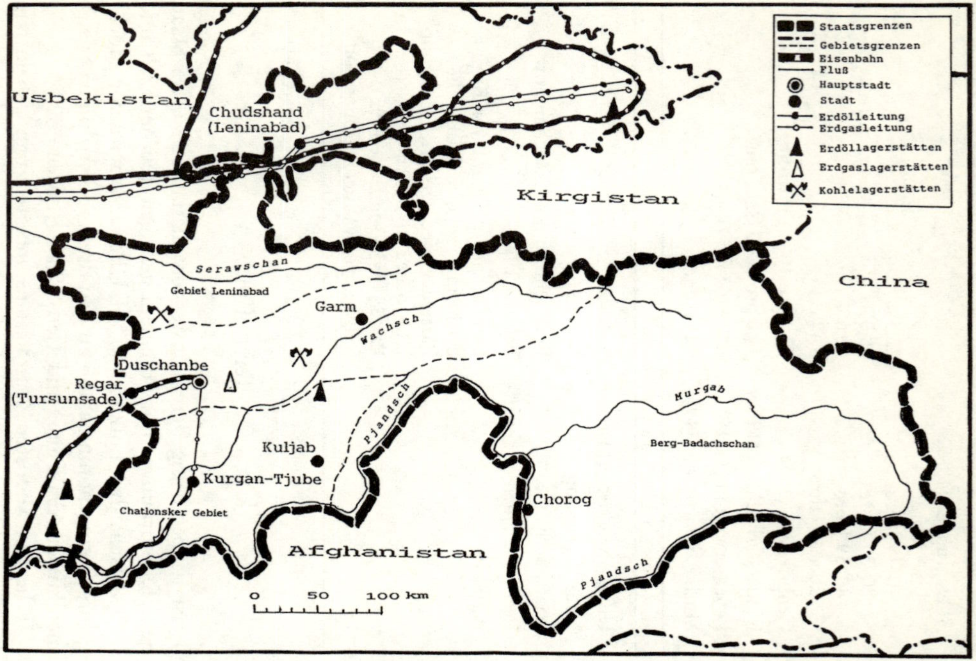
Staatsgrenzen
Gebietsgrenzen
Eisenbahn
Fluß
Hauptstadt
Stadt
Erdölleitung
Erdgasleitung
Erdöllagerstätten
Erdgaslagerstätten
Kohlelagerstätten
Usbekistan
Chudshand
(Leninabad)
Kirgistan
China
Serawschan
Gebiet Leninabad
Garm
Wachsch
Duschanbe
Regar
(Tursunsade)
Kurgab
Pjandsch
Berg-Badachschan
Kuljab
Kurgan-Tjube
Chatlonsker Gebiet
Chorog
Afghanistan
Pjandsch
0 50 100 km

mit der Hauptstadt Chorog. Dieses Gebiet ist äußerst dünn besiedelt und isoliert, mit einer Bevölkerung aus Angehörigen verschiedener Volksgruppen (Pamirvölker), die sich von den Tadschiken der zentralen Landesteile sprachlich und teilweise konfessionell unterscheiden.

Obwohl die Tadschiken historisch die seßhafte Stadtbevölkerung Zentralasiens repräsentieren, ist ihre Republik arm an Städten. Die alten Zentren persisch- bzw. tadschikischsprachiger Kultur Mittelasiens, Samarkand und Buchara, liegen außerhalb T.s. Die Hauptstadt Duschanbe (1929–61 Stalinabad) gehört nicht zu den historischen Städten der Region. Von größerer geschichtlicher Bedeutung ist die nördliche Provinzhauptstadt Chudschand [Chudžānd] (1936–91 Leninabad) im Fergana-Tal, die schon unter Alexander dem Großen als ein Zentrum an der Seidenstraße erwähnt wurde.

Die meisten Flüsse wie Wachsch, Kafirnigan oder Pjandsch (Grenze zu Afghanistan) sind dem Amu-darja zugeordnet, der im Pamir entspringt. Der andere Hauptstrom Mittelasiens, Syr-darja, durchfließt das Fergana-Tal im Norden T.s., der Serafschan den Westen in Richtung Usbekistan. Neben den Flüssen bilden zahlreiche Hochgebirgsseen das natürliche Wassersystem des Landes. Das Klima ist dem Bodenrelief entsprechend differenziert.

In bezug auf das Territorium ergeben sich erhebliche Probleme für den staatlichen Zusammenhalt: Die in ihrem Umriß bizarren Grenzen sind in historischer, ethnischer, wirtschaftlicher Hinsicht wenig plausibel. Die Landesteile sind miteinander nur schwach verbunden und führen ein kommunales Eigenleben, teilweise stehen sie miteinander in Konflikt oder tendieren in unterschiedliche regionale Zusammenhänge: Teile des Nordens und Westens nach Usbekistan, Teile des Südens nach Nordafghanistan. Die Bergketten zerstückeln das Territorium in einzelne isolierte Täler.

Die Verkehrsinfrastruktur ist schwach entwickelt: Das Eisenbahnnetz (nur 500 km) ist nicht elektrifiziert. Zahlreiche Paßstraßen sind nur wenige Monate im Jahr befahrbar, dadurch sind der Norden und Osten des Landes vom südwestlichen Zentrum isoliert. Weite Teile des bergigen Zentrums und Ostens des Landes sind weder durch die Eisenbahn noch durch Straßen erschlossen. Die Hauptstadt Duschanbe ist mit der Eisenbahn nur über das im äußersten Süden Usbekistans gelegene Germes zu erreichen. Eine andere Eisenbahnlinie durchquert auf einer kurzen Strecke den Norden der Republik. Zwischen Kurgan-Tjube und Kuljab verkehrt nur eine Schmalspurbahn; der Ausbau dieser Strecke ist geplant.

Wie auch im benachbarten Kirgistan durchteilen in West-Ost-Richtung verlaufende Gebirgszüge das Land. Die von Duschanbe nach dem nördlichen Chudschand führende Autostraße muß daher zwei 3300 m hohe Pässe überqueren, die nur drei bis vier Monate im Jahr geöffnet sind. Die durch Berg-Badachschan führende Autostraße M41 hat auf der Strecke von Chorog Richtung Osch (Kirgistan) sogar über 4 000 m hohe Pässe zu überwinden. Dadurch sind sowohl der Norden als auch der Osten des Landes den größten Teil des Jahres hindurch von seinem südwestlichen Zentrum, das verkehrsmäßig gut erschlossen ist, abgeschnitten. Der Gütertransport von T. durch Usbekistan, Kirgistan und Kasachstan nach Rußland wird zudem noch durch die Transitgebühren in Höhe von etwa 2000 US-$ pro Güterwaggon verteuert bzw. unmöglich gemacht.

Schon die bloßen geographischen Voraussetzungen bilden somit Hindernisse für die territoriale und nationale Integration und die Entstehung eines überlebensfähigen tadschikischen „Nationalstaats". T. zerfällt in eine Vielzahl regionaler Mikrowelten mit eigenen Sprachvarianten, Lebensformen und Riten, aber auch mit unterschiedlichen politischen und wirtschaftlichen Funktionen. So lautet ein Sprichwort aus sowjetischer Zeit: Die Leninabader regieren, die Kuljaber halten Wache, die Pamiris tanzen und singen, die Kurgan-Tjuber pflügen.

Bevölkerung

1989 lebten 4,2 Mio. Tadschiken in der Sowjetunion, davon 75% in T. In der Nachbarrepublik Usbekistan lebten 933 000

Tadschiken, wobei allerdings dort die Tendenz bestand, die tadschikische Minderheit statistisch kleinzuhalten. Von geopolitischer Bedeutung ist das Tadschikentum vor allem aufgrund der Tatsache, daß es einen bedeutenden Bevölkerungsteil Afghanistans bildet (rd. drei Mio.). Ein Zerfall dieses Landes in seine ethnischen Bestandteile mit einem tadschikischen Separatismus in Nordafghanistan würde den Süden der GUS und die gesamte labile Nationen- und Staatengliederung Zentralasiens empfindlich berühren.

Die Tadschiken stellen eine der ältesten Bevölkerungsschichten Zentralasiens dar. Ihr wesentliches Merkmal ist die Zuordnung zur iranischen und nicht zur türkischen Sprachen- und Völkergruppe, der alle anderen Republiknationen in GUS-Zentralasien angehören. Die Tadschiken begegnen ihrer Umwelt aber nicht als eine in sich geschlossene „Nation". Das Tadschikentum bietet ein kompliziertes Ethnogramm mit Differenzierungen nach Tal- und Bergtadschiken, Nord- und Südtadschiken u. a. Der Mangel an nationaler Geschlossenheit trat in den politischen Wirren T.s seit 1991 deutlich in Erscheinung.

Die ethnische Zusammensetzung der Bevölkerung hat sich aufgrund des Bürgerkriegs und des wirtschaftlichen Zusammenbruchs T.s verschoben. Die russischsprachige Minderheit hat das Land weitgehend verlassen, so daß zur Zeit keine verläßlichen Zahlen über diese Bevölkerungsgruppe vorliegen. Der tadschikische Bevölkerungsteil betrug zu Beginn der neunziger Jahre rd. 62%. Die Tadschiken waren die am schnellsten wachsende Republikbevölkerung der Sowjetunion mit einer Jahreswachstumsrate von 5% zwischen 1979 und 1989, trotz sehr hoher Kindersterblichkeit. 1940 hatte die Republik 1,4 Mio. Einwohner, heute über 5 Mio. Von politischer Bedeutung ist die usbekische Minderheit (über 23% der Republikbevölkerung). Sie hat ihre Schwerpunkte in den Provinzen Leninabad, Hissar und Kurgan-Tepe, wo sie zwischen 30% und 40% der lokalen Bevölkerung ausmacht.

Geschichte

Wie das heutige Usbekistan hatte T. territorialen Anteil an verschiedenen antiken und mittelalterlichen Reichsbildungen entlang der Seidenstraßen zwischen Amu-darja und Syr-darja. Für die Tadschiken hat dabei besonders das alte Sogdien, eine vom Kontinentalhandel lebende Zivilisation, geschichtliche Bedeutung. Mit dem Wort „Tadschike" wurden später die muslimischen Händler bezeichnet, die dieser sogdischen Tradition entstammten. Das Wort mit seiner eher sozialen als ethnischen Bezeichnungsfunktion übertrug sich dann auf die seßhaften Muslime mit iranischer Kulturtradition (Fragner 1989, 1992). Einen nationalen Inhalt bekam es erst im 20. Jh. Die schriftsprachliche Grundlage Mittelasiens war während vieler Jahrhunderte das Persische. Vor allem mit dem Samanidenreich des 9.–10. Jh. und seinem Zentrum Buchara verbindet sich die Vorstellung von iranischer Hochkultur in dieser Region. Nach und nach wurden aber die türkischen Einwanderer zum politisch dominierenden Element.

Seit dem 16. Jh. übten usbekische Dynastien Herrschaft in der Region aus. Das heutige T. war überwiegend zwischen dem Emirat von Buchara und dem Khanat von Kokand aufgeteilt. Der gebirgige Süden und der Pamir bestanden aus einem Konglomerat halbautonomer Gemeinwesen und Fürstentümer. 1876 fiel Kokand und damit Nordtadschikistan mit dem Fergana-Tal unter direkte russische Herrschaft und wurde ein Teil des Generalgouvernements Turkestan. Andere tadschikische Landesteile bildeten das sog. Ostbucharien und blieben unter der Herrschaft des formell noch unabhängigen Emirats. Der Anschluß der Pamirregion (Badachschan) an Rußland 1895 war der letzte russische Gebietszuwachs in Zentralasien.

Die Tadschikische Sowjetrepublik

Der größte Teil T.s geriet bis Ende 1918 unter die Kontrolle der Bolschewiki und wurde Teil der Turkestanischen Autonomen Sowjetrepublik. Im Emirat Buchara wurde 1920 eine „Volksrepublik" geschaffen, die drei Jahre später von der Sowjetunion annektiert wurde. Hier war eine vom Djadidismus (siehe Usbekistan) beeinflußte Reformbewegung der Jungbucharer in Erscheinung getreten, der eine schmale tadschikische Elite der frühsowjetischen Zeit entstammte.

1924 wurden aus der Turkestanischen ASSR und den annektierten Territorien Buchara und Chiwa neue nationale Gebietseinheiten formiert („nationale Abgrenzung"). Dabei wurde eine tadschikische Einheit für die persischsprachige Bevölkerung zunächst auf der niedrigen Stufe eines autonomen Gebiets, danach auf der höheren einer ASSR im Bestand der usbekischen Unionsrepublik geschaffen. Am 16.10.1929 erhielt T. dann den Status einer Unionsrepublik, wurde von Usbekistan abgegrenzt und um die Provinz Leninabad (Chudschand) im Fergana-Tal erweitert. Durch sowjetischen Eingriff wurde eine künstliche Trennlinie zwischen Usbekistan und T. gezogen.

Bei dieser Abgrenzung zwischen 1924 und 1929 sollten Gebiete mit tadschikischer (persischsprachiger) Bevölkerungsmajorität zusammengefaßt werden. Aber Usbeken und Tadschiken lebten in kaum trennbaren ethnischen Gemengelagen und waren meist zweisprachig, so daß die Unternehmung fragwürdig blieb. Innerhalb der tadschikischen Gebietseinheit lebte eine beträchtliche usbekische Minderheit. Identifikationszentren der Tadschiken wie Samarkand und Buchara blieben unter usbekischer Verwaltungshoheit. Unter der usbekischen nationalen Elite gab es Widerstand gegen ein separates T. Usbekische Panturkisten sahen die Tadschiken als iranisierte Türken an.

Die kulturelle Sowjetisierung begann vor allem mit der Kampagne gegen den Analphabetismus. Die Zahl der Schulen wuchs von 382 im Jahre 1928 auf 2628 im Jahre 1940. Ein höheres Bildungswesen wurde allerdings im wesentlichen erst in der Zeit nach Stalin entwickelt. 1927 wurde das arabische durch das lateinische Schriftsystem ersetzt, dieses dann 1940 durch das kyrillische Alphabet. Zur Bestärkung einer tadschikischen Partikularnation wurde die weitgehend mit dem

Persischen (Farsi) identische Schriftsprache auf den lokalen Dialekten von Buchara und Samarkand begründet und als „Tadschikisch" definiert.

Gegen die Sowjetisierung hatte sich in T. ein besonders heftiger und langwieriger Widerstand in Gestalt der sog. „Basmatschi"-Guerilla erhoben. Die Sowjetmacht konnte sich hier erst relativ spät etablieren. Die Kommunisten faßten in der lokalen Bevölkerung kaum Fuß. Der Anteil der Tadschiken am Kaderbestand der lokalen Partei- und Sowjetorgane war zunächst extrem niedrig, konnte durch die Politik der „Einwurzelung" erst allmählich gesteigert werden. Durch gewaltsame Parteisäuberungen (1927/28, 1930/31, 1934, 1937/38) wurden die ethnischen Proportionen im lokalen Machtapparat dann aber wieder verändert. In der Stalinzeit wurde T. praktisch von russischen Emissären aus der Parteizentrale in Moskau regiert. An der Spitze der Republik-KP stand mit Protopopow [D. Protopopov] zwischen 1937 und 1945 ein Russe.

Die Kollektivierung der Landwirtschaft war in T. mit der erzwungenen Ausweitung der Baumwollwirtschaft und damit einhergehenden Zwangsumsiedlungen von den Bergen in die Täler verbunden und stieß auf Widerstand. Die Industrialisierung begann in den vierziger Jahren und konzentrierte sich auf das Fergana-Tal im Norden T.s. In der Zeit nach Stalin entstand wie in anderen Unionsrepubliken eine neue nationale Elite, die nun stärker in die lokalen Machtstrukturen einbezogen wurde. T. blieb aber die am meisten unterentwickelte Unionsrepublik und war häufig Objekt massiver Kritik der zentralen KPdSU an lokalen Mißständen und Entwicklungsdefiziten. 1961 wurde die gesamte Spitze der KP T.s wegen „Unterschlagung", „Fälschung von Planziffern" und ähnlichen Vorwürfen abgesetzt.

Die sowjetische „Modernisierung" kratzte in diesem Land nur an der Oberfläche, die traditionellen Gesellschaftsstrukturen blieben weitgehend erhalten, fügten sich in die sowjetischen Machtstrukturen ein und wurden von ihnen allenfalls umgeformt. Teilweise bildeten sich in sowjetischer Zeit neue Klanstrukturen aus, indem sich kommunistische Kollektive wie die Kolchosen in regelrechte „Klans" verwandelten. Partei- und Regierungsorgane rekrutierten sich nach lokalen Loyalitätsbeziehungen und Landsmannschaften, wobei die Nordprovinz Leninabad in der politischen Führung dominierte. Neben neuen sowjetischen Kollektiven blieben traditionelle Gemeinschaftsgrößen wie die „mahalla" (die Stadtviertel- und Dorfgemeinschaft), die Großfamilie und Männervereinigungen lebendig. Auch der Islam konnte durch Unterdrückung nicht verdrängt werden; der Einfluß traditioneller geistlicher Schichten, in denen religiöse Autorität in bestimmten Familien vererbt wurde, blieb ungebrochen oder lebte in der Zeit nach Stalin wieder auf.

Seit 1973 stand Rahmon Nabijew an der Spitze der Regierung und erlangte 1982 den Posten des ersten Parteisekretärs. Er fiel dann 1985 als erster zentralasiatischer Parteichef den umfassenden Revirements zum Opfer, die unter Gorbatschow in der Region durchgeführt wurden. Sein Nachfolger Kachar Machkamow repräsentierte die konservative Nomenklatura, die sich nun mit der Perestroika auseinanderzusetzen hatte. Bei den Wahlen zum Obersten Sowjet T.s konnte das kommunistische Regime mit rd. 95% der Deputierten seine Position behaupten. Gegen die kommunistische Bürokratie mit ihrem lokalen Rückhalt in Leninabad und Kuljab entwickelte sich jedoch eine Opposition unter verschiedenen ideologischen Etiketten wie „Demokratie", „Islam" und „nationale Wiedergeburt". Zu Beginn der neunziger Jahre war T. die zentralasiatische Sowjetrepublik mit der stärksten Politisierung, wenn auch die einzelnen Oppositionsgruppierungen überwiegend auf lokale Wirkungsfelder beschränkt blieben und keine republikweite Organisation ausbilden konnten.

Die Themen, an denen sich politischer und nationaler Dissens gegen Moskau und die lokale kommunistische Bürokratie ausbildete, waren der niedrige Entwicklungsstand und Lebensstandard in der Republik, die Dominanz der russischen Sprache gegenüber der Nationalsprache, die Baumwolldiktatur und ihre negativen ökologischen und sozialen Auswirkungen. Nationalistische Töne und eine verstärkte Rückkehr zur islamischen Tradition irritierten die russischsprachigen Minderheiten und trugen zur Steigerung der Auswanderungsquoten bei. In dieselbe Richtung wirkte ein Sprachengesetz vom Juli 1989, das die Nationalsprache unter der Bezeichnung „Farsi" zur Amtssprache und Russisch lediglich zur „interethnischen Verständigungssprache" erklärte. Damit wurde nicht nur die Vorherrschaft des Russischen gebrochen, sondern auch die von der Sowjetmacht auferlegte Trennung zwischen dem „Persischen" und dem „Tadschikischen" aufgehoben. Nunmehr sollte die Nationalsprache auch an den russischsprachigen Schulen in T. als verbindliches Unterrichtsfach gelehrt werden. Einige Bestimmungen dieses Sprachengesetzes wurden später allerdings wieder abgeändert.

Nach dem gescheiterten Augustputsch 1991 in Moskau spitzte sich in T. der Machtkampf zwischen Partokratie und Opposition zu. Der Zusammenbruch der Unionsstrukturen führte auch T. in die staatliche Unabhängigkeit, auf die das Land nicht im geringsten vorbereitet war. Am 9. 9. 1991 rief der Oberste Sowjet in Duschanbe die unabhängige Republik T. aus. Die Unionsrepublik T. hatte schon ein Jahr zuvor ihre „Souveränität" innerhalb der UdSSR erklärt und diese Souveränitätsbehauptung durch eine Reihe von Gesetzen bekräftigt.

Unabhängigkeit und Bürgerkrieg

T. zeigte sich kurz nach Erlangung der „Unabhängigkeit" als ein gescheiterter Staat, der in rivalisierende Landesteile und Lokalgemeinschaften zerfiel. Die wichtigsten lokalen Akteure sind:

1. Chudschand: Dieser nördliche Landesteil bildet eine nach Usbekistan tendierende Extremität T.s. Er ist verkehrsmäßig mit dem Zentrum und der Hauptstadt Duschanbe nur schwach verbunden. Hier liegen aber wichtige Industrieanlagen des Landes. Er ist die wirtschaftlich und infrastrukturell am weitesten entwickelte Region T.s, auf die in sowjetischer Zeit bis

zu 70% des Nationalprodukts entfiel. Sie stellte traditionell die Partei- und Staatsführung und wurde aus dieser Funktion in den letzten Jahren durch Kuljab verdrängt. Die Bevölkerung des Gebiets besteht zu 57 % aus Tadschiken, 31 % aus Usbeken und 6 % aus Russen.

2. Südtadschikistan, Chatlon: Südlich Duschanbes erstrekken sich bis zur afghanischen Grenze die Regionen von Kurgan-tjube und Kuljab, die im November 1992 durch Beschluß des Parlaments in Duschanbe ohne Einwilligung der Gebietssowjets zur Provinz Chatlon zusammengeschlossen wurden. Beide gehören zu den besonders komplizierten Regionen, u. a. weil sie zum Ansiedlungsgebiet für Zwangsumsiedler aus verschiedenen Landesteilen wurden, die ihr lokales Abstammungsbewußtsein bewahrten und Loyalitätsgemeinschaften mit rivalisierenden politisch-ideologischen Ausrichtungen bilden. Im Bürgerkrieg von 1992 erlitt dieser Landesteil beim Zusammenstoß zwischen islamischen Oppositionsgruppen und einer „prokommunistischen" Volksfront die schwersten Zerstörungen. Die regionale Elite von Kuljab, einer unterentwickelten Landwirtschaftszone mit Kolchosenstruktur, stellt heute den Hauptteil des Regierungslagers. Zuvor war sie eine Art „Hilfsscheriff" für die Regierungselite aus dem Norden und stellte traditionell die Miliz, die Streitkräfte und die Rechtsschutz- und Sicherheitsorgane. Kuljab wird eine konservative, reformfeindliche Orientierung nachgesagt. In Kurgan-tjube und Teilen Kuljabs befanden sich lokale Stützpunkte der islamischen Opposition. Der ethnischen Zusammensetzung nach besteht die Bevölkerung Kuljabs zu 85 % aus Tadschiken, knapp 13 % aus Usbeken und 1,3 % Russen, die Kurgan-tjubes zu 59 % aus Tadschiken, 32 % aus Usbeken und 3,3 % aus Russen.

3. Berg-Badachschan: Das Autonome Gebiet, das sich 1991 einseitig zur Autonomen Republik deklarierte, umfaßt knapp die Hälfte des Territoriums des Landes, beherbergt aber nur 2 % seiner Bevölkerung. Über 89 % der Bevölkerung des Gebiets sind Tadschiken, allerdings mit starken ethnischen und religiös-kulturellen Untergliederungen, nur 2 % Russen. Im

Bürgerkrieg ist diese Landeshälfte der Kontrolle der Regierung in Duschanbe entglitten. Auf dem Territorium Badachschans agieren Oppositionspruppen, die in Duschanbe verboten und verfolgt wurden und sich bewaffnet haben. Hier hat sich ein lokales Fernsehen und eine Presse etabliert, die in Opposition zu Duschanbe stehen. Man sagt der Pamirbevölkerung eine prorussische Einstellung nach.

4. Die Region von Garm: Östlich Duschanbes zieht sich in Richtung Kirgistan eine Talzone (Wachije-Tal), durch die wichtige Verkehrslinien (z. B. zwischen Duschanbe und Badachschan) verlaufen. Die ehemalige Provinz Garm wurde in 11 Rayons unter Republikverwaltung untergliedert. Sie hat landwirtschaftliche Bedeutung. Ihre Bevölkerung, die „Karateginer" (nach dem Karategin-Flußtal), hat im politischen Machtkampf 1991–92 die Oppositionsgruppierungen unterstützt. Sie wurde von den Regierungstruppen mit Unterstützung durch die usbekische Luftwaffe bekämpft. „Garmi" oder „Karateginer" stellen einen Großteil der Mitglieder der Islamischen Partei der Wiedergeburt. Hier wurde im Herbst 1992 sogar eine „Islamische Republik" ausgerufen.

5. Die Region Hissar: Sie erstreckt sich westlich von Duschanbe zur Grenze mit Usbekistan. Die Region ist teils industrialisiert (Aluminiumproduktion), teils auf Baumwollgewinnung ausgerichtet. Politisch und wirtschaftlich steht sie in Allianz mit Leninabad und der alten Herrschaftselite T.s.

Die innenpolitischen und regionalen Konflikte entwickelten sich in mehreren Phasen. Schon im Februar 1990 standen Unruhen in Duschanbe im Zusammenhang mit wirtschaftlichen, ethnischen und religiösen Problemen in der Republik. Die erste Phase der Konfliktentwicklung fällt mit dem Übergang in die „Eigenstaatlichkeit" 1990–91 zusammen. Es entstand ein Spektrum informeller Bewegungen und „Parteien": die Demokratische Partei T.s (DPT), die mit der lokalen Bevölkerung kaum verständlichen „demokratischen" Losungen auftrat, die Bewegung „Rastochez" (Wiedergeburt), die sich als nationaldemokratisch definierte und eine „kulturelle Wiedergeburt" T.s, aber auch wirtschaftliche und politische Reformen forderte, und die Islamische Partei der Wiedergeburt, die zur Hauptkraft im Oppositionslager wurde. Diese drei Hauptgruppierungen – daneben tauchten Dutzende politischer und kultureller Klubs mit lokalem Charakter auf – verbanden sich in ihrer Frontstellung gegen die Regierung zu einem sog. „islamisch-demokratischen" Lager.

In der zweiten Phase vom Herbst 1991 bis Frühjahr 1992 kommt es zum Wechsel in der kommunistischen Führungsspitze der Republik und zu Massendemonstrationen in Duschanbe. Konfliktverschärfend kommt die Autonomiebestrebung Berg-Badachschans hinzu. In Südtadschikistan, in Kuljab und Kurgan-tjube, führt die Entwicklung zu wachsender Militarisierung. Zur Entschärfung der Situation wird eine „Regierung der nationalen Versöhnung" gebildet, in die Oppositionsvertreter aufgenommen werden. Diese Koalition kann jedoch keine „nationale Versöhnung" herbeiführen. Ihre Amtszeit (Mai–September 1992) fällt in die eigentliche Bürgerkriegsphase. In diesem tadschikischen Bürgerkrieg kommt es auf allen Seiten zu Gewaltexzessen, bei denen sich sowohl die Regierungs- als auch die oppositionellen Kräfte diskreditieren. Zehntausende Tadschiken werden aus ihren Heimatorten vertrieben. Ein Teil (rd. 70 000) flieht nach Afghanistan und wird in Flüchtlingslagern im Norden des Landes interniert. Nach der Etablierung eines linkskonservativen Regimes unter Emomali Rachmonow Ende 1992 ist aus offizieller Sicht der „Bürgerkrieg" beendet. In Wirklichkeit gehen die Kämpfe in verschiedenen Landesteilen weiter. Die Regierung kann sich nicht ohne massive militärisch-politische Unterstützung durch Rußland, Usbekistan und die GUS halten. Sie erweist sich als unfähig und unwillig, mit der Opposition eine politische und nicht nur militärische Auseinandersetzung zu führen. Es kristallisieren sich schwer überschaubare Machtkämpfe an verschiedenen Konfliktachsen heraus. Der Konflikt zwischen Regierung und Opposition überschneidet sich mit Machtkämpfen innerhalb der regierenden Schicht, vor allem mit der Konkurrenz zwischen Leninabad und Kuljab. Grob gliedert sich die Konfliktlandschaft ungefähr so auf: Badachschan und Garm als oppositionelle Landesteile gegen die mit der Regierung mehr oder weniger verbündeten Landesteile Leninabad, Kuljab und Hissar. Seit 1994 sind Bemühungen um Konfliktregulierung auf internationaler Ebene und Verhandlungen zwischen Regierungs- und Oppositionsdelegationen im Gange. Außerdem unterhält die OSZE eine Mission in T.

Das Oppositionslager besteht organisatorisch im wesentlichen aus zwei Komponenten: der „Bewegung der islamischen Wiedergeburt" mit einem radikalen Flügel unter Said Abdullo Nuri und einem gemäßigten unter dem ehemaligen Kadi Turadschon-zade und mit ihren Hauptquartieren in Afghanistan, Iran und Pakistan und der in Moskau residierenden Demokratischen Partei Schodmon Jussufs.

Während der innenpolitischen Wirren seit 1992 geriet T. in weitgehende Abhängigkeit von Rußland, Usbekistan und der GUS, seine Wirtschaft und seine Infrastruktur kollabierten. T. wurde zum dramatischsten Beispiel eines gescheiterten Staates in der GUS. Es sank dabei, schon vorher die am stärksten unterentwickelte Sowjetrepublik, sozialökonomisch in die „vierte Welt" herab. In der regierenden Schicht befinden sich fragwürdige Figuren wie der Innenminister Jakubdschon Salimow, der vor 1992 im kriminellen Milieu tätig war, im Bürgerkrieg zum Feldkommandeur wurde und nach dem Sieg der Volksfront in die Regierung aufrückte. Seine Absetzung im Sommer 1995 bereitete dem Präsidenten erhebliche Mühe.

Konfliktchronologie
(erstellt unter Mitarbeit von Gero Fedtke)

Herbst 1991 bis Frühjahr 1992:
K. Machkamow tritt am 31.8.1991 vom Posten des Parlamentspräsidenten zurück. Sein Nachfolger Kadreddin Aslonow verbietet die KP, macht sich dadurch die kommunistische Machtelite zum Feind und wird am 23.9. durch Rahmon Nabijew ersetzt. Nabijew hebt das KP-Verbot wieder auf. Gegen das Regime sammelt sich die Opposition. In Duschanbe kommt es zu Massendemonstrationen. In dieser Atmosphäre werden am

24. 11. Präsidentenwahlen abgehalten, bei denen sich Nabijew mit angeblich 58 % der Stimmen behauptet. Er versucht, die Aktivitäten der Opposition einzuschränken. Auf dem „Freiheitsplatz" demonstrieren zehntausende Regimegegner aus den Landesteilen Badachschan und Garm, auf dem Schohidan-Platz bildet sich ein regimefreundliches Gegenlager aus Kuljab, Chudschand und anderen Städten. Berg-Badachschan erklärt sich am 11. 4. 1992 zur Autonomen Republik. Am 11. 5. bildet sich eine neue Regierung der nationalen Versöhnung unter dem Ministerpräsidenten Akbarscho Iskandarow, an der die Opposition beteiligt wird. Acht von 24 Ministerien gehen an Vertreter der Opposition.

Mai bis Dezember 1992:
Gegen die „Regierung der nationalen Versöhnung" formiert sich Widerstand in Kuljab unter Führung Sangak Safarows, eines Exsträflings, und seiner „prokommunistischen" Volksfront. Auch die Provinz Leninabad, die weiterhin Nabijew als „ihren Mann" unterstützt, steht der Koalition mit den Oppositionskräften feindselig gegenüber und droht mit Sezession und Anschluß an Usbekistan. Am 7. 9. wird der machtlose Präsident Nabijew abgesetzt. In Kurgan-tjube beginnen im Sommer bewaffnete Auseinandersetzungen zwischen dortigen Landsmannschaften aus Kuljab und solchen aus Garm, hier Anhänger des Regimes, dort die sogenannte „islamisch-demokratische" Opposition. Das linkskonservative Parlament wählt in einer Sondersitzung in Chudschand einen neuen Präsidenten und eine neue Regierung ohne Beteiligung der Opposition. Eine „prokommunistische" Volksfront aus Kuljab erzwingt die Einsetzung der neuen Regierung. Emomali Rachmonow aus Kuljab wird Staatsoberhaupt (Parlamentspräsident) und Abdumalik Abdulladschanow aus Chudschand Regierungschef. Die Volksfront erobert am 10. 12. Duschanbe.

1993:
Nach der Machtergreifung verfolgen die neue Republikführung unter Rachmonow und die Volksfront ihre Gegner aus

dem Bürgerkrieg und Landsleute aus den oppositionellen Regionen (Pamiri, Leute aus Garm und aus Kurgan-tjube). Bis März 1993 bringt die Regierung weite Teile des Landes unter ihre Kontrolle. Dabei erhält sie militärische Unterstützung aus Rußland und Usbekistan. Die Führer der Oppositionsgruppen fliehen ins Ausland. In Nordafghanistan entsteht eine Exilregierung unter Said Abdullo Nuri (Islamische Bewegung der Wiedergeburt T.s.). Am 25. 4. unterzeichnet Duschanbe einen Freundschaftsvertrag mit Rußland. Das Regime Rachmonows hält sich nur noch mit russischer und GUS-Unterstützung und kann dennoch den territorialen Zerfall T.s nicht verhindern. Aus Afghanistan werden Offensiven tadschikischer Exilanten gegen russische Grenzschützer auf tadschikisches Territorium getragen. Im Juni kommt es zu den bisher größten Zwischenfällen an der Grenze. Im Regierungslager setzen sich immer mehr die Kuljabi gegen die alte Leninabader Machtelite durch. Im Dezember muß Ministerpräsident Abdulladschanow einem Nachfolger aus Kuljab weichen.

1994:
Um Konfliktregelung bemühen sich Rußland, die GUS, der Iran und die UNO. Im April findet eine erste Verhandlungsrunde in Moskau statt. Die Hauptaufgabe besteht in der Rückführung der Flüchtlinge. Die zweite Verhandlungsrunde findet im Juni in Teheran statt. Wiederum können sich die Parteien nicht auf einen Waffenstillstand einigen. Die Opposition startet im Juli eine Offensive in Tawiḷtdara. Die Regierung bittet um verstärkten militärischen Beistand durch die GUS. Mitte September kontrollieren die Oppositionstruppen etwa 15% des Territoriums T.s. Die Verbündeten Duschanbes, insbesondere Moskau, üben Druck auf die Regierung aus, den Dialog mit der Opposition aufzunehmen. Im August erläßt der Oberste Sowjet eine allgemeine Amnestie. Eine nunmehr höherrangige Regierungsdelegation reist zu weiteren Verhandlungen nach Teheran. Im September einigen sich der Stellvertreter Rachmonows und der Repräsentant der islamischen Opposition, Akbar Turadschon-zade, in Teheran auf ei-

nen Waffenstillstand, Gefangenenaustausch und eine gemeinsame Kommission aus je fünf Regierungs- und Oppositionsvertretern. Der Waffenstillstand soll von einer UN-Mission überwacht werden. Im November findet die dritte Verhandlungsrunde in Islamabad (Pakistan) statt. Die Opposition drängt auf Verschiebung der bevorstehenden Präsidentenwahlen in T. und besteht auf Bedingungen, die eine Beteiligung aller politischen Kräfte an den Wahlen ermöglichen. Die Regierung setzt die Präsidentenwahlen und ein Referendum über die Annahme einer neuen Verfassung unter Bedingungen durch, die eine Beteiligung aller Landesteile und politischen Kräfte in T. verhindern. Ein großer Teil der Wahlberechtigten befindet sich außer Landes. Als einziger Oppositionsführer beteiligt sich der Führer der Demokratischen Partei an den Wahlen und scheidet dadurch aus der Oppositionskoalition aus. Der Wahlkampf wird im wesentlichen innerhalb des Regierungslagers zwischen den Fraktionen aus Kuljab und Chudschand ausgetragen. Aus der Präsidentschaftswahl am 6. November geht Rachmonow mit angeblich rd. 60 % der Stimmen gegen seinen Konkurrenten Abdulladschanow aus Chudschand (30 %) als Sieger hervor. Die Wahl wird international als nicht demokratisch qualifiziert.

1995:
Im Februar finden Parlamentswahlen statt. In das neue Parlament werden überwiegend die von der Kuljaber Machtgruppe abhängigen Vertreter der Lokalverwaltungen gewählt. Etwa 80% der Deputierten sind Tadschiken, 16% Usbeken und 4% Russen. Der Waffenstillstand wird im März verlängert. Er wurde den Winter 94/95 hindurch mehrmals gebrochen. Die russische Luftwaffe bombardiert wiederholt Ziele in Nordafghanistan. Am 7. 4. beginnt eine neue Offensive der Oppositionstruppen. Duschanbe bittet Rußland um Verstärkung seines Militäreinsatzes. Usbekistan übt zunehmend Druck auf Duschanbe aus, den Dialog mit der Opposition endlich aufzunehmen. Teheran beeinflußt die „islamische Bewegung" T.s in Richtung auf Verhandlungsbereitschaft. Am 18. 5. treffen sich

erstmals Präsident Rachmonow und der Vorsitzende der Islamischen Bewegung, Said Abdullo Nuri, in Kabul. Die Opposition verlangt eine Übergangsregierung (Koalitionsrat der nationalen Rettung mit je 40% Regierungs- und Oppositionskräften und 20% Neutralen) und die Aufstellung einer internationalen Eingreiftruppe zur Trennung der Kriegsparteien. Im Juni geht die vierte Runde der Tadschikistan-Verhandlungen in Almaty mit nur geringfügigen Ergebnissen in puncto Gefangenenaustausch und Rückführung von Flüchtlingen zu Ende. Militärisch besteht eine Pattsituation zwischen der bewaffneten Opposition und der von Rußland geschützten Regierungseite.

Religion und Kultur

Die Tadschiken sind wie die Mehrheit der Muslime in der ehemaligen UdSSR Sunniten der hanefitischen Rechtsschule und unterscheiden sich damit von den ihnen sprachlich verwandten schiitischen Iranern. Etwa 5% der Bevölkerung gehört zum schiitischen Zweig des Islam. Kleinere schiitische Gemeinden existieren in Chudschand und Duschanbe. Die schiitische Sekte der Ismailiten ist in einigen Regionen Berg-Badachschans vertreten (etwa 100 000). Die Ismailiten haben eine weltliche Orientierung und waren in sowjetischen Partei- und Staatsorganen relativ stark vertreten. Sie traten in den letzten Jahren in engere Verbindung zur ismailitischen Weltgemeinde unter ihrem Führer Aga Khan IV. Die Aga Khan-Stiftung unterstützte Berg-Badachschan mit Lebensmittellieferungen.

Sowjetische Quellen über Religiosität führten T. als die Unionsrepublik an, in der sich die religiöse Tradition des Islam am stärksten bemerkbar machte. Traditionelle geistliche Schichten, in denen religiöse und soziale Autorität in bestimmten Familien vererbt wurde, z. B. „Ischane" (Führer sufitischer Orden), konnten ihren Einfluß auch in sowjetischer Zeit bewahren und Einfluß auf islamische Erweckungsbewegungen nehmen, die seit den siebziger Jahren in Erscheinung traten. Beim Zerfall der Sowjetunion warf die Verwandtschaft mit dem Iranertum im Westen den Verdacht auf, T. könnte der iranischen Variante einer Re-Islamisierung folgen. Es tauchten Photokopien mit Reden Chomeinis auf, und es zirkulierte ein Schrifttum, das dem islamischen Fundamentalismus zugeordnet wurde. Die innenpolitischen und regionalen Konflikte in T. wurden sodann in ein ideologisches Schema „Islamismus versus Kommunismus" gespannt. Eine genauere Konfliktanalyse zeigt aber, daß die komplizierten Frontlinien im tadschikischen Bürgerkrieg von 1992 diesem ideologischen Schematismus nicht entsprechen. Der Islam hat wie andere gesellschaftliche und kulturelle Phänomene in unterschiedlichen Regionen T.s unterschiedliche Ausprägung.

Mit der „Islamischen Partei der Wiedergeburt" (IPW) entstand 1990 eine unionsweite Partei auf der Basis des Islam, die in T. starken Rückhalt fand. Im Oktober 1991 wurde eine eigenständige Republikorganisation (IPWT) gegründet und als Partei offiziell registriert. Sie engagierte sich in der Opposition gegen den Präsidenten Nabijew. In der „Regierung der nationalen Versöhnung" wurde ihr Vizepräsident Dawlat Usman der Vize-Regierungschef. Im Bürgerkrieg kämpfte die Partei gegen die „prokommunistischen" Kräfte aus Kuljab. Nach dem Sieg der Volksfront und der Kuljaber-Machtgruppe wurde die IPWT verboten und ihre Mitglieder verfolgt. Sie verlegte ihre Hauptquartiere ins Exil, insbesondere nach Afghanistan, und ging 1993 in der dortigen „Islamischen Bewegung der Wiedergeburt T.s" (Harakat-e-Nezhat-e-Islami-Tajikiston) auf. Sie stellt den Kern der überwiegend in Flüchtlingslagern Nordafghanistans stationierten bewaffneten Opposition dar. Das Programm der IPWT enthält einige ideologische Punkte, die man als fundamentalistisch identifizieren kann. Außer ihr besteht die „Islamische Bewegung" aus zwei anderen Komponenten: einer Gruppe von Traditionalisten, in der „Ischane" des Nakschbandi- und des Qadiri-Ordens dominieren, und dem vom ehemaligen Kadi Turadschon-zade repräsentierten „offiziellen Islam".

Akbar Turadschon-zade (geb. 1954) entstammt einer Familie prominenter Führer des lokalen Nakschbandi-Ordens, studierte an den islamischen Hochschulen von Buchara und Taschkent und setzte seine Studien in Jordanien fort. Er wurde zum Kadi (Qazi-kolon) gewählt und stand damit an der Spitze des „offiziellen Islam" in T. In der Periode religionspolitischer Liberalisierung Ende der achtziger Jahre gründete er das Islamische Institut T.s. Als seine Hauptaufgabe sah er die Verbesserung der geistlichen Ausbildung an. Er plädierte zwar für den „islamischen Staat", stellte aber klar, daß die Voraussetzungen dafür in T. noch längst nicht gegeben waren und erst in einem evolutionären Prozeß unter einer „demokratischen" Regierung erworben werden könnten. Auch die Bevölkerung sieht zwar den Islam als Bestandteil der eigenen Geschichte und Kultur, lehnt den „islamischen Staat" à la Iran aber mehrheitlich ab. Nachdem sich seit 1991 bei fortschreitender politischer Polarisierung ein vereinigtes Oppositionslager bildete, wurde das Kadijat schließlich zum Hauptquartier der Opposition und Turadschon-zade zu ihrer Integrationsfigur. Im Oktober 1992 verließ der Kadi sein Amt und begab sich ins Exil. 1995 leitete er als prominentester Führer der Oppositionsbewegung Verhandlungen mit Regierungsvertretern.

Wenn auch T. von den ehemaligen Sowjetrepubliken als diejenige angesehen wird, in der die islamische Tradition am stärksten ausgeprägt ist, spielen in den gegenwärtigen kulturellen Prozessen auch vorislamische und außerislamische Kulturelemente eine Rolle. Einige tadschikische Intellektuelle entdecken altiranische Wurzeln und den Zarathustra-Kult wieder (Neo-Zoroastrismus) und erinnern damit an die historische Vielfalt religiöser Gemeinschaften entlang der Seidenstraßen. Das persische Kulturerbe wurde bereits in sowjetischer Zeit hervorgehoben, wenn auch in der ideologischen Selektion, auf die die sowjetische Kulturpolitik die Wahrnehmung jedes nationalen Kulturerbes beschränkte. In seinem Mittelpunkt steht die persischsprachige Literatur Mittelasiens. In der nationalen Bewegung beim Zerfall der Sowjetunion wurde die Gleichsetzung von „Todschik" und „Farsi" (Persisch) verstärkt und damit die Anknüpfung an das reichste literarische Erbe des Orients verstärkt. Im September 1994 richtete Duschanbe eine

1000-Jahrfeier des „Schah-Name" von Firdousi, des wohl bekanntesten persischsprachigen Werks, aus.

Die sowjetisch-tadschikische Literatur wurde von Sadreddin Aini (1878–1954) begründet. Der modernen Literatursprache lagen die Dialekte von Samarkand, Buchara und Chudschand zugrunde, d. h. die tadschikische Sprache der Stadtbevölkerung in Berührung mit Usbeken. Sie wurde mit russischen Neologismen durchsetzt. Die Literatur war dem sozialistischen Realismus verpflichtet, in der Literaturkritik mußte zwischen fortschrittlichen Schriftstellern und „Volksfeinden" unterschieden werden. In der Periode von „Glasnost" und „Perestroika", die mit Verspätung auch Zentralasien erreichte, wurden solche „Volksfeinde" rehabilitiert. Vor allem entdeckte man die Reformbewegung der Muslime Rußlands aus dem frühen 20. Jh., den sog. „Djadidismus", wieder und befand sie für fortschrittlich. Lange Zeit unterdrückte Werke über stalinistische Repressionen und andere tabuisierte Themen wurden erstmals veröffentlicht. Auch die ökologischen Verbrechen im Zusammenhang mit der „Diktatur der Baumwolle" fanden Eingang in die Literatur der „Perestroika". Diese stieß in T. allerdings schnell auf ihre Grenzen: Die Partei und die Prinzipien Lenins blieben unantastbar (Becka 1994).

In letzter Zeit erwarben sich tadschikische Filmemacher wie Dawlat Chudonasarow internationalen Ruhm. Im gegenwärtigen tadschikischen Film werden neben modernen Themen solche des klassischen Mittelasien aufgegriffen. So drehte Bako Sadykow die Filme „Heiliges Buchara", eine surrealistische Erzählung nach Motiven der Josephs-Legende, und „Imam Buchari" (Nizamov 1995).

In vorsowjetischer Zeit war nur ein winziger Teil der Bevölkerung lese- und schreibkundig. 1926–27 entstanden erste allgemeinbildende Schulen für Mädchen und Jungen. Eine erste tadschikische Zeitung wurde 1926 gedruckt. Danach begann der Aufbau eines flächendeckenden sowjetischen Bildungswesens mit Grund- und Sekundarschulen, Fachhochschulen und Universitäten. Das heutige Bildungssystem wurde weitgehend unverändert aus sowjetischer Zeit übernommen, wobei der

Status der tadschikischen Sprache erhöht wurde und das Lehrpersonal zumindest im kulturwissenschaftlichen Bereich heute überwiegend aus Tadschiken besteht. Der Bürgerkrieg und die Emigration nichttadschikischer Minderheiten haben das Bildungswesen stark beeinflußt. Die ethnischen und religiösen Minderheiten aus Berg-Badachschan, die zuvor in der Kulturlandschaft T.s eine bedeutende Stellung eingenommen hatten, wurden aus ihr verdrängt.

Außen- und Sicherheitspolitik

Von einer souveränen Außen- und Sicherheitspolitik kann unter den gegenwärtigen Bedingungen nur mit Einschränkung die Rede sein. T. ist Mitglied in verschiedenen internationalen Systemen (GUS, UNO, OSZE, IWF, ECO u. a.), außenpolitisch aber weitgehend isoliert. Das Land ist von Rußland und Usbekistan abhängig. Aufgrund seiner völlig instabilen Verhältnisse wurde es nicht in die regionale Kooperationsgemeinschaft zwischen Usbekistan, Kasachstan und Kirgistan einbezogen. Gegenüber seinen Nachbarn nimmt es eine geopolitische Sonderstellung auch in kultureller Hinsicht ein. Es ist stärker als seine türkischen Nachbarn in den südlichen, persischsprachigen Raum mit den Staaten Iran, Afghanistan und Pakistan ausgerichtet. Der Bürgerkrieg in Afghanistan hat unmittelbare Auswirkungen auf T.

T. ist Mitglied der GUS-Verteidigungsgemeinschaft und auf militärische Unterstützung bei der Sicherung seiner Grenze zu Afghanistan angewiesen. Im November 1992 wurde eine friedenssichernde Truppe aus Kontingenten Rußlands, Kasachstans, Kirgistans und Usbekistans zur Sicherung dieser Grenze aufgestellt. Der Löwenanteil (weit über 90%) der diesbezüglichen Kooperation entfällt auf Rußland. Die nationalen Streitkräfte können die Landesverteidigung nicht annähernd erfüllen. 1993 wurden die prokommunistischen Milizen zur Nationalen Front vereinigt, die dann in eine tadschikische Armee umgewandelt wurde. Es existieren kaum tadschikische Offizierskader. In Duschanbe wurde eine Militärschule gegründet, ausgerechnet unter dem Namen des kriminellen Warlords Sangak Safarow. Das Rückgrat der Verteidigung bilden die in T. stationierten russischen Einheiten (201. motorisierte Schützendivision) und die Moskau unterstehenden Grenzschutzeinheiten. Sie werden von kleinen Kontingenten usbekischer und kirgisischer Grenzschützer unterstützt. Der russische Präsident Jelzin hat die tadschikische Grenze zu Afghanistan im Juli 1993 zur russischen Grenze erklärt. Im Sommer 1994 wurde ein Grenzpfahl mit dem Staatswappen Rußlands an dieser Grenze postiert. T. wurde zum Brennpunkt russischer Sicherheitspolitik in der Region. Der Umfang der russischen Truppen wird unterschiedlich beziffert. Angaben schwanken zwischen 15 000 und über 20 000.

Daneben wurde Usbekistan zum Hauptfaktor sicherheitspolitischer Fremdbestimmung T.s. Eine usbekische militärische Intervention trug entscheidend zum Sieg der linkskonservativen Allianz zwischen Leninabad und Kuljab über die sog. „islamisch-demokratische" Opposition bei. Usbekistan spielte danach eine wichtige Rolle beim Aufbau von Sicherheitskräften in T.

In dem Land stehen heute verschiedene bewaffnete Kräfte: GUS-Truppen unter der Bezeichnung „Kollektive Friedenssichernde Kräfte" (KMS), Regierungstruppen, Milizen des tadschikischen Innenministeriums, russische Grenztruppen, Oppositionstruppen, lokale Milizen und Selbstverteidigungskräfte sowie verschiedene Banden. Die in Nordafghanistan stationierten tadschikischen Oppositionstruppen werden auf 12 000 Mann geschätzt.

Ökologie

Bei dem geringen Industrialisierunggrad T.s hängen die Umweltprobleme primär mit der Landwirtschaft und dem Bewässerungssystem zusammen. Versalzung der Böden, Erosion, Verschwendung von Wasserressourcen, Wasserverschmutzung sind die Hauptprobleme und -sünden. Der Wasserverbrauch entfällt zu 90 % auf die Landwirtschaft.

Produktion, Beschäftigung, Inflation, Außenwirtschaft

T.s Wirtschaft ist auf Rohstoff- und Energiegewinnung ausgerichtet. Die landwirtschaftliche Erzeugung wird durch geographisch bedingten Flächenmangel begrenzt, daher besteht erheblicher Importbedarf bei Lebensmitteln. Das schon zuvor niedrige Produktionsniveau pro Einwohner wurde durch den Bürgerkrieg (Verwüstung von landwirtschaftlichen Flächen, Sperre von Verkehrswegen) weiter vermindert. Negativ wirkte sich auch die Abwanderung von etwa drei Vierteln der ursprünglich 400 000 Russen und Ukrainer sowie fast aller Deutschen aus. Der Bürgerkrieg hat Schäden in Höhe von etwa 7 Mrd. US-$, das ist mehr als das Bruttoinlandsprodukt des Landes, verursacht.

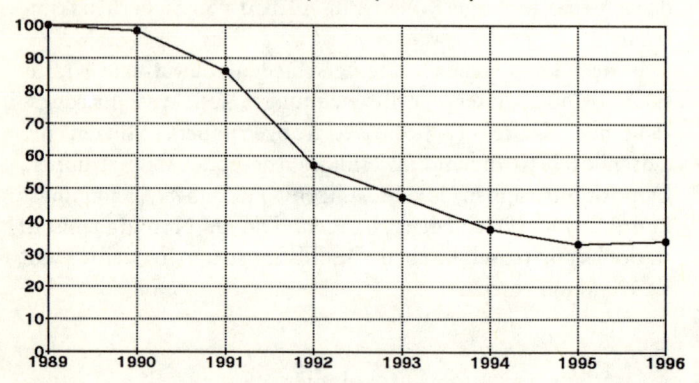

Bruttoinlandsprodukt (1989 = 100)

Das zu Kaufkraftparität berechnete BIP betrug 1994 6,3 Mrd. US-$, das sind 1100 US-$ pro Einwohner. Das BIP nahm seit 1991 in zweistelligen Raten ab und ist seit 1989 auf ein Drittel gesunken. Die Wiederankurbelung der Produktion wird durch Energie- und Rohstoffengpässe stark behindert.

> *Veränderung des Bruttoinlandsprodukts in % gegenüber dem Vorjahr*
>
> | 1990 | 1991 | 1992 | 1993 | 1994 | 1995 | 1996 |
> |------|------|------|------|------|------|------|
> | –1,6 | –12,5 | –33,7 | –17,0 | –21,0 | –12,0 | 3,0 |
>
> *Quelle:* European Bank for Reconstruction and Development. 1996: Prognose.

Vom Arbeitskräftepotential von 2,8 Mio. Pers. sind 1,9 Mio. Pers. beschäftigt, davon 43% in der Landwirtschaft, nur 14% in der Industrie, 8% in der Bauwirtschaft, 35% in Handel, Dienstleistungen und Verwaltung. Die Zahl der nicht beschäftigten Erwerbspersonen (rund 1 Mio.) läßt auf eine Arbeitslosenquote von über 30% schließen, während die amtliche Statistik nur 2% meldet.

Nach den hohen Inflationsraten 1992 und 1993, die 1000% bis 1500% betrugen, wurde ab 1994 eine relative Preisstabilisierung zwischen 100% und 200% erreicht. Grund war die gesamtwirtschaftliche Nachfrageschwäche, insbesondere die geringen Einkommen der Bevölkerung. T. versuchte als einziges GUS-Land eine Währungsunion mit Rußland, wegen zu geringer Bargeldversorgung durch Rußland entschloß es sich jedoch im Mai 1995 zur Einführung einer Interimswährung, des „Tadschikischen Rubel". Es besteht Bereitschaft zur stärkeren Integration in eine von Rußland dominierte GUS-Wirtschaftsgemeinschaft.

Mit Ländern außerhalb der GUS ist der Außenhandel nahezu ausgeglichen; die Exporte und Importe betrugen 1994 etwa 320 Mio. US-$. Dagegen besteht ein hoher Einfuhrüberschuß im Intra-GUS-Handel: 1994 lag die Einfuhr bei 582 Mio. US-$, die Ausfuhr bei 93 Mio. US-$ und das Handelsbilanzdefizit bei 489 Mio. US-$ (54% der Importe). Es besteht hoher Importbedarf an Nahrungsmitteln, da die eigene Erzeugung nicht ausreicht. Erdgas für industrielle Zwecke muß aus Usbekistan importiert werden.

T. ist schon dadurch auf Usbekistan als Außenhandelspartner stark angewiesen, weil seine überkommene wirtschaftliche

Integration mit dem Nachbarland weit stärker war als die seiner durch Bergmassive getrennten Landesteile. So bezieht T. im Norden Elektroenergie von usbekischen Kraftwerken und liefert Strom seiner im Süden gelegenen Wasserkraftwerke nach Usbekistan. T. erhält von Usbekistan außerdem Erdgas (1994: 1,9 Mrd. m^3) und schweres Erdöl und bezahlt dafür mit Baumwolle, Baumaterialien, Metallschrott usw., ohne seine Verbindlichkeiten ausgleichen zu können. Zur Begleichung der aufgelaufenen Schulden hat T. sich damit einverstanden erklärt, daß Usbekistan sich an der Goldgewinnung im Sarafschantal sowie am Metallerzabbau im Norden des Landes beteiligt.

Mit Rußland hatte T. früher enge Austauschbeziehungen, indem es dorthin neben Produkten seiner Landwirtschaft (Obst und Gemüse), Baumwoll- und Seidenstoffen auch strategische Materialien (Uran, Titan, Vanadium, Wismut usw.) sowie Rohbaumwolle lieferte und von dort industriell hergestellte Nahrungsmittel sowie technische Konsumgüter bezog. Der Warenaustausch mit Rußland wird heute dadurch behindert, daß für den Transit durch Usbekistan, Kirgistan und Kasachstan hohe Gebühren bezahlt werden müssen.

T. erhält Nahrungsmittelhilfe wie Mehl, Speiseöl, Zucker sowie Weizen von ausländischen Hilfsorganisationen, darunter die Europäische Union, die UNO und anderer. Die Aga Khan-Stiftung nimmt sich besonders der Bewohner Berg-Badachschans an, deren Ernährung schon zu sowjetischen Zeiten zu 80% von außen gewährleistet werden mußte. Das internationale Rote Kreuz und die „Medizin ohne Grenzen" versorgen die Krankenhäuser mit Medikamenten und medizinischen Geräten. Der Internationale Währungsfonds, dessen Mitglied T. seit April 1993 ist, sowie die Weltbank unterstützen den Wiederaufbau der Wirtschaft des Landes durch Experten und finanzielle Mittel. Rußland finanziert den größten Teil der Staatsausgaben des Landes.

Land- und Forstwirtschaft

Die geringe landwirtschaftliche Nutzfläche (5–6% der Landesfläche) erlaubt Ackerbau ausschließlich in Flußtälern; im Bergland ist nur Schafzucht möglich. Hauptprodukt ist hochwertige Baumwolle auf bewässerten Flächen, wobei ein Ernterückgang von 800 000 t in der Sowjetzeit auf rund 500 000 t in den Jahren 1993/94 zu verzeichnen ist. Die Getreideernte von 150 000–300 000 t pro Jahr reicht bei weitem nicht aus, um die Bevölkerung zu ernähren. Daher ist 1995 der Import von einer Mio. t Getreide aus Rußland, Kasachstan und Usbekistan sowie weiterer 400 000 t aus USA und Kanada erforderlich. Weitere landwirtschaftliche Produkte des Landes sind Obst und Gemüse sowie Tabak. Von Bedeutung ist auch die Seidenraupenzucht.

T. lieferte zu Zeiten der UdSSR 11% der Baumwolle, vor allem aber zu einem Drittel hochwertige langfaserige Sorten. Die Monokultur des Baumwollanbaus führte zur Einschränkung des Getreideanbaus und damit zum Einfuhrbedarf bei Grundnahrungsmitteln. Jedoch darf bei der kritischen Betrachtung der Auswirkungen der Baumwoll-Monokultur nicht übersehen werden, daß die Baumwolle neben den als Textilrohstoff dienenden Fasern Pflanzenöl, Baumwollölkuchen als Viehfutter sowie die Stengel als Brennstoff liefert.

Bodenschätze, Energiegewinnung

In dem Bergland, das 95% der Landesfläche umfaßt, werden eine Vielzahl von Bodenschätzen gefunden bzw. vermutet, die bislang nur in geringen, noch steigerungsfähigen Mengen abgebaut werden. Obwohl T. über gewisse Vorräte an fossilen Energierohstoffen verfügt (die erkundeten Vorräte werden mit 700 Mio. t Kohle, 6 Mrd. m^3 Erdgas und 3,4 Mio. t Erdöl beziffert), fördert es derzeit nur unbedeutende Mengen.

Bedeutsam ist dagegen die Gewinnung von Gold mit etwa 1,5 t im Jahre 1994 (angeblich betragen die erkundeten Vorräte über 430 t an 28 Fundstätten). Man hofft, die Goldförderung mit ausländischer Hilfe bis auf 10 t/Jahr steigern zu können. T. hat bedeutende Vorräte an Uran (mehr als 10% der Weltlagerstätten), die schon zum Bau der ersten russischen Atombombe genutzt worden waren. Nachdem der Bedarf an Waffenuran geschwunden ist, ist die Zukunft der Uranförderung in Frage gestellt.

Obwohl T. in acht erkundeten Lagerstätten mehr als 57 000 t Silber und damit zusammen mit den USA über die weltgrößten Silbervorräte besitzt, ist seine Silbergewinnung gering. Dies liegt teilweise am Fehlen von Aufbereitungsanlagen, teilweise am niedrigen Silberpreis, der die Förderung derzeit nicht rentabel macht. Auch Edelsteine werden gefunden. Daneben werden Erze von Blei, Zink, Kupfer, Eisen, Quecksilber, Wolfram, Zinn und seltene Metalle abgebaut.

Staudämme und Wasserkraftwerke wie das bei Nurek (der weltweit größte Erddamm) sowie bei Rogun (beide am Wachsch) liefern Strom nicht nur für die Aluminiumherstellung, sondern auch für den Export in die angrenzenden zentralasiatischen Nachbarländer. Das hydroenergetische Potential des Landes ist mit der derzeitigen Produktion von 17 Mrd. KWh noch nicht ausgeschöpft; Pläne für den Bau zusätzlicher Wasserkraftwerke können jedoch nur langsam realisiert werden; neben Kapitalmangel werden auch ökologische Bedenken gegen die mit Staudammbauten verbunden Eingriffe in die Natur wirksam. Problematisch erweist sich, daß die Dämme in prinzipiell erdbebengefährdeten Gebieten gebaut wurden. Dabei führt der hohe Wasserbedarf für die Bewässerung der Baumwoll- und Gemüsefelder trotz des Wasserreichtums zu Wassermangel.

Verarbeitende Industrie

In T. sind etwa 500 zivile Industriebetriebe ansässig, die hauptsächlich der Nahrungsmittel- und Textilindustrie angehören. Sie Betriebe der Nahrungsmittelindustrie verarbeiten Obst,

Tabak und Pflanzenöle. Die Weiterverarbeitung landwirtschaftlicher Rohstoffe umfaßt Baumwollreinigung, Herstellung von Seide, Tuch, Wollwaren, Teppiche sowie, Gerbereien und Nähereien.

Die großen Nahrungsmittel- und Textilkombinate in Duschanbe und Chudschand, die früher den sowjetischen Wirtschaftsraum belieferten, hatten wegen Energie-, Transport- und Absatzproblemen 1994 weitgehend stillgestanden. 1995 versucht man, die Produktion wieder anlaufen zu lassen. Ein großes Hindernis stellt die technologische Abhängigkeit vieler Betriebe vom Einsatz von Erdgas dar, was wegen Lieferunterbrechungen (T. hat Schwierigkeiten mit der Finanzierung seiner Gasbezüge aus Usbekistan) immer wieder zu Produktionsstillständen führt. Daß man die Industrie nicht mit der in Wasserkraftwerken gewonnenen Elektroenergie betreibt, ist noch ein Relikt der sowjetischen Planwirtschaft, als die Verwendung des (zu sowjetischen Preisen) äußerst billigen Erdgases wirtschaftlich sinnvoll erschienen war.

Die Aluminiumproduktion im Werk Regar bei Duschanbe (Kapazität 0,5 Mio. t) beruht auf importiertem Rohstoff unter Nutzung der billigen, aus Wasserkraft gewonnenen Energie. Dieses Aluminiumwerk stellt das Herzstück der tadschikischen verarbeitenden Industrie dar. Allerdings hat es durch seine Wasserverschmutzung des Surchandarja, der die usbekische Provinz gleichen Namens durchfließt, bereits 1991 zu Klagen von usbekischer Seite geführt.

Privatisierung, Landreform

Etwa die Hälfte der vormals staatlichen Handelsbetriebe ist privatisiert; das Warenangebot von Privatleuten kann sich wegen mangelnder Kaufkraft der Bevölkerung nicht entfalten. Es gibt nur geringe Fortschritte bei der Privatisierung der Groß- und Mittelbetriebe. Privateigentum an Land existiert nur auf Pachtbasis.

Die „kleine" wie auch die „große" Privatisierung kommt in T. nur langsam voran. Mitte 1994 waren etwa 600 Kooperativen, 1600 kleine und 1100 Privatunternehmen vor allem im Handel und Dienstleistungsbereich entstanden. Dabei herrschte als Privatisierungsmethode der Kauf des eigenen Betriebes durch die Belegschaft vor. Bei größeren Betrieben werden nach Umwandlung in eine AG 40 % des Aktienkapitals an die Belegschaft verteilt, weitere 40 % bleiben grundsätzlich beim Staat, und die restlichen 20 % sollen, wenn Wertpapierbörsen und ein Wertpapiermarkt entstanden sind, an Dritte verkauft werden. Weiterhin existieren etwa 60 Joint ventures vor allem im Bereichen wie Goldgewinnung, Textil- und Lederverarbeitung und anderen Wirtschaftszweigen.

Da die „strategischen Rohstoffe" Baumwolle und Aluminium unverzichtbare Stützen des Staatsbudgets und der Handelsbilanz des Landes darstellen, tut sich der Staat schwer mit der Erlaubnis zur Privatisierung dieser Bereiche.

Soziale Lage

Die fast vollständige Preisfreigabe führte bei hoher Inflation und zurückbleibenden Löhnen zum Rückgang der durchschnittlichen Realeinkommen auf die Hälfte des Existenzminimums. Verzögerte Lohnzahlungen in Staatsbetrieben – teilweise durch Bargeldmangel verursacht – mindert die Kaufkraft noch weiter. Das Land weist einen besonders schlechten Gesundheitszustand der Bevölkerung und besonders hohe Säuglingssterblichkeit auf (1993: 47 pro 1000 Geburten).

Die soziale Lage der Bevölkerung einschließlich der Situation auf dem Arbeitsmarkt wird einerseits durch den strukturellen Mangel an Arbeitsplätzen in der Industrie bedingt. Andererseits hängt er mit der jährlichen Bevölkerungszunahme um rund 3%, d. h. einer Verdoppelung der Einwohnerzahl alle 20-25 Jahre, zusammen. In T. konzentriert sich die Armut bzw. Arbeitslosigkeit auf dem Lande, wo zwei Drittel der Bevölkerung leben. Während schon zu sowjetischer Zeit ein

Viertel der Bevölkerung im erwerbsfähigen Alter arbeitslos war, ist die Arbeitslosenquote Mitte der neunziger Jahre auf mindestens ein Drittel der Erwerbsbevölkerung gestiegen.

Große Teile der Bevölkerung leben vorwiegend von der Eigenproduktion auf kleinen Pachtgrundstücken bzw. von Tierzucht in den Bergregionen, wobei der Warenaustausch im Lande fast zum Erliegen gekommen ist. In gewissem Umfang hilft auch die Nahrungsmittelhilfe aus dem Ausland, darunter die Welthungerhilfe, die unter starker deutscher Beteiligung 320 000 Menschen unterstützt. Da sich die meisten Menschen Fleisch, Gemüse und Obst nicht mehr kaufen können, ist für sie das subventionierte Brot zum Hauptnahrungsmittel geworden. Viele alte Menschen, deren Renten monatelang nicht bezahlt wurden, versuchen durch den Verkauf ihrer persönlichen Habe ihr Leben zu fristen. Der schlechte Gesundheitszustand der Bevölkerung, der sich in der extrem hohen Säuglingssterblichkeit manifestiert, ist nicht nur durch mangelhafte Ernährung, sondern auch vor allem in den Städten durch die verfallende Trinkwasserversorgung verursacht.

Das Leben auch derjeingen, die bezahlte Arbeit haben, insbesondere der Staatsangestellten und Angestellten der Staatsbetriebe wird durch ausstehende Löhne (teilweise seit Anfang 1994) beeinträchtigt. Für die Verzögerungen der Lohnzahlung war (bis zur Einführung einer eigenen tadschikischen Währung) auch der Bargeldmangel verantwortlich, der durch die zu geringe Bereitstellung von russischen Rubeln verursacht wurde.

Wirtschaftliche Zukunftsaussichten

Die wirtschaftlichen Perspektiven des Landes werden durch seine Randlage im ehemaligen Wirtschaftsraum der UdSSR ebenso begrenzt wie durch seine auf Primärproduktion ausgerichtete Wirtschaftsstruktur, den niedrigen Ausbildungsstand und die Armut des größten Teiles der Bevölkerung. Dazu kommen die noch nicht überwundenen Kriegsfolgen. Positive Entwicklungen können von einer wirtschaftlichen Erholung der GUS-Nachbarstaaten, die auf T. ausstrahlt, ausgehen. Ein stärkeres Engagement ausländischer Investoren, dürfte sich vor allem auf Projekte im Bergbaubereich beschränken.

Literatur zum Kapitel

Akbarzadeh, Sch., Striving for Unity Over Regional and Ethnic Division, in: Transition, 26 May 1995, S. 53–56.

Aschurov, Bakhtiar, Tajikistanţs hidden Treasures, in: Delovie lyudi, November 1993, S. 72–73.

Becka, J., „Perestroika" in der tadschikischen Literatur, in: Fragner, B., Hoffmann, B. (Hrsg.), Bamberger Zentralasienstudien, Islamkundliche Untersuchungen Bd. 149, S. 67–80.

Borcke, A. von, Der tadschikische Bürgerkrieg: Lokale Tragödie oder geopolitische Herausforderung?, in: Berichte des BIOst, 19/1995.

Buschkow, W., Politische Entwicklung im nachsowjetischen Zentralasien: Der Machtkampf in Tadschikistan 1989-1994, in: Berichte des BIOst, 4/1995.

Ders., Tadschikistan vor dem Bürgerkrieg: Eine traditionelle Gesellschaft in der Krise, in: Berichte des BIOst, 26/1993.

Conermann, St., Tadžikistan auf der schwierigen Suche nach einer eignen Identität, in: Nitsche, P. (Hrsg.), Die Nachfolgestaaten der Sowjetunion: Beiträge zu Geschichte, Wirtschaft und Politik, herausgegeben unter Mitarbeit von Jan Kusber, Frankfurt a.M. usw. 1994, S. 147–176.

Eicher, Sch., Tajikistan, in: Pryde, Ph. R. (Hrsg.), Environmental Resources and Constraints in the Former Soviet Republics, Boulder/San Francisco/Oxford 1995, S. 325–338.

Eisener, R., Zum Bürgerkrieg in Tadschikistan: Einige aktuelle und historische Dimensionen der Konflikte, in: Osteuropa 8/1994, S. 776–790.

Emadi, H., State, Ideology and Islamic Resurgence in Tadjikistan, in: Central Asian Survey, 4, 1994, S. 565–575.

Fragner, B., Probleme der Nationswerdung der Usbeken und Tadschiken, in: A. Kappeler u. a. (Hrsg.), Die Muslime in Jugoslawien und in der Sowjetunion, Köln 1989, S. 19–35.

Ders., Ungewollt selbständig: Tadschikistans Probleme sind Armut und Nationalismus, in: der überblick, 2, 1992, S. 26–30.

Frye, E. N., Tajikistan, Benson-Vermont 1994.

Geiß, P. G., Nationenwerdung in Zentralasien, Frankfurt a.M. u. a. 1995.

Giroux, A., Tadjikistan, in: Le courrier des pays de lţEst, mars-avril 1995, S. 97–100.

Hoffmann, Chr., Die ehemalige Kolonialmacht steht hoch im Kurs, in: Welternährung 7/1994, S. 7.

Informacionno-ėkspertnaja gruppa „Panorama", Socialţno-ėkonomičeskoe položenie Respubliki Tadžikistan, Moskau, Dezember 1994.

Kutscherenko, Wladimir, Tadschikistan auf der Suche nach ausländischen Investoren, in: Financial & Business News, 12, 1993, S. 13.

Niyazi, A., Tajikistan, in: Mesbahi, M. (Hrsg.), Central Asia and the Caucasus after the Soviet Union: Domestic and International Dynamics, Gainesville (Florida) 1994, S. 164–190.

Nizamov, A., Das kulturelle Leben Tadžikistans in der zweiten Jahreshälfte 1994, in: Berliner Osteuropa Info, 5–1995, S. 15 f.

Olimova, S. K./Olimov, M. A., Nezavisimyj Tadžikistan: trudnyj putţ peremen, in: Vostok 1/1955, S. 132-145.

Payne, J., Tadzhijks, in: Smith, G. (Hrsg.), The Nationalities Question in the Soviet Union, London/New York 1990, S. 259–276.

Rakowska-Harmstone, Th., Russia and Nationalism in Central Asia. The Case of Tadzhistan, Baltimore 1970.

Raschid, A., The Resurgence of Central Asia: Islam or Nationalism, London/New Jersey 1994, S. 159–186.

Respublika Tadžikistan, in: Delovoj mir, 30. 3. 1995, S. 5.

Rzehak, L., Wissenschaft, Hochschulwesen und Unabhängigkeit: Reisebeobachtungen in Usbekistan und Tadschikistan, in: Osteuropa 4/1995, S. 329–337.

Tadschikische SSR: Das Aschenbrödel unter den Unionsrepubliken, in: Sowjetunion heute 1/1991, S. 16–25.

Tajikistan, in: Batalden, St. K./Batalden, S. L., The Newly Independent States of Eurasia: Handbook of former Soviet Republics, Phoenix (Arizona) 1993, S. 146–156.

Turkmenistan

Staatsname	Turkmenistan
Staatsname in Landessprache	Türkmenistan
Amtssprache	Turkmenisch, Russisch ist Verkehrssprache
Schrift	Umstellung vom kyrillischen auf das lateinische Alphabet
Währung	Manat (seit November 1993)
Wechselkurs Ende 1995	1000 pro US-$
Fläche	488 100 km² (BRD: 357 000 km²)
Hauptstadt	Aschgabad, russ. [Ašchabad] (410 000)
Großstädte	Tschardschou [Džardžou] (160 000)
	Taschaus [Tašauz] (112 000)
	Kysyl-Arwat (90 000)
	Mary (94 000)
	Nebit-Dag (90 000)
	Turkmenbaschi, bis 1991 [Krasnovodsk] (55 000)

Einwohnerzahl (1994)	4,1 Mio.
Glaubensgemeinschaften (1989)	
Muslime	91%
Christen	9%
Nationalitätenanteile (1989)	
Turkmenen	72,0%
Russen	9,5%
Usbeken	9,0%
Kasachen	2,5%
Tataren	1,1%
Stadt-Land-Verteilung (1989)	
Stadtbevölkerung	45%
Landbevölkerung	55%

Bevölkerungswachstum	
Durchschnitt 1980–1989	2,5%
Durchschnitt 1990–1994	1,5%
Bevölkerungsdichte (1994)	8 Einwohner pro km²
Altersgruppen (1989)	
bis 9 Jahre	28,6%
10–19 Jahre	22,3%
20–39 Jahre	30,0%
40–59 Jahre	13,0%
über 60 Jahre	6,1%
Geburtenrate (1994):	31,6 pro 1000 Einwohner
Kindersterblichkeit (1993)	45,9 pro 1000 Geborene
Lebenserwartung (1989)	66 Jahre (m 63; w 70)
Mittl. Familiengröße (1989)	5,6 Personen

Unabhängigkeitserklärung	Dezember 1991
Neue Verfassung	Mai 1992
Staatsoberhaupt	Präsident Saparmurad Nijasow (Turkmenbaschi)
Letzte Parlamentswahlen	Dezember 1994
Parteien:	Regierungspartei „Demokratische Partei" (KP-Nachfolgerin), Oppositionsgruppen wie „Agzybirilik" werden verfolgt

Territorium

T. ist nach Kasachstan flächenmäßig die größte zentralasiatische Republik, hat aber ebenfalls nach Kasachstan die geringste Bevölkerungsdichte unter den GUS-Staaten. Es liegt im südwestlichen Teil Zentralasiens und teilt lange Landgrenzen mit Kasachstan im Norden, Usbekistan im Osten und Iran (1500 km) und Afghanistan (800 km) im Süden. Die Westgrenze verläuft an der südlichen Ostküste des Kaspischen Meeres in einer Länge von über 1500 km.

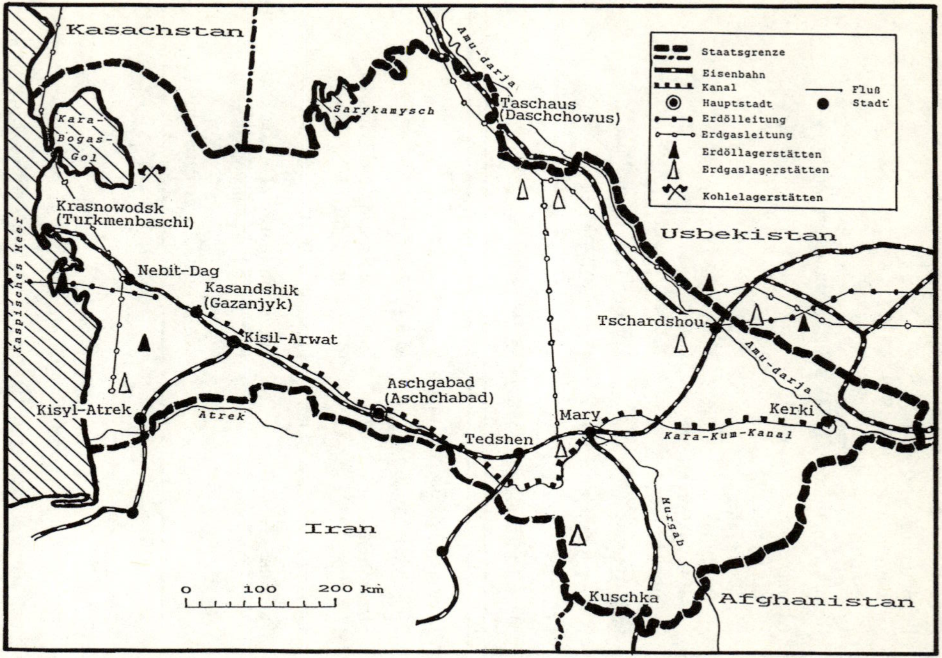
Kasachstan
Usbekistan
Afghanistan
Iran
Kaspisches Meer
Kara-Bogas-Gol
Sarykamysch
Amu-darja
Krasnowodsk (Turkmenbaschi)
Nebit-Dag
Kasandshik (Gazanjyk)
Kisil-Arwat
Kisyl-Atrek
Atrek
Aschgabad (Aschchabad)
Tedshen
Mary
Taschaus (Daschchowus)
Tschardshou
Kerki
Kara-Kum-Kanal
Murgab
Kuschka
0 100 200 km
Staatsgrenze
Eisenbahn
Kanal
Hauptstadt
Erdölleitung
Erdgasleitung
Erdöllagerstätten
Erdgaslagerstätten
Kohlelagerstätten
Fluß
Stadt

Das Territorium wird zu über 80% von einer großen Sandwüste, der Karakum, oder von Trockensteppe bedeckt und bildet eine aride Zone mit extrem trockenem und heißem Klima. Die Landschaft wird von zahlreichen hohen Sanddünen (Barchanen), ebenen Tonflächen (Takyren) und Salzsümpfen geprägt. Zwei niedrige Gebirgszüge im Süden, Kopet und Paropamis, unterbrechen die Eintönigkeit der Landschaft. Im Landesinneren konnten nur äußerst abgehärtete Nomaden mit ihren kleinen Herden überleben.

Die Lebensadern – Flußläufe und Oasen – liegen an der Peripherie. Der Hauptfluß Amu-darja bildet streckenweise die Grenze zu Usbekistan. Kleinere Flüsse fließen aus dem Bergland Irans und Afghanistans in die Niederung T.s. Hier im Süden, in den Flußtälern und in der Vorgebirgszone des Kopet-Dag, wurde immer schon Bewässerungsfeldbau und Weidewirtschaft betrieben. Eine künstlich geschaffene Lebensader ist der Karakum-Kanal, der auf einer Länge von 1400 km das Wasser des Amu-darja in die Wüste transportieren sollte. Er wurde in den fünfziger Jahren in Bau genommen und sollte den Amu-darja mit dem Kaspischen Meer verbinden. Der damals noch mit einem großen Anteil an Zwangsarbeitern begonnene Bau stellte eines der größten und ökologisch bedenklichsten wasserbautechnischen Projekte der Sowjetunion dar (siehe unten).

Entsprechend dem geographischen und klimatischen Landescharakter finden sich in T. nur wenige größere Städte. Die Hauptstadt Aschgabad nahe der Grenze zum Iran entstand im Zuge der Kolonisierung durch Rußland gegen Ende des 19. Jh. aus der Festung Poltorazk. Sie wurde 1929 und erneut am 6. 10. 1948 von verheerenden Erdbeben verwüstet. Bei dem letzten, von Stalin gegenüber der Außenwelt geheimgehaltenen Erdbeben kamen über 100 000 Einwohner, zwei Drittel der Stadtbevölkerung, ums Leben. Dabei wurde ein großer Teil der Führungs- und Mittelschichten vernichtet, und die turkmenische Führung neigte später dazu, die Rückständigkeit ihrer Republik mit dieser Katastrophe zu erklären. Die zweitgrößte Stadt Tschardschou liegt nahe der Grenze zu Usbekistan am

Amu-darja. Taschaus im Nordosten T.s liegt im Bereich der ökologischen Katastrophe, die sich am Aralsee vollzieht, und hat eine schlimme Krankheits- und Sterblichkeitsstatistik aufzuweisen. Krasnowodsk hieß der Haupthafen T.s am Kaspischen Meer auf der Halbinsel Mangyschlak, einem Industriezentrum des Landes. Die Stadt trägt heute den Namen Turkmenbaschi nach dem Beinamen des Präsidenten Nijasow. Die historisch bedeutendste Stadt T.s ist heute nur noch eine Ruine: Merw bildete einst ein Zentrum an der Seidenstraße, vorübergehend eine der bedeutendsten Städte Mittelasiens. Sie war im 11. Jh. die Hauptstadt des Reichs der Seldschuken, das von Afghanistan bis Ägypten reichte. In der Nähe ihrer Ruinen liegt heute die Stadt Mary.

Verwaltungsmäßig ist T. in fünf Gebiete (Aschgabad, Mary, Taschaus, Tschardschou und der Rest des Territoriums unter Republikverwaltung), 41 Rayone, 16 Städte und 74 Siedlungen städtischen Typs gegliedert.

Das Verkehrsnetz des Landes besteht im wesentlichen aus Eisenbahnlinien, die die Siedlungszonen im Westen, Süden und Osten U-förmig verbinden, während die Landesmitte unerschlossen bleibt. Ihre Gesamtlänge beträgt derzeit 2200 km, von denen etwa 300 km elektrifiziert sind. Die Dichte des Eisenbahnnetzes ist mit 4,5 km pro 1000 km² Landesfläche recht gering.

Weder der Iran noch Afghanistan waren bislang mit der Eisenbahn zu erreichen. Dieser verkehrsmäßigen Isolation wird nun abgeholfen, indem eine Eisenbahnverbindung von Tedschen (auf der Strecke zwischen Aschgabad und Mary) zum iranischen Meschched quer durch das Kopet-Dag-Gebirge gebaut wird. Eine weitere Verbindung in den Iran wird durch den ebenfalls begonnenen Bau der Strecke von Kysyl-Arwat nach Kysyl-Atrek (westlich von Aschgabad) eröffnet, die auf iranischer Seite nach Gorgan geführt werden kann. Damit wird neben der Verstärkung der Kontakte in Südrichtung auch eine Lücke in der Routenführung der „Seidenstraße" geschlossen, die einst Istanbul mit der zentralasiatischen Region verbunden hat.

T. besitzt einige Häfen an der Küste des Kaspischen Meeres, wobei Turkmenbaschi als Standort der Fischereiflotte die weitaus größte Bedeutung hat. Da schon während der Sowjetzeit der Tourismus in T. keine große Rolle gespielt hatte, gibt es nur Ansätze touristischer Strukturen, allerdings eine staatliche Gesellschaft für Tourismus, die die touristische Infrastruktur entwickeln soll. In Aschgabad sind mehrere neue Hotels entstanden, die bislang nur von Geschäftsreisenden genutzt werden. Sie sind überwiegend in staatlicher Hand oder Gemeinschaftsunternehmen mit ausländischen Partnern. Erste private Gastronomiebetriebe entstehen. Als Ziele touristischer Reisen kommen historische Stätten in Frage, jedoch auch Abenteuerreisen in die Karakum-Wüste oder das Kopet-Dag-Gebirge.

Bevölkerung

T. ist der zentralasiatische GUS-Staat mit der geringsten Bevölkerungszahl. Seine Bevölkerungsdichte ist äußerst niedrig; gleichzeitig hat das Land heute das höchste natürliche Bevölkerungswachstum in der GUS. Es ist mit einem Anteil der turkmenischen Titularnation an der Republikbevölkerung von 72% der zentralasiatische Staat mit der größten ethnischen Homogenität. Die russische Minderheit fällt bei rd. 334 000 Personen weniger ins Gewicht als in Kasachstan und den Nachbarstaaten in Mittelasien. Sie lebt überwiegend in Städten, über ein Drittel allein in der Hauptstadt (130 000). Über das Migrationsverhalten der russischen Minderheit liefern turkmenische und russische Quellen gegensätzliche Informationen: Laut Aschgabad ist von Emigration nicht die Rede, vielmehr habe die Zahl der Russen in letzter Zeit noch zugenommen. Russische Quellen sprechen dagegen von einer, allerdings undramatischen, Abwanderung der Russen aus T. Die drittgrößte Bevölkerungsgruppe stellt die usbekische Minderheit (317 000). Außerdem leben Kasachen (88 000), Tataren (39 000), Ukrainer (36 000), Aserbaidschaner (33 000) und Armenier (32 000) sowie Angehörige vieler anderer Nationalitäten in T.

1989 lebten 2,7 Mio. Turkmenen in der UdSSR, über 90% davon in ihrer Unionsrepublik. Außerhalb T.s leben Turkmenen in Usbekistan (122 000), Tadschikistan (20 000) und in Rußland im Gebiet von Stawropol [Stavropol'], außerhalb der ehemaligen Sowjetunion in Iran (über 300 000), Irak (170 000), Afghanistan (390 000), Syrien (80 000) und der Türkei. Der Kontakt zu den Auslandsturkmenen, insbesondere im Iran, wird neuerdings verstärkt.

Die Bevölkerung T.s weist Merkmale einer außereuropäischen Gesellschaft auf: In der Altersgruppenverteilung dominieren die unter 20jährigen (51%), die Kindersterblichkeit ist sehr hoch, die Geburtenrate die höchste in der GUS. 1989 hatten 533 von 1000 turkmenischen Familien zwischen vier und sieben Kindern. Über die Hälfte der Bevölkerung lebt auf dem Land. Dennoch war die Urbanisierung in sowjetischer Zeit beträchtlich: 1926 lebten nur 7% der Turkmenen in Städten. Das gleiche gilt für die Alphabetisierung. 8,3% der Bevölkerung verfügen über Hochschulbildung, 56% haben die Sekundarstufe absolviert. Mit diesen Daten liegt T. allerdings unter dem ehemaligen sowjetischen Durchschnitt. Dem Lebensstandard, dem Gesundheitswesen, der sozialen Infrastruktur nach rangierte es am untersten Ende der innersowjetischen Regionalskala. 1989 erreichte die Kindersterblichkeit eine Quote von 54 pro 1000 Neugeburten, zehnmal höher als in Westeuropa. Außerdem lebt die Bevölkerung in einigen Regionen T.s wie z. B. in der Provinz Taschaus unter bedenklichen ökologischen und hygienischen Bedingungen. Die Gesundheitsstatistik ist alarmierend, z. B. mit einer über 60prozentigen Erkrankungszunahme bei Hepatitis und anderen Infektionskrankheiten in den achtziger Jahren.

Im Unterschied zu den meisten anderen GUS-Staaten und ehemaligen Unionsrepubliken wurden aus T. keine größeren Konflikte zwischen Volksgruppen gemeldet. Im Mai 1989 kam es in Aschgabad und in Nebitdag zu Unruhen, die teilweise einen ethnischen (antiarmenischen) Hintergrund hatten. Das Land stellte sich selber beim Zerfall der Sowjetunion als einen Hort der Stabilität dar. Man muß aber vermuten, daß Informationen über gegenteilige Realitäten auch unterdrückt wurden, denn die Republikführung hatte sich ganz offen gegen Glasnost und Perestroika gestellt. Allerdings entfiel weitgehend ein Faktor, der in anderen Unionsrepubliken beim Zerfall der Sowjetunion zur Konfliktbildung beigetragen hatte: nationale und politische Bewegungen gegen die herrschende Nomenklatur.

Geschichte

Die Turkmenen stellen einen Zweig der Oghusen dar, jener Turkstämme, die aus Innerasien nach Westen bis Kleinasien vordrangen. Das Territorium T.s war ursprünglich von Iranern besiedelt und bildete im Altertum einen Teil des persischen Großreichs. Im 7. Jh. wurde es von Arabern erobert. Die Turkmenen oder Turkomanen ließen sich in zwei historischen Landschaften des westlichen Mittelasien nieder: in Chorassan (Nordwestiran) und in Choresmien. Im 11. Jh. gründeten sie das Seldschukische Reich mit dem Zentrum Merw. Nach der Mongolenherrschaft bildeten turkmenische Stämme Militärallianzen mit den Emiren von Buchara oder den Khanen von Chiwa und Kokand.

Europäische Reisende haben die Turkmenen stets als ein besonders kriegerisches Volk beschrieben. Die „wildesten und unbändigsten Nomaden ganz Asiens" nannte sie ein Zentralasienexperte des 19. Jh. (H. Vambery). Sie bildeten vor der sowjetischen Periode aber keine ethnographische Einheit, waren in Stammesgruppen untergliedert und über ein großes, unzusammenhängendes Territorium verstreut. Die Karakum trennte sie von anderen Völkern Zentralasiens. Unter der lockeren Oberherrschaft verschiedener Mächte bewahrten sich die turkmenischen Stämme stets ein hohes Maß an Autonomie.

Eine eigene Staatsbildung hat dieses Volk nicht hervorgebracht. „Obwohl aus ihm die Gründer so mächtiger türkischer Imperien wie des Seldschuken- und Osmanenreichs hervorgegangen sind, lebte es die ganzen Jahrhunderte hindurch in völliger politischer Anarchie" (Lorenz 1987). Wie bei anderen Nomadenvölkern war seine maßgebende soziale und politische Organisationsform der Stamm und seine Untergliederungen. Laut Aussage einer Regionalexpertin stellt auch das heutige T. eher „eine Stammeskonföderation als eine moderne Nation dar" (Bohr 1990), obwohl Funktion und Organisation des Stammes im Laufe der Zeit und besonders in der sowjetischen Periode Veränderungen unterlagen und sich über dem Stammes- und Lokalbewußtsein in neuerer Zeit auch ein Nationalbewußtsein gebildet hat. Die größten turkmenischen Stämme heißen Teke, Yomut, Ersari, Saryk, Solyr, Göklen, Tschoudur und Alili. Sie waren soziale Großgruppen, die sich in erster Linie auf territoriale und wirtschaftliche Beziehungen gründeten, nicht auf Blutsverwandtschaft – teilweise standen sie auch für Nicht-Turkmenen offen. Sie leiteten sich aber von einem mythischen Stammvater ab. Die Unterabteilungen basierten dann überwiegend auf dem Verwandtschaftsprinzip und dem gemeinsamen Siedlungsgebiet. In der Stammesverfassung gab es keine personifizierte Zentralgewalt. Das wichtigste politische Organ war der Ältestenrat oder Stammesrat (maslahat). Die Ältesten handelten im Rahmen des Gewohnheitsrechts (adat) (Lorenz 1987).

Die Wirtschaft war überwiegend, aber nicht ausschließlich nomadisch. Teilweise gingen die Turkmenen schon vor der russischen Kolonialherrschaft zu Bewässerungsfeldbau und seßhaften Lebensweisen über und traten in Verbindung zu den mittelasiatischen Oasen. Ein Teil wurde am Rande des Emirats von Buchara seßhaft und in dessen administratives System eingegliedert, ein anderer siedelte an der Peripherie des Khanats von Chiwa. Der Großstamm der Teke übersiedelte in die Oase von Merw.

Zwischen 1865 und 1878 eroberte Rußland Mittelasien oder Transoxanien (das Gebiet zwischen Syr-darja und Amu-darja) mit Taschkent, Buchara und Chiwa, unterstellte diese Gebiete seiner direkten Verwaltung oder einer indirekten Protektoratsherrschaft. Die Expansion von der Ostküste des Kaspischen Meeres, wo 1869 Krasnowodsk gegründet wurde, weiter nach

Osten wurde durch den Widerstand turkmenischer Stämme gebremst. 1881 brachen russische Truppen den Widerstand bei der Festung Geok Tepe, wobei Tausende der turkmenischen Verteidiger der Festung massakriert wurden. Drei Jahre später nahmen russische Truppen Merw ein und provozierten beim kolonialpolitischen Rivalen, den Engländern, „Merwosität" (Schlagwort von 1885). Ein russisch-britisches Grenzabkommen fixierte die heutige Grenze zwischen T., Iran und Afghanistan. Turkmenen lebten nun in verschiedenen Staaten: in Rußland, Buchara, Chiwa, Iran und Afghanistan. Der größte Teil des heutigen T. wurde als „Transkaspische Provinz" russischer Militärverwaltung unterstellt.

Die Kolonialpolitik beeinflußte den Alltag der Einheimischen: Durch Landenteignung und die Umwandlung von Weideland in Ackerland gerieten die russischen Siedler in den bewässerten Regionen in Konflikt mit den Nomaden. Der Bau einer transkaspischen Eisenbahn von Krasnowodsk nach Aschgabad und weiter über Mary nach Buchara war ein erster Ansatz für Verkehrserschließung und Modernisierung in diesem entlegenen Teil des Russischen Reiches. Die einheimische Bevölkerung war nur auf unterster Ebene an der Verwaltung beteiligt. Die Turkmenen nahmen an dem Aufstand von 1916 teil, der durch die Zwangsverpflichtung der vom Militärdienst befreiten Einheimischen für Arbeitsdienste ausgelöst wurde und ganz Russisch-Zentralasien erschütterte.

Während des Bürgerkrieges leitete ein turkmenischer Stammesführer, Dschunaid Khan, eine einheimische Armee in den Kampf gegen die Bolschewiki und eroberte das Khanat von Chiwa. Dort etablierte er eine kurzlebige Herrschaft, die von der Roten Armee liquidiert wurde. Seine Armee zog sich in die Karakum zurück und kämpfte weiterhin gegen die Sowjetmacht in T. 1927 leitete der 70jährige ein letztes Mal eine Rebellion gegen die Bolschewiki. Wie kein anderes Volk Zentralasiens hatten die Turkmenen zwischen 1870 und 1927 der russischen Oberherrschaft Widerstand geleistet.

Die Turkmenische Sowjetrepublik

Nach der Annexion der Volksrepubliken und ehemaligen Khanate und Emirate von Buchara und Chiwa (Choresm) war bis 1924 der größte Teil Mittelasiens unter sowjetische Herrschaft gekommen. Aus den Territorien der beiden zuvor halbunabhängigen Staaten und der Autonomen Sowjetrepublik Turkestan wurden nach fragwürdigen ethnischen, linguistischen und territorialen Kriterien nationale Gebietseinheiten gebildet, zunächst die beiden Unionsrepubliken Usbekistan und T. Am 14. 2. 1925 wurde die Turkmenische SSR gegründet. Lange Zeit blieb der Partei- und Staatsapparat trotz der unionsweiten Politik der „Einwurzelung", die nationalen Kadern den Vorzug gab, von ethnischen Russen abhängig, da turkmenische Kader kaum zur Verfügung standen. Es gab noch lange Widerstand gegen die Sowjetisierung und die „nationale Abgrenzung". Viele Turkmenen waren nach Afghanistan oder Iran abgewandert, bevor die Rote Armee die Grenzen zu diesen Ländern dicht machte. Zwischen 1926 und 1939 wuchs die Bevölkerung T.s aufgrund massiver Immigration aus Rußland rapide an. Widerstand ging in offene Auflehnung über, als die turkmenischen Stämme zwischen 1929 und 1932 der Zwangskollektivierung der Landwirtschaft unterworfen und zwangsweise seßhaft gemacht werden sollten. Damals entstand eine Widerstandsbewegung unter dem Namen „Türkmen Azatlygy" (Freiheit der Turkmenen). Umso heftiger richteten sich die stalinistischen Repressionen gegen die „nationalistischen Abweichler" in der jungen Intelligenzia T.s und im lokalen Machtapparat. Zu den prominentesten Opfern gehörten der Vorsitzende des Obersten Sowjet Aitakow und der Ministerpräsident Atabajew.

Die Industrialisierung T.s führte weiterhin Arbeitskräfte aus Rußland und der Ukraine in das Land. Einer der größten Chemiekomplexe der Sowjetunion, die Kara-Bogaz-Werke, wurde hier errichtet. Ein Haupttrend in der Wirtschaftsentwicklung betraf jedoch die Spezialisierung der Landwirtschaft auf den Anbau von Baumwolle.

Erst in der Zeit nach Stalin bildeten sich Ansätze für eine turkmenische Nationenbildung im Rahmen der Unionsrepublik. Dies geschah vor allem durch Bildungserweiterung und das Entstehen einer einheimischen Elite, die allmählich ihren Platz im Partei- und Staatsapparat der Republik einnahm. Sie drängte nach mehr Kontrolle über die Ressourcen und das innenpolitische Leben der Republik, nach größerer Unabhängigkeit von Moskau. Parteichef Suhan Babajew ging so weit, die strikte Bevorzugung von Turkmenen bei der Besetzung hoher Partei- und Verwaltungsposten zu fordern, und wurde dafür 1958 mit Absetzung bestraft. Auch seine Nachfolger konnten sich nicht lange in ihren Herrschaftsposten einrichten. Von 1969 bis 1977 stand Muhammadnasar Gapurow an der Spitze der turkmenischen Partokratie. Er wurde von Moskau der Korruption und der Vetternwirtschaft angeklagt, von seinen eigenen Landsleuten aber als ein Vertreter ihrer nationalen Interessen gegenüber der Zentralgewalt angesehen.

Das Thema, das neben der Forderung nach wirtschafts- und kaderpolitischer Selbstbestimmung so etwas wie ein „Nationalbewußtsein" in der turkmenischen Unionsrepublik aufkommen ließ, war die Erinnerung an die stalinistischen Repressionen. Den prominentesten Opfern des großen Terrors, Atabajew und Aitakow, wurden nach ihrer Rehabilitierung Denkmäler in der Hauptstadt gesetzt.

In der stürmischen Phase der Perestroika schützten traditionelle Loyalitätsmuster die einheimische kommunistische Nomenklatur vor den politischen Einbrüchen und den Herausforderungen der Gorbatschowschen Reformpolitik. 1985 gelangte mit Saparmurad Nijasow zwar ein neuer Mann an die Machtspitze der Unionsrepublik, und es kam zu einem Personalwechsel auf Republik- und Rayonebene, aber insgesamt blieb T. beim Zerfall der Sowjetunion ein Schongehege der kommunistischen Bürokratie, die hier sogar auf reformistische Lippenbekenntnisse verzichten konnte. Moskauer Beschwerden gegenüber T. bezogen sich vor allem auf die Leistungsfähigkeit seiner Landwirtschaft und – wie auch in anderen mittelasiatischen Republiken – auf die Fälschung von Produktionsziffern in der Baumwollwirtschaft. Die turkmenischen Parteibosse wiesen Hinweise auf soziale, wirtschaftliche und politische Mißstände in der Republik voller Entrüstung zurück. Zu diesem Zeitpunkt wurde in den sowjetischen Medien die sozioökonomische Rückständigkeit Zentralasiens dokumentiert. Hierbei bildete T. bei einigen relevanten Indikatoren wie der Säuglingssterblichkeit und bei Daten des Gesundheitswesens ein herausgehobenes Demonstrationsobjekt.

Zwar entstand auch in T. Opposition gegen Bevormundung durch Moskau, kam es zu einer Neubewertung des Anschlusses an Rußland, zu verstärktem Interesse an der vorsowjetischen turkmenischen Geschichte, wurden Forderungen nach der Aufwertung der turkmenischen Sprache im öffentlichen Leben der Republik laut, aber aus diesen Ansätzen heraus entstand weder eine ernstzunehmende politische Opposition gegen die kommunistische Bürokratie, noch eine Nationalbewegung, die mit den Volksfronten in anderen Unionsrepubliken am Ende der achtziger Jahre vergleichbar gewesen wäre. Parteichef Nijasow ließ sich 1990 von der Bevölkerung zum Präsidenten der Republik wählen, ein erstmaliger Vorgang in einer Unionsrepublik. Er betonte, daß in einer Zeit wirtschaftlicher Umbildung eine autoritäre politische Ordnung erforderlich sei, wofür die bestehende Ordnung die Grundlage liefere. Neben den KP-Funktionären, die sich im Januar 1990 mit 90% der Wählerstimmen erneut ins Parlament schicken ließen, kam eine politische Alternative kaum auf, noch weniger als in anderen zentralasiatischen Republiken. Eine Ausnahme bildete die im September 1989 von turkmenischen Intellektuellen gegründete Gesellschaft „Agzybirlik" (Einheit). Sie widmete sich anfangs der „nationalen Frage", insbesondere im Zusammenhang mit dem Statusverhältnis zwischen der russischen und turkmenischen Sprache, und organisierte am 14. 1. 1990 in den Ruinen von Geok-Tepe eine Trauerfeier für die Opfer des Massakers von 1881. Daraufhin wurde sie als „Gesellschaft" verboten und trat fortan als „Bewegung" auf. Die Behörden verweigerten ihr die offizielle Registrierung und bezichtigten sie der Schürung interethnischer Konflikte. Um nationale

Opposition zu neutralisieren, verabschiedete die Regierung im Mai 1990 ein Sprachengesetz, das Turkmenisch zur Staatssprache der Republik erhob. Am 22. 8. 1990 verabschiedete das Parlament eine Souveränitätserklärung.

Auch 1991 blieben die alten Machtstrukturen intakt und überlebten die unionsweiten Eruptionen nach dem gescheiterten Augustputsch in Moskau. Die embryonale Opposition wurde um eine „Demokratische Partei" erweitert, die im Unterschied zu „Agzybirlik" die Notwendigkeit politischer und wirtschaftlicher Liberalisierung stärker betonte als die im engeren Sinne „nationalen" Fragen. Sie nahm 1992 den Namen „Partei der demokratischen Entwicklung" an. Wie zum Hohn hatte sich inzwischen nämlich die alte KP in „Demokratische Partei" umbenannt und rühmte sich, daß von ihren 52 000 Mitgliedern 48 000 ehemalige Kommunisten sind. Eine islamische Oppositionspartei, wie sie in einigen Regionen der ehemaligen Sowjetunion in Gestalt der „Islamischen Partei der Wiedergeburt" existiert, wurde in T. von Anfang an verhindert. Ingesamt waren oppositionelle Strömungen in der Bevölkerung nicht verwurzelt. Sie wurden allerdings auch massiv daran gehindert, irgendeinen Einfluß auf die öffentliche Meinung auszuüben.

Die Entwicklung nach der Erlangung staatlicher Unabhängigkeit

Nach der nicht angestrebten oder gar erkämpften Unabhängigkeit – am 27. 10. 1991 erließ T. eine Unabhängigkeitserklärung – stellte sich die Republikführung auf eine nationalstaatliche Ideologie um. Bis dahin hatte sie den Erhalt der Sowjetunion unterstützt, deren Zerfall die herrschende Schicht in T. als Schock erlebte. Im März 1991 hatte die Bevölkerung T.s in dem von Gorbatschow initiierten Referendum über den Erhalt einer erneuerten Sowjetunion noch mit 95% für die Union gestimmt. Im Oktober stimmten wiederum 95% in einem Referendum für die staatliche Unabhängigkeit. T. erhielt am

18. Mai 1992 eine neue Verfassung. Sie erweiterte die Befugnisse des Präsidenten und sieht ein 50köpfiges ständiges Parlament (Madjlis) als legislatives Organ vor. Das höchste gesetzgebende Organ ist aber ein sogenannter „Volksrat" (chalk maslahaty) unter dem Präsidenten, dem das letzte Wort über die legislativen Akte obliegt. Ihm gehören die Mitglieder des Ministerkabinetts, die Abgeordneten des Parlaments, der Vorsitzende des Obersten Gerichtshofs und die Provinzgouverneure an. Die Verfassung geht in der Präambel und in einzelnen Artikeln auf Bürgerrechte, freie Entfaltung der Persönlichkeit und Rechtsstaatlichkeit ein. Die westlichem Verfassungsdenken entlehnten Prinzipien in bezug auf Individualrechte und Pluralismus haben jedoch ein Gegengewicht in Hinweisen auf die Notwendigkeit, die nationale Einheit zu wahren. Damit kann jeder Ansatz von Parteien- und Oppositionsbildung als Untergrabung dieser Einheit ausgelegt werden. Verfassungsbestimmungen über Gewaltenteilung und eine selbständig handelnde Legislative und Judikative werden von der Realität der totalitären Turkmenbaschi-Autokratie kraß widerlegt.

Die alten kommunistischen Machtstrukturen und ihre Symbole blieben weitgehend erhalten. Sie wurden auf eine Präsidialautokratie zugeschnitten, auf die Herrschaft des „Turkmenbaschi" Saparmurad Nijasow, mit dessen Machtfülle kein Präsidentenkollege in der GUS konkurrieren kann, trotz oft beträchtlicher präsidialer Befugnisse in den postsowjetischen Regierungssystemen.

Saparmurad Atajewitsch Nijasow (geb. 1940) hat eine steile politische Karriere hinter sich: Von 1980 bis 1985 war er der erste Parteisekretär von Aschgabad; 1985 stieg er zum Ministerpräsidenten und zum Parteichef T.s auf; 1990 erlangte er den Vorsitz im Obersten Sowjet T.s. Seit Oktober 1990 ist er Staatspräsident, 1991-92 war er gleichzeitig Regierungschef. Von 1962 bis 1991 war er Mitglied der KP; seit Dezember 1991 ist er der Vorsitzende der KP-Nachfolgepartei, der „Demokratischen Partei T.s". Bei den beiden Präsidentenwahlen 1990 und 1992 erlangte er 98,3% bzw. 99,5% der Wählerstimmen bei hoher Wahlbeteiligung (99%) und als einziger Kandidat. Ende 1994 ließ Nijasow sich sodann in einem Referendum seine Amtszeit über den nächstfälligen Wahltermin hinaus bis ins Jahr 2002 verlängern – wiederum in einem Referendum, an dem sich angeblich 99,9% der Stimmberechtigten mit 99,9% Ja-Stimmen beteiligten. Im Dezember 1994 wurde das neue Parlament, Madjlis, „gewählt" (das alte hatte 175 Sitze und trat nur gelegentlich zusammen). Die 50 Kandidaten für die 50 Parlamentssitze waren auf einer Einheitsliste aufgestellt worden.

Der Präsident läßt sich als Quelle des nationalen Lebens, als „Vater der Nation" in einem Personenkult verehren, der Anleihen beim türkischen Staatskult um Kemal Atatürk machte. Westliche Beobachter erinnert der Personenkult um Nijasow mit seinen hypertrophen Zügen und Slogans wie „Turkmenbaschi ist unsere Stärke, Turkmenbaschi ist unsere Hoffnung, Turkmenbaschi ist unsere Weisheit" oder „Die Umsetzung der Ideen Turkmenbaschis ist unsere heilige Pflicht" eher an den totalitären Stalinkult oder den Kim Il Sung-Kult in Nordkorea. Es gibt kaum noch einen Ort in T., der nicht eine Turkmenbaschi-Straße oder einen Turkmenbaschi-Platz hat. Staatliche Symbole, Geldscheine, Briefmarken zeigen das Porträt des Präsidenten, der gelegentlich gegen den Personenkult interveniert, um dann festzustellen, daß man das Volk von der inbrünstigen Verehrung seines Führers einfach nicht abhalten könne.

Nijasow begründet die Autokratie und den Führerkult mit historischen Traditionen, aber die verweisen bei den Turkmenen eher auf dezentrale, „stammesdemokratische" Machtverhältnisse. Es liegen ihnen wohl eher stalinistische Traditionen zugrunde.

Die Turkmenbaschi-Verehrung ist aber nicht nur ein Personenkult, sondern ein integrativer Nationalkult in einem Land, in dem subnationale Kräfte wie die Stammeszugehörigkeit mit der noch ungefestigten „nationalstaatlichen" Identifikation konkurrieren. Der Präsident, der dem traditionell dominierenden Großstamm der Teke angehört, tritt dem Eindruck entgegen, der Stammesfaktor bestimme die Politik in seinem Land. Er hat Anweisungen erlassen, die Stammeszugehörigkeit bei der Rekrutierung von Verwaltungskadern strikt zu ignorieren.

Als seine höchste Priorität gibt das Regime die „nationale Einheit" und die Stabilitätswahrung an. Das Regierungsprogramm heißt „Zehn Jahre Stabilität". Tatsächlich macht T. an der Oberfläche den Eindruck eines untypisch ruhigen sowjetischen Nachfolgestaats ohne Nationalitätenkonflikte und Machtkämpfe. Gleichzeitig liegen in der Zuspitzung der politischen Gewalt auf die eine majestätische Person alle Gefahren, die autokratische Systeme im allgemeinen aufweisen (Nachfolgefragen u. a.). Über den Gesundheitszustand des Turkmenbaschi wird bereits intensiv diskutiert. Gelegentliche Aussagen westlicher Beobachter, daß das Nijasowregime in der Bevölkerung populär sei, erinnern an ähnliche Feststellungen über andere moderne Autokraten, die sich später als Irrtum erwiesen haben.

Die Autokratie ist mit der Unterdrückung jeglicher Opposition verbunden, die in T. auch nur ansatzweise aufkam. Oppositionsstrukturen bestehen nur noch im Exil. Die bedeutendste ist heute der in Moskau residierende „Fonds Turkmenistan" unter Leitung des ehemaligen Außenministers Awdy Kulijew, des prominentesten Kritikers des Turkmenbaschi. Die Presse ist gleichgeschaltet und singt ihr tägliches Loblied auf den Turkmenbaschi. Einige als Dissidenten angesehene Personen wurden unter Hausarrest gestellt. Das geschah z. B. im Vorfeld des dritten Unabhängigkeitsjubiläums am 28. 10. 1994, zu dem hohe Staatsgäste aus der GUS und dem asiatischen Ausland erschienen. Der Premierminister Malaysias, bekannt für seine Kritik an der westlichen Menschenrechtspolitik, lobte bei dieser Gelegenheit den „vorsichtigen Reformkurs" Nijasows.

Das Regime kontrolliert die religiösen Institutionen. Der Islam steht unter der staatlichen Leitung eines im April 1994 geschaffenen Religionsrats beim Präsidenten. Er wird von dem Kadi Nasrulla ibn Ibadulla geleitet, dem höchsten islamischen

Amts- und Würdenträger T.s., der dem Präsidenten treu ergeben ist. Dennoch sah sich Nijasow veranlaßt, die Glaubensgemeinschaften des Landes und die islamische Geistlichkeit vor einer Einmischung in politische Angelegenheiten zu warnen. Möglicherweise befürchtet er, daß seine strikte Kontrolle über die Medien und politischen Organisationen nur noch den Weg über die Moscheen für oppositionelle Kräfte offenlasse. Daß das Regime gegen spontane Unzufriedenheit und Opposition nicht geschützt ist, zeigte sich im Juli 1995, als zur Bestürzung der Behörden einige Hunderte Personen aus einem verarmten Stadtteil Aschgabads gegen die Regierung demonstrierten und Präsidentschafts-Neuwahlen forderten.

Außenpolitik, Sicherheitspolitik

Präsident Nijasow hatte bis zum Zerfall der UdSSR 1991 betont, daß er für T. kaum Existenzmöglichkeiten außerhalb der Sowjetunion sehe. Nach der Erlangung staatlicher Unabhängigkeit stellte er folgende Prinzipien für die Außenpolitik T.s. auf: Neutralität, keine Unterordnung unter irgendeine transnationale politische Gewalt, bilaterale Beziehungen vor multilateralen. Damit unterscheidet sich die außenpolitische Konzeption T.s von der anderer zentralasiatischer Länder und GUS-Staaten. T. ist zwar Mitglied der GUS, erkennt diese Organisation aber nur als einen möglichst lockeren Staatenbund ohne zentrale politische Machtorgane an. Außerdem gehört es der KSZE (OSZE), der UNO, der ECO und der Kaspischen Kooperationsgemeinschaft an. Einer engeren Integration in transnationale Organisationen erteilte es aber eine Absage, so z. B. dem „zwischenstaatlichen Wirtschaftskomitee" der GUS oder ihrem Sicherheitspakt. Beim GUS-Gipfel in Minsk im Juni 1995 gehörte es mit der Ukraine, Aserbaidschan und Moldova zu einer Staatengruppe, die einem Abkommen über gemeinsame Grenzkontrollen die Unterschrift verweigerte. Die Differenzierung der turkmenischen Außenpolitik gegenüber anderen GUS-Staaten erreichte ihren Höhepunkt, als im

April 1995 Außenminister Schichmuradow um Aufnahme T.s in die Blockfreienbewegung nachsuchte.

Auf bilateraler Ebene geht es durchaus enge Bindungen ein, besonders zu Rußland. T. schloß mit Rußland 1992 Verträge über Freundschaft, Kooperation und militärische Partnerschaft, gewährte im Dezember 1993 in einem bilateralen Abkommen den auf seinem Territorium lebenden Russen die doppelte Staatsbürgerschaft und kam damit Moskau in einem Punkt entgegen, in dem andere zentralasiatische Staaten eine andere Position einnahmen. Im Juni 1995 besuchte Präsident Nijasow Moskau, unterzeichnete 23 Vertragswerke und paraphierte neue Abkommen über wirtschaftliche und militärische Zusammenarbeit. Die turkmenische Presse feierte diesen Staatsbesuch als ein historisches Ereignis. Eine Schlagzeile sprach von „ewiger strategischer Partnerschaft".

Enge Beziehungen ging T. mit dem Iran ein, mit dem es 1500 km Grenze teilt. Dabei betonte Aschgabad stets, daß diese Annäherung dem Nachbarn, mit dem T. Wirtschaftsinteressen und teilweise eine gemeinsame Geschichte teilt, und nicht dem Modell der „Islamischen Republik" gilt. Im Iran lebt eine beträchtliche turkmenische Bevölkerungsgruppe.

Wie andere GUS-Staaten mit turksprachigen Staatsvölkern hat auch T. Beziehungen zur Türkei geknüpft. Diese „türkische Ausrichtung" ist aber alles andere als exklusiv, was die Beziehungen zu Rußland und zum Iran beweisen. T. beteiligte sich an Kooperationsprojekten zentralasiatischer Staaten, nimmt aber im regionalen Staatensystem eher eine Außenseiterposition ein. Insbesondere die Beziehungen zu Usbekistan sind historisch belastet.

Innenpolitisch eine „geschlossene Gesellschaft", ist T. nach außen hin bemüht, seine internationale Bedeutung zu steigern und Anschluß an internationale Märkte zu finden. Präsident Nijasow hob in diesem Zusammenhang mehrmals die Bedeutung der alten Seidenstraße hervor und machte sich für den Ausbau eines modernen transasiatischen Verkehrssystems auf dieser historischen Grundlage stark. Er pries Aschgabad als ein regionales Vermittlungs- und Schlichtungszentrum für die in der ECO organisierten zehn mittelöstlichen und zentralasiatischen Staaten an.

Enge Bindungen an Rußland bestehen besonders auf militärischem und sicherheitspolitischem Gebiet. T. nimmt nicht am kollektiven Sicherheitssystem der GUS oder irgendeiner anderen Allianz teil. Es hat den Sicherheitspakt von Taschkent von 1992 nicht unterzeichnet. Dafür arbeitet es militärisch eng mit den russischen Streitkräften zusammen. Auf seinem Territorium sind russische Soldaten stationiert, seine Luftwaffe ist mit russischen Piloten bemannt, und Rußland leistet insgesamt Hilfe beim Aufbau nationaler Streitkräfte. Im März 1994 verkündete T. seine Militärdoktrin. Hauptpunkte: Streitkräfte ausschließlich für Zwecke der Selbstverteidigung, keine Militärallianzen, Atomwaffenfreiheit, Zusammenarbeit mit Rußland, Oberbefehl des Präsidenten.

Nach Angaben von 1994 bestehen die Streitkräfte unter gemeinsamer (russisch-turkmenischer) Kontrolle aus einer Armee von 28 000 Mann, die über rd. 900 Kampfpanzer und ebensoviele Artilleriegeschütze verfügt. T. besitzt 165 veraltete russische Kampfflugzeuge (Mig 23, Mig 25). Ein Kern von 3000 turkmenischen Soldaten stellt eine Prätorianergarde des Präsidenten dar. Turkmenische Offiziere werden in Rußland und in der Türkei ausgebildet.

Religion und Kultur

Die Turkmenen sind wie die meisten Turkvölker Zentralasiens Sunniten hanefitischer Rechtsschule. Einwanderer aus Aserbaidschan bilden schiitische Minderheiten. Die bis vor kurzem stark reduzierten offiziellen islamischen Institutionen unterstanden in sowjetischer Zeit der Geistlichen Verwaltung für die Muslime Zentralasiens in Taschkent. Der oberste Repräsentant der offiziellen islamischen Geistlichkeit in T. ist seit 1987 der Kadi Nasrullah ibn Ibadullah.

Die Turkmenen wurden etwa vom 12. Jh. an vorwiegend durch Sufi-Orden zum Islam bekehrt. Wie bei anderen überwiegend nomadischen Völkern Eurasiens nahm der Islam bei ihnen keinen ausgeprägt orthodoxen Charakter an. So war z. B. die Stellung der Frauen, für die kein Verschleierungszwang bestand, bei ihnen eine andere als in den seßhaften Oasengebieten. Erst seit dem Ende des 19. Jh. begann sich der orthodox-sunnitische Islam in T. durch den Einfluß auswärtiger Mullahs stärker zu verbreiten. Die sufitische Komponente, die bei der Islamisierung T.s wirksam geworden war, behielt ihren Einfluß durch die Jahrhunderte hindurch. Die Ischane, die Lehrer sufitischer Orden und mystischer Bruderschaften, und ihre Schüler, die Achunen, prägten das religiös-gesellschaftliche Leben.

Unter russischer Oberherrschaft blieben die islamischen Institutionen zunächst erhalten. 1914 gab es in der Transkaspischen Provinz rund 600 islamische Grundschulen (mektep) mit 10 000 Schülern, darunter 900 Mädchen, und 56 islamische Hochschulen (medrese) mit 911 Studenten (Lorenz 1987). In sowjetischer Zeit fiel dann die Kampagne gegen islamische Institutionen in T. seit Ende der zwanziger Jahre besonders rigide aus. Von rd. 500 Moscheen blieben schließlich nur noch vier als „arbeitende Kultstätten" übrig. Im Zuge der religionspolitischen Liberalisierung in der Sowjetunion und der „nationalen Wiedergeburt" unter den Turkvölkern Zentralasiens kam es seit 1989 auch in T. zu einer Wieder- und Neueröffnung von Moscheen und zur Verbreitung des „offiziellen Islam". Dieser Prozeß blieb aber unter der strikten Kontrolle des Staates. Aus der geographischen Nähe und intensivierten Kontakten zum Iran wurden in westlichen und russischen Medien „fundamentalistische" Einwirkungen auf T. abgeleitet, die einer näheren Prüfung kaum standhalten.

Wie bei anderen Turkvölkern spielten in der Kultur der Turkmenen die mündlich überlieferten Heldenepen eine herausragende Rolle. In ihnen wird die Geschichte der turkmenischen Stämme reflektiert. Die bekanntesten, auch bei Aserbaidschanern verbreiteten Epen sind Kör-Ogli und Korkut-Ada. Die sie vortragenden Rhapsoden standen in höchstem Ansehen. Sie heißen „aschiq" (Liebender), was an die Minnesänger des europäischen Hochmittelalters erinnert. Die ältesten bekannten turkmenischen Schriftsteller schrieben in der osttürkischen Schriftsprache Tschagatai oder in persischer Sprache. In Turkmenisch im engeren Sinne schrieb erstmals der als Nationaldichter angesehene Machtumquli im 18. Jh. Die sowjetische Literatur in turkmenischer Sprache wurde überwiegend von Essayisten und Journalisten entwickelt und führte zuvor unbekannte Gattungen wie Prosa und Drama ein. Als eine literarische Dissidentin wurde vor allem Annasultan Kekilowa bekannt, die in den siebziger Jahren in eine psychiatrische Anstalt verbannt wurde und dort starb. Ihre Gedichte erlangten in den letzten Jahren erneut Popularität.

Das moderne Turkmenisch gehört zum südwestlichen Zweig der Turksprachen (Oghusische Gruppe). Es ist mit Aseri und dem anatolischen Türkisch näher verwandt als mit den Turksprachen Zentralasiens. Als Schriftsprache wurde es in den zwanziger Jahren auf der Basis eines Stammesdialekts entwickelt, was der sowjetischen Methode entsprach, partikulare Nationalsprachen in Zentralasien zu schaffen. In der turkmenischen Intelligenzia hatte es Widerstand gegen diese Konstruktion gegeben. Man fühlte sich dem Türkeitürkischen oder der alten osttürkischen Schriftsprache Tschagatai stärker verbunden. Heute ist das moderne Turkmenisch die Staats- und Amtssprache, laut einem Sprachengesetz von 1990. T. hatte ein solches Sprachengesetz später verabschiedet als die übrigen ehemaligen Sowjetrepubliken. Nach mehreren Wechseln des Schriftsystems – bis 1929 arabisch, ab 1929 lateinisch, ab 1940 kyrillisch – soll Turkmenisch nun erneut auf die lateinisch-türkische Schriftgrundlage umgestellt werden.

T. verfügte um 1990 über neun Hochschulen mit insgesamt rd. 42 000 Studenten. Davon studierten 11 000 an der Turkmenischen Staatsuniversität in Aschgabad. In Zusammenarbeit mit der Türkei und Kasachstan soll mit der Ahmet-Yesevi-Universität in T. eine Großuniversität für den turksprachigen Raum entstehen, an der Lehrveranstaltungen in Türkisch abgehalten werden. Dazu kommen 38 Fach- und Berufsschulen. Anfang der neunziger Jahre wurde Unterricht an turkmenischen Schulen zu 76% in Turkmenisch abgehalten, zu 16% in Russisch, zu 6% in Usbekisch und zu 1% in Kasachisch. Inzwischen hat sich das Turkmenische noch stärker durchgesetzt. 1989 erschienen 49 Zeitungen und Periodika in turkmenischer und 34 in russischer Sprache. Das journalistische Spektrum ist heute wesentlich enger, die Presse nach wie vor völlig vom Staat abhängig.

Ökologie

T. ist mit gravierenden Umweltproblemen konfrontiert, deren Ursachen vor allem im Umgang mit den Wasserressourcen des Landes liegen. Eine ausgesprochene Krisenregion bildet das Ostufer des Kaspischen Meeres. Hier fand ein schwerwiegender Eingriff in das ökologische Gleichgewicht statt. Um den Wasserspiegel des Kaspischen Meeres vor einem weiteren Absinken zu bewahren, wurde der Kara-Bogas-Gol, ein flacher, vom Kaspischen Meer gespeister Golf, durch einen massiven Damm abgeriegelt. Das zog eine schnelle Austrocknung und Versalzung des Golfs nach sich. Seine Ausdehnung ging von 10 000 auf 2000 km² zurück. Das Salz wurde über weite Gebiete verweht. Als sich der Wasserspiegel des Kaspischen Meers durch geologische Verschiebungen wieder hob, kam es an den Ufern zu Überschwemmungen. 1992 wurde der Damm wieder beseitigt.

T. ist Mitverursacher und eines der Hauptopfer der ökologischen Tragödie der Aralregion. Der Karakum-Kanal, der das Wasser des Amu-darja nach Westen über das Landesinnere T.s ableiten sollte, war das gefeierte Symbol für die Umwandlung arider Zonen in Landwirtschaftszonen. Er wurde aber vielmehr zum Symbol der „Baumwolldiktatur" in Zentralasien. Die Provinz Taschaus liegt im Epizentrum der ökologischen Katastrophe des versiegenden Aralsees. Hier häufen sich bestimmte Krankheiten und hat die Säuglingssterblichkeit Rekordziffern erreicht. Über die Hälfte des künstlich bewässerten Bodens in T. ist versalzen. Riesige Mengen des Wassers, das dem natürlichen Bewässerungssystem der Aralregion durch den Karakum-Kanal entzogen wurde, versickert wegen Baumängeln ungenutzt im Boden oder verdunstet. 1990 betrug der Verlust beim Transport des Irrigationszwecken dienenden Wassers 43%.

Zur Wasservergeudung kam die Chemisierung der Landwirtschaft mit schrankenloser Verwendung von Pestiziden, Defolianten und chemischen Düngemitteln hinzu.

Ein weiteres Symbol der Wasserkrise ist der Sarykamysch-See an der Nordgrenze zu Usbekistan. Der 3000 km² große See bildete sich in den sechziger Jahren durch Irrigations- und Drainagewasser. Sein Wasser hat einen sehr hohen Gehalt an toxischen Chemikalien.

Produktion, Beschäftigung, Inflation, Außenwirtschaft

T.s traditionelles Hauptprodukt Baumwolle verliert an Bedeutung. Eher zweifelhaft sind die Zukunftshoffnungen auf einen Wiederanstieg der Erdgasförderung und die Erschließung des Gasmarktes in Westeuropa, wofür neue Gaspipelines gebaut werden müßten. Es besteht Einfuhrbedarf bei Nahrungsmitteln und technischen Produkten. Der Präsident erzeugt die Illusion eines Volkswohlstandes durch kostenlose Abgabe von Wasser, Gas und Strom sowie verbilligte Grundnahrungsmittel bei hohem Defizit des Staatshaushaltes und hoher Inflation. Die Handelsbilanz ist positiv durch Erdgas- und Baumwollexporte.

Nach Kaufkraftparität betrug das Bruttoinlandsprodukt 1994 11,4 Mrd. US-$, das sind pro Einwohner 2800 US-$ (vergleichbar mit Kasachstan und Usbekistan). Das Bruttoinlandsprodukt ging seit Anfang der neunziger Jahre zwar um 40% zurück, doch ist dies immerhin noch die stabilste Entwicklung nach Usbekistan.

Der Beitrag der Erdgasförderung zum Bruttoinlandsprodukt macht mehr als 50% aus, der der Landwirtschaft etwa 33%. In Industrie und Bauwirtschaft sind je 10%, in der Landwirtschaft über 40% der Arbeitskräfte tätig. Vom Arbeitskräftepotential von 2,1 Mio. Pers. sind 1,6 Mio. beschäftigt, 400 000 (21%) nicht beschäftigt.

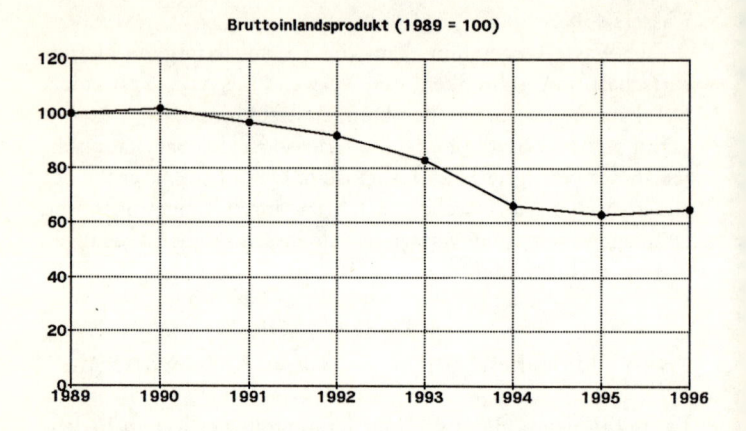

Bruttoinlandsprodukt (1989 = 100)

Veränderung des Bruttoinlandsprodukts in % gegenüber dem Vorjahr

1990	1991	1992	1993	1994	1995	1996
2,0	–5,0	–10,0	–20,0	–5,0	–12,0	3,0

Quelle: European Bank for Reconstruction and Development. 1996: Prognose.

Seit 1991 stiegen die Preise immer schneller, die Inflation lag ab 1993 in der Größenordnung von 2000-3000%, dadurch kam es zum Rückgang des Lebensstandards breiter Bevölkerungskreise. Im November 1993 wurde die Nationalwährung „Manat" eingeführt, die den russischen Rubel ablöste. Eine Stabilisierung der Währung gelang nicht, auch weil der IWF mit Hinweis auf zu geringe Reformbemühungen keine Hilfe leistete.

T. weist einen hohen Außenhandelsüberschuß gegenüber GUS-Ländern durch Erdgaslieferungen (1994: Ausfuhr in GUS 1,4 Mrd. US-$, Einfuhr aus GUS 0,55 Mrd. US-$) auf und eine tendenziell ausgeglichene Handelsbilanz mit Ländern außerhalb der GUS. Insgesamt exportierte es 1994 um 50% mehr als es importierte, konnte die Erlöse aber nicht kassieren: GUS-Länder wie die Ukraine sind mit der Bezahlung bzw. mit Gegenlieferungen für Erdgas in Verzug, daraus resultieren häufige Lieferunterbrechungen und der Rückgang der Erdgasförderung.

Haupthandelspartner T.s innerhalb der GUS sind die Ukraine, Kasachstan, Rußland und Aserbaidschan. Dabei erzielt T. gegenüber allen GUS-Ländern mit Ausnahme Rußlands mit seinen Erdgaslieferungen einen hohen Exportüberschuß. Die Hauptabnehmer des Erdgases waren bislang Armenien, Aserbaidschan, Georgien und die Ukraine. Da sie über Pipelines beliefert werden, die durch Usbekistan und Kasachstan führen, erhalten auch diese beiden Länder turkmenisches Erdgas als Durchleitungsgebühr.

Das zweitwichtigste Exportprodukt ist die Baumwolle, für die 1994 etwa 320 Mio. US-$ erlöst wurden, gefolgt von Elektroenergie mit 80 Mio. US-$ und Erdölprodukten mit 55 Mio. US-$.

In T. waren Ende 1994 130 Joint ventures registriert, von denen 117 tatsächlich eine Geschäftstätigkeit ausübten. In ihnen waren 4200 Personen tätig. Das Land erhält technische Hilfe innerhalb des TACIS-Programms der EU in Höhe von 10 Mio. US-$, vor allem für die Entwicklung der Landwirtschaft außerhalb des Baumwollsektors.

Land- und Forstwirtschaft

Die langen, heißen Sommer begünstigen den Baumwollanbau auf künstlich bewässerten Feldern, der etwa die Hälfte der landwirtschaftlichen Flächen beansprucht und andere Bodennutzungen verdrängt hat. In den Jahren 1992 bis 1994 wurden jeweils 1,3 Mio. t Baumwolle geerntet. Die gegenwärtige Dimension der Baumwollwirtschaft in T. wurde durch die Anlage des 1100 km langen Karakum-Kanals ermöglicht, der dem

Amu-darja Wasser entnimmt und es durch den Süden des Landes über Aschgabad hinaus Richtung Nebit-Dag transportiert. Durch ihn werden 600 000 Hektar Wüstenland bewässert. Die Weiterführung des Kanals, dessen Bau 1953 mit einer großen Zahl von Zwangsarbeitern begonnen worden war und der gegenwärtig bis Kasandschik reicht, bis zur Küste des Kaspischen Meeres, ist im Gange. Beim Bau des Kanals wurde an der Auskleidung mit Beton gespart, was nicht nur hohen Wasserverlust zur Folge hat, sondern auch zum Anstieg des Grundwassers in der Kanalzone und zur Versalzung der Böden führt. 1994 wurden etwa 15% der Baumwollernte (die 1994 1,3 Mio. t betragen hatte) im Lande weiter verarbeitet; 1993 lag dieser Anteil noch bei 5%. Der exportierte Rohstoff ging 1994 zu etwa 90% in Länder außerhalb der GUS, während früher vor allem der sowjetische Inlandsmarkt beliefert worden war.

Der Getreideanbau ist unzureichend (1994: 1,1 Mio. t), daher besteht Einfuhrbedarf. Weitere landwirtschaftliche Zweige sind der Obstanbau sowie die Schaf- und Seidenraupenzucht.

Innerhalb der Viehzucht ist vor allem die Schafzucht zu erwähnen: weltbekannt sind die Felle der neugeborenen Karakul-Schafe, die unter dem Namen „Persianer" zu uns gelangen. Es werden aber auch Ziegen, Rinder und sogar Kamele gezüchtet. Außerdem werden Getreide, Gemüse und Obst – darunter subtropische Früchte wie Granatäpfel, Feigen, Oliven und Datteln – angebaut. Die Erzeugung von Getreide und Kartoffeln reicht jedoch, auch weil man die Bodenflächen für den Baumwollanbau reservierte, bei weitem nicht für die Ernährung der Bevölkerung aus, so daß diese Grundnahrungsmittel in Höhe von etwa 80% des Verbrauchs importiert werden müssen. Damit hängt die Ernährungslage der Bevölkerung stark von den vom Staat zur Verfügung gestellten Devisen für Importe ab, was sich bei zurückgehenden Exporteinnahmen negativ auswirkt.

Ein weiteres Spezialgebiet der Landwirtschaft ist außerdem die Seidenraupenzucht. An der Küste des Kaspischen Meeres wird Fischfang betrieben, wobei der Stör (Kaviar) eine wichtige Rolle spielt. Die Fangergebnisse leiden unter der zunehmenden Ölverschmutzung des Kaspischen Meeres sowie unter der nicht geregelten Fangpraxis der Anrainerstaaten.

Bergbau und Energiewirtschaft

Die Rohstoffbasis des Landes bilden Erdgas und Erdöl sowie die großen Natriumsulfatvorkommen (Mirabilit) in der Bogas-Gol-Bucht, wo Kochsalz, Glaubersalz, Borsalz und Magnesium gewonnen werden. Im Zentrum der Karakum und im Südosten bei Gaudark wird Schwefel abgebaut. Die Kohleförderung ist unbedeutend.

Die Ölfelder liegen südlich von Turkmenbaschi am Ufer des Kaspischen Meeres, die Gasfelder ebenfalls an den Ufern des Kaspischen Meeres, im Süden der Republik bei Mary und Tedschen sowie an der Grenze zu Usbekistan. Nur ein Feld, bei Darvaza, liegt in der Landesmitte. Die langfristige jährliche Föderkapazität beträgt rund 100 Mrd. m^3 Erdgas und rund 10 Mio. t Erdöl. Die Erdgasförderung hatte bis 1990 einen steigenden Trend aufgewiesen und war dann vor allem wegen Absatzproblemen zurückgegangen: während 1990 88 Mrd. m^3 gefördert wurden, waren es 1992 noch 60 Mrd. m^3 und 1994 nur noch 36 Mrd. m^3. Dagegen blieb die Erdölförderung, deren Höhepunkt in den siebziger Jahren überschritten worden war, in den neunziger Jahren mit etwa 5 Mio. t stabil (1994 wurden 4 Mio. t gefördert).

Die Erdgasreserven werden auf 8 000 bis 20 000 Mrd. m^3, die Erdölreserven auf 700 Mio. t geschätzt, was theoretisch die Ausbeute dieser beiden Rohstoffe für weitere Jahrzehnte gewährleisten würde. T. steht mit seinen Erdgasreserven an dritter Stelle in der Welt hinter den arabischen Ländern und Westsibirien, wogegen seine Erdölreserven nicht bedeutsam sind.

Die Erdgaspipelines waren, von Mary und der Küstenzone des Kaspischen Meeres kommend, nur nach Norden ausgerichtet, was den Bedürfnissen der sowjetischen Planwirtschaft entsprochen hatte. Mit dem Ziel eines direkten Zugangs zu den Absatzmärkten in Europa beginnt man nun den Bau einer Gaspipelineverbindung durch den Iran über die Türkei in Richtung Westeuropa. Die Planung sieht den Bau einer insgesamt 2500 km langen Pipeline vor, die nach viereinhalbjähriger Bauzeit eine Kapazität von 15 Mrd. m^3 t erreichen soll. Neben den hohen Baukosten, die auf 6 Mrd. US-$ veranschlagt werden, wirft dieses Projekt vor allem politische Probleme auf. Einerseits wenden sich die USA gegen jede Einbeziehung des Iran in internationale Projekte; andererseits hat Rußland Einwände gegen eine Umorientierung T.s in Richtung Süden und Westen und will wohl auch das Auftreten des Konkurrenten auf dem europäischen Gasmarkt verhindern.

Im Gespräch ist außerdem der Bau von Gasfernleitungen durch Afghanistan nach Pakistan mit einer Kapazität von 20 Mrd. m^3/Jahr sowie die Belieferung Chinas und Japans mit turkmenischem Erdgas durch den Bau bzw. den Ausbau bestehender Pipelines durch Usbekistan und Kasachstan mit einer Kapazität von 28 Mrd. m^3/Jahr. Gegenwärtig sind die Pipelineprojekte, die zusammen Dutzende von Mrd. US-$ kosten würden, eher Ausdruck turkmenischer Wunschvorstellungen als Realität. Am aussichtsreichsten erscheint noch die Trasse durch den Iran und die Türkei. Jedoch ist ihre Finanzierung nicht abschließend geklärt (die beteiligten Länder T., Iran und die Türkei sind international wenig kreditwürdig), und man muß von einem fortgesetztem Widerstand der USA gegen eine Einbindung des Iran in internationale Abkommen und Geschäfte ausgehen. Im Mai 1995 wurde angekündigt, daß Rußland die Pipeline nach Pakistan unterstützt und sich die russische Gesellschaft Gasprom an dem Projekt beteiligt.

Außer den Gasprojekten plant man auch eine Erdölpipeline durch den Iran (Kapazität 10–20 Mio. t/Jahr) zum Persischen Golf, die auf ähnliche Schwierigkeiten stoßen dürfte wie das Erdgas-Pipelineprojekt.

Verarbeitende Industrie

Von der Ölförderung in Höhe von rund 5 Mio. t wird ein Fünftel exportiert; vier Fünftel werden in der Raffinerie in Turkmenbaschi für den Inlandsverbrauch weiterverarbeitet; die erst 1991 erbaute Ölraffinerie von Tschardschou verarbeitet dagegen sibirisches Erdöl, das über eine Pipeline herangeführt wird. Die Raffineriekapazitäten sollen mit iranischer Hilfe modernisiert und die Erdölförderung auf 8 Mio. t/Jahr gesteigert werden.

Im Bereich der verarbeitenden Industrie hat neben der Verarbeitung von Erdöl die Elektrizitätserzeugung in Gaskraftwerken (1994: 10,6 Mrd. m^3), die Baumwollverarbeitung, die chemische Industrie (u. a. auf Grundlage der Salze des Kara-Bogas-Gol), der Maschinenbau sowie die Herstellung von Baumaterialien Bedeutung, während Konsumgüterindustrien außer Textilindustrie noch im Entstehen begriffen sind. Rüstungsindustrie existiert in T. nicht.

Bislang mußten industriell hergestellte Nahrungsmittel fast vollständig importiert werden, während industrielle Vorprodukte und Investitionsgüter im Raum der Sowjetunion Absatz fanden. Unter den neuen Bedingungen fällt es den turkmenischen Industriebetrieben schwer, ihre Produkte in den Ländern der GUS zu verkaufen, weil dort der Bedarf zurückgegangen ist und die potentiellen Kunden zahlungsunfähig sind. Umgekehrt können für die Landeswährung Manat, die nicht konvertibel ist, nicht die benötigten Vorprodukte importiert werden. Für den Aufbau einer Konsumgüterindustrie setzt man Hoffnungen auf ausländisches Kapital, jedoch fließen die Auslandsinvestitionen (einige Dutzend Mio. US-$ seit 1991) erst spärlich in diesen Sektor, weil von potentiellen Investoren die gesetzlichen Rahmenbedingungen noch nicht als ausreichend erachtet werden.

Die Bauwirtschaft, in der etwa 10% der Arbeitskräfte beschäftigt sind, wurde durch einige Großprojekte wie den Flughafen von Aschgabad, Hotelbauten sowie den Bau von neuen Verkehrswegen begünstigt, wozu auch Baufirmen aus England, Frankreich und der Türkei hinzugezogen wurden.

Privatisierung, Landreform

Die „kleine Privatisierung" von Geschäften und Restaurants hat begonnen, während die Privatisierung von Mittel- und Großbetrieben noch aussteht. Eine Reihe von Dienstleistungsbetrieben wurde von den Beschäftigten übernommen. Wie auch in anderen zentralasiatischen Ländern hat die Privatisierung oft nur deklaratorischen Charakter, denn das Eigentum verbleibt faktisch unter staatlicher Kontrolle. Die Privatisierungspolitik liegt direkt in den Händen des Präsidenten Nijasow und ist häufigen Änderungen unterworfen. Bedeutsamer als die Privatisierung der Staatsbetriebe ist das Auftauchen einiger tausend neu gegründeter Privatbetriebe. Sie sind zum Teil in den sieben Freihandelszonen angesiedelt, in denen Steuererleichterungen gelten.

Nach der Verfassung ist privates Eigentum an Grund und Boden oder zumindest die Pacht bis zu 50 Hektar pro Person gestattet; allerdings können diese Rechte wegen des Fehlens von Ausführungsbestimmungen und bürokratischer Hemmnisse nicht voll ausgeübt werden. Wie auch in anderen zentralasiatischen GUS-Staaten bestehen Vorbehalte gegenüber privatem Landbesitz wie auch der Handelbarkeit von gepachtetem Land.

Soziale Lage

Die kostenlose Abgabe von Elektrizität, Gas und Wasser an die Haushalte und die rationierte Abgabe von einigen Grundnahrungsmitteln, vor allem Brot, zu symbolischen Preisen an die Bevölkerung kann deren Verarmung nicht verhindern. Die Marktpreise sind für die breite Bevölkerung unerschwinglich. Die Bauern ernähren sich überwiegend von der eigenen Hofwirtschaft. Die Verschwendung von Wasser führt zu Wassermangel. Der schlechte Gesundheitszustand der Bevölkerung wird sichtbar an der hohen Säuglingssterblichkeit (46 pro 1000 Geburten), nach Tadschikistan der zweithöchsten in der GUS.

Wirtschaftliche Zukunftsaussichten

Wenn auch inzwischen nicht mehr die Rede von einem „zweiten Kuwait" ist, setzt man in T. doch große Hoffnungen auf den Wiederaufschwung der Erdgasförderung und den Verkauf dieses Hauptexportartikels auf dem Weltmarkt, vor allem in Westeuropa. Ob sich diese Pläne bald und – wie beabsichtigt – unter Umgehung Rußlands realisieren lassen werden, darf bezweifelt werden. So wird man nicht umhin kommen, die vielfältigen Probleme des Landes zunächst ohne den US-$-Segen aus dem Gasgeschäft angehen zu müssen, nämlich den Aufbau einer konkurrenzfähigen verarbeitenden Industrie, die Erneuerung der landwirtschaftlichen Infrastruktur und Landwirtschaftstechnik, die Behebung ökologischer Probleme und soziale Leistungen ohne negative wirtschaftliche Nebenwirkungen.

Literatur zum Kapitel

Bennigsen, A./S. E. Wimbusch, Muslims of the Soviet Empire: A Guide, London 1985, S. 93–108.

Bohr, A., Turkmenistan, in: The Nationalities Question in the Soviet Union, London/New York 1990, S. 228–245.

Filipenko, A. Turkmenische SSR: Eine Kreuzfahrt durch die Republik, in: Sowjetunion heute, Oktober 1990, S. 12–18.

Giroux, A./Gicquiau, H., Turkmenistan, in: Le courrier des pays de ltEst, mars-avril 1995, S. 101–105.

Götz, R./Halbach, U., Turkmenistan: Informationen über eine unbekannte Republik (Teile I und II), in: Berichte des BIOst 42 und 43/1995.

Grobe-Hagel, Karl, Rußlands Dritte Welt: Nationalitätenkonflikte und das Ende der Sowjetunion, Frankfurt a.M., 1992, insb. S. 230 ff.

Hermann, R. T., Turkmenistan: Wirtschaftstrends zum Jahreswechsel 1994/95, in: BfAi Länderreport, Köln, Februar 1995.

Interfax/CIS Statistical Committee Report, 31, 1994, S. 14–22.

International Monetary Fund (Hrsg.), Turkmenistan, Januar 1995.

Kulijew, A., Zwischen Diktatur und Sowjetnostalgie, in: Wostok 6/1995, S. 20–21.

Lorenz, R., Die Turkmenen. Zum historischen Schicksal eines zentralasiatischen Volkes, in: E.von Mende (Hrsg.), Turkestan als historischer Faktor und politische Idee. Festschrift für Baymirza Hayit zu seinem 70. Geburtstag, Köln 1987, S. 120–148.

Micklin, Ph., Turkmenistan, in: Pryde, Ph. R. (Hrsg.), Environmental Resources and Constraints in the Former Soviet Republics, Boulder/San Francisco/Oxford 1995, S. 235–250.

Murat, A.B., Turkmenistan and the Turkmen, in: Handbook of Major Soviet Nationalities, New York, London 1975, S. 262–282.

Nedvetsky, A. G., Turkmenistan, in: Mesbahi, M. (Hrsg.), Central Asia and the Caucasus after the Soviet Union: Domestic and International Dynamics, Gainesville (Florida) 1994, S. 191–208.

Nourzhanov, K., Turkmenistan: Half-Way Through to the Golden Age? In: Central Asia Monitor, 1, 1995.

Raschid, A., The Resurgence of Central Asia: Islam or Nationalism, London/New Jersey 1994, S. 187–206.

Staatskomitee für Statistik, Osnovnye socialţno-èkonomičeskie pokazateli Turkmenistana v 1994 godu, in: Delovoj mir, 28. 4. 1995, S. 11–13.

Turkmenistan, in: Batalden, St. K./Batalden, S. L., The Newly Independent States of Eurasia: Handbook of former Soviet Republics, Phoenix (Arizona) 1993, S. 157–166.

Turkmenistan, in: The Economist Intelligence Unit (Hrsg.), Country Profile 1994-95, London 1995, S. 125–144.

Turkmenistan, in: Wostok, 4, 1995, S. 36–66.

Ukraine

Staatsname	Ukraine
Staatsname in Landessprache	Ukraïna
Amtssprachen	Ukrainisch, Russisch, regional auch Minderheitensprachen
Schrift	Kyrillisch
Währung Wechselkurs Ende 1995	Karbowanez (seit November 1992); 200 000 pro US-$ Einführung der Hrywna für 1996 vorgesehen
Fläche	603 700 km² (BRD: 357 000 km²)
Hauptstadt (ukr./russ.)	Kijiw [Kyïv]/Kiew [Kiev], (2,6 Mio.)

Großstädte (ukr./russ.)
  Charkiw [Charkiv]/[Charţkov] (1,6 Mio.)
  Dnipropetrowsk [Dnipropetrovsţk]/[Dnepropetrovsk] (1,2 Mio.)
  Donezk [Donecţk]/[Doneck] (1,1 Mio.)
  Odessa [Odesa]/[Odessa] (1,1 Mio.)
  Saporischschja [Zaporižžja]/[Zaporože] (900 000)
  Lwiw [Lţviv]/[Lţvov], dt. ehem. Lemberg (800 000)
  Kriwij Rih [Kryvyj Rih]/[Krivoj Rog] (730 000)
  Mariupil [Mariupilţ]/[Mariupolţ], 1948–89 [Ždanov] (520 000)
  Mikolaiw [Mykolaïv]/[Nikolaev] (500 000)
  Luhansk [Luhans'k]/[Lugansk] (505 000)
  Winnizja [Vinnycja]/[Vinnica] (370 000)
  Sewastopol [Sevastopolţ] (376 000)
  Cherson (370 000)
  Simferopol [Simferopolţ]/[Simferopolţ] (357 000)
  Gorliwka [Gorlivka]/[Gorlovka] (336 000)
  Poltawa [Poltava]/[Poltava] (320 000)
  Tschernigiw [Černihiv]/[Černigov] (310 000)
  Tscherkasy [Čerkasy]/[Čerkassy] (308 000)
  Schitomir [Žytomyr]/[Žitomir] (300 000)
  Sumy (305 000)
  Tscherniwzi [Černivci]/[Černovcy] (261 000)

Einwohnerzahl (1994)	52,3 Mio.
Glaubensgemeinschaften (1989)	
Christen	97%
Nationalitätenanteile (1989)	
Ukrainer	73%
Russen	22%
Juden	1%
Weißrussen	1%
Stadt-Land-Verteilung (1989)	
Stadtbevölkerung	67,5%
Landbevölkerung	32,5%
Bevölkerungswachstum	
Durchschnitt 1980–1989	0,4%
Durchschnitt 1990–1994	0,1%
Bevölkerungsdichte (1994)	87 Einwohner pro km^2
Altersgruppen (1989)	
bis 9 Jahre	14,8%
10–19 Jahre	14,1%
20–39 Jahre	29,2%
40–59 Jahre	25,0%
über 60 Jahre	11,6%
Geburtenrate (1994):	9,9 pro 1000 Einwohner
Kindersterblichkeit (1993)	14,9 pro 1000 Geborene
Lebenserwartung (1989)	71 Jahre (m 66; w 75)
Mittl. Familiengröße (1989)	3,2 Personen

Unabhängigkeitserklärung	24. 8. 1991
Neue Verfassung	Eine nachsowjetische Verfassung wurde bisher nicht verabschiedet; ein „Gesetz über die Macht" („kleine Verfassung") fungiert als Provisorium
Staatsoberhaupt	Präsident Leonid Kutschma [Kučma] (seit 1994)
Letzte Parlamentswahlen	März/April 1994
Parteien:	Kommunisten für soziale Gerechtigkeit und Volksmacht, Agrarier, Fraktion der Volksfront Ruch u. a.

Territorium

Flächenmäßig der dritt- und der Bevölkerungszahl nach der zweitgrößte sowjetische Gliedstaat, bildete die U. die wichtigste nichtrussische Komponente im sowjetischen und zuvor im zaristischen Vielvölkerimperium. Der unabhängig gewordene Staat nimmt heute (im Gegensatz zu seinem Namen, der „Grenzland" bedeutet) eine zentrale Lage zwischen Mittel-, Ost- und Südosteuropa mit Grenzen zu Polen, Rußland, Belarus, Moldova, Rumänien, Slowakei und Ungarn ein. In Gesamteuropa ist er flächenmäßig der größte Staat nach Rußland. Sein Territorium hat kaum natürliche Grenzen. Mit Ausnahme der Karpaten im Westen und einem Mittelgebirge auf der Krimhalbinsel ist die U. überwiegend Tiefland. Die südlichen Landesteile sind Steppengebiete. Auf weiten Flächen finden sich die berühmten Schwarzerde-Böden, die der Landwirtschaft eine fruchtbare, allerdings durch Umweltschäden eingeschränkte Grundlage geben.

Der Hauptstrom Dnjepr (ukr. Dnipro) teilt das Land in die „linksufrige" und „rechtsufrige" Ukraine. Er ist mit seinen zahlreichen Nebenflüssen die wichtigste Wasserstraße und Wasserkraftquelle. Andere große Flüsse sind Bug, Dnjestr (ukr. Dnister) und Donez.

Man kann die U. in fünf historisch-geographische Teilregionen untergliedern: das zentrale Gebiet um Kiew an beiden Ufern des Dnjepr; die Ostukraine mit Charkiw im Norden und dem Donez-Becken im Süden; das Steppengebiet nördlich des Schwarzen Meeres („Neurußland"); die Westukraine mit Galizien und seiner Hauptstadt Lwiw (Lemberg) im Westen und der nördlichen Bukowina und einem Teil Podoliens im Süden; die Karpaten-Ukraine (Transkarpatien) im Südwesten.

Administrativ ist das ukrainische Territorium in 25 Gebiete (einschließlich der Republik Krim) und zwei aus der Gebietsgliederung herausgenommene Städte (Kiew, Sewastopol) unterteilt. Fünfzig Städte haben eine Einwohnerzahl über 100 000. Die Hauptstadt Kiew (ukr. Kijiw [Kyïv]) am rechten Dnjepr-Ufer zählte zu den schönsten und historisch be-

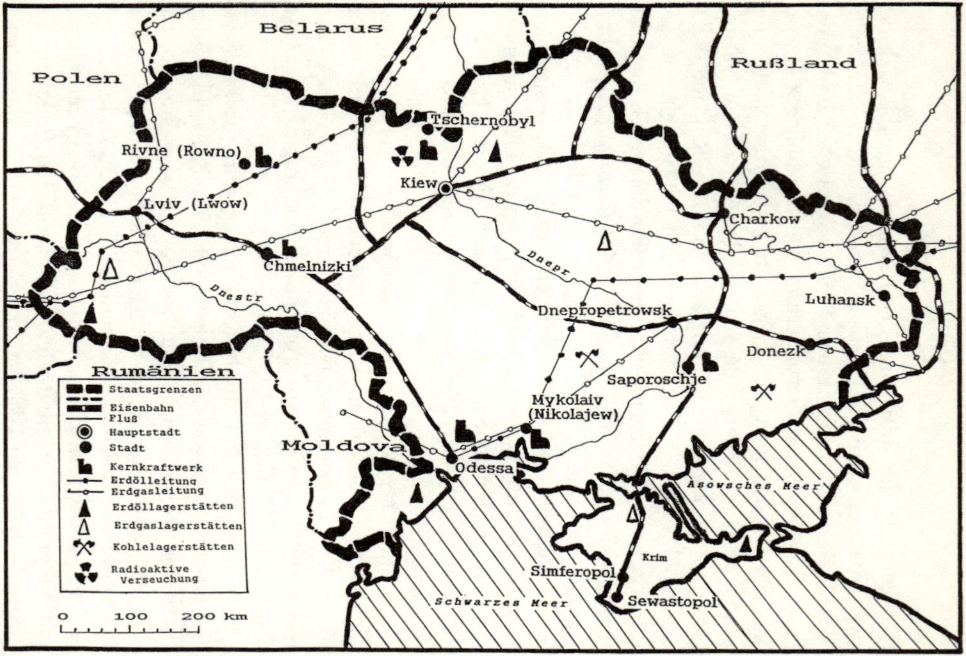
Polen
Belarus
Rußland
Rumänien
Moldova
Tschernobyl
Rivne (Rowno)
Lviv (Lwow)
Kiew
Chmelnizki
Charkow
Dnepr
Dnestr
Luhansk
Dnepropetrowsk
Donezk
Saporoschje
Mykolaiv
(Nikolajew)
Odessa
Asowsches Meer
Krim
Simferopol
Sewastopol
Schwarzes Meer
Staatsgrenzen
Eisenbahn
Fluß
Hauptstadt
Stadt
Kernkraftwerk
Erdölleitung
Erdgasleitung
Erdöllagerstätten
Erdgaslagerstätten
Kohlelagerstätten
Radioaktive
Verseuchung
0 100 200 km

deutendsten Städten der ehemaligen Sowjetunion. Sie war das politische und kulturelle Zentrum des ältesten ostslawischen Reichs, der Kiewer Rus. Die bedeutendsten Baudenkmäler sind die Sophienkathedrale und das Höhlenkloster, beide aus dem 11. Jh. Die Hauptstadt der Westukraine ist Lwiw (russ. [Lţvov], dt. ehem. Lemberg), eine 1241 gegründete Stadt mit historischem Ambiente aus dem polnisch-litauischen und dem Habsburger Vielvölkerreich. Odessa (ukr. [Odesa]) am Schwarzen Meer hat einen besonders kosmopolitischen Charakter. Die 1794 errichtete Festung wurde Ende des 18. Jh. zur Hafenanlage ausgebaut. Mitte des 19. Jh. war sie mit 100 000 Einwohnern die drittgrößte Stadt im Russischen Reich mit einer ethnisch gemischten Bevölkerung aus Griechen, Juden, Armeniern, Deutschen u. a., in der Ukrainer in der Minderheit waren. Die dichteste Städtelandschaft bildet das Industrierevier des Donezker Beckens (Donbas) mit Dnipropetrowsk, Donezk, Kriwij Rih (russ. [Krivoj Rog]) und Saporischschja (russ. [Zaporože]).

Die U. ist wichtiges Transitland für den Verkehr zwischen Westeuropa und Rußland/Asien sowie Nordeuropa und dem Schwarzem Meer, ebenso für russische Erdöl- und Erdgasexportpipelines. Die Netzlänge der Eisenbahn beträgt 22600 km, davon sind 8300 km elektrifiziert. Wichtige Verkehrsträger sind auch die Schwarzmeerhäfen Odessa und Sewastopol. Besonders die Krim ist wegen des milden Klimas und der Mineralwasservorkommen Anziehungspunkt für Tourismus, außerdem Kiew und einige westukrainische Städte.

Bevölkerung

Auch in den Bevölkerungsstrukturen zeigt sich die regionale Differenziertheit des Landes. Das ukrainische Territorium hatte in der Vergangenheit noch ausgeprägteren Vielvölkercharakter als heute. Sein Ethnogramm wurde im 20. Jh. durch gewaltsame Eingriffe verändert: z. B. durch Deportationen und vor allem durch die Vernichtung des jüdischen Bevölkerungsteils durch den nationalsozialistischen Völkermord. Juden hatten jahrhundertelang ein bedeutendes Bevölkerungssegment des Landes dargestellt. 1919 lebten dort rd. 4,3 Mio. Juden (rd. 9% der Gesamtbevölkerung), 1989 nur noch rd. 486 000. Auch der polnische Bevölkerungsanteil wurde erheblich reduziert, vor allem durch die stalinistischen Deportationen: 1919 lebten 2,36 Mio. Polen in der U., 1989 etwas über 219 000.

Einige ethnische Bevölkerungsgruppen wie die Bulgaren (Odessa, Schwarzmeerküste), Moldauer (Odessa, Tscherniwzi [Černivci] u. a.) oder Ungarn (Karpatenukraine) u. a. haben geschlossene Siedlungsräume, andere sind vorwiegend Stadtbewohner in allen Regionen der U.

Entscheidend ist heute das Verhältnis des großen russischen Bevölkerungsteils von 11,3 Mio. (1989) zu einem unabhängigen ukrainischen Staat. Die russische Bevölkerung ist vorwiegend im Osten und Süden konzentriert, in Industrierevieren wie dem Donbas und in Städten. Am höchsten ist der Russifizierungsgrad in der Krimrepublik (67%) und in den Industrieregionen Donezk, Luhansk und anderen Gebieten der Ost- und Südukraine, am niedrigsten in landwirtschaftlichen Zonen Galiziens, Wolhyniens und der Karpaten-U. Ukrainer machen heute rd. 73 % der Bevölkerung aus. 1989 lebten 44,2 Mio. Ukrainer in der Sowjetunion, davon rd. 7 Mio. außerhalb der U.: 4,3 Mio. in Rußland, 896 000 in Kasachstan, 561 000 in Moldova, 291 000 in Weißrußland, 153 000 in Usbekistan, 108 000 in Kirgisien. Die Ukrainer gehörten zu den migrationsaktivsten Völkern der Sowjetunion. Außerdem gibt es aufgrund von Emigration seit dem 19. Jh. eine beträchtliche ukrainische Diaspora (2,5 Mio.) in Kanada, USA und Brasilien. Ukrainische Minderheiten leben außerdem in mittel- und südosteuropäischen Nachbarländern wie Polen und der Slowakei.

Die Politik in der U. trägt dem Vielvölkercharakter des Landes entgegen dem Stereotyp vom ukrainischen Nationalismus Rechnung. Die Nationalitätenpolitik ist vergleichsweise liberal und gewährt den Minderheiten sprachen-, schul- und vereinspolitische Möglichkeiten zur Wahrung ihrer Kulturen und Sprachen. Bislang ist es nicht zu größeren interethnischen Friktionen gekommen.

Geschichte

Die ukrainischen Teilregionen waren in der Vergangenheit mit der Geschichte der Kiewer Rus, Litauens, Polens, Ungarns sowie des russischen und des österreichischen Vielvölkerreichs verbunden. Im ukrainischen Nationalbewußtsein ist die erste ostslawische Staatsbildung, das Kiewer Reich des 9.–12. Jh., als Ausgangspunkt staatlicher Geschichte der eigenen Nation verankert. Aber auch Russen und Weißrussen beanspruchen dieses Reich mit seiner bemerkenswerten Stellung im Europa des frühen und hohen Mittelalters für ihr nationales Geschichtsbild. Die Ukrainer argumentieren dabei vor allem territorial: Der Schwerpunkt der alten Rus lag auf dem Territorium der heutigen U. Die Russen halten dagegen, daß die Staatlichkeit der Rus nach der Differenzierung der Ostslawen in Großrussen, Weißrussen und Ukrainer nicht von letzteren, sondern von ihnen, den Großrussen, im Rahmen des Moskauer Großfürstentums fortgesetzt wurde. Die politischen und sozialen Institutionen der Kiewer Rus waren allerdings von der späteren Staatsentwicklung Moskaus durchaus verschieden. Die sowjetische Historiographie präsentierte das Kiewer Reich als „gemeinsame Wiege" der drei ostslawischen Völker und löste sich vom russischen Anspruch auf das Alleinerbe. Sie unterstützte damit die Vorstellung einer „Wiedervereinigung" der drei Erben in der „sowjetischen Völkerfamilie" (Kappeler 1994).

Die Kiewer Rus, seit 988 (Taufe Wladimirs des Heiligen) in den byzantinisch-ostkirchlichen Kulturkreis einbezogen, erlebte ihren politischen und kulturellen Höhepunkt im 11. Jh., danach aber wachsende Zersplitterung und schließlich den Untergang im „Mongolensturm" in der ersten Hälfte des 13. Jh. In einem westlichen Randgebiet, im vereinigten Fürstentum von Galizien und Wolhynien, fand eine Entwicklung ihren Ansatz, die man als „ukrainisch" bezeichnen kann. Nach dem Aussterben seiner Fürstendynastie geriet dieses Gebiet unter die Herrschaft des expandierenden litauischen Großfürstentums und Polens. Auch das verödete Kiewer Gebiet und der Südrand der alten Rus kamen zu Polen. Die Union zwischen Polen und Litauen – 1385 auf der Basis einer Personalunion, 1569 unter Vereinigung zum polnisch-litauischen „Commonwealth" (Rzecz Pospolita) – schloß den größten Teil der heutigen U. ein. Über ein Viertel der Bevölkerung Polen-Litauens waren im 16. Jh. Ukrainer. Der ukrainische Adel wurde kulturell und konfessionell (Übergang von der Orthodoxie zum Katholizismus) in den polnischen (szlachta) integriert. Um die orthodoxen Ostslawen an die Rzecz Pospolita zu binden und dem Einfluß Moskaus zu entziehen, wurde 1596 (Union von Brest) eine Uniatskirche (griechisch-katholische Kirche) geschaffen, die den orthodoxen Ritus mit der Unterstellung unter den Papst verband. Es kam zu einer konfessionellen Aufteilung des Ukrainertums, die bis heute nachwirkt.

Der Verlust der Aristokratie an die polnische Adelswelt wurde durch die Entstehung des Kosakentums und seiner Führungsschicht im 16.–17. Jh. ausgeglichen. In den bisher dünn besiedelten, tatarischen Überfällen ausgesetzten Grenzgebieten am Dnjepr vollzog sich eine kosakische Kolonisation, getragen von Bauern, die der adligen Gutsherrschaft entflohen und im „wilden Feld", in der Steppe, die Freiheit suchten. Sie gaben sich eine politische Organisation aus demokratischen und militärischen Elementen, in der ein von der Kosakenversammlung gewählter und auch wieder abwählbarer Hetman über absolute Befehlsgewalt verfügte. Sogenannte „registrierte Kosaken" wurden in den Staatsdienst Polen-Litauens einbezogen. Das Kosakentum erfuhr eine soziale Differenzierung in Führungsschichten und die Masse der nichtregistrierten Kosaken. Mit ihm verbinden sich eine frühe Form ukrainischer Staatlichkeit, das Hetmanat, ein von den Dnjepr-Kosaken und ihrem Hetman Bohdan Chmelnizkij [Chmel'nyc'kyj] 1649 gegründeter Herrschaftsverband, und politische Charakteristika wie Autonomie und Demokratie, mit denen sich die ukrainische Nation von der russischen abgrenzt.

Die Kosakengebiete am Dnepr wurden im 17. Jh. zur Bühne einer großen Aufstandsbewegung. Als der Staat immer mehr Kosakenland an polnische Magnaten vergab, kam es zur Revolte. Der größte, vom Hetman Chmelnizkij geleitete Aufstand von 1648 führte zum Abfall der linksufrigen U. von Polen-Litauen. Im Vertrag von Perejaslaw unterstellte der Hetman das Gebiet der Oberherrschaft des russischen Zaren. Der Charakter des Vertrags, dessen Original verloren ging, wurde später zum Streitpunkt zwischen der russischen und der ukrainischen Geschichtsschreibung. Aus ukrainischer Sicht sollte er die Basis für eine ukrainische Staatlichkeit unter dem Schutz Rußlands abgeben, aus russischer vollzog die U. ihre „Wiedervereinigung" mit Rußland. Zunächst blieb das Hetmanat noch relativ autonom. Doch das im russischen Sprachgebrauch herabsetzend als „Kleinrußland" bezeichnete Gebiet unterlag im 18. Jh. russischer Zentralisationspolitik, verstärkt nachdem Hetman Iwan Masepa [Ivan Mazepa] im Nordischen Krieg einen Seitenwechsel vom petrinischen Rußland zu dessen Gegner Schweden versucht hatte.

Mit den Teilungen Polens (1772, 1775, 1795) durch Preußen, Österreich und Rußland gelangte der größte Teil der U. unter russische Herrschaft. Damit endete die über vierhundertjährige Zugehörigkeit ukrainischer Teilgebiete zu Polen-Litauen. Auch wenn diese Zugehörigkeit soziale und konfessionelle Unterdrückung durch die polnischen Pane implizierte, vermittelte sie doch „den Zugang zu westlichen politischen Strukturen und Werten, auf die sich die Ukrainer bis heute in Abgrenzung von den Großrussen berufen" (Kappeler 1995).

80% der Ukrainer waren nun Untertanen des Zaren, 20% gehörten zum Habsburger Reich. Die russisch regierte U. gliederte sich in die linksufrigen Gebiete mit den Städten Charkiw, Tschernihiw und Poltawa, die rechtsufrigen Gebiete Kiew, Podolien und Wolhynien und das Kolonisationsgebiet Neurußland mit der Metropole Odessa. Die österreichisch regierte Westukraine bestand aus Ostgalizien mit der Hauptstadt Lemberg, der Bukowina mit ihrer rumänischen Oberschicht und der Karpaten-Ukraine mit einer magyarischen Elite. Reformen im Habsburger Reich und die im Vergleich zu Rußland liberaleren politischen Verhältnisse begründeten weitgehende Loyalität der ukrainischen Untertanen, der sog. Ruthenen, gegenüber Wien.

Trotz ungünstiger politischer, territorialer und sozialer Voraussetzungen wie der Aufteilung zwischen zwei Vielvölkerreichen, der äußerst schmalen Intelligenzschicht und dem Überwiegen des Bauerntums im sozialen Spektrum (87 % der Ukrainer in Rußland) entwickelte sich im 19. Jh. auch bei den Ukrainern ein „nationales Erwachen" in drei Schritten: Zunächst wendeten sich Vertreter der Intelligenz der Sammlung folkloristischer und historischer Materialien zu. Der bedeutendste Schriftsteller und Protagonist des „nationalen Erwachens" war Taras Schewtschenko [Ševčenko] (1814–61), der nationale und soziale Unterdrückung im Zarenreich anklagte und die ukrainische Sprache zur Literatursprache erhob. Eine 1846 erschienene anonyme „Geschichte der Rus" legte den Grund für ein eigenständiges ukrainisches Geschichtsbild, das von Historikern wie Nikolaj Kostomarow [M. Kostomarov] (1817–85), Pantelejmon Kulisch [Kuliš] (1819–97) und Michailo Hruschewsky [Hruševs'kyj] weiterentwickelt wurde. Mykola Hohol (russ. [Gogolʼ]) machte ukrainische Sujets in der Leserschaft Rußlands populär. „Ukrainophile" und „chlopomany" (Freunde der Bauern) widmeten sich in sogenannten „hromady" (Gemeinden) dem Studium ukrainischer Geschichte und Folklore.

In Reaktion auf den polnischen Aufstand von 1863 begann die zaristische Obrigkeit, diese Ansätze eines ukrainischen Nationalismus zu unterdrücken. Der Druck ukrainischsprachiger Schriften und der ukrainischsprachige Unterricht wurde verboten. Seit den siebziger Jahren wurde die Nationalbewegung vom Kulturellen ins Politische ausgeweitet, mit Forderungen nach sozialen und politischen Reformen verbunden. Am Ende des 19. Jh. entstand an Universitäten in Kiew, Charkiw und Odessa und an den Gymnasien politische Bewegung unter Studenten und Schülern. 1900 gründeten national-revolutionär und marxistisch gesinnte Studenten aus Charkiw die „Revolutionäre Ukrainische Partei", aus der 1905 die „Ukrainische Sozialdemokratische Arbeiterpartei" hervorging. Freilich blieb auch diese politisierte Variante der ukrainischen Nationalbewegung auf die äußerst schmale Intelligenzschicht beschränkt.

Die Westukraine unter der liberaleren österreichischen Herrschaft wird zum Piemont einer solchen Bewegung. Während in Rußland ukrainische Publikationen verboten sind, erschienen hier über sechzig Periodika in ukrainischer Sprache, blühte ein ukrainisches Vereinswesen, wurde die erste ukrainische politische Partei hier schon 1890 gegründet. Das „nationale Erwachen" fiel mit gravierenden sozialen und ökonomischen Veränderungen nach der Bauernbefreiung in Rußland zusammen. Das ansteigende Bevölkerungswachstum machte aus Teilen der U. überbevölkerte Agrarzonen. Die Emigration in zentralasiatische Kolonisationsgebiete und in den russischen fernen Osten – zwischen 1896 und 1906 wanderten 1,6 Mio. Ukrainer dorthin aus – brachte keine grundlegende Entlastung. Aus Galizien und anderen Teilen Österreichs wanderten rund 800 000 Ukrainer in die USA und nach Kanada aus. Mit dem Bau von Eisenbahnlinien beschleunigt sich die Industrialisierung, besonders in der Südukraine. Im Donez-Becken (70% der Kohleproduktion Rußlands) und in Krywyj Rih (russ. [Krivoj Rog]) entstehen die größten und am schnellsten wachsenden Industriereviere des Zarenreichs und ein Industrieproletariat (1898: 425 000). Vor dem ersten Weltkrieg entfallen etwa 19% der Industrieproduktion des Reiches auf die U. Ein stürmisches Wachstum erleben die Städte, insbesondere in dem erst kürzlich erschlossenen „Neurußland". Im urbanen Sektor machen Ukrainer allerdings nur einen kleineren Teil der Bevölkerung aus. Die Städte sind russisch geprägt. In einigen Berufszweigen spielt die jüdische Bevölkerung eine bedeutende Rolle.

Mit dem Ausbruch des ersten Weltkriegs 1914 begann für die U. eine sechsjährige Kriegszeit. An den bewegten Ereignissen zwischen den Revolutionen von 1917 und dem Ende des Bürgerkriegs 1920 waren beteiligt: Vier nationale Regierungen – die Zentralrada (März 1917 bis April 1918) und die von ihr proklamierte Ukrainische Volksrepublik, das wiederbelebte Hetmanat unter Skoropadskyj, das Direktorium der Ukrainischen Volksrepublik unter Winnitschenko [Vynnyčenko] und Petljura (1918-20) und die Westukrainische Volksrepublik –, die Bolschewiki mit der schlagkräftigen Roten Armee, die nach mehreren Anläufen 1920 dauerhafte Herrschaft über die U. erlangten, die antibolschewistischen weißen Truppen unter General Denikin, der 1919 eine Militärdiktatur in der östlichen und südlichen U. errichtete, sowie ausländische Truppen – deutsche Besatzungstruppen, alliierte Truppen und Streitkräfte des wiederhergestellten polnischen Staates. Es kam zu spontanen Bauernaufständen, einer Welle antijüdischer Pogrome mit Zigtausenden Opfern, zum völligen Zusammenbruch der Ordnung. In diesem Chaos hatte eine ukrainische Nationalstaatsbildung keine Chance. Die U. lag im Epizentrum des russischen Bürgerkriegs, so wie später in dem des zweiten Weltkriegs, der Nazibarbarei und des stalinistischen Terrors.

Die Ukrainische Sowjetrepublik

1921 wurde die Ukrainische Sozialistische Sowjetrepublik mit der Hauptstadt Charkiw gegründet. Die Westukraine mit Lemberg/Lwiw stand bis 1939 unter polnischer Verwaltung. Die formell noch unabhängige Sowjetrepublik unterlag wachsendem Druck durch Moskau und schloß im Dezember 1922 mit der RSFSR, Weißrußland und der Transkaukasischen Föderation den Unionsvertrag zur Gründung der UdSSR. Zur Ukrainischen SSR gehörte die 1924 gegründete Moldauische ASSR.

Moskau verfolgte in den zwanziger Jahren eine – an der Stalinzeit gemessen – relativ liberale Wirtschafts- und Kulturpolitik. Der wirtschaftliche Wiederaufbau vollzog sich nach der völligen Erschöpfung im Bürgerkrieg recht schnell. Die Politik der „Einwurzelung" rekrutierte bevorzugt Ukrainer für die lokalen Partei- und Verwaltungsorgane. Die ukrainische Sprache wurde gefördert, ein ukrainischsprachiges Schulwesen aufgebaut. Dennoch befand man sich in einer Periode der Parteidiktatur, die sich z. B. gegenüber religiösen Institutionen von Anfang an repressiv verhielt.

Die Zwangskollektivierung der Landwirtschaft und die gewaltsamen Getreiderequirierungen zu Beginn der dreißiger Jahre forderten in der U. die meisten Todesopfer in der gesamten Sowjetunion. Die Bauern, stärker als in Rußland von privatwirtschaftlichen Traditionen geprägt, setzten der Kollektivierung Widerstand entgegen und wurden zu „Kulaken" abgestempelt. Allein im ersten Halbjahr 1930 wurden in der U. über 1500 Widerstandsaktionen registriert. Stalin ließ die Requirierung von Getreide von regulären Truppen begleiten, führte einen Krieg gegen die Bauern. Die Folge war eine Hungersnot im Winter 1932/33, der zwischen drei und sieben Mio. Menschen zum Opfer fielen.

Unter der Anschuldigung „nationalistischer Umtriebe" fiel danach in der Periode des „großen Terrors" 1936–38 der größte Teil der ukrainischen Parteikader aus der Periode der „Einwurzelung" und die nationale Intelligenzia der „Vernichtung von Volksfeinden" zum Opfer. Die Phase der Ukrainisierung ist beendet; laufend werden nun „konterrevolutionäre Kreise von Nationalisten" entlarvt. 1938 wird ein neuer, stalinhöriger Parteiapparat mit Nikita S. Chruschtschow [Chruščev] an der Spitze formiert. In den dreißiger Jahren wurde die Industrialisierung der U. verstärkt. 1937 stand die Ukrainische SSR in der Roheisenproduktion auf dem dritten Platz in der Welt, in der Kohleförderung auf dem vierten. Die Zahl der Industriearbeiter vervierfachte sich. Die bisherige Dichotomie von ukrainischen Landbewohnern und Stadtbewohnern anderer Nationalität wurde aufgehoben, der Anteil der Ukrainer an der Stadtbevölkerung wuchs.

Beim Zwangsanschluß Ostpolens an die Sowjetunion nach Abschluß des Hitler-Stalin-Pakts von 1939 wurde die Westukraine mit dem größeren sowjetischen Teil der U. vereinigt. 1940 mußte Rumänien die nördliche Bukowina und Bessarabien an die Sowjetunion abtreten. Die Vereinigung aller ukrainischen Gebiete durch die Sowjetmacht wurde zwar durch den deutschen Überfall unterbrochen, aber nach dem Krieg wiederaufgenommen. So fiel die erstmalige Zusammenfassung der ukrainischen Teilregionen in eine Periode äußerster Gewalt.

Bis November 1941 wurde praktisch die gesamte U. von deutschen und rumänischen Truppen besetzt, drei Mio. Menschen wurden evakuiert. Der stalinistische Terror hatte teilweise Bereitschaft zur Zusammenarbeit mit der faschistischen Besatzungsmacht in der ukrainischen Bevölkerung geschaffen. Die Nazis quittieren dies mit der Steigerung des Terrors und ordnen die U. in ihr Konzept der Versklavung „minderwertiger Völker" ein. Der Holocaust setzte der jahrhundertealten Geschichte der Juden in der U. ein grauenvolles Ende. „Seit dem Mittelalter hatten sie den ukrainischen Städten ihr unverwechselbares Gepräge gegeben, als Mittler zwischen Stadt und Land gewirkt und in ihren städtischen und dörflichen Gemeinschaften ein reiches kulturelles Leben entwickelt" (Kappeler 1994). Schon vorher Objekt antisemitischer Pogrome, fielen die Juden nun dem organisierten Völkermord zum Opfer. Auch hunderttausende Ukrainer gehörten zu den Opfern des Naziterrors; über zwei Mio. wurden als „Ostarbeiter" deportiert.

Die U. wurde im zweiten Weltkrieg weitgehend zerstört und erlitt einen Bevölkerungsverlust zwischen fünf und acht Mio. Ihre Reintegration in die Sowjetunion war erneut mit Gewalt, ethnischen Säuberungen und Deportationen verbunden. In der Westukraine hielt sich noch bis 1948 der bewaffnete Widerstand gegen die Sowjetisierung in der sog. Ukrainischen Aufstandsarmee. Seit dem beginnenden Bürgerkrieg 1917 hatte die U. nun eine Serie von Katastrophen mit entsetzlichen Bevölkerungsverlusten erlebt. Eine Entlastung kam erst mit der Entstalinisierung unter Chruschtschow. Hunderttausende Ukrainer kehrten aus den Straflagern, dem „Archipel GULag" (Solschenizin [Solženizyn]) zurück, ukrainische nationale Kultur und Sprache durften sich wieder artikulieren, die lokalen Machtorgane wurden verstärkt wieder mit ukrainischen

Kadern besetzt. Die nachstalinistische sowjetische Nationalitätenpolitik behandelte die U. als eine Art Juniorpartner Rußlands innerhalb der Sowjetunion. Rußland unterstrich die Partnerschaft der beiden ostslawischen Völker mit einem Hochzeitsgeschenk: 1954, zum 300. Jahrestag des Vertrags von Perejaslaw, wurde die Krim von russischer in ukrainische Verwaltungshoheit übergeben.

Zu Beginn der siebziger Jahre kam es allerdings zu großangelegten KGB-Aktionen gegen nationalen und politischen Dissens und zum Sturz des ukrainischen Parteichefs Petro Schelest [Šelest], unter dem sich die Betonung des Ukrainischen aus Moskauer Sicht zu weit entwickelt hatte. Sein Nachfolger Wolodimir Schtscherbyzky [V. Ščerbyc'kyj] blieb bis weit in die Gorbatschowzeit hinein der Gewährsmann orthodoxer Parteiherrschaft und wurde als der letzte Republikführer aus der Breschnewgeneration erst im September 1989 entmachtet. Er repräsentierte die in der Ära Breschnew aus der Ostukraine, besonders aus Dnipropetrowsk rekrutierte moskauhörige Machtelite der U. Die Repressionen unter Breschnew und Schtscherbyzky trafen Schriftsteller und Publizisten wie Iwan Dsjuba [Dzjuba], Wjatscheslaw Tschornowil [V. Čornovil], Leonid Pljuschtsch [Pljušč] und Wassil Stus. Zu ihren Instrumenten gehörte die Einweisung in psychiatrische Anstalten und Strafgefangenenlager. Zugleich wurde die Russifizierung vor allem in der Sprachenpolitik verstärkt. Dennoch entstand in der U. eine Bürgerrechtsbewegung, kam nationale und religiöse Opposition gegen die kommunistischen Machtstrukturen auf.

In der Ära Gorbatschow verstärkte vor allem ein Ereignis die Abwendung vom Sowjetsystem: der Reaktorunfall von Tschernobyl [Čornobyl'] im April 1986. Der verbrecherische Umgang der sowjetischen Behörden und der neuen Führung in Moskau mit dieser Katastrophe enthüllte wie kein anderes Ereignis die Unzulänglichkeit des Systems. In den nächsten Jahren entwickelten sich aus nationalen, kulturellen, politischen und ökologischen Motiven heraus informelle Bewegungen. Zu den nationalen Themen gehörte die Sprachenfrage, denn in der

Breschnew-Ära war das Ukrainische aus dem Bildungswesen und anderen Öffentlichkeitssektoren weitgehend verdrängt worden. Einen anderen Schwerpunkt bildeten „weiße Flecken" im sowjetischen Geschichtsbild, wobei es darum ging, bisher tabuisierte Themen wie die Hungersnot von 1932–33, den stalinistischen Terror, den Hitler-Stalin-Pakt u. a. aufzuarbeiten.

Informelle Bewegungen wurden gegen den heftigen Widerstand der lokalen Machtstrukturen 1988 in der Dachorganisation einer sog. „Volksfront" (Ruch) zusammengeführt. Sprach diese sich anfangs noch für die Selbstbestimmung der U. in der Sowjetunion aus, so erwuchs daraus bald die Forderung nach staatlicher Unabhängigkeit. Nationaldemokratische Opposition, Streikbewegungen im Donbas, aber auch wachsender Unmut in Moskau über die Reformverweigerung in Kiew führten zum Personalwechsel an der Spitze der Ukrainischen KP. Bei den Wahlen zum Obersten Sowjet im März 1990 bildete „Ruch" ein Wählerbündnis unter der Bezeichnung „Demokratischer Block" und erlangte ein Viertel der Mandate.

Am 16. 7. verkündete der Oberste Sowjet in Kiew die Souveränität der U. Es war die bisher am weitesten gehende Souveränitätserklärung einer Unionsrepublik, da sie auch Forderungen nach außen- und sicherheitspolitischer Selbstbestimmung enthielt. Kiew schloß bis Ende 1990 neun bilaterale Abkommen mit anderen sowjetischen Gliedstaaten, darunter mit Rußland, und trat mit der Bitte um Aufnahme in die KSZE aktiv in die internationale Politik ein.

Moskau wirkte dem Unabhängigkeitskurs der Unionsrepubliken mit dem Referendum entgegen, in dem Gorbatschow im März 1991 über den Erhalt einer „erneuerten Union" abstimmen ließ. In der U. sprachen sich 70 % der Abstimmenden für den Erhalt aus. Gleichzeitig votierten 80 % aber für den Vorbehalt, der dem Referendum hier hinzugefügt wurde, daß nämlich die U. nur auf der Basis ihrer staatlichen Souveränität Teil einer neuen Union werden solle. Inzwischen hatte sich ein Angehöriger der Nomenklatura, der Parlamentspräsident Leonid Krawtschuk [Kravčuk], zum prominenten Verfechter ukrainischer Selbstbestimmung gemausert. Bislang im Sektor

Propaganda und Ideologie tätig, distanzierte er sich von der KP und wurde unter den Republikhäuptern zum strengsten Kritiker des Unionserhalts. In ihrem Unabhängigkeitskurs ging nun die Republikführung mit der oppositionellen „Ruch" mehr oder weniger konform. Dabei wurde eine staatsbürgerliche und keine ethnozentrische Auffassung nationaler Souveränität zugrunde gelegt. Es ging nicht um die Parole „Die Ukraine den (ethnischen) Ukrainern". Alle auf dem Boden der U. lebenden Personen sollten in ein unabhängiges Staatswesen einbezogen werden. Im Herbst 1991 wurde ein liberales Staatsbürgerschaftsgesetz verabschiedet. Seit Anfang 1990 war ein Sprachengesetz in Kraft, das Ukrainisch als Staatssprache und Russisch als Sprache der interethnischen Verständigung definierte und einen Übergang zum Ukrainischen in bestimmten Öffentlichkeitsbereichen in Fristen von drei bis zehn Jahren vorsah. Verschiedene weitere Gesetzgebungsakte garantierten allen Minderheiten kulturelle Autonomie und das Recht auf Gebrauch und Pflege ihrer Sprachen. Mit solchen Regelungen sollten insbesondere die über 11 Mio. in der U. lebenden Russen beruhigt und die diffamierende Behauptung aus Moskau widerlegt werden, die U. strebe die Zwangsukrainisierung ihrer Minderheiten an.

Der letzte Unabhängigkeitsschub kam mit dem gescheiterten Augustputsch in Moskau. Am 24. 8. 1991 erklärte das Parlament in Kiew die staatliche Unabhängigkeit und setzte für den 1. Dezember darüber ein Referendum an. Die KP wurde aufgelöst. Krawtschuk sprach sich nun definitiv gegen zentrale Unionsstrukturen aus: „Es darf kein Zentrum mehr geben". Das Referendum brachte ein überwältigendes Votum für die Unabhängigkeit (90,3%) und zeigte, daß auch ein erheblicher Teil der Russen in der U. für dieses Ziel eintrat. Auf dem Weg in die Eigenstaatlichkeit zeigte sich aber die regionale Differenziertheit der U. In der Ost- und Südukraine mit ihrem starken russischen Bevölkerungsteil fiel das Unabhängigkeitsvotum zurückhaltender aus als in der als nationalistisch geltenden Westukraine; in der Karpaten-U. sprach sich die Bevölkerung bei dem Referendum für die Selbstverwaltung ihres Territoriums aus, ähnlich in der Bukowina. Die U. ging somit nicht als ein nationaler Monolith in die Unabhängigkeit.

Am 5. Dezember kündigte sie den alten Unionsvertrag von 1922. Kurz darauf gründeten die Präsidenten der U., Rußlands und Weißrußlands (Belarus) die GUS, der sich am 21. 12. weitere ehemalige Unionsrepubliken anschlossen. Die U. nahm in der neuen Staatengemeinschaft mit striktem Souveränitätsbeharren und der Absage an bindende Integrationsstrukturen eine eigenwillige Position ein.

Die ersten Jahre der Eigenstaatlichkeit

Westliche Prognosen räumten der U. zu Beginn ihrer Unabhängigkeit beste Chancen ein, ein stabiler europäischer Staat mit entwickelter Wirtschaft zu werden. Die wirtschaftliche und innenpolitische Entwicklung fügte sich dieser Voraussage vorerst nicht. Der junge Staat hätte drei gewaltige Aufgaben gleichzeitig lösen müssen, um dem zu entsprechen: die Nationsbildung, die von inneren (Regionalisierung, zentrifugale Kräfte) und äußeren Faktoren (Rußlands Verhältnis zum ukrainischen Nationalstaat) beeinträchtigt wurde, die politische Erneuerung durch Überwindung alter Machtstrukturen aus sowjetischer Zeit und die Einführung eines neuen funktionsfähigen Wirtschaftssystems. Die politische Führung und die Opposition waren zunächst überwiegend auf die erste Aufgabe, die Konsolidierung der nationalen Souveränität, konzentriert. Dabei wurde die politische und wirtschaftliche Reform erheblich vernachlässigt. In bezug auf die wirtschaftliche Lage stellte sich in der Bevölkerung bald tiefe Enttäuschung über die Leistungsfähigkeit des unabhängigen Staates ein, ebenso über die Unterstützung durch den Westen, an die hohe Erwartungen geknüpft worden waren. Auch zu einem echten politischen Elitenwechsel ist es nicht gekommen. Beim Übergang in die Eigenstaatlichkeit hatten alte Führungskader aus kommunistischer Zeit das Ruder geführt und sich die Parole der nationalen Souveränität angeeignet. Die Regierungsmannschaft wechselte zwar mehrmals und nahm auch Persönlichkeiten aus dem Oppositionslager wie den Schriftsteller Iwan Dsjuba in sich auf, bestimmend blieben in ihr aber politische und wirtschaftliche Kader aus den ehemals sowjetischen Machtstrukturen.

Ihr Vordermann war Leonid Krawtschuk, der in den gleichzeitig mit dem Unabhängigkeitsreferendum abgehaltenen Präsidentschaftswahlen mit 61,5% der Stimmen zum Präsidenten gewählt wurde. Sein Hauptkonkurrent, der Schriftsteller und Ruch-Vertreter Tschornowil, erhielt 23% der Stimmen. Krawtschuk lehnte sich mit seiner Politik der Konsolidierung der ukrainischen Staatlichkeit an die von Ruch verkörperte nationale Bewegung an. Seit Frühjahr 1992 wurden aber wieder überwiegend Mitglieder der alten Nomenklatura in die Exekutive berufen. Die rapide Verschlechterung der Wirtschaft und das Scheitern bzw. das Versäumen von Reformen verschoben nun in der Opposition den Akzent von der Souveränitätsemphase zur Forderung nach Demokratisierung und marktwirtschaftlichen Reformen. Eine Koalition aus zentristischen Parteien und der ukrainischen Geschäftswelt forderte zusammen mit dem oppositionellen Ruch-Flügel den Rücktritt der Regierung. Im Oktober löste Leonid Kutschma [Kučma], ein Exponent der ukrainischen Industrielobby, Ministerpräsident Fokin an der Spitze der Regierung ab. Nachfolgend kam es nun zum Machtkampf zwischen Präsident Krawtschuk, der Regierung Kutschma und dem Parlament (Rada).

Während sich Ruch spaltete, hatten sich die ehemaligen Kommunisten neu organisiert: Im Oktober 1991 hatten ehemalige KP-Mitglieder die Sozialistische Partei unter Aleksandr Moros [Moroz] gegründet; ein Jahr später entstand erneut die KPU unter Führung von Stanislaw Hurenko und Petr Simenko. In der Rada dominierten linkskonservative, reformbremsende Kräfte. Im Mai 1993 setzte die Rada von der Regierung Kutschma beschlossene Dekrete über eine Beschleunigung des Reformkurses außer Kraft. Die innenpolitische Krise wurde im Sommer durch Bergarbeiterstreiks im Donbas verschärft. Im

September trat Kutschma vom Amt des Ministerpräsidenten zurück. Das Ministerkabinett unterstand nun dem Präsidenten, der einen alten Planwirtschaftler an seine Spitze setzte.

Im März und April 1994 wurden vorgezogene Parlamentswahlen abgehalten. Die letzten Nachwahlen fanden im November statt. In dem neuen Parlament bildeten sich Fraktionen mit einem Übergewicht linker Kräfte: Kommunisten für soziale Gerechtigkeit und Volksmacht (88 Abgeordnete), Zentrum-Gruppe (43), Agrarier (36), die Fraktion Einheit (28), die Ruch-Fraktion (27), Reformen für das Volk (27), Sozialisten (26) u. a. Im Juni fanden auch Präsidentschaftswahlen statt. Dabei kam es zur Stichwahl zwischen Krawtschuk und Kutschma, aus der Kutschma mit 52% Stimmenanteil als Sieger hervorging.

Die Wahlen bestätigten politische Trends, die seit 1992 hervorgetreten waren: den Sieg der linkskonservativen über die nationalen Kräfte, der Realität alter Abhängigkeiten und Bindungen aus sowjetischer Zeit über die strikte Souveränitätsorientierung. Der Osten setzte sich gegenüber dem Westen durch. Die überwiegend in der Westukraine anzutreffende nationale Richtung erlitt eine Niederlage, in der sich die Enttäuschung über die bisherige Leistungsbilanz der ukrainischen Eigenstaatlichkeit ausdrückte. Kutschma, der sich weder auf eine eigene Partei noch auf eine breite Fraktion im Parlament stützt, bildete zunächst die Regierung vollkommen um und erweiterte den Apparat des Präsidenten. Er machte sich im August 1994 faktisch zum Regierungschef, dann unterstellte er seinem Amt die regionalen Verwaltungschefs. Entgegen anfänglichen Erwartungen überwand er die weitere Teilung in die West- und Ostukraine und setzte gegen den Widerstand des Parlaments Reformprogramme durch. 1995 kam es zum Kompromiß zwischen Kutschma und einer Mehrheit von Parlamentsabgeordneten in der bis dahin scharfen Debatte über die Reform des politischen Systems. Damit war eine seit langem schwelende Verfassungskrise zwar noch nicht beendet, aber ein wichtiger Schritt zu einer neuen Verfassung getan, die nun spätestens im Sommer 1996 verabschiedet werden soll.

Außen- und Sicherheitspolitik

Außen- und sicherheitspolitische Grundsatzfragen sind eng mit der Auffassung der nationalen Staatlichkeit der U. verbunden. Die Alternativen waren hierbei die Abkoppelung von oder die Wiederannäherung an Rußland, eine westorientierte Politik oder die Rückbindung an den exsowjetischen Wirtschafts- und Sicherheitsraum. Mit dem Machtwechsel von Krawtschuk zu Kutschma 1994 und dem Wechsel im Amt des Außenministers von A. Slenko zu H. Udowenko [Hennadij Udovenko] wurde eine Normalisierung des Verhältnisses zu Rußland eingeleitet, allerdings nicht in einer Weise, daß darin eine Einschränkung der ukrainischen Staatlichkeit gesehen werden konnte. Auch für die neue politische Führung blieb der Ausbau der Unabhängigkeit und Staatlichkeit richtungsweisend für die Gestaltung der Außenpolitik, auch und gerade der Rußlandpolitik. So tritt die U. weiterhin gegen eine zu enge Integration im Rahmen der GUS auf, steht der Schaffung einer „slawischen Union" von Rußland, Belarus' und der U. unter Beteiligung Kasachstans als GUS-Kerngruppe skeptisch gegenüber und verteidigt in der Krimfrage ihre territoriale Integrität. Nach wie vor widersetzt sich Kiew der Schaffung eines „einheitlichen strategischen Raums" der GUS und der Umwandlung der ukrainischen Staatsgrenze in eine gemeinsame GUS-Grenze. Kutschma gab beim GUS-Gipfeltreffen in Almaty im Februar 1995 deutlich zu verstehen: „Die GUS hat in ihrer heutigen Form keine Zukunft".

Das Verhältnis zu Rußland wird von drei Hauptthemen bestimmt: der Einstellung Rußlands zur ukrainischen Unabhängigkeit, dem Streit um die Schwarzmeerflotte und dem Krimproblem.

Wie sehr die russische Einstellung zur ukrainischen Unabhängigkeit das Sicherheitsgefühl in der U. tangiert, geht aus folgendem Vergleich hervor: „Rußland hat dieselbe Einstellung gegenüber der U. wie Serbien gegenüber dem Kosovo, es sieht sie als das geistige und historische Zentrum seiner Kultur und Staatlichkeit." (Taras Kuzio, Europa Archiv, 7/1993). In der

Tat haben nicht nur Vertreter des nationalistischen Lagers in Rußland große Schwierigkeiten damit, die U. als Staat und Nation mit eigener Geschichte anzuerkennen.

Kontroversen zwischen Moskau und Kiew entzündeten sich an der Frage der Schwarzmeerflotte, die für beide Seiten hohen Symbolwert hat. Für die U. ist die Frage mit dem Krimproblem und ihrer territorialen Integrität verbunden, für Rußland mit seiner maritimen Streitmacht und Stellung am Schwarzen Meer. Anfang 1992 eskalierte der Streit um die Aufteilung der Befehlsgewalt. Danach schwelte der Konflikt ungelöst dahin, obwohl er eine Reihe von Abkommen zwischen Moskau und Kiew nach sich zog. Gelegentlich teilten beide Seiten mit, daß das Problem gelöst sei; danach ging der Streit weiter. Im Juni 1995 neigte sich die Flottenfrage angeblich einer Lösung zu. Jelzin und Kutschma vereinbarten in Sotschi, daß Rußland seine Schiffe in Sewastopol auf der Krim stationieren und dort auch andere militärische Einrichtungen nutzen darf. Jelzin erklärte hernach das Flottenproblem für „endgültig gelöst". In dem Abkommen blieben aber substantielle Fragen offen, so die Pachtzahlungen Rußlands für die Nutzung Sewastopols und die Nutzungsdauer. Beide Regierungen müssen außerdem erneut Dokumente über die Aufteilung der Flotte vereinbaren.

Eng damit verbunden war der umstrittene Status der Krim. Die Krimhalbinsel, ein 22 500 km² großes Gebiet mit heute 2,5 Mio. Einwohnern, wurde 1954 mit einem Federstrich aus der Verwaltungshoheit der RSFSR in die der Ukrainischen SSR transferiert. Nach der Unabhängigkeitserklärung der U. wurde die Rechtsgültigkeit des Transfers in Rußland in Frage gestellt. Im Juli 1993 erhob das russische Parlament Anspruch auf Sewastopol, das angeblich in den Gebietstransfer nicht eingeschlossen war und deshalb ein territorialer Teil Rußlands geblieben sei. Der russisch-ukrainische Streit überging eine dritte Seite, die historische Heimatrechte auf das Gebiet geltend machen konnte: die Krimtataren. 67% der Gebietsbevölkerung waren 1989 Russen, 81% „Russischsprachige". Nur etwa 700 000 Ukrainer leben hier. Die Krimtataren hatten zusammen mit anderen Ethnien die Stammbevölkerung einer autonomen Krimrepublik gebildet, bevor sie 1944 nach Zentralasien deportiert wurden und die Autonomie 1945 aufgelöst und in ein Verwaltungsgebiet Rußlands umgewandelt wurde. Über 200 000 Krimtataren kehrten in den letzten Jahren in ihre historische Heimat zurück. Hier leben sie heute allerdings unter denkbar schlechten sozialen und wirtschaftlichen Bedingungen. Die lokalen Machtstrukturen gehören zu den konservativsten, am stärksten sowjetisch geprägten Kräften auf dem Territorium der U. Die Gebietsführung setzte im Januar 1991 ein Referendum über die Wiederherstellung einer Krimautonomie durch.

Mit wachsender Unabhängigkeitsbewegung der U. und der Wirtschaftskrise nach Erlangung der Unabhängigkeit geriet die Führung der autonomen Krim in einen Gegensatz zu Kiew. Im Januar 1994 siegte bei ersten Präsidentenwahlen Jurij Meschkow [Meškov] von der prorussischen „Republikanischen Bewegung der Krim" und trat für eine enge wirtschaftliche Kooperation mit Rußland ein. Kiew bezeichnete die Wahl als illegal, da in der ukrainischen Verfassung ein Präsidentenamt für die Krim nicht vorgesehen sei. Die krimtatarische Nationalbewegung kündigte Widerstand für den Fall einer prorussischen Sezession der Krim an. Im Herbst 1994 kam es zum Konflikt zwischen dem reformfeindlichen Krim-Parlament und der lokalen Exekutive unter Meschkow. Das Parlament in Kiew griff in diese Krise ein und versuchte, die Krim wieder stärker der ukrainischen Staatshoheit zu unterstellen. Am 17. 11. 1994 hob es alle Gesetze der Autonomen Republik auf, die nicht der ukrainischen Verfassung und Gesetzgebung entsprechen. Am 17. 3. 1995 annullierte es das Präsidentenamt und die Verfassung der Krim. Präsident Kutschma warnte die lokalen Führer eindringlich vor Sezessionismus. Die Spaltung der politischen Führung auf der Krim bietet Kiew vorläufig die Möglichkeit, eine Sezession zu verhindern. Die Krim bleibt jedoch ein kritischer Bestandteil des ukrainischen Staatsterritoriums und ein Problem im ukrainisch-russischen Verhältnis. Ein weiterer Punkt ist die große russische Minderheit in der U., die von Moskau zu den schutzbedürftigen „Landsleuten" im sog. „nahen Ausland" gezählt wird.

Die ukrainische Außenpolitik hatte sich anfangs stark nach Westen orientiert und eine Integration in die europäischen Strukturen angestrebt. Sie stieß damit aber auf wenig Entgegenkommen. Die Westmächte waren primär an der Beseitigung der Atomwaffen auf ukrainischem Boden interessiert und setzten im übrigen in ihrer Außenpolitik gegenüber sowjetischen Nachfolgestaaten vorwiegend auf Rußland. Präsident Bush lehnte bei seinem Besuch in Kiew am 1. 8. 1991 die staatliche Unabhängigkeit der U. sogar explizit ab. Auch die Clinton-Administration übte auf Kiew Druck wegen der Ratifizierung der Atomwaffenverträge aus. Der unabhängige ukrainische Staat, der zu einem Faktor für Stabilität und Sicherheit in Europa hätte werden sollen, wurde wegen seiner regionalen Fragmentierung und wirtschaftlichen Schwäche sowie des Konflikts mit Rußland eher als ein Unsicherheitsfaktor wahrgenommen (Bischof 1994, Mildner 1994). Er wurde erst beim G7-Gipfel in Neapel 1994 stärker in das Blickfeld westlicher Hilfsbemühungen gerückt (Finanztransfers, Schuldenregelung, Hilfe zur Schließung Tschernobyls) und erlangte amerikanisches Wohlwollen durch seine nunmehr deutlicher bekundete nukleare Abrüstungsbereitschaft.

Außenpolitische Resultate konnte Kiew am ehesten in den Beziehungen zu den Nachbarn im östlichen Mitteleuropa (Polen, Ungarn, Tschechien, Slowakei) erzielen. Mit Ungarn und Polen wurden am 6. 12. 1991 bzw. am 18. 5. 1992 Grundlagenverträge unterzeichnet, in denen die Vertragspartner auf territoriale Forderungen gegeneinander verzichteten und Minderheitenschutz garantierten. Besonders gegenüber Polen bestanden historische Lasten, die noch nicht vollständig ausgeräumt sind. Ungeklärt bleibt das Verhältnis zu Rumänien, das nach wie vor Gebietsteile der U. wie die Nordbukowina und Teile des Gebiets von Odessa beansprucht. Die U. bemühte sich um eine Kooperation der Schwarzmeerstaaten und schloß im Mai 1992 einen Freundschaftsvertrag mit der Türkei.

Eine internationale Rolle wurde ihr durch die Entsendung von UN-Blauhelmen nach Bosnien-Herzegowina zuteil.

Sicherheitspolitisch konzentrierte sich Kiew zunächst auf die Verringerung der Streitkräfte auf ukrainischem Territorium (von 1,2 Mio. auf zunächst 620 000) und den Ausbau einer nationalen Armee auf der Grundlage der ehemals sowjetischen Militärbezirke Kiew, Odessa und Transkarpatien. 1993 verabschiedete sie eine eigene Militärdoktrin. Der Aufbau eigener Streitkräfte stieß auf Schwierigkeiten, z. B. auf Spannungen zwischen Streitkräfteteilen aus der West- und Ostukraine, auf Waffenschwund und finanzielle Probleme (Bischof 1994, Mildner 1994, Tiller 1995). Unter der neuen Regierung Kutschma wurde deshalb eine Reduktion der Armee auf 95 000 Mann bis zum Jahr 2000 geplant.

1994 betrug der Gesamtumfang der Streitkräfte 517 000 Personen bei einer Wehrpflicht von 24 Monaten (Landstreitkräfte: 308 000, Luftstreitkräfte: 146 000, Marine: 16 000). Zu ihrem nuklearen Waffenarsenal gehören 1 224 Atomsprengköpfe und 110 SS-19 Raketen, zum konventionellen 5 380 Kampfpanzer, 3 638 Artilleriegeschütze, 1 500 Flugzeuge und 230 Hubschrauber. Die U. verfügt über die zweitgrößte konventionelle Streitmacht in Osteuropa nach Rußland. Paramilitärische Einheiten sind die Nationalgarde (23 000) und der Grenzschutz (43 000). Die U. hat der UNPROFOR in Bosnien-Herzegowina und in Kroatien über 1000 Soldaten unterstellt.

Im Dezember 1991 stellte die U. klar, daß sie sich in der Atomwaffenfrage souveräne Entscheidungen vorbehält, um ihre Unabhängigkeit von Rußland zu sichern und ihr internationales Gewicht zu stärken. Unter dem Druck der USA und Moskaus kam es in dieser Frage zu ständigen Schwankungen in ihrer Haltung. Die U. verlangte für die Denuklearisierung als Gegenleistung internationale Garantien für ihre nationale Sicherheit und finanzielle Hilfe. Im November 1993 ratifizierte ihr Parlament den START-I-Vertrag und das dazugehörige Lissabonner Protokoll mit zahlreichen Modifizierungen. Sie erklärte sich zur Vernichtung von 42% der nuklearen Sprengköpfe und 36% der Trägersysteme bereit. Mitte 1995 war die

Zahl der in der U. stationierten Nuklearsprengköpfe auf 814 reduziert gegenüber 1734 im Jahre 1990. Die USA hatten Kiew 175 Mio. US-$ für die Demontage und 155 Mio. US-$ Wirtschaftshilfe angeboten, ebenso die Mitwirkung am NATO-Programm „Partnerschaft für den Frieden".

Religion und Kultur

Die regionale Differenziertheit zeigt sich auch in bezug auf kulturelle und kirchliche Verhältnisse, so daß von Kultur und Kirche in der U. nur in der Mehrzahl gesprochen werden kann. Im religiösen Bereich existieren drei größere Kirchengemeinschaften: eine vom Moskauer Patriarchat abhängige *orthodoxe,* eine eigenständige *ukrainisch-orthodoxe* und die *unierte oder griechisch-katholische* Kirche. Letztere ist mit der Geschichte des westlichen Ukrainertums unter polnisch-litauischer und später österreichischer Herrschaft verbunden. Sie wurde nach dem Anschluß der Westukraine an die Sowjetunion mit der orthodoxen Kirche zwangsvereinigt und staatlicherseits in besonders hohem Maße unterdrückt. Sie überlebte als eine der größten Kirchen im Untergrund und wurde zum Kristallisationspunkt eines westukrainischen Nationalismus. Im Zusammenhang mit der religionspolitischen Liberalisierung in der Sowjetunion seit 1988, besonders mit einer Reise Gorbatschows in den Vatikan im November 1989, wurde diese Kirche dann wieder legalisiert. Die ukrainisch-orthodoxe Kirche entstand 1919 im Zusammenhang mit einer Politik der Ukrainisierung neben der russisch-orthoxen, die das Alleinvertretungsrecht beanspruchte und sich weigerte, ukrainische Bischöfe zu weihen. Ein Großteil der Gemeinden ging zur neuen ukrainischen Kirche über, so daß die russisch-orthodoxe zur Minderheitenkirche für die Russen in der U. wurde. Als unter Stalin die Ukrainisierung gestoppt und die Russifizierung forciert wurde, zwang man die ukrainische Kirche 1930 zur Selbstauflösung. 1990 wurde sie wieder legalisiert. Zu den drei Hauptkirchen, zu denen 1992 noch eine Abspaltung der russisch-orthodoxen Kirche, die sog. ukrainisch-orthodoxe Kirche – Patriarchat Kiew hinzutrat, kommen viele christliche und andere Sekten hinzu.

Im geistigen und kulturellen Leben der U. sind verschiedene Kulturkreise wirksam geworden, Byzanz und der orthodoxe Osten ebenso wie der lateinische Westen, an den die Ukrainer durch Polen, Litauen und Österreich herangeführt wurden. Dadurch vermittelten die Ukrainer ihrerseits westliche Kultureinflüsse nach Rußland.

Eine nationalsprachige Literatur entstand auf der Basis der bäuerlichen Volkssprache im Zeitalter der Romantik und des „nationalen Erwachens". Das erste Werk in ukrainischer Sprache war Kotljarewskis [I. Kotljarevs'kyj] „Eneida" von 1798. Die U. und ihre nationalen Eigenarten wurden aber auch in der russischsprachigen Literatur ausführlich dargestellt, besonders von Nikolai Gogol. Nach der Sowjetisierung brachten die zwanziger Jahre erstmals wieder Freiraum für ein ukrainisches Kulturleben, das im Spätzarismus gezielt unterdrückt worden war. Dann leitete die stalinistische Wende eine Phase der rigorosen Russifizierung ein und setzte in der Kunst den „sozialistischen Realismus" durch.

Ökologie

In der U. ereignete sich am 26. 4. 1986 im Kernkraftwerk Tschernobyl (ukr. Tschornobyl [Čornobyl̦]) nördlich von Kiew an der weißrussischen Grenze die „erschreckendste Katastrophe der modernen Industriegeschichte" (Medwedjew 1991). In dem 1983 in Betrieb genommenen Block 4 kam es während eines Experiments, das ein Sicherheitssystem testen sollte, zu einer unkontrollierten Kernreaktion. Dampf- und Wasserstoffexplosionen zerstörten das Dach des Aggregats, schleuderten radioaktive Stoffe in die Atmosphäre; ein zehn Tage währender Brand des Reaktors setzte weitere Spaltprodukte frei, und radioaktive Wolken zogen über weite Teile der Sowjetunion sowie Westeuropas.

Zu den Gründen für die Katastrophe von Tschernobyl gehörten sowohl Baumängel des Reaktortyps RBMK-1000 – eine „Technologie der fünfziger Jahre" (Medwedjew) – als auch die Konzeption des die Explosion auslösenden Versuches sowie Fehler der Bedienungsmannschaft. (Bereits 1982 war der Reaktorkern des Blocks 1 der Anlage durch Bedienungsfehler beschädigt und Radioaktivität freigesetzt worden.) Durch die sowjetische Praxis der Geheimhaltung früherer Atomunfälle war man auf ein derartiges Ereignis nicht vorbereitet und traf Fehlentscheidungen bei der Bekämpfung des Reaktorbrandes und beim Schutz der Hilfsmannschaften und der Bevölkerung. Der Unglücksreaktor ist nicht auf Dauer gesichert, seine Betonhülle („Sarkophag") einsturzgefährdet. Für eine zweite Umhüllung, die 1–2 Mrd. US-$ kosten würde, fordert die U. Geld von westlichen Ländern. Von der radioaktiven Verseuchung sind weite Landstriche in der Nordukraine betroffen, in denen insgesamt 2,4 Mio. Menschen wohnen.

Landwirtschaftlich bedingte Umweltschäden finden sich vor allem in der Steppenzone durch Bodenerosion, Versalzung und Schluchtenbildung. Probleme mit der Abwasserreinigung führen zur Verseuchung der großen Flüsse und des Grundwassers (Verunreinigung des Trinkwassers mit Bakterien). Das Schwarze Meer und das schrumpfende Asowsche Meer sind von industriellen und landwirtschaftlichen Chemikalien stark verschmutzt. Durch das Fehlen von Filtereinrichtungen in Kohlekraftwerken und Betrieben der chemischen Industrie und in der Eisen- und Stahlherstellung kommt es zu hohen Schadstoffemissionen, worunter die Städte Kriwij Rih (1990: 1 Mio. t) und Mariupil (610 000 t) am stärksten zu leiden haben.

Produktion, Beschäftigung, Inflation, Außenwirtschaft

Die hochindustrialisierte ehemalige Sowjetrepublik, deren Wirtschaft mit der Rußlands stark verflochten war, ist nach Einsetzen der Wirtschaftstransformation in eine Krisenphase eingetreten. Trotz des Beharrens auf einem eigenen, sanften Weg der marktwirtschaftlichen Reform kam es zu erheblichen Produktionsrückgängen und zu einer noch höheren Inflation als in Rußland. Nachteilig machte sich die schmale heimische Energiebasis bemerkbar, was auch durch die Kernkraftwerke nicht ausgeglichen werden konnte. Eine kurzfristige Umorientierung auf neue Lieferanten von Erdöl und Erdgas sowie auf neue Absatzmärkte für unkrainische Erzeugnisse außerhalb der GUS gelang nicht. Die Umstrukturierung der Industrie sowie die Beseitigung der Folgen des Tschernobyl-Unglücks werden die Volkswirtschaft noch lange belasten.

Unter Präsident Krawtschuk hatte die U. versucht, sich wirtschaftlich so weit wie möglich von Rußland bzw. der GUS „abzunabeln" und dem Westen zuzuwenden. Gleichzeitig schlug man auf dem Gebiet der Wirtschaftsreform ein im Vergleich zu Rußland zögerliches Tempo ein. Diese widersprüchliche Politik konnte weder eine schnelle Annäherung an Westeuropa herbeiführen, noch die tatsächliche wirtschaftliche Abhängigkeit vom großen östlichen Nachbarn verringern. Das Resultat war ein noch schwererer wirtschaftlicher Niedergang als in Rußland. Auch der damalige Ministerpräsident Kutschma blieb bei seinen Reformversuchen erfolglos, wenn er auch mehr als Krawtschuk auf die Aufrecherhaltung der Verbindungen zu Rußland Wert legte; nicht umsonst war er Direktor der größten Raketenfabrik der Ukraine gewesen und galt als „Mann Moskaus" (Lüdemann 1995).

Der Mitte 1994 als Präsident gewählte Leonid Kutschma legte im Oktober 1994 ein Wirtschaftsprogramm vor, das der Liberalisierung und Privatisierung Vorrang gab. Das Reformprogramm wurde durch westliche Finanzmittel sowie Beraterteams (darunter Experten aus der Bundesrepublik) unterstützt. Die wichtigsten internationalen Geldgeber sind die Europäische Union, die Europäische Bank für Wiederaufbau und Entwicklung, die Weltbank und der Internationale Währungsfonds (IWF). Die sieben größten westlichen Industrieländer (G7) finanzieren zudem ein Programm zur Umrüstung der ukrainischen Kernkraftwerke.

Das BIP zu Kaufkraftparität betrug 1994 170 Mrd. US-$, das sind pro Einwohner 3300 US-$. (Nach neuen Ergebnissen des Sozialproduktvergleichs der UNO lag es 1994 jedoch nur bei 139 Mrd. US-$, das sind pro Kopf rund 2500 US-$.) Die Industrie erzeugt etwa zwei Drittel des BIP, die Landwirtschaft etwa 15%. Der Beschäftigtenanteil der Industrie beträgt etwa 30%, der der Landwirtschaft etwa 20%. Es kam zu einem starken Produktionsrückgang und vergeblichen Versuchen der Produktionsstabilisierung durch Kreditgewährung an notleidende Betriebe mit der Folge hoher Inflationsraten.

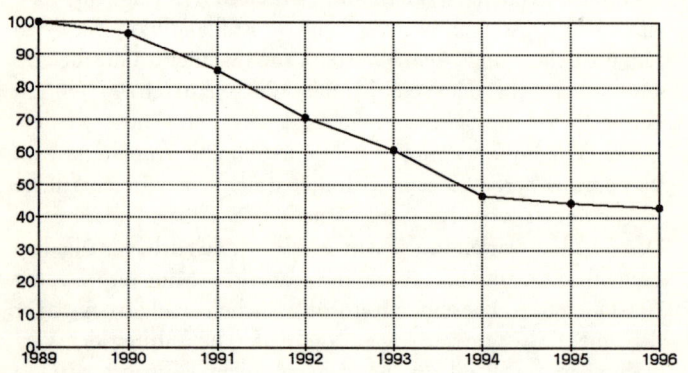

Bruttoinlandsprodukt (1989 = 100)

Veränderung des Bruttoinlandsprodukts in % gegenüber dem Vorjahr

1990	1991	1992	1993	1994	1995	1996
–3,4	–12,0	–17,0	–14,0	–23,0	–5,0	–3,0

Quelle: European Bank for Reconstruction and Development. 1996: Prognose.

Vom Arbeitskräftepotential in Höhe von 29 Mio. Personen sind 23 Mio. in offiziellen Arbeitsverhältnissen tätig, 6 Mio. nicht oder nur in der Schattenwirtschaft beschäftigt (20 %). Der Umfang der Schattenwirtschaft wird auf mindestens 25% des amtlich ermittelten BIP geschätzt.

Nach hohen Preissteigerungen in 1992 (1300%) und 1993 (4600%) gelang die Verminderung der Inflation 1994 auf 730% und 1995 auf etwa 500%. Im November 1992 erfolgte die Einführung der Nationalwährung „Karbowanez", deren Kurs stark verfiel. Die Einführung der neuen Währung „Hrywna" (altukrainisch „Geld") wurde für Ende 1995 angekündigt, aber wegen des Anstiegs der Inflation im Herbst auf Jahresanfang 1996 verschoben.

Es besteht hoher Importbedarf bei Erdöl (85% des Inlandsbedarfs) und Erdgas (80% des Inlandsbedarfs), auch zur Auslastung der vorhandenen Raffinerien. Lieferanten sind Rußland und Turkmenistan. Die Netto-Auslandsverschuldung (ohne 16%-Anteil der UdSSR-Schulden) beträgt 1995 etwa 10 Mrd. US-$. Bislang sind nur geringe ausländische Direktinvestitionen (etwa 200 Mio. US-$ pro Jahr) zu verzeichnen.

Land- und Forstwirtschaft

Die Landwirtschaft der U. ist regional sehr differenziert. In der Mischwaldzone im Norden (Städte Lwiw, Schitomir) mit ihrem warmen und niederschlagsreichen Klima wird Kartoffel- und Gemüseanbau sowie Viehhaltung betrieben. In der klimatisch ebenfalls gemäßigten Waldsteppenzone (von der Grenze zu Moldova bis Charkiw) mit ihren Schwarzerdeböden bestehen ideale Bedingungen für den Ackerbau („Kornkammer" des alten Rußland). In der heißen, niederschlagsarmen Steppenzone, die den Süden der U. einnimmt, behindern Wassermangel, häufige Trockenstürme sowie durch Erosion entstandene Schluchten die landwirtschaftliche Nutzung. Die überwiegend staatlichen Landwirtschaftsbetriebe sind von Staatskrediten abhängig. Das staatliche Aufkaufsystem wird schrittweise abgebaut und durch Warenbörsen und private Vermarktungsunternehmen ersetzt. Der Anteil der Privatproduktion ist besonders bei Kartoffeln, Obst und Gemüse, Geflügel und Eiern hoch. Das Land kann sich mit allen landwirtschaftlichen Erzeugnissen selbst versorgen. Wenn die auf 30–50 % der Bodenerträge geschätzten Verluste bei Ernte, Transport, Lagerung und Verarbeitung gesenkt werden könnten, könnte die U. bei landwirtschaftlichen Erzeugnissen hohe Exporteinnahmen erzielen.

Bergbau und Energiewirtschaft

Die leicht förderbaren Erdöl- und Erdgasreserven sind weitgehend erschöpft. Die Erdölförderung hat sich bei rd. 4 Mio. t/Jahr, die Erdgasförderung bei rd. 20 Mrd. m^3 stabilisiert. Dadurch entsteht ein Einfuhrbedarf von etwa 25 Mio. t Erdöl und 80 Mrd. m^3 Erdgas pro Jahr. Die Eigenproduktion von Kohle deckt insgesamt den Eigenbedarf, jedoch findet Kohleaustausch mit Rußland statt. Die Importe von Energieträgern (Ende 1994 waren 4,3 Mrd. US-$ Schulden aufgelaufen) können aus den Exporterlösen des Landes nicht bezahlt werden, daher kam es zur Übereignung von Pipelineanlagen und Gasspeichern an die Gläubiger, vor allem die russische Gesellschaft Gasprom. Der Bau eines großen Ölterminals bei Odessa soll Öleinfuhren aus dem Iran bzw. aus der Region um das Kaspische Meer ermöglichen, was allerdings auch den Bau von entsprechenden Pipelines durch den Iran und die Türkei voraussetzt. Gegen diesen Plan treten rußlandfreundliche Kräfte auf, die ein Weiterbestehen der energiewirtschaftlichen Verbindung mit Rußland einer Abhängigkeit von Staaten des Nahen Ostens vorziehen. Außerdem wird die Finanzierbarkeit des Projekts bezweifelt.

Man beabsichtigt die Vergabe von Konzessionen an ausländische Ölfördergesellschaften zur Ausbeute der bekannten Vorkommen (237 Mio. t Erdöl und 1184 Mrd. m^3 Ergas, weitere Vorkommen sind prognostiziert) im Schwarzmeer-Schelf. Mit Tatarstan wurde ein Abkommen über die Verarbeitung tatarischen Erdöls in ukrainischen Raffinerien geschlossen. Die Kohleförderung ist rückläufig (1994: 94,4 Mio. t, 1990: 165 Mio. t), da die Kosten bei zunehmenden Fördertiefen immer mehr angestiegen sind. Die Schließung unrentabler Zechen wird aus sozialpolitischen Gründen aufgeschoben. Da sich die Kohlezechen in den östlichen Regionen (Dnipropetrowsk, Donezk, Luhansk) mit ihrem hohen russischen Bevölkerungsanteil konzentrieren, ballen sich dort auch die damit verbundenen sozialen Probleme.

Die U. besitzt große Vorkommen an Eisen- und Manganerzen, außerdem werden Titan, Bauxit, Alunit, Chromit, Nickel, Quecksilber, Blei, Zink, Kupfer, Gold, Edelsteine, Salze, Pottasche, Phosphorite, Kalkstein, Tone, Kaolin, Quarze und Granite gefunden und abgebaut. Bestehende Pläne zur Steigerung der Goldförderung auf 15 t/Jahr setzen Investitionen in die Minen voraus.

Die Elektrizitätserzeugung erfolgt in Wasser-, Kohle- und Kernkraftwerken sowie Erdöl- bzw. Erdgaskraftwerken und ist insgesamt rückläufig. Der Kernkraftanteil an der Stromerzeugung beträgt etwa ein Drittel. Eigene Graphit- und Uranvorkommen legen den Ausbau der Kernenergie nahe, jedoch bestehen Sicherheitsbedenken vor allem gegen den Bau und die Inbetriebnahme weiterer graphitmoderierter Reaktoren (Tschernobyl-Typ). Die Kernbrennstäbe müssen von Rußland importiert werden, da keine eigenen Anreicherungsanlagen zur Verfügung stehen. Die eigenen Lager für radioaktive Abfälle sind unzureichend, daher ist man auf das Lager Krasnojarsk und die Wiederaufbereitungsanlage Tscheljabinsk angewiesen.

In der U. sind folgende zivile Kernkraftwerke in Betrieb: Tschernobyl mit zwei als gefährlich geltenden graphitmoderierten Reaktoren vom Typ RBMK-1000; Rivne (russ. [Rovno]) mit zwei veralteten Druckwasserreaktoren vom Typ WWER 440 und einem Druckwasserreaktor vom Typ WWER-1000; Südukraine mit 3 Druckwasserreaktoren vom Typ WWER-1000; Saporischja mit 5 Druckwasserreaktoren vom Typ WWER-1000; Chmelnizki mit einem Druckwasserreaktor vom Typ WWER-1000.

Die Anlage Tschernobyl besteht aus den beiden in Betrieb befindlichen Blöcken 1 und 3 sowie dem einbetonierten Unglücksblock Nr. 4 und dem abgeschalteten Block 2. Der in großer Eile erbaute „Sarkophag" über Block 4 ist schadhaft und einsturzgefährdet und müßte durch einen Neubau ersetzt werden. Dieser sowie Ersatzkraftwerke auf Erdgas- und Erdölbasis bzw. die Erneuerung bestehender Kohlekraftwerke werden mehrere Mrd. US-$ kosten, die nach Wunsch der U. von westlichen Staaten und internationalen Organisationen aufgebracht werden sollen.

Verarbeitende Industrie

Die ukrainische Industrialisierung begann mit der Verarbeitung landwirtschaftlicher Produkte sowie der Eisenherstellung und dem Maschinenbau. In den dreißiger Jahren waren Investitionsschwerpunkte das Wasserkraftwerk am Dnjepr, die Eisenmetallurgie, die Herstellung von Traktoren, Turbinen und Drehbänken; es erfolgte nur eine geringe Entwicklung der Konsumgüterindustrie außer Zuckerindustrie. Nach dem zweiten Weltkrieg wurden große Werke der chemischen Industrie, der Stahlherstellung, des Maschinen- und Fahrzeugbaus sowie der Elektrotechnik und Elektronik einschließlich der Rüstungsindustrie (Raketen, Panzer, Schiffbau) aufgebaut. Insgesamt ist die ukrainische Industrie gekennzeichnet von der Konservierung einer im Vergleich zur Weltmarktentwicklung veralteten Industriestruktur, deren Umstellung schwerfällt. Nach Gewerkschaftsangaben standen 1994/95 etwa 60% der Betriebe still. Die Rüstungsindustrie hatte zu Zeiten der UdSSR etwa 1,5 Mio. Beschäftigte in 700 Fabriken umfaßt. 1995 arbeiteten davon noch etwa 100 Betriebe überwiegend in russischem Auftrag sowie für Waffenexporte. Die Rüstungs- und Schwerindustrie ist in den östlichen Regionen (Sumy, Charkiw, Luhansk, Dnipropetrowsk, Donezk und Saporischja) konzentriert, in der auch die von Schließung bedrohten Kohlezechen liegen. Der Osten der U. stellt somit ein besonderes wirtschaftliches und soziales Problemgebiet dar.

Privatisierung, Landreform

Der Anteil des Privatsektors am BIP betrug 1994 30%. Privatbetriebe sind vor allem im Einzelhandel und Dienstleistungssektor entstanden, haben aber in Industrie und Landwirtschaft gegenüber den Staatsunternehmen noch geringe wirtschaftliche Bedeutung. Ende 1994 existierten 33 000 private Bauernhöfe. Die Privatisierung der etwa 20 000 Kleinbetriebe sollte 1995 abgeschlossen werden. Die Privatisierung der etwa 8000 Mittel- und Großbetriebe wurde im selben Jahr durch Ausgabe von namentlichen Privatisierungszertifikaten an die Bevölkerung, die in Aktien und Anteile an Investmentfonds umgetauscht werden können, eingeleitet. Das Grundkapital der Staatsbetriebe, die in Aktiengesellschaften umgewandelt werden, wird in Anteile für Mitarbeiter, ausländische Investoren, den Staat sowie Käufer auf der Börse aufgeteilt. Die Beschäftigten können ihre Anteile zum geringen Nominalwert erhalten, was ein Element der Einkommenspolitik darstellt. Der Aktienerwerb wird durch den kaum entwickelten Kapitalmarkt erschwert.

Wie auch in Rußland war die Privatisierung in der U. durch illegale Machenschaften der ehemaligen Parteinomenklatura belastet, wofür die Bevölkerung den anschaulichen Begriff [„prichvatizacija" (von chvat = Aneignung) prägte (Lüdemann 1995). Zum verbreiteten Zweifel an der Vertrauenswürdigkeit der Behörden trug auch bei, daß der unter Krawtschuk amtierende Ministerpräsident Jefim Swjahilski [E. Svahils'kyj] wegen Korruptionsvorwürfen im Herbst 1994 nach Israel ausgewandert war.

Soziale Lage

Die Realeinkommen sind insgesamt niedriger als in Rußland, weil teure Energieträger importiert werden müssen. Soziale Probleme werden durch die hohe versteckte Arbeitslosigkeit und durch niedrige Realeinkommen des überwiegenden Teils der Bevölkerung geschaffen, was auch die Subventionierung von Brot und Verkehrstarifen aus dem Staatshaushalt nicht abwenden kann. Wie in Rußland hat die Einkommensdifferenzierung deutlich zugenommen. Einer kleineren Schicht von „Neureichen", die mit der alten Funktionärsschicht teilweise identisch ist, steht eine große Zahl von Armen gegenüber, die sich in der verbreiteten Schattenwirtschaft betätigen.

Wirtschaftliche Zukunftsaussichten

Die U. steht auf wichtigen Feldern der Wirtschaftspolitik und Wirtschaftsreform vor ungelösten Problemen. Auf dem Gebiet der industriellen Restrukturierung geht es um die Ablösung von Erhaltungssubventionen durch nichtinflationär finanzierbare Umstellungshilfen für überlebensfähige Betriebe, was angesichts eines fortgesetzten Rückgangs der Industrieproduktion gleichzeitig die Lösung der damit einhergehenden sozialen Probleme, vor allem die Bewältigung einer in die Mio. gehenden Arbeitslosigkeit, verlangt. Während die U. damit, um Jahre verzögert, nur den transformationsbedingten Produktionsrückgang nachvollzieht, den Rußland ausgestanden zu haben scheint, gerät sie im Unterschied zu dem östlichen Nachbarland in eine zunehmende außenwirtschaftliche Schieflage. Es ist nicht auszuschließen, daß die U. ihre Importe von Energieträgern nur über eine erhebliche Zunahme der Außenverschuldung finanzieren können wird. Der dritte Problemkreis betrifft die Privatisierung der Unternehmen, gegen die sich die von ihr bedrohten bürokratischen Strukturen wehren. Hier geht es aber auch darum, eine bezüglich eines raschen und schmerzlosen Übergangs zu Demokratie und Marktwirtschaft desillusionierte Bevölkerung nicht ein weiteres Mal durch eine Vielzahl von Unregelmäßigkeiten vor den Kopf zu stoßen.

Literatur zum Kapitel

Alexandrova, O., Die Perzeptionen der auswärtigen Sicherheit in der Ukraine, in: Berichte des BIOst 40/1993.

Bischof, H., Die Ukraine: Zeit der Unabhängigkeit, in: Friedrich-Ebert-Stiftung (Hrsg.), Studie zur Außenpolitik Nr. 64, Bonn 1994.

Boss, H., Ukraineţs Economy in Sectoral and Regional Perspective, in: WIIW Forschungsberichte Nr. 202, Oktober 1993.

Clement, H., Ukraine: Kornkammer und Schwerindustriezentrum oder Problemregion Europas? in: Geographische Rundschau 4/1994, S. 200–206.

Clement, H./Knogler, M./Sekarev, A., Die wirtschaftliche Lage der Ukraine. Schwerpunkt: Die Reform der sozialen Sicherungssysteme, in: Arbeiten aus dem Osteuropa-Institut München Nr. 174, November 1994.

Dabrowski, M., The Ukrainian Way to Hyperinflation, in: Communist Economies & Economic Transformation, 2/1994, S. 115–137.

Die Ukraine, in: Wostok 1/1993, S. 20–46.

Duncan, P. J., Ukrainians, in: Smith, G. (Hrsg.), The Nationalities Question in the Soviet Union, London/New York 1990, S. 95–108.

Golczewski, F., Geschichte der Ukraine, Göttingen 1993.

Hausmann, G./Kappeler, A. (Hrsg.), Ukraine: Gegenwart und Geschichte eines neuen Staates, Baden-Baden 1993.

Kahn, M./Gicquiau, H., Ukraine, Le courrier des pays de lţEst, mars-avril 1995, S. 106–116.

Kappeler, A., Kleine Geschichte der Ukraine, München 1994.

Karger, A., Die Erblast der Sowjetunion: Konfliktpotentiale in nichtrussischen Staaten der ehemaligen UdSSR, Stuttgart/Berlin/Köln 1995, S. 45–99.

Kuzio, T., Ukraine: After the Schock, the Therapy, in: Transition, Juli 1995, S. 38–40.

Lichter, W., Ukraine: Wirtschaftstrends zum Jahreswechsel 1994/95, in: bfai Länderreport, Juli 1995 (Hrsg. Bundesstelle für Außenhandelsinformation)

Lüdemann, E., Ukraine, München 1995.

Medwedjew, Z. A., Das Vermächtnis von Tschernobyl, Münster 1991.

Mildner, K., Die Ukraine im Umbruch: Transformation und Sicherheit einer zu spät gekommenen Nation, in: Beiträge Sozialwissenschaften der Humboldt-Universität zu Berlin 3/1994.

Nahaylo, B., Ukraine, in: RFE/RL Research Report 16/1994, S. 42–49.

Nitsche, P., Die Ukraine: Von „Kleinrußland" zum souveränen Staat, in: Peter Nitsche (Hrsg.), Die Nachfolgestaaten der Sowjetunion, Frankfurt a.M. u.a 1994, S. 43–59.

Nötzold, J., Rußlands „nahes Ausland": Bedingungen der Unabhängigkeit am Beispiel der Ukraine, in: Osteuropa 8/1994, S. 711–722.

Ott, A., Ukraine 1994/95: Der schwierige Weg zur Demokratie, in: Bundesinstitut für ostwissenschaftliche und internationale Studien (Hrsg.), Zwischen Krise und Konsolidierung: Gefährdeter Systemwechsel im Osten Europas, München/Wien 1995, S. 101–111.

Ott, A., Die politischen Parteien in der Ukraine, in: Berichte des BIOst 13/1995.

Portnikow W., Die ukrainische nationale Bewegung und die Eigenstaatlichkeit der Ukraine, in: Nationalismusformen, Institut für Internationale Politik, Berlin 1993, S. 23–31.

Potichnyj, P.J., Formation of Political Parties in Ukraine, Berichte des BIOst 1–1994.

Scheberstov, A. N./Torshevskij, K. V./Borisov, N. A., Aktuelle Entwicklungslinien der Elektrizitätswirtschaft in der Ukraine, in: Energiewirtschaftliche Tagesfragen 10/1995, S. 635–641.

Schneider, E., Der ukrainische Präsident L. M. Krawtschuk, in: Osteuropa 8/1993, S. 779–782.

Sekarev, A., Ukraine: Economic Policy and Economic Performance, in: Aktuelle Analysen des BIOst 45/1994.

Simon, G., Probleme der ukrainischen Staatsbildung, in: Aussenpolitik, 1/1994, S. 61–67.

Smolansky, O. M., Ukrainesţs Quest for Independence: The Fuel Factor, in: Europa-Asia-Studies 1/1995, S. 67–90.

Statistisches Bundesamt, Länderbericht Ukraine 1993, Wiesbaden 1993.

Stebelsky, I., Ukraine, in: Pryde, Ph. R. (Hrsg.), Environmental Resources and Constraints in the Former Soviet Republics, Boulder/San Francisco/Oxford 1995, S. 141–173.

Tolstow, S., Ein Blick in die Zukunft der Reformen, in: Wostok 5/1995, S. 20–23.

Ukraine, in: Batalden, St. K./Batalden, S. L., The Newly Independent States of Eurasia: Handbook of former Soviet Republics, Phoenix (Arizona) 1993, S. 65–77.

Weissenburger, U., Umweltprobleme und Umweltschutz in der Ukraine, in: Osteuropa 4/1994, S. 297–309.

Wirtschaftsreformen und Stabilisierung in der Ukraine, in: DIW Wochenbericht 24/1995, S. 424–433.

Wittkowsky, A., Ukraine 1994: Konturen eines neuen nationalen Projekts, in: Arbeitspapiere und Materialien der Forschungsstelle Osteuropa Bremen Nr. 10, Januar 1995.

Worobjow, A. I./Gogin, J. J., Tschernobyl: Die Folgen eines Supergaus, Berlin 1993.

Usbekistan

Staatsname	Republik Usbekistan
Staatsname in Landessprache	Ösbekiston Dschumhurijati
Amtssprache	Usbekisch
Schrift	Kyrillisch, Umstellung auf Lateinisch vorgesehen
Währung	Sum (seit Juni 1994)
Wechselkurs Ende 1995	36 pro US-$
Fläche	447 400 km^2 (BRD: 357 000 km^2)
Hauptstadt	Taschkent (2,1 Mio.)
Großstädte	Samarkand (366 000)
	Namangan (310 000)
	Andischan (300 000)
	Buchara (224 000)
	Fergana (200 000)
	Kokand (182 000)
	Nukus (169 000)
Autonomes Gebiet	Karakalpakstan (1,2 Mio.)

Einwohnerzahl (1994)	22,4 Mio.
Glaubensgemeinschaften (1989)	
Muslime	90%
Christen	9%
Nationalitätenanteile (1989)	
Usbeken	71,4%
Russen	8,3%
Tadschiken	4,7%
Kasachen	4,1%
Tataren	3,3%
Karakalpaken	2,1%
Stadt-Land-Verteilung (1989)	
Stadtbevölkerung	60%
Landbevölkerung	40%

Bevölkerungswachstum
  Durchschnitt 1980–1989 2,6%
  Durchschnitt 1990–1994 1,2%
Bevölkerungsdichte (1994)   50 Einwohner pro km²
Altersgruppen (1989)
  bis 9 Jahre   29,1%
  10–19 Jahre   22,0%
  20–39 Jahre   29,7%
  40–59 Jahre   12,8%
  über 60 Jahre   6,4%
Geburtenrate (1994):   29,3 pro 1000 Einwohner
Kindersterblichkeit (1993) 32,0 pro 1000 Geborene
Lebenserwartung (1989)   70 Jahre (m 66; w 73)
Mittl. Familiengröße (1989) 5,5 Personen

Unabhängigkeitserklärung   1. 9. 1991
Neue Verfassung   8. 12. 1992
Staatsoberhaupt   Präsident Islam Karimow
Letzte Parlamentswahlen   Dezember 1994
Parteien: Regierungspartei und Nachfolge-
                           organisation der KP ist die Volks-
                           demokratische Partei U.s;
                           daneben bestehen offiziell
                           geduldete Parteien wie die
                           Vaterländische Fortschritts-
                           partei u. a. Echte Oppositions-
                           parteien wurden unterdrückt

Territorium

U. fällt weitgehend mit der historischen Kernzone Mittelasiens zusammen, dem Zwischenstromland zwischen Amu-darja und Syr-darja. Es nimmt in vielerlei Hinsicht eine zentrale Stellung im exsowjetischen Orient ein. Es ist das einzige Land, das gemeinsame Grenzen mit allen ehemaligen Sowjetrepubliken Zentralasiens hat. U. wurde bei den Grenzziehungen in dieser Region in den zwanziger Jahren als das Kernstück der

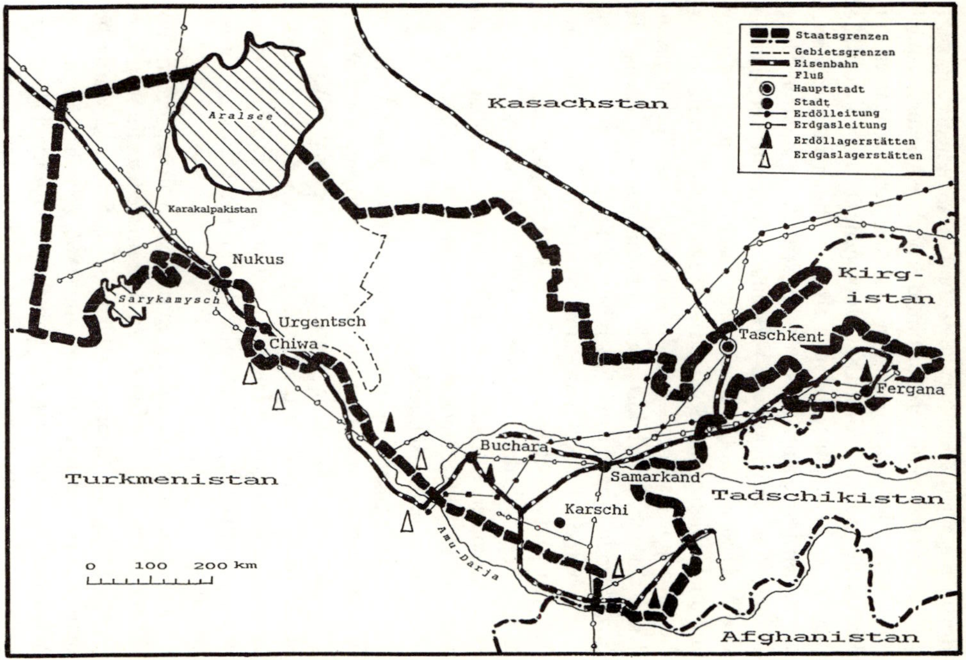
Staatsgrenzen
Gebietsgrenzen
Eisenbahn
Fluß
Hauptstadt
Stadt
Erdölleitung
Erdgasleitung
Erdöllagerstätten
Erdgaslagerstätten
Kasachstan
Aralsee
Karakalpakistan
Nukus
Sarykamysch
Urgentsch
Chiwa
Kirg-
istan
Taschkent
Fergana
Buchara
Samarkand
Tadschikistan
Karschi
Turkmenistan
Amu-Darja
Afghanistan
0 100 200 km

dortigen sowjetischen Nationen- und Staatengliederung angelegt. Es erlangte ein Territorium, das bessere Voraussetzungen für „nationale Staatlichkeit" bot als das der Nachbarrepubliken: eine höhere ethnische Homogenität, ein historisches staatliches Kerngebiet, das man als „Großbuchara" bezeichnen kann, den Löwenanteil historischer städtischer Zentren Mittelasiens, eine entwickeltere Verkehrsstruktur im Vergleich zu den Nachbarn u. a. Die Hauptstadt Taschkent wurde die internationale Metropole Sowjetasiens. Die Bevölkerung U.s ist heute doppelt so groß wie die der Nachbarn Turkmenistan, Kirgistan und Tadschikistan zusammengenommen, ebenso das Sozialprodukt bzw. Bruttoinlandsprodukt.

Ein Großteil des Territoriums wird von dünn besiedelten Wüsten und Trockensteppen bedeckt (Kysyl-Kum u.a). Im Osten liegt, mit dem übrigen Republikterritorium nur durch einen schmalen Korridor verbunden, das Fergana-Tal, in dem sich die Hoheitsgebiete von drei Staaten, U., Kirgistan und Tadschikistan, überschneiden.

Die wichtigsten Gewässer sind der schrumpfende Aralsee im Westen und die in ihn mündenden Hauptströme Mittelasiens, Amu-darja und Syr-darja. Sie stellen ein regionales Wassersystem, die Lebensadern uralter Zivilisationen dar und werden heute von einer großen Umweltkrise bedroht. Der Serafschan, ein Nebenfluß des Amu-darja, durchfließt U. in Ost-West-Richtung.

Die Hauptstadt Taschkent macht einen überwiegend modernen Eindruck, obwohl sie zu den ältesten städtischen Zentren der Region gehört. Ihr historisches Stadtbild wurde bei dem verheerenden Erdbeben von 1966 zerstört. Nach dem Wiederaufbau wurde sie zur Verkehrs- und Wirtschaftsmetropole mit Verbindungen in alle Teile der Sowjetunion und nach Südasien. Heute baut Taschkent Flugverkehrsverbindungen in alle Himmelsrichtungen aus.

Samarkand ist mehr als 2 500 Jahre alt. Sein Name, der „fruchtbare Siedlung" bedeutet, verbindet sich mit Alexander dem Großen, der Seidenstraße, mit der Herrschaft verschiedener orientalischer Dynastien, vor allem aber mit Timur Lenk und den Timuriden, unter deren Herrschaft es im Mittelalter zu einem Mittelpunkt des Orients wurde. 1868 wurde es Rußland einverleibt und zur Hauptstadt des Generalgouvernements Turkestan, 1924 zur ersten Hauptstadt der Usbekischen SSR (ab 1930 Taschkent). Buchara war die Hauptstadt des mittelalterlichen Samanidenreichs und wurde unter den usbekischen Schaibaniden im 16.–17. Jh. zum architektonischen Zentrum U.s. Andere Städte von historischem Interesse sind Chiwa, Kokand u. a.

U. ist in zwölf Regionen (vilayet) gegliedert, die meist nach ihren Hauptstädten benannt sind. Als eine eigene nationale Gebietskörperschaft hat die Republik Karakalpakstan einen Sonderstatus. Sie nimmt mehr als ein Drittel des usbekischen Staatsterritoriums im Westen des Landes ein, ist mit 1,2 Mio. Einwohnern aber ein sehr dünn besiedeltes Gebiet. Die Bevölkerung setzt sich zu etwa je einem Drittel aus Karakalpaken, Usbeken und Kasachen zusammen. Das Gebiet wurde 1936 von Kasachstan an U. übertragen. Die Titularnation der Karakalpaken steht den Kasachen ethnisch näher als den Usbeken. Die Hauptstadt Nukus liegt im Epizentrum der ökologischen Katastrophe um den Aralsee. Angesichts seiner krassen Unterentwicklung und seiner Umweltschäden ist Karakalpakstan hochgradig von Taschkent abhängig. Separatistische Bestrebungen, wie sie sich in vielen Autonomien innerhalb ehemaliger Unionsrepubliken entwickelten, kamen hier kaum zum Tragen.

Obwohl in U. die nationale und territoriale Geschlossenheit größer ist als in den meisten anderen zentralasiatischen GUS-Staaten, zeigen einige Landesteile ein eigenes Profil und besondere Problemlagen. Hervorzuheben ist hierbei besonders das Fergana-Tal. An der politischen Landkarte dieses Gebiets können die Fragwürdigkeiten der sowjetischen „nationalen Abgrenzung" in Mittelasien demonstriert werden: hier verwirren sich die Grenzen von drei Republiken. Die Fergana-Ebene liegt in einer Ausdehnung von 200 x 100 km in einem Vorgebirgsland am oberen Syr-darja. Hier leben rd. 14 Mio. Menschen in dem am dichtesten besiedelten Teil Mittelasiens. Das

Gebiet ist eine alte landwirtschaftliche Kulturzone, in der heute wesentliche Industriestandorte der Republiken U., Kirgistan und Tadschikistan liegen. U. hat den größten Anteil an dem Gebiet, in dem ethnische Gemengelagen, Bodenknappheit, soziale, wirtschaftliche und ökologische Probleme eine Krisensituation schaffen.

Die Streckenführung der Eisenbahn war auf den einheitlichen Wirtschaftsraum der UdSSR abgestellt, was zur Folge hat, daß die Eisenbahnlinien, die verschiedene Landesteile verbinden, die Staatsgrenzen von U. überschreiten. Das Ferganatal ist mit dem Westen des Landes durch eine Eisenbahn verbunden, die über das Territorium Tadschikistans führt; die Linie von Taschkent nach Samarkand führt durch Kasachstan; der Süden (Termes) sowie der Westen (Nukus) sind nur über Eisenbahnen zu erreichen, die teilweise über Turkmenistan verlaufen. Das Straßennetz ist insbesondere im Fergana-Tal und im Süden sehr dicht, weite Teile des Landes im Norden und Westen sind aber nicht durch Straßen erschlossen.

Direkte Fluglinien verbinden U. mit Deutschland, der Schweiz, Großbritannien, Indien, der Türkei und anderen Staaten. Unter allen zentralasiatischen GUS-Staaten hat U. die besten Aussichten, den Wegfall des innersowjetischen Tourismus durch Besucher aus dem Westen zumindest teilweise zu kompensieren. U. besitzt wesentlich mehr Städte mit Großbauten aus islamischer Zeit (Buchara, Chiwa, Kokand, Samarkand und Termes), die zu Rundreisen durch das Land einladen, als die anderen zentralasiatischen GUS-Mitglieder. Die touristische Infrastruktur (Flughafen Taschkent, Hotels in den großen Städten) stammt noch aus sowjetischer Zeit.

Bevölkerung

1989 lebten 16,7 Mio. Usbeken in der Sowjetunion. Sie bildeten die drittgrößte Nation des Vielvölkerreichs nach Russen und Ukrainern und sein größtes turksprachiges und muslimisches Volk. 85% von ihnen lebten in der Usbekischen SSR. Die größten usbekischen Bevölkerungsgruppen in anderen Unionsrepubliken bestanden in Tadschikistan (rd. 1,2 Mio., 23,5% der Republikbevölkerung), Kasachstan (rd. 332 000, 2% der Republikbevölkerung), Kirgistan (550 000, 13% der Republikbevölkerung) und Turkmenistan (317 000, 9% der Republikbevölkerung). Außerdem leben Usbeken in großer Zahl in Afghanistan.

Zu Beginn der staatlichen Unabhängigkeit entfielen von rd. 21 Mio. Einwohnern 71,4% auf die Usbeken und 16,2% auf die sogenannte „russischsprachige" Bevölkerung, d. h. auf Russen (8,3%), Ukrainer, Deutsche (rd. 40 000) und andere europäische Bevölkerungsgruppen. Den Rest bildeten die in U. ansässigen Teile anderer zentralasiatischer Völker: Tadschiken, Kasachen, Karakalpaken u. a., Angehörige von Turkvölkern aus dem europäischen Teil der Sowjetunion wie Tataren, Krimtataren und Turk-Mesṭchen (Mesṭcheten) sowie Koreaner u. a. Die rd. 1,6 Mio. Russen in U. verteilen sich auf die Großstädte und die industriell erschlossenen Landesteile: 42% lebten 1989 allein in Taschkent, weitere 18% in der industriellen Umgebung der Hauptstadt. Sie dominierten in bestimmten industriellen und technischen Berufsgruppen.

Bei dieser Korrelation von Berufs- und Volksgruppen trifft die Abwanderung der Minderheiten das Wirtschaftsleben der Republik in empfindlicher Weise. Sie ist in U. weniger dramatisch als in Kasachstan und Kirgistan und scheint sich nach 1990 abzuflachen. Damals stand die Abwanderung offenbar im Zusammenhang mit schweren interethnischen Konflikten im Fergana-Tal, die nachfolgend entschärft wurden. 1992 emigrierten aber immer noch rd. 103 000 Personen aus U. in die Russische Föderation. 1990 hatte U. einen negativen Migrationssaldo von rd. 180 000 (1991: 96 000, 1992: 89 000).

Geschichte

Wie bei anderen GUS-Staaten ist zwischen der Geschichte des heutigen Staatsterritoriums und der Geschichte des namengebenden Volks zu unterscheiden. Besonders in Zentralasien besteht die Gefahr der Verwechslung dynastisch-politischer und territorialer Termini mit Ethnonymen. U. ist in seinen heutigen Grenzen wie seine Nachbarn ein Produkt der sowjetischen „nationalen Abgrenzung". Es war vorher Teil einer Region, in der Staats- und Herrschaftsgebilde nicht „national", sondern nach Dynastien oder Herrschaftszentren (Buchara, Kokand und Chiwa) benannt worden waren und in der sich die Bevölkerung eher mit lokalen, kommunalen und stammesmäßigen Kollektiven und der Glaubensgemeinschaft des Islam als mit einer Nationalität identifiziert hatte.

Das Territorium U.s weist eine Geschichte auf, die zu den frühesten Zivilisationen der Seidenstraßen zurückführt. Sie ist mit Namen von Kulturen, Reichsbildungen, Dynastien, Stämmen und Völkerschaften prall gefüllt. Die älteste Bevölkerungsschicht war iranischer Herkunft und wurde in den nachfolgenden Jahrhunderten von Völkerwanderungen aus dem Inneren Asiens überschichtet. Eine Vielfalt der Religionen und Kulte (Zarathustra-Kult, Buddhismus, christliche häretische Exilgemeinschaften) prägten die geistige Landschaft vor der Islamisierung. Im Altertum war das Gebiet Teil des altpersischen Achämeniden-Reichs; später wurde Samarkand zur östlichsten Metropole des Alexanderreichs. Die nachfolgende Zeit war von Völkerwanderungen und ephemeren Reichsbildungen wie dem „Turk-Khaganat" des 6. Jh. geprägt.

Die kulturgeschichtlich grundlegende Zäsur war die Eroberung Mittelasiens durch arabische Heere im 8. Jh. Vorübergehend wurde die Region Teil des islamischen Kalifats; weit darüber hinaus prägte von nun an der Islam ihr religiöses und kulturelles Antlitz. Sie wurde im Islam unter der arabischen Bezeichnung „Mawarannahr" bekannt, die sich heute in der usbekischen Publizistik wieder einbürgert. Eine erste lokale islamische Hochkultur brachte sie unter den Samaniden im 9.–11. Jh. hervor. Die Macht der arabischen Eroberer ging an lokale Feudalherren über, die an ihren Höfen Wissenschaft und Kunst förderten. Die Sprache der Religion und Wissenschaft blieb Arabisch, zur Kanzleisprache wurde Persisch.

Mit dem Reich der Karachaniden erschien ein neues türkisches und im westlichen Teil der Region mit dem Staat von Choresm ein weiteres eigenständiges Machtgebilde. In diese politische Landschaft expandierte im 13. Jh. die dynamischste Macht, die aus dem Inneren Asiens je aufgetaucht ist. 1220 eroberten die Heere Dschingis-Khans Samarkand und Buchara, 1221 war die Eingliederung Zentralasiens in das mongolische Imperium größtenteils schon abgeschlossen. Bei der Reichsaufteilung unter die Söhne Dschingis-Khans kam die Region in den Herrschaftsbereich Tschagatais. Dieser Reichtsteil, der Ulus Tschagatai, zerfiel zu Beginn des 14. Jh. in zwei Herrschaftsgebilde, Mawarannahr und Mogulistan, die ihrerseits in Lokalherrschaften untergliedert wurden.

Aus dem Teilungsprozeß ging dann aber wieder eine zentralisierende Macht unter der bedeutendsten mittelasiatischen Herrscherfigur, Timur Lenk, hervor. Er schwang sich zwischen 1370 und 1405 zum Herrscher über ganz Mittelasien auf, griff in die Machtkämpfe in den übrigen Nachfolgegebilden des mongolischen Imperiums ein, eroberte Transkaukasien und fiel mit einer gewaltigen Armee in Indien und China ein. In Europa einseitig als blutrünstiger Eroberer bekannt, gilt Timur in U. heute vor allem als ein Reichsgründer und Stammvater einer Dynastie, deren Name für die Förderung von Wissenschaft und Kunst stand. Unter den Timuriden Schah Ruh in Herat (1409–1447), Ulug-Beg in Samarkand (1409–1449), Abu-Said (1451–1469), Hussein Baikara (1469–1506) und Babur (1483–1530) wurde die Region zu einem ostislamischen Kulturzentrum, das im Austausch mit Europa, China und anderen Weltteilen stand und in andere Teile Asiens, vor allem in den indischen Subkontinent, ausstrahlte. Gemessen an diesem Höhepunkt wurde die weitere Entwicklung Mittelasiens zu einer Periode des Abstiegs.

Im 16. Jh. griff diejenige Stammesgruppe in die Geschichte Mawarannahrs ein, der das heutige U. seinen Namen schuldet. In den Steppengebieten Kasachstans trennten sich „usbekische" von „kasachischen" Stammes- und Herrschaftsformationen. Die Stammesgruppierung unter dem Namen Özbek expandierte nach Süden, in das Herrschaftsgebiet des letzten in Mawarannahr herrschenden Timuriden Babur. Hier setzten sich die Usbeken mit der Dynastie der Schaibaniden fest. Sie vermischten sich mit der lokalen Bevölkerung teils iranischer, teils türkischer oder mongolischer Abstammung, teils seßhafter, teils nomadischer Lebens- und Wirtschaftsweise. Es bildete sich eine usbekische Landessprache heraus, während Persisch die Amtssprache der Herrscherhöfe und Kanzleien blieb. Die Hauptstadt war zunächst Samarkand, dann Buchara.

Das Usbekenreich zerfiel in drei regionale Herrschaftsgebilde, die bis zur Kolonisierung durch Rußland die politische Landkarte Mittelasiens bestimmten: das Khanat von Chiwa im alten Choresmien mit einer Bevölkerung aus Usbeken, Turkmenen und „Sarten" (turkisierten Nachkommen der altseßhaften Bevölkerungsschichten), das Khanat von Kokand mit einem Völkergemisch aus Sarten, Usbeken, Kirgisen u. a., das aus einer Abtrennung des Fergana-Tals vom usbekischen Herrschaftszentrum Buchara entstanden war und 1876 unter dem Namen „Fergana" von Rußland annektiert wurde, sowie das Khanat (später Emirat) von Buchara unter der Dynastie der Dschaniden oder Aschtarchaniden (1599–1747) und der Dynastie der Mangiten (1747–1868 bzw. 1920). Buchara zerfiel in lokale Feudalherrschaften und erlebte verheerende Wirtschaftskrisen. Im Zentrum der städtischen Kultur Mittelasiens kam es im 18. Jh. zur Entvölkerung von Städten. In der einstigen Metropole Samarkand lebten um die Mitte des 18. Jh. nur noch rd. 1000 Familien. Im 19. Jh. erholte sich das Emirat wieder, seine Hauptstadt Buchara wurde zu einem Zentrum islamischer Wissenschaft und zu einem Standort ausländischer Handelsniederlassungen.

Kontakte zu Rußland bestanden seit dem Mittelalter. Im 16.–17. Jh. verstärkte sich der Handel zwischen Mawarannahr und dem Wolga-Uralgebiet und Westsibirien. 1760 wurde eine russische „Handelskompagnie in Buchara und Chiwa" gegründet. Unter Nikolaus I. ging Rußland an eine systematische Eroberungspolitik heran. Nach der Durchdringung Kasachstans expandierte es nach Mittelasien, in kolonialer Konkurrenz mit Großbritannien, das sein indisches Besitztum gefährdet sah. 1865 eroberten russische Truppen Taschkent, 1868 Samarkand. Das Emirat von Buchara wurde unter Wahrung seiner formellen Eigenstaatlichkeit unter russisches Protektorat gestellt, 1873 auch Chiwa. Das Khanat von Kokand geriet dagegen unter direkte russische Verwaltung und wurde in das Turkestanische Gouvernement einbezogen. Der Bau einer transkaspischen Eisenbahn, die 1888 bis Samarkand führte, legte die Grundlage für die administrative und ökonomische Durchdringung des neuen Kolonialgebiets. Anfangs berührte die Kolonialherrschaft das Leben der einheimischen Bevölkerung nur oberflächlich. In einigen Bereichen kam es dann jedoch zu gravierenden Veränderungen, in der Landwirtschaft vor allem durch die Ausweitung des Baumwollanbaus.

In eine sehr dünne einheimische Bildungsschicht sickerte russische, aus islamischer Sicht westliche Kultur ein. In der Berührung mit der Kolonialmacht entstand eine Reform- und Einingungsbewegung unter den Muslimen des Zarenreichs, die ihre Ableger auch in Turkestan und den beiden noch formell unabhängigen Staaten Buchara und Chiwa hatte. Der insbesondere von tatarischen Intellektuellen getragene „Djadidismus" (arab. djadid = neu) wollte durch Reformen des einheimischen Bildungswesens die Muslime zur Emanzipation von kolonialer Fremdherrschaft befähigen. In Mittelasien wurde das soziale, religiöse und kulturelle Leben aber stärker vom Konservatismus und Traditionalismus als von solchen Reformimpulsen bestimmt.

Die Usbekische Sowjetrepublik

Nach der Oktoberrevolution ergriffen in Taschkent russische Bolschewiki, unterstützt von Eisenbahnarbeitern und der Garnison von Taschkent, die Macht und proklamierten im November 1917 ein Sowjetregime. Dieses trat gegenüber den Einheimischen bei Zwangseintreibungen von Getreide u. a. anmaßender auf, als es die zaristische Kolonialbürokratie getan hatte. Es bildete sich eine muslimische Gegenregierung in Kokand. Die Streitkräfte des Sowjets liquidierten sie und brannten dabei die Altstadt von Kokand nieder. Daraufhin wuchs in ganz Mittelasien die Widerstandsbewegung der sogenannten „Basmatschi" (von „basmak" = überfallen), die die neuen Machthaber bekämpfte. Unter dem Sowjetmarschall Frunse wurden sie allerdings 1920-21 militärisch unterworfen.

In den noch formell unabhängigen Staaten Chiwa und Buchara wurden 1920 der Khan bzw. Emir gestürzt und „Volksrepubliken" ausgerufen, die 1923 bzw. 1924 von der Sowjetunion annektiert wurden. In der Volksrepublik Buchara formierte sich dabei unter Führung Faisulla Chodschajews und der lokalen Djadidisten der Kern der Machtelite U.s in frühsowjetischer Zeit. Chodschajew war von 1925 bis 1937 Regierungschef der usbekischen SSR.

Aus der 1918 gegründeten Turkestanischen Autonomen Sowjetrepublik und den Territorien der beiden annektierten Staaten bildete man 1924 neue nationale Gebietseinheiten: die Unionsrepubliken (SSR) U. und Turkmenistan und autonome Republiken und Gebiete, aus denen später die kirgisischen, kasachischen und tadschikischen Unionsrepubliken entstanden. Mit dieser Aufgliederung nach fragwürdigen territorialen, ethnischen und sprachlichen Kriterien wirkte die sowjetische Nationalitätenpolitik einer nationalkommunistischen Strömung entgegen, die den transnationalen Zusammenschluß der Türken und Muslime gefordert hatte; mit der „nationalen Staatlichkeit" der neuen Gebietseinheiten wollte sie andererseits die traditionellen lokalen und stammesmäßigen Kräfte überwinden und der Bevölkerung einen neuen Identifikationsrahmen bieten, um sie in die sowjetischen Machtstrukturen zu integrieren. Dabei blieb insbesondere die Abgrenzung zwischen U. und Tadschikistan problematisch (siehe Tadschikistan).

Im Mai 1925 wurde die Usbekische SSR offiziell in die UdSSR eingegliedert. Die Hauptstadt war zunächst Samarkand, ab 1930 Taschkent. 1924/25 wurde U. von Moskau als Hegemonialmacht im sowjetischen Zentralasien konzipiert; bei der Abgrenzung hatte sich gewissermaßen „Großbuchara" als das neue „Usbekistan" durchgesetzt. 1929/30 wurde diese Konzeption modifiziert: durch die Abtrennung Tadschikistans von U., den Transfer Chodschends (Leninabads) von U. an Tadschikistan und eine Verlagerung des politischen Schwerpunkts innerhalb U.s von Buchara und Samarkand auf Taschkent.

Die lokale Sowjetmacht verfolgte eine Kulturpolitik, die sie in Gegensatz zur islamischen Tradition brachte. Ein erstrangiges Ziel war die Anhebung der Volksbildung. Die Alphabetisierungsquote lag noch 1926 bei nur 3,8% der Bevölkerung. Religiöse Schulen wurden geschlossen, das Gerichtswesen säkularisiert. 1927 startete die KP eine Offensive gegen den Schleierzwang für Frauen, die auf Gegenwalt in einer konservativen patriarchalischen Gesellschaft stieß. Seit 1928 wurden Moscheen geschlossen und Mullahs verfolgt.

Der breitere Zugriff der Kommunisten auf Wirtschaft und Gesellschaft erfolgte mit der Stalinschen „Revolution von oben", der Kollektivierung der Landwirtschaft und der Industrialisierung. Die Kollektivierung der Landwirtschaft war in Zentralasien und besonders in U. mit der verstärkten Festlegung auf die Baumwollgewinnung verbunden. Widerstände gegen die Durchsetzung der Monokultur, darunter auch im lokalen Parteiapparat, wurden niedergewalzt. Die in den zwanziger Jahren rekrutierte einheimische Parteiführung fiel dem stalinistischen Terror der dreißiger Jahre zum Opfer, darunter der Parteichef Akmal Ikramow und der Ministerpräsident Faisullah Chodschajew. Unter dem neuen Parteichef Usman Jussupow formierte sich nach 1937 eine moskauhörige stalinistische Partei- und Staatsbürokratie. Die Industrialisierung brachte russische Arbeitskräfte in großer Zahl in die Städte U.s. Nach dem Überfall Hitlers auf die Sowjetunion 1941 verlagerte Moskau Industrie aus dem Zentrum an die asiatische Peripherie der UdSSR. An die hundert größere Industrieanlagen wurden nach U. verlegt.

Die Zeit nach Stalin wurde hier von einem Parteifürsten geprägt, der das Land von 1959 bis zu seinem Tod 1983 regierte, von Scharaf Raschidow. Er setzte ein Paradebeispiel für lokale Partokratie in Zentralasien in der Breschnewzeit, für ein Herrschaftssystem mit den Attributen eines kommunistischen Khanats. Raschidow ließ sich als „Otakhan", als Vater der Nation feiern. Die Zusammensetzung der Herrschaftselite in U. wurde und wird von landsmannschaftlichen Zusammenhängen mitbestimmt. Die Gruppe um Raschidow repräsentierte die Region von Buchara und Samarkand, die in Konkurrenz zu Gruppierungen aus anderen Landesteilen (Taschkent und dem Fergana-Tal u. a.) stand. Am Ende der Raschidow-Ära wurden Unterschlagungs- und Planfälschungsaffairen im Baumwollsektor U.s bekannt, die sich seit 1983 in der sowjetischen Zentralpresse zur „usbekischen Affaire" verdichteten. Pauschale Anprangerungen und die Säuberungsaktionen, die Moskau im usbekischen Parteiapparat durchführte und der Schuldige und Unschuldige zum Opfer fielen, wurden von der Bevölkerung als ein Affront durch die „Kolonialmacht" aufgefaßt. Die Folge war, daß die totalitäre Ära Raschidow heute rehabilitiert, ja erneut verherrlicht wird, während Perestroika mit „kommando-administrativem" Druck aus Moskau assoziiert wird.

Ein usbekisches Nationalbewußtsein konnte sich in den Jahrzehnten nach Stalin in der Literatur, Publizistik und Geschichtsschreibung in gewissem Maße entwickeln. Die in den sechziger und siebziger Jahren angewachsene usbekische Intelligenzia nahm Anstoß an der Dominanz des Russischen in der Wissenschaft und im öffentlichen Leben und forderte eine Aufwertung des Status ihrer Muttersprache. Die Ende der achtziger Jahre entstandene Volksfront „Birlik" stellte dieses Thema in den Mittelpunkt ihres nationalen Beschwerden- und Forderungskatalogs. 1989 verabschiedete der Oberste Sowjet ein neues Sprachengesetz, das Usbekisch und Russisch als Amtssprachen definierte. Diese amtliche Zweisprachigkeit wurde für usbekische Nationalisten zum Ärgernis, sie forderten Usbekisch als alleinige Staatssprache. Durch die Unabhängigkeit wurde dieser Status dann auch erlangt – sehr zur Irritation der Russen in U., von denen 1989 nur knapp 5% Usbekisch beherrschten. In der Geschichtsschreibung setzte sich eine Neuinterpretation der Eingliederung Zentralasiens in den russischen und später sowjetischen Reichsbestand durch. Bisher mußte sie als ein progressiver Vorgang dargestellt werden. Die Geschichte U.s seit dem 19. Jh. wurde nun mehr und mehr als „Periode des Kolonialismus" definiert. Ein zentrales historisches und aktuelles Thema war die „Diktatur der Baumwolle" und die von ihr verursachten ökologischen Schäden und Verzerrungen in der Wirtschaftsstruktur des Landes.

Im Juni 1989 wurde Islam Karimow (geb. 1938) zum ersten Parteisekretär. Sein Aufstieg in die Führungsspitze der Usbekischen SSR kam überraschend, da er bisher nicht zum inneren Machtzirkel der Nomenklatura gehört und erst seit 1986 ein höheres Parteiamt bekleidet hatte, und fiel mit entscheidenden Zäsuren in der Geschichte des Landes zusammen. In den Jahren zuvor war der Republik-Parteiapparat durch Eingreifen Moskaus personell umgekrempelt worden; seit 1989 deutete sich eine grundlegende Neuregelung der Beziehungen zwischen Moskau und den Unionsrepubliken an. In den meisten Gliedstaaten entstanden nationale Bewegungen, die das interethnische Klima verschärften. In U. kam es im Sommer 1989 mit einem offenbar von langer Hand organisierten Pogrom an der Minderheit der Turk-Mesţchen oder Mesţcheten im Fergana-Tal zu einer der blutigsten Kollisionen zwischen Volksgruppen in der damaligen Sowjetunion. Diese Erfahrungen prägten Karimow in einem wesentlichen Abschnitt seiner politischen Karriere und verstärkten seine Abneigung gegen politische Umbrüche und Erschütterungen. Seine Machtposition war erst um 1992 konsolidiert, als er seinen einstigen Förderer und Mitregenten Schukrullo Mirsaidow, der den Taschkenter Clan repräsentierte, ausschalten konnte. Dieser mischt inzwischen in der Innenpolitik U.s wieder mit. Er leitet 1995 ein sog. Koordinationszentrum der Opposition.

Die Perestroika mit ihren Liberalisierungsimpulsen war nicht nach dem Geschmack der konservativen usbekischen Machtelite. Vom Geist der Veränderung, der damals in der Sowjetunion wehte, wußte die neue Republikführung unter Karimow allerdings einen Aspekt auszunutzen: die Emanzipation der Unionsrepublik von der zentralistischen sowjetischen Machtstruktur. Ausgenommen blieb davon vorerst noch die definitive Lostrennung von der Sowjetunion. In U. fiel bei dem Allunionsreferendum vom März 1991 das Votum für den Erhalt der UdSSR mit 94% Ja-Stimmen besonders deutlich aus. Die staatliche Unabhängigkeit war erst die Folge des gescheiterten Putschversuchs in Moskau im August 1991 und der nachfolgenden Auflösung der UdSSR. Die usbekische Führung hatte den restaurativen Staatsstreich zumindest verbal unterstützt. Als dieser gescheitert war, bot das Eingehen auf den nunmehr unaufhaltsamen Auflösungsprozeß der Sowjetunion und die Unabhängigkeit ihrer Gliedstaaten auch für konservative Republikführungen die maßgebende Perspektive. Am 1. 9. 1991 erklärte U. seine staatliche Unabhängigkeit.

Politische Entwicklung nach Erlangung der Unabhängigkeit

U. hat seit Dezember 1992 eine neue Verfassung, die der Präsident mehrfach als ein sorgsam geprüftes demokratisches Dokument bezeichnete. Sie beschreibt ein Regierungssystem mit erheblichen Vollmachten für den Präsidenten und folgt darin dem Beispiel in den meisten GUS-Staaten. Sie gewährt aber auch demokratische Grundrechte und fordert, daß sich das gesellschaftliche Leben „auf der Grundlage der Vielfalt politischer Insitutionen, Ideologien und Meinungen" vollziehen solle. Sie betont „die humanitären Prinzipien", die „den unveräußerlichen Rechten des Menschen absolute Priorität einräumen" (Artikel 13), und postuliert hier Werte, die in Asien häufig als „westlich" kritisiert werden.

Die Ausführungen der Verfassung über politischen Pluralismus umreißen aber ein Kräftefeld, das in der politischen Wirklichkeit weitgehend mit der Autorität des Präsidenten ausgefüllt wird. Seine Meinung bestimmt die regierungsabhängigen Medien und die Aussagen der regierenden Elite. Anfangs war die von Karimow geleitete Republikführung noch relativ offen für einen Dialog mit politischen Kräften außerhalb der Partei- und Staatsnomenklatura. Spätestens seit Frühjahr 1992 setzte dann aber die Unterdrückung jeglicher Opposition und Kritik am Regime ein.

An der Wende zu den neunziger Jahren waren – wie in den meisten ehemaligen Sowjetrepubliken – informelle Bewegungen, parteiähnliche Gruppierungen und andere regierungsunabhängige Kräfte entstanden. Einige davon begaben sich in die Opposition gegen die herrschende Bürokratie, die bei den Republik-Parlamentswahlen 1990 ihre Position im Obersten Sowjet behauptet hatte. Inhaltlich zeigte dieses „Parteien"-spektrum eine Mischung aus demokratischen, nationaldemokratischen, nationalistischen, traditionalistischen und religiösen Elementen. An erster Stelle war in diesem Zusammenhang die Volksfront „Birlik" zu nennen, die sich selber als „nationaldemokratisch" definierte, von der Regierung dagegen als „nationalistisch" abgestempelt wurde. Von ihrer radikaleren Opposition gegenüber dem herrschenden System hatte sich eine Abspaltung namens „Erk" unter Führung des Schriftstellers Muhammad Solih durch einen politischen Kurs abgegrenzt, der den Dialog mit der Regierung bejahte. Doch gerade „Erk" bekam danach den Druck der Regierung gegen unabhängige politische Gruppierungen zu spüren und kehrte 1993 zu einer entschiedeneren Oppositionshaltung zurück.

Bis 1994 waren die meisten außerhalb der Regierung stehenden politischen Gruppierungen ausgeschaltet, exiliert oder durch innere Spaltung und Spaltungsbemühungen von außen neutralisiert worden. In der Türkei, in Moskau, in westlichen Ländern lebt heute eine usbekische Dissidentendiaspora, die staatliche Verfolgung in U. zu spüren bekommen hat und auch im Exil nicht sicher vor dem langen Arm des usbekischen KGB-Nachfolgers ist.

Neben der Unterdrückung der Opposition bediente sich die Regierung anderer Methoden staatlicher und nationaler Integration: einer straffen Kaderpolitik, des Appells an konservative Grundhaltungen der Bevölkerung, nationaler Integrationsmythen (Timur-Kult), der Schwächung der Opposition durch Kooptation ihrer Führer u. a.

An den ersten nachsowjetischen Parlamentswahlen im Dezember 1994 beteiligten sich nur zwei Parteien : die Volksdemokratische Partei U.s (VDPU), d. h. die Nachfolgerin der KP und die Präsidenten- und Regierungspartei, und eine Pseudo-Oppositionspartei namens „Vatan Taraqqijati" (Fortschritt des Vaterlands). Damit war der Schein eines Mehrparteiensystems gewahrt. 1995 trat noch eine dritte von der Regierung tolerierte Partei hinzu: sie nennt sich „Adolat" (Gerechtigkeit) und definiert sich als sozialdemokratisch. Ihr Ziel ist die Unterstützung der vom Präsidenten betriebenen Reformen, ihr Vorsitzender der Chefredakteur der Regierungszeitung. Weitere „offizielle" Parteien folgten.

Der ehemalige 500köpfige Oberste Sowjet U.s wird durch ein schlankeres Parlament namens Oli Madjlis (Hohe Versammlung) ersetzt. Seine 250 Deputierten wurden aus 625 Kandidaten ermittelt, von denen 234 von der VDPU und 141 von der „Konkurrenzpartei" aufgestellt wurden. 250 Kandidaten kamen aus den Lokalräten, über die die vom Präsidenten abhängigen lokalen Verwaltungskader in das Parlament gelangten. Das Ergebnis: die Regierungskräfte erlangten eine satte Majoritätsposition im Parlament.

U. lieferte das Modell für die Kontinuität von Machtstrukturen beim Übergang von der Sowjetrepublik zum unabhängigen Nationalstaat. Bezeichnend dafür wurde der reibungslose Übergang von der KP zu ihrer patriotischen Nachfolgepartei. Die von kommunistischem Gedankengut gesäuberte Ideologie dieser Partei erschließt sich in der Staatsphilosophie des Präsidenten Karimow, die auf fünf Grundsätzen basiert: 1. Priorität der Wirtschaft gegenüber der Politik und Entideologisierung der Wirtschaft; 2. staatliche Kontrolle über den Transformationsprozeß, d.h. über die wirtschaftlichen und sozialen Reformen und Veränderungen; 3. strikter Gehorsam vor den Gesetzen; 4. starke Sozialpolitik zum Schutz der sozial Schwachen gegenüber den Härten der Transformation; 5. gradueller Übergang zur Marktwirtschaft (Absage an die „Schocktherapie").

In der politischen Selbstdarstellung U.s dominiert der Hinweis auf die Notwendigkeit der Stabilitätswahrung in einer von Destabilisierung bedrohten Umwelt. Er ist gewiß nicht unbegründet, wie der Blick auf Tadschikistan und Afghanistan zeigt. Dabei wird Stabilitätswahrung mit einer starken Führung gleichgesetzt und „Demokratisierung" im Sinne von „Pluralismus" als riskant aufgefaßt und in eine sicherere Zukunft verschoben. Im März 1995 ließ sich Präsident Karimow seine Amtszeit über den nächstfälligen Wahltermin hinaus in das nächste Jahrtausend verlängern, in einem Referendum, bei dem 99% der Wähler mit Ja stimmten. Gegenüber Kritik aus dem Ausland an undemokratischem Verhalten und Menschenrechtsverletzungen in U. werden als Alternative zum autoritären „usbekischen Weg zur Demokratie" die Destabilisierung ganz Zentralasiens durch nationalistische und islamisch-fundamentalistische Kräfte oder der Zerfall in stammesmäßige und lokale Partikularkräfte angeführt. „Stabilität" wurde unter Karimow zur „säkularen Religion". Die Entwicklung U.s zum zentralasiatischen „Law and Order"-Modell regte den Vergleich mit ostasiatischen Vorbildern wie China oder Singapur an. Von der Wirtschaftsdynamik dieser Staaten ist U. vorläufig noch weit entfernt, wenn auch ausländische Geschäftsleute dem Land bessere Rahmenbedingungen für Investitionen bescheinigen als anderen zentralasiatischen GUS-Staaten. Die Regierung hält sich vor allem die Unterbindung sozialer und interethnischer Unruhen sowie die Senkung der Kriminalität zugute.

Außen- und Sicherheitspolitik

U. entfaltet außenpolitische Beziehungen in alle Himmelsrichtungen und wurde Mitglied in verschiedenen internationalen Organisationen. Ein Vorzugspartner für die zentralasiatischen GUS-Länder war anfangs besonders die Türkei. Sie bot den dortigen Eliten ein Modell für Säkularisierung und Modernisierung einer vom Islam geprägten Gesellschaft und stellte für sie die Vormacht einer türkischen Völkerfamilie und zugleich einen Zugang zum Westen dar. Diese „turanische"

Ausrichtung verlor aber insbesondere nach dem Tod des türkischen Präsidenten Özal sowohl in Ankara als auch in den zentralasiatischen Hauptstädten an Bedeutung. Die Türkei blieb allerdings ein wichtiger außenpolitischer und -wirtschaftlicher Einzelpartner für U. und dessen Nachbarn.

Auf regionaler Ebene kooperiert U. seit 1994 mit Kasachstan und Kirgistan in einem sogenannten „zentralasiatischen Wirtschaftsraum". Die Zusammenarbeit scheint etwas konkreter zu sein als bei anderen Kooperationssystemen der GUS. Skepsis erregen jedoch die mangelnde Komplementarität der Wirtschaft, die wirtschaftliche Schwäche Kirgistans, die schon in sowjetischer Zeit manifeste Konkurrenz zwischen Kasachstan und U. u. a. Einen Schwerpunkt der Außenpolitik U.s in der eigenen Region bildet das unruhige Nachbarland Tadschikistan. Der dort 1992 ausgebrochene Bürgerkrieg hat Taschkent äußerst beunruhigt. U. kooperiert mit Rußland bei der Unterstützung des Regimes in Duschanbe (seine militärische Intervention im Nachbarland wurde zu einem Hauptfaktor für den Sieg des Machtblocks aus Chudschand und Kuljab), drängt es seit 1994 jedoch gemeinsam mit Moskau zur Verständigung mit der Opposition. Tadschikistan ist auch wirtschaftlich in hohem Maße von U. abhängig geworden. U. agiert militärisch und politisch auch in Afghanistan, wo es die Regierung Robbani und den usbekischen Warlord Postum unterstützt. Die Eindämmung islamistischer Bedrohung aus dem Süden ist ein Hauptthema seiner Sicherheitspolitik.

Für die Beziehungen mit dem Westen besteht ein gewisses Hindernis in der Menschenrechtspolitik. Taschkent weist diesbezügliche Interventionen des Auslands zurück und weiß sich dabei von anderen asiatischen Staaten unterstützt. Andererseits ist man um eine positive Selbstdarstellung gegenüber westlichen Ländern bemüht, auf deren Investitionen das Land nicht verzichten kann. 1995 signalisierte Taschkent Entgegenkommen in der Menschenrechtsfrage. Präsident Karimow ließ das Parlament im Februar einen Menschenrechtsbeauftragten ernennen, der allerdings nicht aktiv wurde, als im März sieben Oppositionelle (Erk) zu langjährigen Freiheitsstrafen verurteilt wurden. Man gab allerdings zu, daß es „in der ersten Unabhängigkeitsphase" zu Menschenrechtsverletzungen gekommen sei. Der US-Verteidigungsminister Perry drängte bei einem Besuch in Taschkent im April 1995 auf eine Verbesserung der Situation, lobte aber gleichzeitig die Stabilität im Lande.

Das Verhältnis zu Rußland ist ambivalent. U. verfolgt eine Politik der strikten Souveränitätsbehauptung und gerät damit in ein Spannungsverhältnis zum russischen Machtanspruch auf dem exsowjetischen Territorium. Präsident Karimow sieht die weiterbestehende faktische Abhängigkeit der GUS-Staaten von Rußland und vom zerbrochenen sowjetischen Integrationsraum realistisch. Einerseits hatte die usbekische Republikführung mit den restaurativen Kräften des Augustputschs in Moskau 1991 sympathisiert und sich danach vom Reformkurs der russischen Führung unter Jelzin [B. N. El'cin] abgegrenzt, andererseits unterstützte sie Jelzin in der Machtkrise vom Oktober 1993 gegen die links- und rechtskonservativen Kräfte. Das Auftreten Schirinowskis [V. Žirinovskij] in der russischen Politik hatte Entrüstung in ganz Zentralasien provoziert. Ein besonderes Problem im russisch-usbekischen Verhältnis war Moskaus Forderung nach doppelter Staatsbürgerschaft für die Russen im „nahen Ausland". Im Juli 1995 unterzeichneten die Regierungschefs beider Länder in Taschkent ein Paket von 15 Kooperationsabkommen.

Die Kooperation mit U. bildet ein Kernstück russischer Sicherheitspolitik in Zentralasien. Sie steht im multilateralen Rahmen der GUS, deren Sicherheitspakt 1992 in Taschkent geschlossen wurde, und im bilateralen Rahmen russisch-usbekischer Militärkooperation. Im März 1994 unterzeichneten beide Staaten einen Vertrag über militärische Zusammenarbeit. Er sieht die Möglichkeit gemeinsam genutzter Militäreinrichtungen auf dem Territorium beider Staaten, Kooperation in der Rüstungsproduktion, gemeinsamen Waffenexport, gemeinsame Ausbildung von Offizieren, Koordination in der Luftverteidigung u. a. vor.

Taschkent strebt die Schaffung gut ausgerüsteter nationaler Streitkräfte an, deren Gesamtumfang letztlich bei etwa 35 000

Vertragssoldaten und Grundwehrdienstleistenden liegen soll. Für die Schaffung eigener Streitkräfte boten sich U. von allen zentralasiatischen GUS-Staaten die besten Ausgangsbedingungen durch das im Lande befindliche Potential des ehemaligen Militärbezirks Turkestan. Trotz ökonomischer Probleme weist es wohl heute schon unter den fünf zentralasiatischen Staaten die effizientesten Streitkräfte auf (Tiller 1995). Die im September 1995 veröffentlichte Militärdoktrin U.s betont die Prinzipien der friedlichen Koexistenz, der Nichteinmischung in die inneren Angelegenheiten anderer Staaten und der strikten Anerkennung bestehender Staatsgrenzen. Sie legt mit dramatischen Worten die Notwendigkeit der Stabilitätswahrung in Zentralasien dar, da anderenfalls diese Region aufgrund ihrer geopolitischen Lage zu einer Ursache für die Gefährdung des Weltfriedens werden könne.

Religion und Kultur

Die Usbeken sind Sunniten hanefitischer Rechtsschule. Kleinere schiitische Gemeinden existieren in Buchara, Samarkand und Taschkent. In Buchara war eine alte jüdische Gemeinde Zentralasiens ansässig (1989: 36 500 Mitglieder), von der in den letzten Jahren viele Mitglieder nach Israel ausgewandert sind. Auf dem Land dominiert das muslimische Bevölkerungselement, im Fergana-Tal auch in den Städten. Insgesamt sind 19 Glaubensgemeinschaften registriert, neben der islamischen und der russisch-orthodoxen (Eparchie von Taschkent und Mittelasien) zahlreiche christliche und andere Sekten.

U. beherbergte die wichtigsten vom Staat kontrollierten Institutionen des sog. „offiziellen Islam" in der Sowjetunion: die „Geistliche Verwaltung für die Muslime Zentralasiens und Kasachstans" (SADUM) unter dem Mufti von Taschkent und die beiden einzigen islamischen Hochschulen, die Imam al Buchari-Medrese in Taschkent und die Mir-i-Arab in Buchara. Die Zahl der Moscheen war in sowjetischer Zeit stark reduziert, obwohl in U. der „offizielle Islam" besser ausgestattet war als in anderen Unionsrepubliken. Inzwischen ist die Zahl der Moscheen laut Auskunft des Staatskomitees für Religionsfragen 1995 auf über 4500 angewachsen, die der Medresen auf 60.

Nach dem Zerfall der Sowjetunion zerfielen auch die geistlichen Verwaltungsstrukturen des Islam in republikbezogene Einheiten. An die Stelle von SADUM traten nun Muftiate für Kasachstan, Kirgistan usw. Für U. heißt die entsprechende Institution nun „Geistliche Verwaltung der Muslime Mawarannahrs". Sie wird heute vom Mufti Mohtardshan Hadji Abdullah al Buchari geleitet.

Präsident Karimow wußte, daß ein Prozeß „nationaler Wiedergeburt" in U. den Islam einbeziehen mußte. Er zeigte einer sich unpolitisch gebenden Geistlichkeit sein Wohlwollen, um die Gefahr eines politisch geprägten Islam einzudämmen. Seit 1990 gibt das Muftiat in Taschkent die Zeitung „Islam Nuri" (Licht des Islam) in arabischer und kyrillischer Schrift heraus. In ihr werden Werte propagiert, die dem Bild eines toleranten und mit säkularen Prinzipien zu vereinbarenden Islam entsprechen. Im Juli 1991 wurde ein Republikgesetz „Über die Gewissensfreiheit und religiöse Organisationen" verabschiedet. Es legalisierte den Religionsunterricht, Eigentum und Vermögen von Glaubensgemeinschaften und die Neueröffnung von „Kulträumen", verbot aber die Gründung politischer Parteien auf religiöser Grundlage.

Der Islam hatte die antireligiöse Politik der Sowjetmacht vor allem in seiner Funktion des „nationalen Erbes" überlebt. Er zeigte sich überwiegend als Volks- und Brauchtumsislam, als ein System von Verhaltensnormen, Festen und Ritualen, die im familiären Milieu tradiert wurden. Daneben gab es jedoch schon in sowjetischer Zeit Bewegungen, die diesen Horizont überschritten und den Islam als ein fundamentales Werte- und Rechtssystem vermitteln wollten. Insbesondere im Fergana-Tal existierten islamische Erweckungsbewegungen. In der politischen Krise beim Zerfall der Sowjetunion wurden Tendenzen sichtbar, den Islam zu politisieren. Sie zeigten sich vor allem in einer 1990 unionsweit gegründeten Islamischen Partei der

Wiedergeburt, die Filialen in einzelnen Unionsrepubliken aufbaute. In U. wurde sie verboten, agierte aber besonders im Fergana-Tal in einer Bewegung sogenannter „Wahhabiten". Solche Bewegungen traten sowohl gegen die kommunistische Bürokratie als auch gegen die vom Staat kooptierte offizielle Geistlichkeit auf. Außerdem bildeten sich im Fergana-Tal unter der Bezeichnung „Adolat" (Gerechtigkeit) islamische Justizbewegungen, die gegen steigende Kriminalität und „Unmoral" auftraten. Alle diese vom „offiziellen Islam" abweichenden Strömungen bildeten zusammengenommen freilich keine mächtige, überregional agierende Front des „islamischen Fundamentalismus", wie sie in westlichen und russischen Kommentaren gelegentlich beschworen wurde. Aber der Bürgerkrieg in Tadschikistan und die Nähe des Iran und Afghanistans ließen jede Tendenz, die über den Brauchtumsislam hinausging, als gefährlich erscheinen. Die Regierung U.s nutzte diese Ängste und empfahl sich mit ihrer „autoritären Stabilitätswahrung" als ein Bollwerk gegen „ethnischen und religiösen Extremismus".

Kulturelle „Wiedergeburt" in U. wird nicht vom islamischen Fundamentalismus des 20. Jh., sondern von der Erinnerung an das kulturelle Erbe Mawarannahrs bestimmt. Dabei kommen zwei Epochen zu besonderer Geltung: die samanidische des 9.–11. und die timuridische des 14.–15. Jh. Für die erste stehen Namen der bedeutendsten Künstler und Wissenschaftler des Islam, die in jener Zeit in Mittelasien gewirkt haben: die Philosophen und Wissenschaftler Ali ibn-Sina oder Avicenna, Abu-Nasr al Farabi und Abu Rejhan al-Biruni und Dichter wie Firdousi, der Autor des berühmten „Schah-name". Von zentraler Bedeutung für ein modernes usbekisches Nationalbewußtsein mit islamischem Kulturhintergrund ist die timuridische Epoche mit ihren wissenschafts- und kulturfördernden Herrschern. Timur Lenk (Tamerlan) steht im Mittelpunkt eines vom Präsidenten Karimow geförderten Staatskults. Mit Aussprüchen Timurs wird in Taschkent Politik legitimiert, mit seinen maßgebenden Attributen (Strenge, Stärke, Weisheit, Gerechtigkeit) schmückt sich heute Präsident Karimow. Der Timurkult hat große ideologische Bedeutung für die kulturelle und staatliche „Wiedergeburt" U.s. Die Nachbarn blicken etwas skeptischer auf die usbekische „Vernationalstaatlichung" dieses mittelasiatischen Geschichtssymbols, denn für viele Völker steht Timur eben auch für eine rücksichtslose Eroberungspolitik. Die Rückbesinnung auf die timuridische Epoche gilt auch besonders zwei Nachfolgern Timurs: Ulug-Beg und Babur.

Gilt Timur als politischer Heros einer glanzvollen Vergangenheit, ist der Dichter Alischer Nawai (gest. 1441) ihr Kultursymbol. Er hat mit seinem Werk die Grundlagen für eine ost-türkische, alt„usbekische" Literatur gelegt, die neben dem Persischen auch die einheimische Turksprache (Tschagataiisch) benutzte. Eine neuere „Geschichte der Völker Usbekistans" (1992) stellt ihn als „genialen Dichter und Denker, Musiker und Künstler, Pädagogen und Gelehrten, Staatsmann und einen der kultiviertesten Menschen seiner Zeit" vor. In der historischen und kulturellen Rückbesinnung auf das alte Mawarannahr, das islamische Mittelasien im Mittelalter, tritt auch eine besondere Variante des Islam hervor, die in dieser Region eine bedeutende Rolle gespielt hatte: der Sufismus, die „mystische Dimension des Islam" (Annemarie Schimmel). Dabei besinnt man sich in U. besonders auf die Geschichte des Nakschbandi-Ordens, der als einer der größten sufischen Universalorden in Buchara seinen Ausgang genommen hatte.

Eine moderne usbekische Literatur hat ihre Wurzeln u. a. im Wirken einer Reform- und Nationalbewegung unter den Muslimen Rußlands am Ende des 19. Jh. (Djadidismus), deren Vertreter dem Terror Stalins zum Opfer fielen, so z. B. die Schriftsteller Fitrat und Tscholpan. Seit den sechziger Jahren konnte die usbekische Literatur wieder in einem gewissen Rahmen eigene Vorstellungen über ihr „nationales Erbe" artikulieren. Es entstand eine literarische Strömung, die diesen Bezug zur Vergangenheit in ihrer Bezeichnung ausdrückte: Mirasismus (von „miras" = Erbe). Zum Zusammenstoß mit der parteiamtlichen Kontrolle über die Literatur kam es besonders 1981 durch die Veröffentlichung des Romans „Olmaz Qayalar" (Unsterbliche Klippen), in dem der Schriftsteller Ma-

madali Mahmudow Bedauern über die mangelnde nationale Abwehr russischer Expansion nach Zentralasien äußerte. In der literarischen Publizistik des unabhängig gewordenen U. stehen Themen der „nationalen" und „kulturellen Wiedergeburt" im Vordergrund, darunter historische Themen, die in sowjetischer Zeit tabuisiert worden waren. Zur zentralen Vokabel der usbekischen Publizistik wurde nach 1991 der Begriff der „Souveränität" (mustaqillik).

1990 erschienen nach offiziellen Angaben 279 Zeitungen, davon 185 in usbekischer Sprache, der Rest in russischer, tadschikischer, karakalpakischer und in einigen anderen Sprachen. Die von der Verfassung garantierte Pressefreiheit wurde in letzter Zeit immer stärker eingeschränkt. Nach einer kurzen Phase relativer Meinungsfreiheit besteht heute wieder staatliche Kontrolle über das Pressewesen und die übrigen Medien.

Gegenwärtig ist das Bildungssystem wie in anderen GUS-Staaten von den wirtschaftlichen und finanziellen Problemen der Transformationsperiode betroffen. Die einzige Hochschule, die besondere staatliche Zuwendung genießt und ausgebaut wird, ist die regierungsnahe Universität für Weltwirtschaft und Diplomatie. Mit der Erklärung des Usbekischen zur Staatssprache ist im Bildungswesen, in dem im technischen, naturwissenschaftlichen und ökonomischen Bereich das Russische völlig dominiert hatte, ein Wandel eingeleitet worden, der im nichtusbekischen Bevölkerungsteil Irritation und Anpassungsprobleme schafft. Zur Zeit wird allerdings noch ein Großteil der Dissertationen auf Russisch verfaßt. Dagegen werden wissenschaftliche Zeitschriften im geisteswissenschaftlichen Bereich überwiegend in usbekischer Sprache publiziert (Rzehak 1995). Das Usbekische soll laut Parlamentsbeschluß vom September 1993 bis zum Jahr 2000 auf die lateinische Schrift umgestellt werden.

Ökologische Probleme

In Zentralasien, einer der kritischen Umweltschadenszonen der Erde, spannt sich ein ökologisches Krisendreieck zwischen dem nuklear verseuchten Areal um Semipalatinsk in Nordkasachstan im Norden, dem Fergana-Tal im Süden und dem Aralbecken im Westen der Region. U. hat territorial an zwei dieser Eckpunkte Anteil, am Fergana-Tal und der Tragödie des Aralsees. Im Fergana-Tal mit seinen Industrie- und Bevölkerungskonzentrationen nimmt die regionale Wasserkrise ihren Ausgang, indem für die Erweiterung von Industrie und Landwirtschaft, insbesondere für den Baumwollanbau, große Mengen an Wasserressourcen verbraucht wurden.

Eine Reihe von Faktoren verwickelten sich zu einem ökonomisch-ökologischen Problemknäuel, dessen Auflösung über die Kräfte des unabhängig gewordenen U. hinausgeht: Baumwollmonokultur, Bodenerosion, jahrzehntelanger extensiver Gebrauch von Düngemitteln, Pestiziden und Defolianten, unzureichende Drainage und Irrigationstechnik, schlampige Wartung der Bewässerungskanäle u. a. Zur Zeit gehen schätzungsweise 75 % des für Irrigationszwecke benutzten Wassers verloren. Das Ergebnis des verschwenderischen Umganges mit Wasser zeigt sich am Westende des Krisendreiecks, am schrumpfenden Aralsee (siehe Kasachstan). Die Einwirkung der über lokale und regionale Maßstäbe hinausgehenden Umweltkrise im Aralbecken auf die Bevölkerung zeigt sich in der Krankheits- und Sterblichkeitsentwicklung der Region, z.B in der hohen Sterblichkeitsquote bei Kleinkindern. Die Verbindung zwischen ökologischer Krise und den lokalen Krankheitshäufungen ist zwar im Detail nicht beweisbar, aber dennoch evident. Weit über dem Durchschnitt liegende Erkrankungshäufigkeiten bei Hepatatis-B, Krankheiten der Atmungsorgane u. a. sind in ökologisch schwer geschädigten Regionen des Landes zu finden.

Produktion, Beschäftigung, Inflation, Außenwirtschaft

U. verfügt über eine breite Rohstoffbasis sowie gute Voraussetzungen für die Landwirtschaft, die allerdings unter der Monokultur Baumwolle leidet. Durch seinen Bevölkerungsreichtum besitzt es im Unterschied zu den anderen zentralasiatischen GUS-Republiken einen aufnahmefähigen inneren Markt. Es schlägt ein langsames, vom Präsidenten gesteuertes Reformtempo ein; westliche Investoren schätzen die Stabilität der Entwicklung höher ein als die seiner GUS-Nachbarn.

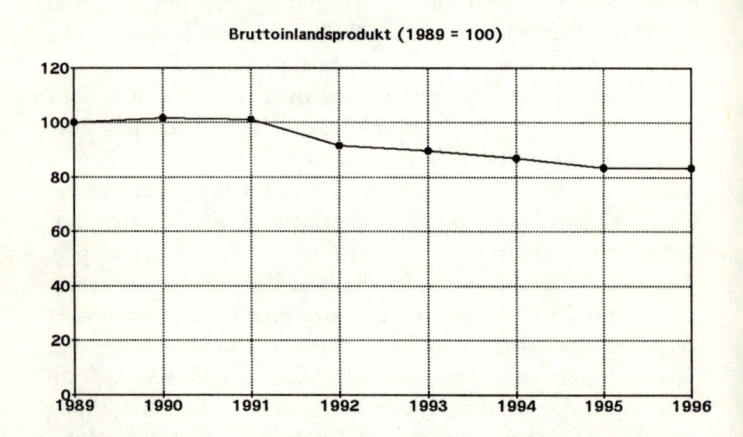

Bruttoinlandsprodukt (1989 = 100)

Im Jahre 1994 betrug das nach Kaufkraftparität berechnete BIP U.s rund 54 Mrd. US-$ und war damit geringfügig höher als das von Belarus und Kasachstan. Pro Einwohner betrug es 2400 US-$. Nachdem im Jahre 1992 das BIP um 11% zurückgegangen war, konnte in den Jahren 1993 und 1994 – laut amtlicher Statistik – ein hoher Produktionsrückgang vermieden werden.

Wenn dieses statistische Bild der Wirklichkeit entspricht (woran manche ausländische Beobachter zweifeln), so wäre U. von Produktionseinbrüchen, wie sie in fast allen GUS-Staaten und im Baltikum zu verzeichnen waren, verschont geblieben. Nur die Investitionstätigkeit verzeichnete auch in U. Rückgänge in zweistelliger Größenordnung. Günstig für die Stabilisierung der Produktion konnte sich der anhaltende Anstieg der Erdöl- und Erdgasförderung sowie die geringe Abnahme der Baumwollerzeugung ausgewirkt haben. Freilich muß auch die amtliche Statistik zugeben, daß 1994 weite Bereiche der verarbeitenden Industrie, wie der Maschinenbau, die chemische Industrie und die Herstellung von Konsumgütern von Produktionseinbrüchen betroffen wurde, was sich in den aggregierten Daten jedoch nicht widerspiegelt.

Veränderung des Bruttoinlandsprodukts in % gegenüber dem Vorjahr

1990	1991	1992	1993	1994	1995	1996
1,6	–0,5	–9,6	–2,0	–3,0	–4,0	0,0

Quelle: European Bank for Reconstruction and Development. 1996: Prognose.

Daten über die Struktur des BIP liegen nicht vor. In der Landwirtschaft waren 1994 44 % der Arbeitskräfte tätig, in der Industrie 14 %. Mit rund 8 Mio. Beschäftigten wird das Arbeitskräftepotential von 10–11 Mio. zu knapp 80 % genutzt; über zwei Mio. Personen sind nicht beschäftigt (20 %), wogegen die amtliche Statistik nur etwa 100 000 Arbeitslose zählt, was die tatsächliche (weitgehend versteckte) Arbeitslosigkeit nicht annähernd ahnen läßt.

Zwischen 1991 und 1994 nahm die Inflationsrate zu (1994: 1650 %, Schätzung 1995: 800 %). Wegen der zurückbleibenden Nominaleinkommen der Arbeiter und Angestellten erfolgte seit 1989 eine Halbierung der Realeinkommen. Die Nationalwährung „Sum" wurde, nachdem der „Sum-Kupon" seit November 1993 in Umlauf war, im Juni 1994 eingeführt und hat durch die Inflation seither erheblich an Wert verloren. Die 1994 verfügte teilweise Preisliberalisierung hatte einen Inflationsschub ausgelöst, der nicht unter Kontrolle gebracht werden konnte.

U. weist einen hohen Außenhandelsüberschuß gegenüber den GUS-Ländern vor allem durch Erdgaslieferungen auf. Mit Staaten außerhalb der GUS ist die Handelsbilanz tendenziell ausgeglichen. 1994 überstiegen die Ausfuhren die Einfuhren um 20%. Hauptexportprodukte sind Erdgas, Baumwolle, Elektrizität sowie metallurgische und chemische Erzeugnisse. An Rußland liefert U. Baumwolle (vereinbarte Menge etwa 350 000 t/Jahr), auf die die russische Textilindustrie dringend angewiesen ist. Für die Nachbarländer Kasachstan, Kirgistan und Tadschikistan sind die usbekischen Erdgaslieferungen wichtig, für die das Pipelinenetz im Süden des zentralasiatischen Raumes ausgelegt ist. Da diese Länder jedoch mit der Bezahlung häufig in Verzug geraten, hat ihnen U. den Gashahn schon mehrfach abgedreht.

Aus der GUS bezieht U. vor allem Rohöl, Raffinerieprodukte und Kohle. Dabei ist abzusehen, daß das Land bei Erdöl und Raffinerieprodukten demnächst zur Selbstversorgung übergehen kann. Derzeit importiert es noch drei Viertel des im Inland verbrauchten Erdöls aus Rußland und bezahlt mit Rohbaumwolle. Das Geschäft „Erdöl gegen Baumwolle" wird in U. auch deswegen kritisch gesehen, weil das Land damit auf den Status eines Rohstofflieferanten festgelegt wird, statt die Baumwolle selbst zu Textilien verarbeiten zu können.

Mit der Ukraine beabsichtigt U., wie bei gegenseitigen Besuchen der beiden Präsidenten Karimow und Kutschma im Herbst 1994 bzw. Frühjahr 1995 vereinbart worden war, eine wirtschaftliche Zusammenarbeit auf der Basis „Erdgas gegen Maschinen und Rohre". Dabei haben beide Seiten die Verminderung der Abhängigkeit von Rußland im Auge. Zu diesem Zwecke wird eine ukrainisch-usbekische transnationale Erdöl- und Erdgasgesellschaft gegründet. Die Ukraine beteiligt sich an der Entwicklung des usbekischen Erdöl- und Ergassektors und erhofft sich dadurch eine preisgünstige Belieferung mit Energierohstoffen. Allerdings steht die geplante Zusammenarbeit unter dem Vorbehalt, daß gerade die von der Ukraine gewünschten Rohstoffe auch diejenigen Produkte sind, mit denen U. auf dem Weltmarkt Devisen verdienen kann, und daß es daher nur ein begrenztes Interesse an diesem Geschäft haben kann.

Besonders delikate politische und auch wirtschaftliche Beziehungen pflegt U. mit dem afghanischen Oppositionsführer usbekischer Abstammung Raschid Dostum, der die Nordprovinzen kontrolliert. U. unterstützt die wirtschaftliche Entwicklung des „usbekischen" Nordens Afghanistans unter anderem durch den Bau eines Wasserkraftwerkes am Fluß Schirintagau. Es ist langfristig an der Schaffung einer Verkehrsverbindung durch Afghanistan zu den pakistanischen Häfen interessiert. Dabei gerät es allerdings in eine Rivalitätssituation mit Tadschikistan, das den Kabuler Prädsidenten Rabani, einen Tadschiken, unterstützt.

Die Bundesrepublik importiert aus U. praktisch nur Baumwolle sowie Gold für gewerbliche Zwecke im Umfang von etwa 400 Mio. US-$ und exportiert dorthin Maschinen und Fahrzeuge sowie Getreide. Der usbekische Export in die BRD macht etwa 40% des Gesamtexports aus; beim Import hat die BRD einen Anteil von etwa 25%.

Der Umfang der ausländischen Direktinvestitionen dürfte seit 1991 auf etwa 0,5 Mrd. US-$ angestiegen sein, wobei vor allem Investoren aus den USA und Südkorea hervortraten. Die Aufarbeitung der Rückstände der Goldmine Muruntau wird von der amerikanischen Firma Newmont Mining Company betrieben. Der amerikanische Zigarettenkonzern BAT bereitet ein Joint venture vor; die südkoreanische Gruppe Daewoo investierte bereits 320 Mio. US-$ in eine Autofabrik und weitere 50 Mio. US-$ in eine Fabrik für Fernsehgeräteteile. Anfang 1995 wurden U. von westlichen Ländern Kredite in Höhe von fast einer Mrd. US-$ versprochen, die zu zwei Dritteln der Erschließung von Erdöl- und Erdgasvorkommen dienen sollen.

Landwirtschaft

Die Landwirtschaft trägt zur Gesamtproduktion direkt etwa ein Drittel bei, bestimmt indirekt aber auch weitgehend die Ausrichtung der industriellen Produktion. Innerhalb der Landwirtschaft dominiert der Anbau von Baumwolle. Diese wird in U. in 1700 staatlichen und Kollektivbetrieben angebaut, die je 5000 bis 15 000 Hektar umfassen. Auf etwa

1,5 Mio. Hektar Bodenfläche werden jährlich rund 4 Mio. t Baumwolle geerntet. 1994 konnten nur etwa 20% maschinell geerntet werden, da es Probleme bei der Versorgung mit Treibstoff und Ersatzteilen gab. Der Einsatz von Dünger und von Wasser pro Hektar ist in U. (ebenso wie in Turkmenistan) etwa doppelt so hoch wie in anderen Baumwollanbauländern der Welt; die Erträge pro Hektar sind vergleichbar mit denen in anderen Ländern. Es besteht Einfuhrbedarf in Höhe von drei Vierteln des verbrauchten Getreides, aber auch von Gemüse und Obst, da die Eigenerzeugung nicht ausreicht. Weitere landwirtschaftliche Erzeugnisse sind Rohseide sowie Karakulfelle.

Bergbau und Energiewirtschaft

U. verfügt über eine breite Basis natürlicher Ressourcen: Die Energierohstoffe Erdöl, Erdgas und Kohle werden ergänzt durch Wasserkraft, und man findet Metalle wie Gold, Silber, Kupfer, Blei, Zink, Wolfram, Uran, Molybdän, Aluminiumerze, Tungsten, Graphit u. a. Die Rohstoffbasis ist daher breiter als die Turkmenistans und entspricht etwa der Kasachstans. Die Erdgasvorkommen werden auf 2 000 Mrd. m^3, die Erdölvorkommen auf 350 Mio. t, und die Kohlevorräte des Landes auf 2 Mrd. t geschätzt. Das jährliche Förderniveau beträgt bei Erdgas etwa 40–50 Mrd. m^3, bei Erdöl 4–6 Mio. t und bei Kohle 4 Mio. t, was eine Fortsetzung der Extraktion auch noch in höheren Mengen für Jahrzehnte erlaubt. Auch die auf 2 500 bis 4 000 t veranschlagten Goldvorkommen versprechen angesichts einer gegenwärtigen Ausbeute von 70-80 t/Jahr eine noch ein halbes Jh. fließende Einkommensquelle. Allein die Goldmine Muruntau bei Sarafschan inmitten der Karakum-Wüste liefert etwa 50 t Gold pro Jahr; das Vorkommen wird auf über 2000 t geschätzt, was die Fortdauer der Förderung bis zum Jahre 2040 sichert. Aus ihrem Abraum sollen durch ein amerikanisch-usbekisches Joint venture zusätzlich bis zu 200 t Gold gewonnen werden.

Verarbeitende Industrie

Die verarbeitende Industrie des Landes konzentriert sich auf die Verarbeitung landwirtschaftlicher Rohstoffe wie die Baumwollverarbeitung, Textilindustrie und Nahrungsmittelindustrie bzw. auf die Herstellung von landwirtschaftlichen Geräten. An zweiter Stelle stehen Maschinenbauerzeugnisse, chemische und metallurgische Produkte sowie militärische Produktion (z. B. Transportflugzeuge), für den früheren sowjetischen Markt, wofür die nun neue Absatzwege und Märkte gesucht werden.

Dadurch, daß U. den überwiegenden Teil seines Energiebedarfs selbst decken kann, ist es von den Preissteigerungen für Energieträger nicht derart stark betroffen worden, wie andere GUS-Staaten. Zwar müssen Erdöl, Raffinerieerzeugnisse und Kohle (vorerst) noch eingeführt werden, doch ist U. Nettoexporteur bei Erdgas und Elektrizität und versorgt damit seine zentralasiatischen Nachbarn. Strom wird zu drei Vierteln in Erdgaskraftwerken, zu einem beträchtlichen Teil aus Wasserkraft gewonnen, wodurch die Verbrennung von Erdöl und Kohle in Wärmekraftwerken beschränkt werden kann.

Rüstungsproduktion erfolgte in den Taschkenter Flugzeugwerken, die nun auch auf zivil nutzbare Transportflugzeuge umgestellt werden. Daneben wurden in Fergana Komponenten für die Flugzeugproduktion hergestellt. Militärische Bedeutung hatten Versuchsgelände für chemische und biologische Waffen auf der Hauptinsel des Aralsees und auf dem Ustjurt-Plateau in Karakalpakstan. Die Gewinnung von Gold (Goldminen Muruntau, Altynkan und Samarkand) und Tungsten (bei Ingischka) zählte zu den strategischen Rohstoffen.

Privatisierung, Landreform

In U. existiert für etwa 200 wichtige Güter noch das alte System der staatlichen Verteilung, d. h. es werden Staatsaufträge vergeben, Ankaufspreise festgesetzt und Rohstoffe und Vorprodukte an die Betriebe verteilt. Dieses System des Staatshandels umfaßt in der Regel 80% der landwirtschaftlichen Produkte und bis zu 95% einer Reihe von Rohstoffen, Vorprodukten und Investitionsgütern sowie einige Konsumgüter. Auch Privatbetriebe beteiligen sich an diesem Handelssystem, um benötigte Güter zu erhalten und um ihre Erzeugnisse absetzen zu können. Die Entwicklung von Warenbörsen stagniert. Nach den Regierungsplänen soll ein schrittweiser Übergang zu einem privaten Großhandelssystem erfolgen.

Der Einzelhandel, die Dienstleistungsbetriebe, die Wohnungen und einige Textilbetriebe sind weitgehend privatisiert. Für den Export wichtige Sektoren der Rohstoffwirtschaft sowie die Baumwollerzeugung sollen dagegen weiter in staatlicher Hand bleiben. Auch die Landwirtschaft ist weiter staatlich reglementiert. Neugründung von Privatbetrieben durch Inländer ist formal einfach, aber es gibt für sie keine Kreditmöglichkeiten, da kein Privatbesitz an Grund und Boden erlaubt ist. Ausländische Unternehmensgründungen werden dagegen begünstigt, da ausländisches Kapital angelockt werden soll.

In U. sind die Institutionen der zentralen Planung aus sowjetischer Zeit, wenn auch unter neuen Namen, weitgehend bestehen geblieben. Das heutige Staatskomitee für Prognose und Statistik erstellt jährliche Volkswirtschaftspläne; die Staatsvereinigung für Verträge und Handel vergibt Staatsaufträge und kümmert sich um den Warenaustausch mit anderen GUS-Republiken; das Ministerium für Außenwirtschaftsbeziehungen kontrolliert den zentralen Handel mit Staaten außerhalb der GUS; das Finanzministerium kontrolliert Preise und die Finanzhilfen an die Staatsbetriebe. Reformen betrafen vor allem die Privatisierung von Wohnungen, des Handels und der Dienstleistungen und von Betrieben der Textilindustrie. Die privatisierten Wohnungen wurden zu niedrigen Preisen an die Bewohner verkauft; die Anteile an privatisierten Betrieben konnten die Belegschaften bzw. das Management zu Vorzugsbedingungen erhalten.

Seit 1992 wurde ein Teil der Baumwollanbauflächen (etwa 1 Mio. Hektar) für andere Nutzungsarten, vor allem den Anbau von Getreide und Gemüse, freigegeben und an bäuerliche

Familienbetriebe verpachtet. Dies geschah nicht nur, um das Ausmaß der Baumwoll-Monokultur zu vermindern, sondern auch um den Einfuhrbedarf von Lebensmitteln zu senken, denn außer drei Vierteln des Getreides müssen auch Fleisch, Gemüse und Früchte eingeführt werden. Dabei werden zunehmend Lebensmittelimporte aus Ländern außerhalb der GUS getätigt, deren Umfang die Deviseneinnahmen aus Baumwollexporten (rund 600 Mio. US-$) erreicht.

In U. gab es bis zum Beginn der Reformen je etwa 1000 Kolchosen bzw. landwirtschaftliche Staatsbetriebe, die in einem ersten Schritt der Landreform in Genossenschaften umgewandelt wurden. Diese haben damit begonnen, Land an einzelne Bauern zu verpachten. Ebenso werden die 1 800 Viehzuchtbetriebe in Kapitalgesellschaften umgewandelt und das Vieh wird an die Beschäftigten verkauft. Durch diese Schritte sollte der Subventionsbedarf für die landwirtschaftlichen Staatsbetriebe verringert, die Produktion vor allem von Obst und Gemüse erhöht und die Landflucht gestoppt werden. Das allgemeine Bild einer staatlichen Landwirtschaft wurde dadurch aber noch nicht wesentlich abgeändert.

Soziale Lage

In U. gelten kontrollierte und subventionierte Preise für rationierte Lebensmittel als Teil einer Sozialpolitik sowjetischen Stils, wofür die Hälfte des Staatsbudgets aufgewandt wird. Die Abschaffung dieses „Kartensystems" scheiterte 1995. Alle subventionierten Güter, außer Brot, sind rationiert. Die hohe Inflation ließ die Realeinkommen dennoch empfindlich absinken. Die Gesundheitsschäden bei der Baumwollernte sowie die schlechte Ernährung und mangelhafte medizinische Versorgung treffen vor allem Frauen und Kinder auf dem Lande. Die Überbelastung der Frauen durch Familie und Feldarbeit führte in den achtziger Jahren zu Selbstverbrennungen, die lange Zeit verschwiegen wurden.

Wirtschaftliche Zukunftsaussichten

Daß U. im Unterschied zu den anderen GUS-Mitgliedern in den vergangenen vier Jahren die Förderung von Rohstoffen kontinuierlich steigern und auch stabile Erträge in der Landwirtschaft erzielen konnte, mag der Grund dafür sein, daß das Land eine vergleichsweise günstige Wirtschaftsentwicklung aufweisen konnte. Dies darf aber nicht darüber hinwegtäuschen, daß auch in U. viele Probleme der Umstrukturierung der Wirtschaft noch ihrer Lösung harren. Insbesondere kann die noch längst nicht gebannte Inflation, die sowohl vom Staatshaushalt ausgeht, als auch Ausdruck eines nicht ausreichend entwickelten Wettbewerbs ist, die gerühmte Stabilität der innenpolitischen Situation gefährden. Es ist noch eine offene Frage, ob eine stärkere wirtschaftliche Integration mit den Nachbarstaaten gelingen wird, oder ob die auf allen Seiten vorhandenen Rivalitäten und kurzsichtigen Eigeninteressen überwiegen werden.

Literatur zum Kapitel

Allworth, E., The Modern Uzbeks: From the Fourteenth Century to the Present, Stanford (Cal.) 1990.

Baldauf, I., The Making of the Uzbek Nation, in: Cahiers du Monde russe et soviétique, 1–2/1991, S. 79–96.

Becker, P., Soziale und ökologische Probleme in Usbekistan, in: der überblick 2/1992, S. 43–46.

Carlisle, D. S., Soviet Uzbekistan: State and Nation in Historical Perspective, in: Beatrice F. (Hrsg.), Central Asia in Historical Perspective, Boulder u. a. 1994, S. 103–124.

Ders., Uzbekistan and the Uzbeks, in: Problems of Communism, Sept.-Oct. 1991, S. 23–44.

Critchlow, J., Nationalism in Uzbekistan: A Soviet Republicṭs Road to Sovereignty, San Francisco/Oxford 1991.

Deutsche Bank Research, Osteuropa auf Reformkurs. H 5: Usbekistan, 1994.

Ganda, T., Der Islam in Usbekistan, in: Glaube in der 2. Welt, Zollikon, 2/1994, S. 23–31.

Giroux, A., Ouzbékistan, in: Le courrier des pays de ltEst, mars-avril 1995, S. 6167.

Godel, B. Selbstverbrennungen von Frauen in Sowjetisch-Zentralasien, in: Osteuropa, 10/1989, S. 892–899.

Halbach, U., Politische Entwicklung im nachsowjetischen Zentralasien: Usbekistan, in: Berichte des BIOst, 50/1994.

International Monetary Fund (Hrsg.), Uzbekistan, in: IMF Economic Review, 4, 1994, Washington, 1994.

Istorija narodov Uzbekistana, Bd. I, II, Taschkent 1992.

Karger, A., Die Erblast der Sowjetunion: Konfliktpotentiale in nichtrussischen Staaten der ehemaligen UdSSR, Stuttgart/Berlin/Köln 1995, S. 192–207.

Lubin, N., Uzbekistan, in: Pryde, Ph. R. (Hrsg.), Environmental Resources and Constraints in the Former Soviet Republics, Boulder/San Francisco/Oxford 1995, S. 289–306.

Munavvarov, Z. I., Uzbekistan, in: Mesbahi, M. (Hrsg.), Central Asia and the Caucasus after the Soviet Union: Domestic and International Dynamics, Gainesville (Florida) 1994, S. 133–148.

Pander, Klaus: Sowjetischer Orient: Kunst und Kultur, Geschichte und Gegenwart der Völker Zentralasiens, 6. Aufl. Köln 1990.

Raschid, A., The Resurgence of Central Asia: Islam or Nationalism, London/New Jersey 1994, S. 78–106.

Rzehak, L., Wissenschaft, Hochschulwesen und Unabhängigkeit: Reisebeobachtungen in Usbekistan und Tadschikistan, in: Osteuropa 4/1995, S. 329–337.

Strohbach, U., Usbekistan: Wirtschaftstrends zum Jahreswechsel 1994/95, in: bfai Länderreport, Februar 1995, Köln 1995.

Usbekistan, in: Wostok, 4, 1994, S. 35–66

Uzbekistan, in: Batalden, St. K./Batalden, S. L., The Newly Independent States of Eurasia: Handbook of former Soviet Republics, Phoenix (Arizona) 1993, S. 167–177.

Uzbekistan, in: The Economist Intelligence Unit (Hrsg.), Country Profile 1994-95, London 1995, S. 145–163.

Zentrum für Türkeistudien, Uzbekistan: Current Political and Economic Developments, Essen 1994.

Übergreifende Literaturangaben

(Siehe auch die Literaturverzeichnisse am Ende der Länderkapitel)

Akiner, S., Islamic People of the Soviet Union, London usw., 1983.
Albrecht, J. u. a., Verstrahlt, verölt, vergiftet, in: Die Zeit, 46/1994, S. 11–14.
Alexandrova, O./Vogel, H., Rußlands Politik gegenüber dem „nahen Ausland": Restauration vor Konsolidierung, in: Europa-Archiv, 5/1994, S. 132–140.
Allworth, E., Central Asia: 120 Years of Russian Rule, Durham/London 1989.
Atlas avtomobilţnych dorog SSSR, Moskau 1991.
Atlas SSSR, Moskau 1990.
Atlas železnych dorog SSSR, Moskau 1988.
Batalden, St. K./Batalden, S. L., The Newly Independent States of Eurasia: Handbook of former Soviet Republics, Phoenix (Arizona) 1993.
Beckherrn, E., Pulverfaß Sowjetunion: Der Nationalitätenkonflikt und seine Ursachen, München 1990.
Bennigsen, A., Wimbusch, S. E., Muslims of the Soviet Empire: A Guide, London 1985.
Bundesinstitut für ostwissenschaftliche und internationale Studien (Hrsg.), Aufbruch im Osten Europas: Chancen für Demokratie und Marktwirtschaft nach dem Zerfall des Kommunismus, München/Wien 1993.
Bundesinstitut für ostwissenschaftliche und internationale Studien (Hrsg.), Zwischen Krise und Konsolidierung: Gefährdeter Systemwechsel im Osten Europas, München/Wien 1995, (im folgenden: BIOst 1995).
Bundesministerium für Wirtschaft (Hrsg.), Die Beratung Mittel- und Osteuropas beim Aufbau von Demokratie und sozialer Marktwirtschaft: Konzept und Beratungsprogramme der Bundesregierung, Fortschreibung 1995, in: BMWi Dokumentation Nr. 371.
Bütow, H. G. (Hrsg.), Länderbericht Sowjetunion, Bonn 1988 (Schriftenreihe der Bundeszentrale für politische Bildung, Bd. 263).
CIA (Hrsg.), Handbook of International Economic Statistics 1994, Washington D.C. 1994.
CIA (Hrsg.), The Defense Industries of the Newly Independent States of Eurasia, Washington D.C. 1993.
Clement, H., Die Entwicklung der wirtschaftlichen Beziehungen zwischen den GUS-Staaten, in: Arbeiten aus dem Osteuropa-Institut München, 164/1993.
Crosnier, M.-A., La lente mue des statistiques, in: Le courier des pays de ltEst Nr. 397-398/1995, S. 197–207.

Dawischa, K./Parrot, B., Russia and the New States of Eurasia: The Politics of Upheaval, Cambridge 1994.

Dunlop, J. et al., Profiles of the Newly Independent States: Economic, Social and Demographic Conditions, in: Joint Economic Committee of Congress (Hrsg.), The Former Soviet Union in Transition, Washington D.C. 1993, S. 1019–1187.

Eastern Europe and the Commonwealth of Independent States 1994, 2. Aufl., London 1994.

Einsiedel, W. v. (Hrsg.), Die Literaturen der Welt, Herrsching 1964.

Ellman, M./Kontorovich, V., (Hrsg.), The Disintegration of the Soviet Economic System, London/New York 1992.

European Bank for Reconstruction and Development, Transition Report 1995, London 1995.

Fadin, A., Modernisierung durch Katastrophe?, in: Kommune 6/1993, S.51–59.

Feschbach, M./Friendly, A., (Hrsg.), Ecocide in the USSR, New York 1992.

Fierman, W. (Hrsg.), Soviet Central Asia: The Failed Transformation, Boulder/San Francisco/Oxford 1991.

Frankfurter Allgemeine Zeitung GmbH Informationsdienste (Hrsg.), Osteuropa-Perspektiven: Jahrbuch 1994/95, Frankfurt a.M. 1994.

Geiß, P. G., Nationenwerdung in Zentralasien, Frankfurt a.M. u. a. 1995.

Götz, R., Die ökonomischen Beziehungen Rußlands zu den Staaten des „nahen Auslandes", in: Holtbrügge, D./Welge, M. K. (Hrsg.), Rußland als Markt und Produktionsstandort, München 1996.

Dies., Strukturerbe und Systemtransformation in der früheren UdSSR: Erfahrungen der Perestrojka, in: Außenpolitik 2/1994, S. 166–175.

Götz, R./Halbach, U., Politisches Lexikon GUS, 2. Aufl., München 1993.

Ders., Politisches Lexikon Rußland: Die nationalen Republiken und Gebietseinheiten der Rußländischen Föderation, München 1994.

Grobe-Hagel, K., Rußlands „Dritte Welt": Nationalitätenkonflikte und das Ende der Sowjetunion, Frankfurt a.M. 1992.

Grotzky, J., Konflikt im Vielvölkerstaat: Die Nationen der Sowjetunion im Aufbruch, München 1991.

Gumpel, W., Die politische und wirtschaftliche Entwicklung in den zentralasiatischen Turkrepubliken, in: Osteuropa 11/1994, S. 1023–1044.

Halbach, U., Das sowjetische Vielvölkerimperium: Nationalitätenpolitik und nationale Frage, Mannheim/Leipzig/Wien/Zürich 1992.

Ders., Die Last der Unabhängigkeit: Südliche GUS-Länder im dritten Jahr ihrer Eigenstaatlichkeit,in: Bundesinstitut für ostwissenschaftliche und internationale Studien (Hrsg.), BIOst 1995, S. 112–121.

Ders., Die zentralasiatischen Republiken, in: D. Nohlen/F. Nuscheler (Hrsg.), Handbuch der Dritten Welt, Bd. 6: Nordafrika und Naher Osten, Bonn 1993, S. 122–151.

Ders., Islam und Nationalstaat in Zentralasien, in: Aus Politik und Zeitgeschichte (Beilage zur Wochenzeitung „Das Parlament"), B38-39/1993, S. 11–20.

Ders., Nationen und Minderheiten in Zentralasien, in: Brunner, G. (Hrsg.), Osteuropa zwischen Nationalstaat und Integration, Berlin, S. 105–120.

Ders., Usbekistan: Konflikte in der zentralasiatischen Schlüsselregion, in: Vierteljahreshefte der Friedrich-Ebert-Stiftung, 131/1993, S. 51–63.

Ders., Weltpolitik und Eigenentwicklung im ehemals sowjetischen Zentralasien, in: W. Draguhn (Hrsg.), Asien nach dem Ende der Sowjetunion: Die Auswirkungen des Zerfalls der sowjetischen Großmacht auf Politik, Gesellschaft und Wirtschaft der asiatischen Staaten, Hamburg 1993, S. 45–60.

Halbach, U./Kappeler, A. (Hrsg.), Krisenherd Kaukasus, Baden-Baden 1995.

Halbach, U./Tiller, H., Rußland und seine Südflanke, in: Aussenpolitik, 2/1994, S. 156–165.

Höhmann, H.-H., Marktwirtschaft ohne Alternative? Aspekte und Bewertungsmaßstäbe der osteuropäischen Wirtschaftstransformation, in: Bundesinstitut für ostwissenschaftliche und internationale Studien (Hrsg.), BIOst 1995, S. 189–199.

Holtbrügge, D., Westliche Hilfsmaßnahmen für Rußland – vor dem Offenbarungseid?, in: Osteuropa Wirtschaft 3/1994, S. 153–164.

Hyman, A., Political Change in Post-Soviet Central Asia (Hrsg. v. The Royal Institute of International Affairs), London 1994.

Kappeler, A., Rußland als Vielvölkerreich: Entstehung, Geschichte, Zerfall, München 1992.

Kappeler, A./Simon, G./Brunner, G., (Hrsg.), Muslim Communities Reemerge: Historical Perspectives on Nationality, Politics, and Opposition in the Former Soviet Union and Yugoslavia, Durham/London 1994.

Karger, A. (unter Mitarbeit von Jörg Stadelbauer), Sowjetunion, 4. Aufl. Frankfurt a.M. 1987 (= Fischer Länderkunde Bd. 9).

Ders., Die Erblast der Sowjetunion: Konfliktpotentiale in nichtrussischen Staaten der ehemaligen UdSSR, Stuttgart/Berlin/Köln 1995.

Kassenow, U., Zentralasien und Rußland: Der dornige Weg zu gleichberechtigten Beziehungen, in: Berichte des BIOst, 14, 1995.

Katz, Z. (Hrsg.), Handbook of Major Soviet Nationalities, New York/London 1975.

Korowkin, W., Wirtschaftsbeziehungen Rußlands zu den übrigen Staaten der ehemaligen Sowjetunion (= Kieler Arbeitspapiere Nr. 619), Kiel, März 1994.

Kossikowa, L., Die Handelsbeziehungen Rußlands mit den ehemaligen Unionsrepubliken: Tendenzen und Probleme, in: Berichte des Bundesinstituts für ostwissenschaftliche und internationale Studien, 23/1993.

Ders., Die Handelsbeziehungen Rußlands mit den ehemaligen Unionsrepubliken: Tendenzen und Probleme, in: Berichte des Bundesinstituts für ostwissenschaftliche und internationale Studien, 23/1993.

Kto estt kto v Rossii i v bližnem zarubežte: Spravočnik, Moskau 1993.

Langhammer, R. J./Lücke, M., Die Handelsbeziehungen der Nachfolgestaaten der Sowjetunion: Von der regionalen Disintegration zur weltwirtschaftlichen Integration?, in: Kieler Diskussionsbeiträge, 244/1995.

Mark, R. A., Die Völker der ehemaligen Sowjetunion: Die Nationalitäten der GUS, Georgiens und der baltischen Staaten, Ein Lexikon, 2. Aufl. Opladen 1992.

Meissner, B. (Hrsg.), Die Außenpolitik der GUS-Staaten und ihr Verhältnis zu Deutschland und Europa, Köln 1994.

Ders., Die GUS zwischen Integrationsplänen und Krisenerscheinungen, in: Osteuropa 9/1994, S. 833–854.

Meissner, B./Eisfeld, A. (Hrsg.), Die GUS-Staaten in Europa und Asien, Baden-Baden 1995.

Mesbahi, M. (Hrsg.), Central Asia and the Caucasus after the Soviet Union: Domestic and International Dynamics, Gainesville (Florida) 1994.

Nitsche, P. (Hrsg.), Die Nachfolgestaaten der Sowjetunion: Beiträge zu Geschichte, Wirtschaft und Politik, herausgegeben unter Mitarbeit von Jan Kusber, Frankfurt a.M. usw. 1994.

Nowak, J., Europas Krisenherde: Nationalitätenkonflikte vom Atlantik bis zum Ural – Ein Handbuch, Reinbek 1994.

OECD (Hrsg.), Short-Term Economic Indicators: Transition Economies, 2/1995, Paris 1995.

Palat, M. K., Politisch-geistige Strömungen im post-sowjetischen Zentralasien, in: Osteuropa 11/1994, S. 1005–1022.

Pankov, V., Die GUS als Wirtschaftsraum: Weiterer Zerfall oder Reintegration?, in: Berichte des Bundesinstituts für ostwissenschaftliche und internationale Studien, 2/1995.

Pospelov, E. M., Imena gorodov: vcera i segodnja (1917-1992), Moskau 1993.

Pryde, Ph. R. (Hrsg.), Environmental Resources and Constraints in the Former Soviet Republics, Boulder/San Francisco/Oxford 1995.

Radvanyi, J., LţURSS: Régions et Nations, Paris usw. 1990.

Raschid, A., The Resurgence of Central Asia: Islam or Nationalism, London/New Jersey 1994.

Rehder, P. (Hrsg.), Das neue Osteuropa von A-Z, 2. verb. Aufl., München 1993.

Rumer, B., Soviet Central Asia: A Tragic Experiment, London usw. 1989.

Sagorskij, A., Was für eine GUS erfüllt ihren Zweck? in: Außenpolitik 3/1995, S. 263–270.

Sarkisyanz, E., Geschichte der orientalischen Völker Rußlands bis 1917, München 1961.

Schilling, H.-D. (Hrsg.), Sowjetunion: Die südlichen Republiken. Ein politisches Reisebuch, Hamburg 1987.
Schünemann, M., GUS: Zwischen Nachlaßverwaltung und Reintegration, in: Blätter für deutsche und internationale Politik, 3/1995, S. 298-308.
Schulz-Torge, Die Gemeinschaft Unabhängiger Staaten (GUS), Band I, Swisttal 1993 ff.
Simon, G. und N., Verfall und Untergang des sowjetischen Imperiums, München 1993.
Simon, G., Nationalismus und Nationalitätenpolitik in der Sowjetunion: Von der totalitären Diktatur zur nachstalinistischen Gesellschaft, Baden-Baden 1986.
Ders., Rußland: Hegemon in Eurasien, in: Osteuropa, 5/1994, S. 411–429.
Smith, G. (Hrsg.), The Nationalities Question in the Soviet Union, London/New York 1990.
Stadelbauer, J., Nach dem Zerfall der Sowjetunion: fünfzehn neue unabhängige Staaten im Transformationsprozeß, in: Beilage zu Praxis Geographie, 10, 1994.
Statističeskij komitet sodružestva nezavisimych gosudarstv (Hrsg.), Strany-členy SNG v 1993 g., Moskau 1994.
Stölting, E., Eine Weltmacht zerbricht: Nationalitäten und Religionen in der UdSSR, Frankfurt a.M. 1990.
Symons, L. u. a., The Soviet Union: A Systematic Geography, 2. Aufl., London usw. 1990.
The Economist Intelligence Unit (Hrsg.), Country Profile 1994–95, London 1995
The International Institute for Strategic Studies (Hrsg.), The Military Balance 1994–1995, London 1994.
The Petroleum Economist (Hrsg.), Energy Map of the CIS, London.
The World Bank Atlas 1995, Washington D.C., 1994.
The World Bank, Statistical Handbook: States of the Former USSR, Washington, D.C., 1992
Tiller, H., Die militärpolitische Entwicklung in den Nachfolgestaaten der ehemaligen Sowjetunion, in: Berichte des BIOst 24 und 27/1995.
Timmler, E., Die Währungen in den Nachfolgestaaten der UdSSR, in: Osteuropa-Wirtschaft 1/1994, S. 10–16.
Trautmann, L., Rußland zwischen Diktatur und Demokratie: Die Krise der Reformpolitik seit 1993, Baden-Baden 1995.
Trutanow, I., Die Hölle von Semipalatinsk: Ein Bericht, Berlin/Weimar 1992.
Vogel, H., Großmacht um jeden Preis: Der neue Nationalismus und die Außenpolitik Rußlands, in: Wolfgang Eichwede (Hrsg.), Der Schirinowski-Effekt, Hamburg 1994, S. 171–185.
Wein, N., Die Sowjetunion, 2. Aufl., Paderborn usw. 1983
Wettig, G., Rußland/GUS – Reform oder Restauration?, in: Ferdowski, M. A. (Hrsg.), Sicherheit und Frieden: Nach dem Ende des Ost-West-Konflikts, München 1994, S. 45–72.

Winterberg, J. M., Westliche Unterstützung der Transformationsprozesse in Osteuropa: Eine Analyse der bundesdeutschen Finanzhilfen und der Entwicklung der Handelsbeziehungen mit Polen, Rußland und der Tschechischen Republik, in: Konrad-Adenauer-Stiftung (Hrsg.), Interne Studien 92/1994.

Wirtschaftslage und Reformprozesse in Mittel- und Osteuropa: Sammelband 1995, Herausgegeben im Auftrag des Bundesministeriums für Wirtschaft, Berlin 1995.

Zagorski, A., Die Entwicklungstendenzen der GUS: Von der Differenzierung zur Konsolidierung?, in: Berichte des Bundesinstituts für ostwissenschaftliche und internationale Studien, 24/1994.

Länder und Städte
in der Beck'schen Reihe

Politisches Lexikon Afrikas, hrsg. von R. Hofmeier/
  M. Schönborn (BsR 810)
Ägypten, von F. Büttner/I. Klostermeier (BsR 842)
Äthiopien, Eritrea, Somalia, Djibouti. Das Horn von Afrika,
  von V. Matthies (BsR 846)
Algerien, von W. Herzog (BsR 859), s. auch *Maghreb*
Politisches Lexikon Asien, Australien, Pazifik,
  hrsg. von W. Draguhn/R. Hofmeier/M. Schönborn
  (BsR 827)
Baltikum: Estland, Lettland, Litauen, von K. Ludwig
  (BsR 841)
Belgien, von J. Schilling/R. Täubrich (BsR 829)
Berlin, von E. S. Freyermuth/G. S. Freyermuth (BsR 490)
Bhutan, von H. Wilhelmy (BsR 830)
Bolivien, von T. Pampuch/A. Echalar A. (BsR 813)
Brasilien, von M. Wöhlcke (BsR 804)
Brüssel, von M. Döpfner (BsR 1007)
China, von O. Weggel (BsR 807)
Cypern, von K. Hillenbrand (BsR 837)
Kleines Deutschland-Lexikon, von G. Haensch/A. Lallemand/
  A. Yaiche (BsR 855)
Djibouti s. Äthiopien
Kleines England-Lexikon, von P. Fischer/G. P. Burwell
  (BsR 814)
Eritrea s. Äthiopien
Estland s. Baltikum
Fiji, Samoa, Tonga, von S. Bruno/A. Schade (BsR 854)
Finnland, von W. Albrecht/M. Kantola (BsR 847)
Frankreich, hrsg. von G. Haensch/H. J. Tümmers (BsR 831)
Kleines Frankreich-Lexikon, von G. Haensch/P. Fischer
  (BsR 802)

Verlag C. H. Beck München

Großbritannien, von H. Händel/D. Gossel (BsR 835)
Politisches Lexikon GUS, von R. Götz/U. Halbach (BsR 852)
Hamburg, von E. Eckardt (BsR 1154)
Hongkong s. Taiwan
Horn von Afrika s. Äthiopien
Indien, von K. Gräfin v. Schwerin (BsR 820)
Indochina, von O. Weggel (BsR 809)
Irland, von M. P. Tieger (BsR 801)
Island, von P. Schröder (BsR 857)
Italien, von C. Chiellino/F. Marchio/G. Rongoni (BsR 821)
Kleines Italien-Lexikon, von C. Chiellino (BsR 819)
Japan, von M. Pohl (BsR 836)
Kleines Japan-Lexikon, von M. Pohl (BsR 861)
Jemen und Oman, von D. Ferchl (BsR 858)
Jugoslawien, von C. v. Kohl (BsR 832)
Kenia, von H. Hecklau (BsR 853)
Korea, von H. W. Maull/I. M. Maull (BsR 812)
Politisches Lexikon Lateinamerika,
    hrsg. von. P. Waldmann/H.-W. Krumwiede (BsR 845)
Lettland s. Baltikum
Litauen s. Baltikum
Madrid, von J. Oehrlein (BsR 1008)
Maghreb: Marokko, Algerien, Tunesien, von W. Herzog
    (BsR 834)
Marokko s. Maghreb
Mexiko, von K. Biermann (BsR 851)
Mongolei, von A. Schenk/U. Haase (BsR 848)
Politisches Lexikon Nahost/Nordafrika,
    hrsg. von U. Steinbach/R. Hofmeier/M. Schönborn
    (BsR 850)
Nepal, von W. Donner (BsR 833)
Neuseeland, von A. Hüttermann (BsR 844)
New York, von G. M. Freisinger (BsR 422)
Niederlande, von J. Schilling/R. Täubrich (BsR 817)
Nigeria, von H. Bergstresser/S. Pohly-Bergstresser (BsR 839)

Verlag C. H. Beck München

Nordafrika s. Nahost
Norwegen, von G. Austrup/U. Quack (BsR 828)
Kleines Österreich-Lexikon, von S. Gassner/W. Simonitsch (BsR 815)
Oman s. Jemen
Peru, von E. v. Oertzen (BsR 822)
Philippinen, von R. Hanisch (BsR 816)
Politisches Lexikon Rußland, von R. Götz/U. Halbach (BsR 856)
Portugal, von G. und A. Decker (BsR 806)
Prag, von C. Bartmann (BsR 1050)
Politisches Lexikon Rußland, von R. Götz/ U. Halbach (BsR 856)
Samoa s. Fiji
Schweden, von G. Austrup (BsR 818)
Schweiz, von M. Schwander (BsR 840)
Somalia s. Äthiopien
Spanien, von W. Herzog (BsR 811)
Kleines Spanien-Lexikon, von G. Haensch/G. Haberkamp de Antón (BsR 825)
Taiwan/Hongkong, von O. Weggel (BsR 849)
Thailand, von W. Donner (BsR 862)
Tibet, von K. Ludwig (BsR 824)
Tonga s. Fiji
Tunesien s. Maghreb
Turin, von M. Knapp-Cazzola (BsR 1019)
Türkei, von F. Şen (BsR 803)
Kleines Türkei-Lexikon, von K. Kreiser (BsR 838)
Ukraine, von E. Lüdemann (BsR 860)
USA, von R. Rode (BsR 843)
Kleines USA-Lexikon, von J. Redling (BsR 826)
Venedig, von G. Salvatore (BsR 1092)
Weißrußland, von D. Holtbrügge (BsR 863)

Verlag C. H. Beck München